# PROCESSO ÉTICO-DISCIPLINAR NA OAB

Marcelo Rabelo Pinheiro
Thiago Camel de Campos

# PROCESSO ÉTICO-DISCIPLINAR NA OAB

## TEORIA E PRÁTICA

### LIVRO I - FASE DE CONHECIMENTO

3ª edição

Freitas Bastos Editora

*Copyright © 2024 by Marcelo Rabelo Pinheiro e*
*Thiago Camel de Campos*

Todos os direitos reservados e protegidos pela Lei 9.610, de 19.2.1998. É proibida a reprodução total ou parcial, por quaisquer meios, bem como a produção de apostilas, sem autorização prévia, por escrito, da Editora.

Direitos exclusivos da edição e distribuição em língua portuguesa:

**Maria Augusta Delgado Livraria, Distribuidora e Editora**

**Direção Editorial:** *Isaac D. Abulafia*
**Gerência Editorial:** *Marisol Soto*
**Diagramação e Capa:** *Deborah Célia Xavier*
**Revisão:** *Sabrina Dias*

Dados Internacionais de Catalogação na Publicação (CIP) de acordo com ISBD

| | |
|---|---|
| P654p | Pinheiro, Marcelo Rabelo |
| | Processo Ético-Disciplinar na OAB: Teoria e Prática: Livro I - Fase de conhecimento / Marcelo Rabelo Pinheiro, Thiago Camel de Campos. - 3. ed. - Rio de Janeiro : Freitas Bastos, 2024. |
| | 404 p. ; 15,5cm x 23cm. |
| | Inclui bibliografia, índice e anexo. ISBN: 978-65-5675-368-3 |
| | 1. Direito. 2. OAB. 3. Processo Ético-Disciplinar. I. Campos, Thiago Camel de. II. Título. |
| 2023- 3841 | CDD 340 / CDU 34 |

Elaborado por Vagner Rodolfo da Silva - CRB-8/9410

Índices para catálogo sistemático:
1. Direito 340
2. Direito 34

atendimento@freitasbastos.com
www.freitasbastos.com

*"Não há melhor fragata do que um livro
para nos levar a terras distantes."*

Emily Dickinson

# DEDICATÓRIA

### Marcelo Rabelo Pinheiro

Dedico este livro à minha querida filha Victoria Pinheiro, que é a razão da minha vida, à minha mulher Desirée, cuja presença em minha vida significa meu porto seguro, e aos meus pais, José Julião Pinheiro Neto e Dária Rabelo, os quais, com muito carinho e apoio, não mediram esforços para que eu chegasse a esta etapa de minha vida acadêmica. Dedico, também, *in memoriam*, às três pessoas que foram pilares na minha vida, Palmyra, Odília e Silvia, responsáveis pela formação de meu caráter e lapidação de minha ética e moral. Dedico, também, às pessoas com quem convivi ao longo desses anos, aos meus colegas de faculdade, aos professores que tive durante a minha trajetória escolar e aos que ainda terei a honra de compartilhar do lago do conhecimento. Dedico a todos os meus colegas do Tribunal de Ética e Disciplina da Ordem dos Advogados do Brasil, Seccional do Rio de Janeiro, especialmente ao Dr. Jonas Gondim do Espírito Santo e Dr. Francisco Carlos Antônio da Costa, que sempre apoiaram e reconheceram o trabalho por mim desenvolvido ao longo dos anos em prol da ética e da advocacia. Por fim, mas não menos importante, dedico este livro a dois excelentes operadores do direito, Dra. Rita de Cássia Carvalho e Dr. Jorge Vacite Filho, que muito contribuíram para minha formação pessoal e profissional.

## Thiago Camel de Campos

Agradeço ao G.A.D.U. por me conceder o privilégio de chegar até aqui. A ti todas as honrarias. Este livro é dedicado ao meu maior amor, Giovana, minha filha; ao meu pilar, minha esposa Fabiana, que me dá equilíbrio para seguir e que com a ternura de nosso amor faz os adornos das minhas asperezas. Aos meus pais, Waléria e Leônidas, cada qual com suas características, proporcionaram-me, com muito sacrifício, tudo o que precisava para a construção de minha história e formação de meu caráter. À minha amada avó Wilma, in memoriam, que, com seu amor abnegado por mim, renunciou de sua vida para se dedicar à minha criação. Meu eterno amor e agradecimento. À minha vovó Maria da Penha, que com sua leveza, sabedoria e delicadeza me dá o privilégio da afetuosidade de seu amor. Às minhas afilhadas Júlia, Isabela e Alice. Ao meu irmão, Rafael, meu carinho. Dedico essa obra à minha madrinha, padrinho, primos e amigos. Aos meus irmãos, da Loja Obreiros da Paz, com quem compartilho laços de fraternidade. Dedico, ainda, aos meus colegas do Tribunal de Ética e Disciplina, que há muito ascenderam ao posto de amigos, em especial, aos meus queridíssimos Dr. Francisco Carlos Antônio da Costa e Dr. João Felippe Barbieri Cysneiros Vianna que acreditaram em mim, talvez mais do que eu mesmo. Ao Dr. Jonas Gondim do Espírito Santo por todo o apoio. Muito obrigado. E, finalmente, para toda a equipe do Tribunal de Ética e Disciplina da OAB-RJ pelo irrestrito apoio, cujos agradecimentos faço na pessoa do Dr. Raphael Oliveira. Sem vocês não existe TED.

# SOBRE OS AUTORES

Marcelo Rabelo Pinheiro é advogado formado pela Universidade Estácio de Sá, pós-graduando em Direito Processual Civil pela Inverta/ESA, Perito Grafotécnico, Documental e em Arbitramento de Honorários, e apaixonado professor. Especialista em Deontologia Jurídica, sócio-fundador do escritório *Rabelo Pinheiro Advogados Associados*, com atuação nas mais diversas áreas do Direito, especialmente em Direito das Famílias, Sucessões e Direito Internacional com foco na Comunidade Europeia (Polônia). Institucionalmente, é Conselheiro Suplente da OAB-RJ (2022/2024), Membro do Órgão Especial, da 1ª Câmara Especializada, da Comissão de Seleção e Inscrição e da Diretoria de Assuntos Jurisprudenciais do Conselho Seccional do Rio de Janeiro, estando Presidente da 8ª Turma Julgadora do Tribunal de Ética e Disciplina da OAB-RJ. Já foi Delegado da Comissão de Defesa, Assistência e Prerrogativas da OAB-RJ, nomeado Coordenador da referida Comissão no âmbito das Varas de Família. Foi Defensor Dativo no TED-RJ, compondo os quadros de membro do Tribunal de Ética e Disciplina desde 2017. Participa ativamente da campanha "Caravana do TED junto às Subseções" desde sua implementação, além de ser palestrante nas Universidades de graduação de Direito do Estado do Rio de Janeiro, na área de Deontologia Jurídica e Prerrogativas dos Advogados. Foi agraciado com a Medalha *Moema Baptista*, concedida pela CAARJ aos que contribuíram para a assistência à advocacia durante a pandemia da COVID-19 e, recentemente (2022/2023) foi nomeado relator das alterações do Regimento Interno do TED-RJ (2022) e do Regimento Interno do Conselho Seccional da OAB-RJ (2023).

**Thiago Camel de Campos** é advogado, formado pela Universidade Estácio de Sá, no ano de 2009, exercendo a advocacia desde 2010, pós-graduado em Processo Civil pela Universidade Cândido Mendes-RJ, com participação em cursos de especialização em Direito do Consumidor, Direito Tributário e Empresarial, todos pela Escola Superior da Advocacia (ESA-OAB); com ênfase consultiva na assessoria para empresas, sendo sócio-fundador do escritório *Camel & Camel Sociedade de Advogados*. Na OAB-RJ foi Delegado da Comissão de Prerrogativas no período de 2014 a 2018, tendo sido nomeado Coordenador da Comissão, no âmbito das Varas Cíveis, no triênio de 2016/2018. No mesmo triênio foi nomeado Defensor Dativo do Tribunal de Ética e Disciplina da OAB-RJ, também nomeado Membro da 4ª Turma do Tribunal de Ética e Disciplina e, posteriormente, no ano de 2019, Membro da Turma Especial de Instrução, assumindo a sua Presidência, em junho de 2021. Participação, como palestrante, em Universidades de graduação e subseções da OAB-RJ com temas afetos à Deontologia Jurídica e Prerrogativas dos Advogados. Sendo agraciado com a Medalha *Moema Baptista*, concedida pela CAARJ aos que contribuíram com a assistência à advocacia, durante a pandemia da COVID-19.

# APRESENTAÇÃO

Honrado com a escolha para apresentação deste livro, venho externar humildes palavras que irão compor esta magnitude de exemplar sobre processos éticos-disciplinares no âmbito da OAB.

Esta obra somente se concretizou mediante esforço conjunto empenhado pelos autores, durante caminhada nos corredores do TED (Tribunal de Ética e Disciplina) e com a experiência e dedicação nas Turmas de Instrução e Julgadoras.

Afora isto, destaco a caminhada do Tribunal de Ética e Disciplina da OAB-RJ nas Subseções de todo o Estado do Rio de Janeiro, onde os autores, de forma pedagógica, levaram aos advogados o desenrolar dos processos disciplinares perante a OAB-RJ.

Dessa forma, em face dos empenhos dos autores durante a caravana do TED nas Subseções do Estado e suas atuações, restou demonstrada a eficiência nos ensinamentos sobre os processos disciplinares perante esfera administrativa, credenciando-os para a elaboração desta peça de leitura.

Ao que parece e está claro, o ineditismo na elaboração deste livro, encargo exclusivo dos autores, vem dignificar o nosso Tribunal de Ética, o que merece nosso aplauso à investida, e, ao mesmo tempo, servindo de sustentáculo administrativo para àqueles que pretendem trilhar nessa via.

Aos meus amigos, Marcelo Rabelo Pinheiro e Thiago Camel de Campos, parabenizo pela iniciativa cultural, esperando que outros livros virão bem próximo.

Geraldo Antônio Crespo Beyruth
Vice-Presidente do Tribunal de Ética e Disciplina
da Ordem dos Advogados do Brasil – Seccional do Rio de Janeiro[1]

---

[1] Triênio 2019/2021.

# PREFÁCIO

O tema ético-disciplinar é sempre muito delicado, sobretudo pela responsabilidade que carregamos enquanto operadores do Direito e defensores do Estado Democrático de Direito. Da mesma forma que lutamos de maneira abnegada pelo pleno e irrestrito exercício da profissão, noutra ponta, devemos nos manter de forma incólume à ética.

Extremamente honrado, recebi o convite para prefaciar tão valorosa e inédita obra de dois autores e amigos, que são frutos do amor abnegado de dedicação à nossa Instituição da Ordem dos Advogados do Brasil. Mais do que isso, conhecem como poucos os meandros do processo ético-disciplinar, pois, além do conhecimento teórico, ambos os autores vivem a árdua prática diária do Tribunal de Ética e Disciplina.

Quando falamos de teoria e prática em uma mesma obra, literariamente poderia soar ao leitor como excludente de qualidade uma da outra, pois nem sempre o estudioso consegue transmitir com clareza o conceito prático, assim como aquele que detém a prática não consegue passar o conhecimento literário necessário acerca do tema.

Entretanto, de maneira surpreendente — não para mim, por conhecer a qualidade técnica dos autores — a presente obra conseguiu reunir, com maestria, ambos os conceitos, transmitindo ao leitor, através de uma forma clara e objetiva (mas sem perder a técnica), como é a tramitação, de fato, do processo ético-disciplinar, explicando, ainda, doutrinariamente, o porquê daquele caminhar processual.

Não conheço obra alguma que esclareça todo o passo a passo do processo ético-disciplinar no âmbito da OAB, com tamanha desenvoltura, clareza, técnica e objetividade, quanto à presente, que nos apresenta toda a fase de conhecimento.

É um verdadeiro manual procedimental de como se tramita toda a primeira instância, se assim os autores me permitem dizer, do processo ético-disciplinar na OAB, enquanto Seccional e Subseções.

Com uma linguagem objetiva, a parte introdutória esclarece justamente o porquê da presente obra e, muito por conta da ausência de material literário acerca do tema, a grande dificuldade enfrentada pelas Subseções e Seccionais acerca do caminhar procedimental, o qual, diga-se de passagem, deve ser justo e sem surpresas, de modo a permitir àquele que se encontra envolvido no procedimento disciplinar a total compreensão da etapa seguinte do processo e quais caminhos poderá trilhar.

Explicam as regras processuais e legislações aplicáveis aos processos disciplinares, competência, prazos, sigilo, independência administrativa, admissibilidade da representação, diferenciam arquivamento de indeferimento liminar (tema de difícil compreensão até aqui, pois o livro é claro em sua diferença), saneamento do processo, provas, parecer preliminar, voto, suspensão preventiva, TAC, processo de exclusão e, ainda, fornecem jurisprudências e modelos exemplificativos para auxiliar as partes durante todo o processo de conhecimento do procedimento disciplinar.

Em resumo, os autores, com maestria, presentearam-nos com tudo o que necessitamos conhecer na fase de conhecimento do processo ético-disciplinar.

Confesso que, além do privilégio e honraria que tive ao prefaciar a presente obra, na realidade, acabei por ganhar um presente ao desfrutar, em primeira mão, da leitura do exímio trabalho realizado pelos autores.

Novamente, agradeço aos queridos autores pelo convite, certo do sucesso da obra, que muito nos agregará. Obrigado!

Luciano Bandeira
Presidente da Ordem dos Advogados do Brasil
Seccional do Rio de Janeiro

# PRÓLOGO[2]

Conheci os autores, Marcelo Rabelo Pinheiro e Thiago Camel de Campos, no Tribunal de Ética e Disciplina da OAB/RJ, que tenho a honra de presidir neste triênio 2019/2021. No TED, despertaram atenção dos seus pares pela excelência dos seus votos e participação vigorosa nas discussões dos mais variados e intrincados temas envolvendo o procedimento ético-disciplinar.

Desde logo, revelaram-se em vozes qualificadas dentre as maiores autoridades no assunto. Marcaram sua presença. Seja pela cuidadosa seleção de suas abordagens, seja pelos brilhantes e percucientes argumentos trazidos à colação, Marcelo e Thiago indicaram os rumos do processo disciplinar no Tribunal de Ética e Disciplina da Seccional da OAB, no Estado do Rio de Janeiro.

Por isso, com muita honra e entusiasmo, aqui estou a me manifestar sobre esta rara obra que, certamente, inaugura uma série de outras produções científicas dos autores, contribuindo para o aperfeiçoamento das normas que regulamentam o processo ético-disciplinar no âmbito da Ordem dos Advogados do Brasil.

Com rigor metodológico exemplar e clareza cristalina, o livro esmiúça toda a legislação e provimentos pertinentes enfatizando, com rigor técnico e precisão cirúrgica, o passo a passo do procedimento ético-disciplinar, iluminando generosamente o caminho da advocacia brasileira ao longo da vida profissional.

Daí a grandeza da obra!

Marcos Bruno
Presidente do Tribunal de Ética e Disciplina
da Ordem dos Advogados do Brasil – Seccional do Rio de Janeiro

---

[2] Corrigindo inescusável equívoco quando do lançamento da 2ª edição desta obra, que deixou de incluir tão importante manifestação do, à época, Presidente do Tribunal de Ética e Disciplina da OAB/RJ, que muito nos honrou ao acreditar em nosso trabalho.

# ABREVIATURAS

**CED** – Código de Ética e Disciplina

**CPC** – Código de Processo Civil

**CPP** – Código de Processo Penal

**DEOAB** – Diário Eletrônico da OAB

**EAOAB** – Estatuto da Advocacia e da OAB

**RGEAOAB** – Regulamento Geral do Estatuto da Advocacia e da OAB

**RIOAB/RJ** – Regimento Interno da Ordem dos Advogados do Brasil Seccional do Rio de Janeiro

**RITED/RJ** – Regimento Interno do Tribunal de Ética e Disciplina da Seccional do Rio de Janeiro

**TED** – Tribunal de Ética e Disciplina

**TED/RJ** – Tribunal de Ética e Disciplina da Seccional do Rio de Janeiro

# Sumário

1. Introdução .................................................................................. 23
2. Regras processuais aplicáveis aos processos disciplinares .......... 25
   - 2.1 Legislação aplicável ........................................................... 26
   - 2.2 Competência Seccional e Subseções .................................. 28
   - 2.3 Prazos ................................................................................. 35
   - 2.4 Independência das instâncias ............................................. 36
   - 2.5 Sigilo .................................................................................. 39
   - 2.6 Impedimento e Suspeição do Relator ................................ 40
   - 2.7 Desistência da Representação ............................................ 44
3. Linha processual fase de conhecimento ..................................... 47
4. Fase de conhecimento ................................................................ 51
   - 4.1 Quadro auxiliar — Instrutores e Defensores Dativos ......... 51
   - 4.2 Protocolo ou Protocolização da Representação .................. 53
     - 4.2.1 Representação x Procedimento Disciplinar ................ 55
   - 4.3 Admissibilidade .................................................................. 56
   - 4.4 Fase de Admissibilidade ..................................................... 57
     - 4.4.1 Pedidos de esclarecimentos — Exceção ..................... 58
     - 4.4.2 Arquivamento liminar ................................................. 61
     - 4.4.3 Instauração do Procedimento Disciplinar ................... 62

4.5  Defesa Prévia ........................................................................................... 64

    4.5.1  Notificação e Prazo ...................................................................... 64

    4.5.2  Atuação do Defensor Dativo ..................................................... 69

    4.5.3  Requisitos formais ....................................................................... 70

    4.5.4  Prejudiciais de mérito ................................................................. 71

    4.5.5  Requerimento de provas ............................................................ 72

4.6  Despacho saneador ................................................................................ 74

    4.6.1  Indeferimento Liminar ............................................................... 74

    4.6.2  Análise de prejudiciais ............................................................... 76

    4.6.3  Indeferimento de provas ............................................................ 77

    4.6.4  Determinação de produção de provas .................................... 78

4.7  Provas ....................................................................................................... 80

    4.7.1  Tipo de provas admitidas .......................................................... 81

        4.7.1.1  Testemunhal ................................................................. 84

        4.7.1.2  Depoimento pessoal ................................................... 87

        4.7.1.3  Outros tipos de prova ................................................ 88

    4.7.2  Audiência de instrução .............................................................. 91

    4.7.3  Diligências determinadas pelo Relator .................................. 93

4.8  Parecer Preliminar ................................................................................. 95

4.9  Razões finais ........................................................................................... 100

4.10  Voto ........................................................................................................ 102

4.11  Julgamento pela Turma Julgadora ................................................... 104

4.12  Do Julgamento de Processos Ético-Disciplinares com Perspectiva de Gênero .................................................................................................. 108

5. **Medida cautelar — Suspensão preventiva** ........................................ 115

    5.1  Procedimento ....................................................................................... 122

    5.2  Competência ......................................................................................... 126

6. Prescrição e Decadência ........................................................... 131

7. Sanções Disciplinares .............................................................. 145

    7.1  Desclassificação ............................................................... 156

    7.2  Atenuantes ...................................................................... 158

    7.3  Agravantes ...................................................................... 159

8. Processo de Exclusão .............................................................. 161

9. Termo de Ajustamento de Conduta (TAC) .............................. 169

    9.1  Considerações iniciais ..................................................... 169

    9.2  Regulamentação — Provimento nº 200/2020 ................. 170

10. Estrutura das peças processuais .............................................. 175

    10.1  Estrutura de Libelo Acusatório ....................................... 175

    10.2  Estrutura da Petição de Esclarecimentos ......................... 178

        10.2.1  Petição de Esclarecimentos pelo(a) Representante ...... 178

        10.2.2  Petição de Esclarecimentos pelo(a) Representado(a) ... 180

    10.3  Estrutura de Defesa Prévia ............................................ 182

    10.4  Estrutura de Razões Finais ............................................. 186

11. Jurisprudências do Conselho Federal ..................................... 191

    11.1  Desclassificação ............................................................. 191

    11.2  Desistência .................................................................... 197

    11.3  Ausência de Razões Finais ............................................. 202

    11.4  Maus antecedentes — Pena cumprida há mais de 05 (cinco) anos — Impossibilidade de valoração negativa .............................. 206

    11.5  Pagamento do valor antes de qualquer decisão condenatória — Desclassificação ........................................................... 210

    11.6  Prescrição ..................................................................... 211

11.7 Validade da notificação ao endereço cadastrado ........................................ 212

11.8 Nulidades — Prejuízos ........................................................................... 215

11.9 Alteração de capitulação — Ausência de nulidade ................................. 216

11.10 Independência das instâncias ................................................................ 219

11.11 Falta disciplinar decorrente exclusivamente de fato definido como crime ........................................................................................................ 224

11.12 Competência para julgamento da suspensão preventiva ....................... 225

11.13 Competência da Subseção — local do fato ............................................ 227

12. Bibliografia ..................................................................................................... 229

13. Anexo 1 — Lei 8.906/94 (EAOAB) ............................................................. 231

14. Anexo 2 — Código de Ética e Disciplina ................................................... 277

15. Anexo 3 — Regulamento Geral do Estatuto da Advocacia e da OAB – RGEAOAB ....................................................................................................... 305

16. Anexo 4 — Resolução 425/2022 Conselho Seccional do Rio de Janeiro (TAC) ................................................................................................................ 379

17. Anexo 5 — Resolução 01/2022 — Tribunal de Ética e Disciplina OAB/RJ (TAC) ................................................................................................................ 381

18. Anexo 6 — Resolução 01/2023 — TED/OAB-RJ ...................................... 387

19. Anexo 7 — Regimento Interno do TED — OAB/RJ ................................. 391

20. Anexo 8 — Regimento Interno da OAB/RJ ............................................... 393

21. Anexo 9 — Provimento nº 205/2021 .......................................................... 395

ANEXO ÚNICO ..................................................................................................... 402

# 1. Introdução

Um dos maiores desafios encontrados pelos profissionais que atuam nos procedimentos disciplinares perante os Tribunais de Ética e Disciplina das Seccionais e nas Comissões de Ética e Disciplina das Subseções de todo o país é a ausência de material doutrinário hábil a capacitar os advogados, e até mesmo as partes representantes, ao correto atuar perante os Órgãos de Instrução e Julgamento no âmbito disciplinar da OAB.

Pensando nisto, o presente estudo tem por finalidade aclarar pontos controvertidos, subsidiar a atuação procedimental no âmbito dos Tribunais de Ética e Disciplina e servir, sem qualquer pretensão, como fonte de consulta a todos aqueles que se encontram, de alguma forma, envolvidos nos procedimentos disciplinares da Ordem dos Advogados do Brasil.

Tem-se, como principal escopo, a atuação no âmbito do Estado do Rio de Janeiro, muito embora possa servir de fonte de consulta para os demais Estados da Federação, uma vez que, salvo os regramentos aplicáveis exclusivamente ao Rio de Janeiro, os procedimentos disciplinares se regem, a nível nacional, pelos mesmos dispositivos legais, abordando-se os aspectos processuais que regem os procedimentos disciplinares.

Pensando neste vácuo doutrinário no que concerne aos procedimentos administrativos disciplinares, muito embora existam inúmeras obras de excelência no que tange às infrações, o presente trabalho visa preencher esta lacuna procedimental, auxiliando os profissionais do direito em suas defesas e atuação na defesa dos interesses de seus constituintes.

# 2. Regras processuais aplicáveis aos processos disciplinares

No que tange às regras processuais aplicáveis aos procedimentos disciplinares, podemos concluir tratar-se de regramento híbrido, visto que o Estatuto da Advocacia e da OAB, o Código de Ética e Disciplina e os Regulamentos Geral e Internos baseiam-se em normas processuais penais e civis. Vale ressaltar, como será abordado ao longo deste livro, que a fonte subsidiária dos processos disciplinares é o Código de Processo Penal, o que não se confunde com os princípios adotados na elaboração da legislação especial. Ao afirmar a natureza híbrida das regras processuais disciplinares ousamos inovar, visto inexistirem quaisquer estudos ou doutrinas acerca do tema.

Muito embora tratemos as regras processuais disciplinares como de natureza híbrida, sabemos que, como todo e qualquer processo, este também se encontra vinculado, em primeiro plano, aos regramentos constitucionais. Neste sentido, os processos disciplinares devem ter atuação e desenvolvimento institucional com fiel observância aos direitos e garantias constitucionais assegurados às partes em litígio nos procedimentos administrativos.

Além disso, é evidente que devem observar os princípios do contraditório e da ampla defesa associados à inúmeros outros, inclusive o da isonomia processual, da inocência, da não surpresa, entre outros indispensáveis à perfeita instrução e condução democrática do processo.

Demonstrando a natureza híbrida dos procedimentos disciplinares, o artigo 68, *ab initio*, do EAOAB dispõe que se aplicam subsidiariamente ao processo disciplinar as regras da legislação penal comum, enquanto o artigo 72, § 1º do mesmo diploma legal institui que os critérios de admissibilidade e os procedimentos disciplinares são regidos pelo Código de Ética e Disciplina (CED).

Ademais, os Tribunais de Ética e Disciplina da OAB possuem seus Regimentos Internos, que disciplinam a matéria processual no âmbito daquelas Seccionais, o qual, por força do artigo 74 do CED, foram adaptados à Resolução 02/2015 e submetidos à aprovação tanto de seu Conselho Seccional quanto do Conselho Federal.

## 2.1 Legislação aplicável

As normas processuais que regulamentam os procedimentos disciplinares no âmbito da OAB encontram-se descritas na Lei 8.906/94 – Estatuto da Advocacia e da OAB, no Regulamento Geral do Estatuto da Advocacia e da OAB, na Resolução nº 02/2015 que instituiu o Código de Ética e Disciplina da OAB, na Resolução nº 02/2018-SCA que aprovou o Manual de Procedimentos do Processo Ético-Disciplinar, no Provimento nº 83/1996 do Conselho Federal, nos Regimentos Internos dos Tribunais de Ética e Disciplina das Seccionais e, subsidiariamente, no Código de Processo Penal, em tudo o que a legislação específica for omissa.

Ademais, não se pode deixar de mencionar que aos procedimentos disciplinares são aplicáveis, como já mencionado, os princípios constitucionais do devido processo legal, da ampla defesa e do contraditório, a presunção de inocência e tantos outros que serão objeto de análise neste estudo.

Um grande equívoco praticado pelos profissionais que atuam no âmbito dos processos disciplinares junto à OAB é a utilização de princípios processuais administrativos ou processuais civis em suas defesas e manifestações, por interpretação equivocada do artigo 68 do EAOAB. Como dito acima, os procedimentos disciplinares possuem legislação própria e, como fonte de consulta subsidiária, são aplicáveis as regras processuais e princípios processuais penais comuns, em respeito à evidente divisão de aplicabilidade, inserta no artigo 68 do EAOAB, senão vejamos:

> *"Art. 68. Salvo disposição em contrário, aplicam-se subsidiariamente ao processo disciplinar as regras da legislação processual penal comum e, aos demais processos, as regras gerais do procedimento administrativo comum e da legislação processual civil, nessa ordem".*

**1ª parte:** "Salvo disposição em contrário, aplicam-se subsidiariamente ao processo disciplinar as regras da legislação processual penal comum (...)"
**2ª parte:** "(...) e, aos demais processos, as regras gerais do procedimento administrativo comum e da legislação processual civil, nesta ordem".

Assim, resta evidente, que as regras gerais do procedimento administrativo comum e a legislação processual civil aplicam-se tão somente aos demais processos no âmbito da Ordem dos Advogados do Brasil, enquanto nos processos disciplinares, aplicam-se, subsidiariamente, as regras do processo penal comum.

Pensando neste aspecto, tanto a Lei 8.906/94 quanto o Código de Ética e Disciplina e os Regulamentos Gerais e Internos da OAB e do TED disciplinam os procedimentos disciplinares quase que em sua totalidade. Merece destaque, todavia, que o princípio processual civil da "não surpresa" foi incorporado pelo Conselho Federal no âmbito dos processos disciplinares como exceção, sendo amplamente difundido e aplicado na prática.

Outra exceção, que diz respeito à aplicação das regras processuais civis, encontra-se no que diz respeito aos impedimentos e suspeições dos membros do Tribunal de Ética e Disciplina da OAB/RJ. No artigo 43 do Regimento Interno do TED/RJ, por exemplo, é taxativa a aplicação subsidiária do Código de Processo Civil no que tange a suspeição ou impedimento.

O citado dispositivo afirma que o membro do TED/RJ tem o dever de declarar sua suspeição ou impedimento caracterizados na conformidade da legislação processual civil em vigor. O mesmo ocorre para as partes que desejam suscitar o Incidente de Suspeição ou Impedimento, devendo proceder na forma estabelecida pela legislação processual civil, nos termos do artigo 46 do Regimento Interno do TED/RJ.

Por fim, como será abordado em tópico próprio, a contagem de prazos no âmbito dos procedimentos disciplinares adotou o regramento da legislação processual civil, muito embora não se vincule à norma processual, uma vez que a legislação especial tratou especificamente sobre o tema, ao dispor a Lei nº 8.906/94 em seu artigo 69, que todos os prazos nos processos em geral da OAB são de 15 dias, iniciando-se no primeiro dia útil seguinte à publicação no DEOAB, a teor do que disciplina o artigo 69, § 2º do EAOAB c/c artigo 6º, § 5º do Provimento 182/2018, conquanto o artigo 139 e § 4º do Regulamento Geral institui que a contagem de prazo se dará somente em dias úteis.

## 2.2 Competência Seccional e Subseções

A competência Seccional ou das Subseções se regula pelo local do fato. Ou seja, pouco importa a qual Seccional ou Subseção se encontra o advogado vinculado, sendo a competência da instrução processual verificada pelo local em que ocorrera, em tese, a infração objeto de análise, sendo este o critério basilar para a instauração do procedimento disciplinar.

Neste diapasão, pouco importa se o advogado Representado possui inscrição vinculada à Seccional de outro Estado, ou à Subseção de outro Município, sendo competente para a instauração e instrução do procedimento disciplinar a Seccional ou Subseção em que ocorrera o fato infracional, ou seja, a competência dos procedimentos disciplinares é territorial.

E, em se tratando de competência territorial atinente à subseção, esta somente poderá instaurar e instruir o processo disciplinar se dispuser de Conselho, conforme disciplina o artigo 61, *parágrafo único,* 'c' do EAOAB.

Entretanto, deve-se ter em mente que a competência para julgamento é exclusiva do Tribunal de Ética e Disciplina da Seccional do local do fato, a teor do que disciplina o artigo 70 e seu § 1º do EAOAB, portanto tendo a Subseção atribuição, somente, para a instauração e instrução processual (o presente tópico, pela polêmica que circunda, será desenvolvido em item próprio) do processo ético-disciplinar.

Assim, se a infração foi cometida em determinado município do Estado do Rio de Janeiro, por exemplo, a Subseção daquele município em que ocorreu a falta disciplinar tem competência para instaurar e instruir o procedimento disciplinar, devendo, em seguida, remeter os autos ao Tribunal de Ética e Disciplina da Seccional após a elaboração do Parecer Preliminar, para que, só então, seja distribuído o processo para uma das Turmas Julgadoras do TED, que será responsável pelo julgamento do processo.[3]

Justamente por ocasião da competência territorial, é de suma importância que as Subseções mantenham, dentre os membros que compõe o seu Conselho, uma Comissão de Ética e Disciplina devidamente estruturada, contando com relatores e defensores dativos já escolhidos dentre seus membros e devidamente nomeados para tão importante *mister*.

Na referida estruturação, deve-se observar a variação de Relatores a comporem os quadros da Comissão de Ética e Disciplina da Subseção, de forma a resguardar a lisura do procedimento disciplinar no âmbito subseccional.

Ademais, não só a questão estrutural deve ser observada pelas Subseções, como também é de suma importância que toda Representação seja devidamente registrada no sistema informatizado da Ordem, sob pena de responsabilização das pessoas envolvidas, inclusive disciplinar.

---

[3] Art. 61, parágrafo único, alínea "c" c/c Art. 70 e § 1º, ambos da Lei 8.906/94.

## CRÍTICA CONSTRUTIVA

Uma forma de demonstrar que as Comissões de Ética e Disciplina das Subseções são uma ramificação dos Tribunais de Ética e Disciplina, agindo na instrução processual no âmbito de suas competências, seria a troca da nomenclatura de "Comissão de Ética e Disciplina" para "Turma Especial de Instrução Diferida" ou "TEID".

Isto porque, tal qual a Turma Especial de Instrução (TEI) do Tribunal de Ética e Disciplina da Seccional do Rio de Janeiro, que pode existir em qualquer Seccional, possui como atribuição a exata atribuição das Comissões de Ética e Disciplina das Subseções. Desta forma, cada Subseção teria a sua TEID (Turma Especial de Instrução Diferida), submetida ao TED — e como parte integrante deste —, dando à sociedade e aos advogados a exata percepção de sua importância para o processo ético-disciplinar, sendo uma das engrenagens dos Tribunais de Ética e Disciplina.

Nesta toada, o novo Regimento Interno do Tribunal de Ética e Disciplina do Rio de Janeiro, ainda pendente de aprovação pelo Conselho Pleno da OAB/RJ, tratou em seu art. 8º e parágrafo único, que as Comissões de Ética e Disciplina das Subseções que possuem Conselho são Órgãos Auxiliares do TED, apresentando de forma expressa nosso entendimento esposado desde a 1ª edição desta obra, dando às Comissões de Ética e Disciplina a necessária importância e reconhecimento de seus esforços por uma advocacia mais ética.

## CURIOSIDADE

Uma grande dificuldade quanto ao entendimento das regras de competência das Subseções reside especificamente no artigo 120, § 3º do RGEAOAB. O referido dispositivo legal afirma que, concluída a instrução do processo disciplinar, o Relator emite parecer prévio que será remetido ao TED caso homologado pelo Conselho da Subseção.

Dito isto, devemos analisar o referido dispositivo como tacitamente revogado pela Resolução 02/2015, que instituiu o Código de Ética e

Disciplina. Isto porque, o Regulamento Geral fora publicado em Diário da Justiça em 16.11.1994, conquanto a Resolução 02/2015 passou a vigorar em 01.09.2016.

Ou seja, sendo o Código de Ética e Disciplina a legislação que regulamenta os procedimentos disciplinares, nos termos do artigo 72, § 1º da Lei 8.906/94, tem-se que a nova legislação revogou tacitamente o artigo 120, § 3º do RGEAOAB, visto que o seu artigo 59, § 7º é incompatível com a antiga regra, senão vejamos:

> *RGEAOAB Art. 120. Quando a Subseção dispuser de conselho, o Presidente deste designa um de seus membros, como relator, para instruir processo de inscrição no quadro da OAB, para os residentes em sua base territorial, ou processo disciplinar, quando o fato tiver ocorrido na sua base territorial.*
> *(omissis)*
> *§ 3º Concluída a instrução do processo disciplinar, nos termos previstos no Estatuto e no Código de Ética e Disciplina, o relator emite parecer prévio, o qual, se homologado pelo Conselho da Subseção, é submetido ao julgamento do Tribunal de Ética e Disciplina.*
> *CED Art. 59. Compete ao relator do processo disciplinar determinar a notificação dos interessados para prestar esclarecimentos ou a do representado para apresentar defesa prévia, no prazo de 15 (quinze) dias, em qualquer caso.*
> *(omissis)*
> *§ 7º Concluída a instrução, o relator profere parecer preliminar, a ser submetido ao Tribunal de Ética e Disciplina, dando enquadramento legal aos fatos imputados ao representado.*

Veja, o Código de Ética e Disciplina determina, expressamente, que após o oferecimento do parecer preliminar, este será submetido ao Tribunal de Ética e Disciplina, não existindo qualquer previsão de que o parecer preliminar seja homologado pelo Conselho da Subseção.

Assim, tem-se que a homologação de parecer preliminar pela Subseção é medida que extrapola a competência da Subseção, podendo ser, inclusive, causa de nulidade do processo disciplinar, ante a evidente revogação tácita do texto do Regulamento Geral que permitia tal atuação.

Outrossim, reforçando a revogação do disposto no Regulamento Geral, o artigo 80 do Código de Ética e Disciplina determina, expressamente, a revogação do Código de Ética e Disciplina de 13.02.1995, bem como as demais disposições em contrário, selando, por vez, qualquer tentativa de aplicabilidade do artigo 120, § 3º do RGEAOAB.

Acrescente-se, ainda, que o julgamento pelo Conselho da Subseção contraria frontalmente o disposto no § 1º, do artigo 70 do EAOAB, na medida em que o poder de punir e julgar cabe, exclusivamente, ao Tribunal de Ética e Disciplina, cuja instrução far-se-á nas Subseções ou no próprio Tribunal de Ética e Disciplina (dependendo do local da infração). Portanto, admitir como lícito o julgamento pelos Conselhos das Subseções seria o mesmo que admitir que em cada Subseção exista um Tribunal de Ética e Disciplina, o que de longe não se mostra razoável.

No trilhar deste raciocínio, a análise da atual legislação, sobretudo o disposto na alínea 'c', parágrafo único, do artigo 61 do EAOAB, é bem claro quanto à competência da subseção, que se restringe à instauração e instrução dos processos disciplinares *"para julgamento pelo Tribunal de Ética e Disciplina"*.

Não à toa, o § 7º, do artigo 59 do CED da OAB é taxativo, e reforça a ideia de que *"concluída a instrução, o relator profere parecer preliminar fundamentado, a ser submetido ao Tribunal de Ética e Disciplina"*, cabendo, no entanto, à relatoria da instrução processual, seja ela da Subseção ou da Turma Especial de Instrução do Tribunal de Ética, dar o necessário *"enquadramento legal aos fatos imputados ao representado"*.

Não se olvide que admitir o "julgamento" pelos Conselhos das Subseções acaba por criar uma lacuna processual com o passo subsequente, posterior ao seu julgamento pelo referido Conselho, pois tanto o Regulamento Geral quanto a legislação são silentes quanto à etapa processual subsequente caso não seja o Parecer Preliminar homologado.

Noutro lado, em um exercício hipotético, imaginemos a situação de o Parecer Preliminar deixar de ser homologado pelo Conselho da Subseção e, em razão disto, redundar no arquivamento da Representação. Acabar-se-ia por tratar de maneira desigual e prejudicial àquela situação em que o processo é instruído diretamente pela Turma Especial de Instrução, mantida no âmbito do Conselho Seccional, já que para estes não haveria chance de "não homologação" do Parecer Preliminar, mas sim, como "diz a lei", apenas a sua regular instrução e posterior julgamento no âmbito do Tribunal de Ética e Disciplina.

Entretanto, tal entendimento reflete nosso posicionamento, se fazendo necessário pontuar que o Conselho Federal disponibilizou, recentemente, a versão revisada (2023) do Manual de Procedimentos do Processo Ético-Disciplinar, onde manteve seu entendimento anterior, no sentido do necessário cumprimento do art. 120, § 3º do RGEAOAB quando os processos disciplinares forem instaurados e instruídos no âmbito dos Conselhos Subseccionais, devendo — segundo tal entendimento — ser o Parecer Preliminar submetido à homologação do referido Conselho antes da notificação para razões finais:

> *"PARECER PRELIMINAR – opinião manifestada pelo Relator Instrutor, após a conclusão da instrução processual e antes do oferecimento das razões finais, a ser submetido ao Tribunal de Ética e Disciplina, dando enquadramento legal aos fatos imputados ao representado ou indicando ao órgão julgador a improcedência da representação (CED, art. 59, § 7º). O parecer preliminar é de competência privativa do relator, que poderá contar com auxílio de assessor, mas não delegar o ato, e não está sujeito à análise/homologação pelo Presidente, ressalvada a hipótese de processo disciplinar instaurado e instruído no âmbito de Conselho Subseccional da OAB (EAOAB, art. 60, parágrafo único, "c", em que o parecer preliminar deverá ser*

> *homologado pelo Conselho Subseccional (RGEAOAB, art. 120, § 3º), antes de os autos serem remetidos ao Tribunal de Ética e Disciplina da OAB para julgamento. Nesta hipótese, após a homologação do parecer preliminar pelo Conselho Subseccional, deve-se notificar as partes para as razões finais e, após, proceder-se à remessa dos autos ao Tribunal de Ética e Disciplina da OAB".*[4]

E ainda:

> *"4. Se o processo disciplinar estiver sendo instruído no âmbito do Conselho da Subseção (EAOAB, art. 60, parágrafo único, c), após a juntada do parecer preliminar do relator deverá o processo ser pautado para a sessão do Conselho Subseccional mais próxima, para homologação do parecer, conforme artigo 120, § 3º, do Regulamento Geral do Estatuto da Advocacia e da OAB. Nesta hipótese, após a homologação do parecer preliminar pelo Conselho Subseccional deverão ser notificadas as partes para as razões finais e, após, proceder-se à remessa dos autos ao Tribunal de Ética e Disciplina da OAB".*[5]

Posicionamos-nos contrariamente a tal entendimento, pelas razões já expostas acima, especialmente pela prática adotada durante a homologação do Parecer Preliminar, que leva o advogado Representado à falsa sensação de encontrar-se submetido a julgamento no Conselho Subseccional quando, na verdade, o julgamento do processo se dará perante o Tribunal de Ética e Disciplina.

Nesta toada, buscando evitar a insegurança jurídica que paira acerca da necessidade, ou não, da homologação do Parecer Preliminar junto aos Conselhos Subseccionais, principalmente pela falta de regulamentação quanto ao seu procedimento, o Tribunal de Ética e Disciplina do Rio de Janeiro promoveu, recentemente, pedido de consulta ao Órgão Espe-

---

[4] Manual de Procedimento do Processo Ético-Disciplinar – Conselho Federal. Pág. 23.
[5] Manual de Procedimento do Processo Ético-Disciplinar – Conselho Federal. Pág. 38.

cial do Conselho Federal objetivando aclarar, de vez, o procedimento a ser adotado, ainda pendente de resposta até a conclusão desta edição.

## 2.3 Prazos

Como já especificado, tanto o Estatuto da Advocacia e da OAB (Lei nº 8.906/94) quanto o Regulamento Geral da OAB definem que todos os prazos processuais no âmbito da OAB são de 15 (quinze) dias, computados apenas os dias úteis.

Neste quesito, observe-se que a Lei 14.365/2022, que introduziu grandes alterações na Lei 8.906/94, alterou os parágrafos 1º e 2º do EAOAB, que tratam do início da contagem dos prazos.

Existem, portanto, dois marcos iniciais a serem observados pelos participantes de um processo disciplinar. Nos casos em que a comunicação tenha ocorrido através de notificação pessoal ou ofício reservado, considera-se como começo do prazo o primeiro dia útil imediatamente após a juntada aos autos do respectivo aviso de recebimento.

Neste aspecto, houve importante alteração, visto que anteriormente à Lei 14.365/2022 os prazos tinham como marco a data do recebimento da comunicação, enquanto a nova diretriz determina como marco a data da efetiva juntada aos autos do aviso de recebimento.

Já em caso de notificações e decisões divulgadas por meio do Diário Eletrônico da OAB, o marco inicial para a contagem dos prazos é o primeiro dia útil seguinte à publicação. Importante se observar que a legislação tratou de explicar, explicitamente, que a data da publicação é considerada o dia útil seguinte ao da disponibilização da informação do DEOAB, *in verbis*:

> § 2º No caso de atos, notificações e decisões divulgados por meio do Diário Eletrônico da Ordem dos Advogados do Brasil, o prazo terá início no primeiro dia útil seguinte à publicação, assim considerada o primeiro dia

*útil seguinte ao da disponibilização da informação no Diário.*

*(Redação dada Lei nº 13.688, de 2018) (Vigência)*

Exemplificando, se determinada decisão foi disponibilizada no DEOAB no dia 12.09.2022, será considerado publicado no dia 13.09.2022 e o início da contagem do prazo será em 14.09.2022. Portanto, é extremamente importante que se observe no DEOAB a data de disponibilização daquela decisão ou notificação, de forma a evitar a perda de prazos.

Quanto à contagem em dias úteis, esta passou a vigorar nos processos da OAB a partir de janeiro de 2017, através da edição da Resolução nº 09/2016, que incluiu o § 4º do artigo 139 do Regulamento Geral da OAB.

Desta forma, tanto os prazos para manifestação no curso dos processos disciplinares, quanto os prazos para interposição de recursos são de 15 (quinze) dias úteis, não se aplicando qualquer outra disposição de prazos, seja na legislação processual civil ou penal, visto que a norma específica dispõe acerca do tema.

Tal regramento se aplica, inclusive, aos Embargos de Declaração manejados para esclarecer ambiguidades ou omissões nos acórdãos[6].

Ademais, assim como os processos judiciais, os processos disciplinares têm seus prazos suspensos entre os dias **20 e 31 de dezembro,** bem como durante o período de recesso do Conselho da OAB, que ocorre no mês de janeiro, reiniciando-se sua contagem no primeiro dia útil após o término do recesso. Desta forma, no período entre **20 de dezembro a 31 de janeiro,** os prazos encontram-se suspensos.

## 2.4 Independência das instâncias

A questão posta é dotada de polêmica e entendimentos diversos acerca do tema, no entanto, a posição majoritária do Conselho Federal

---

[6] v. Art. 201, III, § 1º do RIOAB/RJ; Art. 52, § 1º RITED/RJ.

da OAB é no sentido de que as instâncias são independentes e o julgamento na esfera administrativa disciplinar independe da esfera judicial, seja ela de cunho penal ou civil.

Tal entendimento, dentre outras balizas, dá-se pelo fato de que "*a prerrogativa de praticar atos e colocá-los em imediata execução, sem dependência à manifestação judicial, é que representa a autoexecutoriedade*"[7], portanto, o exercício do poder disciplinar não pode ficar à mercê da espera de um provimento jurisdicional para então se iniciar. A *contrario sensu*, estar-se-ia inviabilizando o julgamento disciplinar e frustrando o poder disciplinar já que, por óbvio, a espera do julgamento na esfera judicial para que, então, se iniciasse o procedimento administrativo, acabaria por atrair o fenômeno da prescrição.

A seu turno, ressalva se faz, quando o processo disciplinar decorre única e exclusivamente de fato tido como crime, sem que subsista falta residual, portanto, nessa hipótese, a sentença criminal que reconhece a inexistência material do fato, ou a negativa da autoria, repercute (repita-se, sem que exista falta residual) necessariamente na esfera disciplinar.

Diante da hipótese aqui aventada, ou seja, da falta disciplinar decorrer exclusivamente de crime, necessário que se instaure o processo ético-disciplinar, contudo, deverá ser sobrestada a sua instrução e julgamento, até ulterior desfecho do processo criminal, sem a contagem de prazo prescricional.

Vale transcrever o julgado da Segunda Câmara do Conselho Federal da Ordem dos Advogados do Brasil, a saber:

> "*RECURSO N° 0146/2005/SCA: Recorrente: P.R.P.C. (Advogado: Carlos Eduardo Cuzzuol OAB/RJ 119.127. Defensor Dativo: Frederico de Moura Leite Estefan OAB/RJ 79.995). Recorridos: Conselho Seccional da OAB/Rio de Janeiro e 4ª Vara Federal Criminal do Rio de Janeiro. Relator: Conselheiro Federal Paulo Roberto de Gouvêa*

---

[7] CARVALHO FILHO, José dos Santos. *Manual de direito administrativo*. 13. ed. Rio de Janeiro: Lumen Juris Editora, 2005. 66 p. v. 2.

*Medina (MG). Pedido de Vista: Conselheiro Federal Ulisses César Martins de Sousa (MA). EMENTA N° 014/2006/ SCA. <u>É nula a decisão condenatória em processo ético-disciplinar quando o fato imputado ao advogado constitui crime e acha-se sub judice, na Vara Criminal competente, instância adequada para a sua apuração</u>, tanto mais quando, na esfera administrativa, a prova revelou-se insuficiente para caracterizar a infração. <u>Sobrestamento do processo ético-disciplinar, até o desfecho do processo crime, que, nas circunstâncias, se mostra aconselhável, antes de tudo em obediência ao princípio do devido processo legal, que exige prova bastante para a condenação</u>. Recurso de que se conhece e a que se dá provimento para anular o processo a partir da decisão do Tribunal de Ética e Disciplina. ACÓRDÃO: Vistos, relatados e discutidos os autos do processo em epígrafe, ACORDAM os Membros da Segunda Câmara do Conselho Federal da Ordem dos Advogados do Brasil, por unanimidade, em conhecer do recurso e dar-lhe provimento, nos termos do voto do relator. Sala das Sessões, 07 de fevereiro de 2006. Ercílio Bezerra de Castro Filho, Presidente da Segunda Câmara. Paulo Roberto de Gouvêa Medina, Relator". (DJ, 03.04.2006, p. 633, S 1) (Grifei)*

De igual sorte, porém noutro giro, a jurisdição disciplinar não exclui a comum e quando o fato constituir crime ou contravenção, o relator do processo ético-disciplinar **deverá** comunicar às autoridades competentes, a teor do artigo 71 do EAOAB. Observe-se que o comando legal é impositivo, conquanto, impondo a comunicação.

Merece destaque, ainda, que os processos disciplinares que envolvam coisa julgada no âmbito do Poder Judiciário devem ser analisados sob tal prisma, sem que isto seja uma regra absoluta, devendo analisar cada demanda em específico. Por exemplo, se o processo disciplinar versar sobre locupletamento e, antes de qualquer decisão meritória no âmbito disciplinar sobrevier decisão judicial transitada em julgado afastando o ilícito penal ou a responsabilidade civil do Representado (ou do Requerido — a depender do momento processual), tal circunstância deve ser acatada pelo TED, sob pena de violação da coisa julgada e da segurança jurídica das decisões judiciais, o que poderia ensejar arguição de nulidade em caso de decisão administrativa em contrário.

Outro exemplo pode ocorrer quando o procedimento disciplinar estiver apurando a ausência de prestação de contas por parte do advogado e, no curso deste, sobrevier decisão judicial transitada em julgado que declare as contas prestadas. Nesta situação, como no exemplo acima, deverá o TED acatar o comando judicial, podendo, entretanto, pronunciar-se e decidir acerca de eventual infração residual diversa da coisa julgada material.

Que não se confunda a declaração judicial de prestação de contas no curso da ação com a ausência da infração disciplinar do art. 34, XXI do EAOAB, uma vez que a infração se consuma no ato da recusa, da negativa ou da omissão em prestar contas, não sendo afastado com a posterior prestação das contas, devendo ser observado, apenas, a não incidência da perduração da penalidade de suspensão na forma do art. 37, §2º do EAOAB.

## 2.5 Sigilo

A lei determina o sigilo dos processos ético-disciplinares, até o seu término, só tendo acesso às suas informações as partes, seus procuradores constituídos e a autoridade judiciária competente. Dessa determinação decorrem os cuidados com as notificações e a extração de cópias (que devem ser obtidas mediante assinatura de termo de compromisso quanto ao resguardo de tal sigilo), a teor do que disciplina o artigo 72, § 2º do EAOAB.

Em geral, é vedado aos magistrados, membros da Defensoria/Ministério Público, ou Autoridades Policiais, o acesso às informações acerca do processo disciplinar, somente às "autoridades competentes", ou seja, a autoridade que detenha, sob sua jurisdição, demanda instaurada com base nos exatos fatos apurados no processo disciplinar.

Todavia, importante frisar que o sigilo nos processos disciplinares tem suas exceções. A primeira delas ocorre caso os fatos apurados no processo disciplinar sejam judicializados, podendo, então, ser o mesmo prova requisitada pelo Juízo. Tal exceção se coaduna com o comando expresso do art. 72, § 2°, *in fine* do EAOAB.

Passa, então, aquele Juízo que detenha sob seus auspícios os mesmos fatos objetos do processo disciplinar, acesso às suas informações, alçando-se à condição de autoridade competente.

A segunda exceção refere-se à garantia do direito de defesa de qualquer cidadão. Quando as informações constantes dos autos do processo disciplinar forem meio de prova, de qualquer das partes envolvidas, em processo judicial, poderão estes fazer uso de suas informações, desde requeiram, fundamentado no art. 72, § 2° do EAOAB, a decretação de sigilo nos autos do processo judicial, afastando, assim, infração ao citado dispositivo, pela parte que necessitar juntar cópias do processo disciplinar nos autos de processo judicial.

Importante destacar que a falta de requerimento de decretação de sigilo no processo judicial em que se faça necessário a juntada de cópias do processo disciplinar poderá ensejar representação disciplinar em face do advogado que violar o sigilo. Daí, sugere-se a cautela de se fazer o requerimento de sigilo, antes de efetivar a juntada das respectivas peças processuais.

## 2.6 Impedimento e Suspeição do Relator

O presente tópico foi totalmente baseado nos regramentos do Tribunal de Ética e Disciplina do Rio de Janeiro, muito embora existam inúmeros julgados do Conselho Federal corroborando com o posicionamento do Estado do Rio de Janeiro no que tange as regras de impedimento e suspeição de membros dos Tribunais de Ética.

Arriscamo-nos aqui, a acrescentar, que as regras de impedimento e suspeição se aplicam, também, aos membros dos Conselhos de Ética e

Disciplina das Subseções. Muito embora não detenham competência de julgamento, os referidos membros são responsáveis pela instrução processual no âmbito das Subseções.

Ultrapassados os necessários esclarecimentos, para que não ocorram confusões, deve-se ter em mente que Impedimento e Suspeição são institutos diversos, não se confundindo entre si.

Enquanto o Impedimento se verifica através de critérios objetivos alheios à vontade do relator, que implica em sua absoluta proibição de atuação em determinado procedimento disciplinar, a Suspeição se verifica através de critérios subjetivos do relator.

Cabe ao relator declarar seu impedimento ou sua suspeição, cujas regras se encontram descritas no artigo 144 (impedimento) e 145 (suspeição) do CPC, nos termos do artigo 46 do Regimento Interno do TED/RJ. Compete, também, às partes, arguir Incidente de Impedimento ou Suspeição nos termos da legislação processual civil, com base no artigo 46 do Regimento Interno do TED/RJ.

Importante mencionar que, muito embora os regramentos internos utilizem-se da nomenclatura Exceção de Suspeição ou de Impedimento, com o advento da Lei 13.105/15 (Código de Processo Civil), legislação aplicável ao instituto da suspeição e impedimento, não há mais que se falar em Exceção, mas sim em Incidente, como leciona o art. 146, § 2º do CPC.

Ultrapassada a questão da nomenclatura, passamos à análise do Impedimento e Suspeição. Os critérios para o impedimento do julgador são objetivos, não comportando subjetividade, sendo desnecessária a demonstração de violação à imparcialidade do julgador, muito embora haja necessidade de comprovação dos fatos que importem no impedimento do julgador, a exemplo de ser este sócio de pessoa jurídica parte no processo (artigo 144, V do CPC), ou quando for parte no processo ele próprio, seu cônjuge ou companheiro, ou parente (artigo 144, IV do CPC), entre outros.

Os casos mais comuns de impedimento do julgador no âmbito dos processos disciplinares estão relacionados à sua atuação pretérita nos autos, na qualidade de Defensor Dativo (artigo 144, I do CPC), ou quando cônjuge, companheiro ou qualquer parente esteja postulando como advogado da parte (artigo 144, III do CPC).

Já para a arguição de suspeição, não basta a simples alegação de suspeição nas manifestações no curso do processo disciplinar. É dever da parte, tão logo tome conhecimento das causas de suspeição ou impedimento, apresentar Incidente, de forma fundamentada e comprovada, requerendo o processamento em autos apartados.

Ademais, deve ser demonstrada a violação à imparcialidade dos julgadores, além de formalizar o pedido de declaração pela via adequada, como se observa nos julgados do Conselho Federal:

> RECURSO n° 49.0000.2016.002157-4/OEP. Recte: C.L.N. (Advs: Cristiane Leandro de Novais OAB/SP 181384 e Ronaldo Agenor Ribeiro OAB/SP 215076). Interessado: Conselho Seccional da OAB/São Paulo Relator: Conselheiro Federal Roberto Charles de Menezes Dias (MA). EMENTA n° 008/2018/OEP. Recurso ao Órgão Especial. Acórdão unânime da Primeira Turma da Segunda Câmara do Conselho Federal. **Exceção de suspeição dos membros do órgão julgador recorrido. Ausência de formalização pela via adequada. Não recebimento. Prescrição. Inocorrência. Alegação de suspeição de membros de Turma de Tribunal de Ética e Disciplina. Ausência de demonstração da violação à imparcialidade dos julgadores.** Composição de órgãos julgadores de primeira instância da OAB. Desnecessidade de exercício de mandato de conselheiro seccional. Súmula 01/2007-OEP. Art. 109, § 4°, do Regulamento Geral. Prescrição. Inocorrência. Inteligência do artigo 43 do EAOAB e da Súmula 01/2011COP. Prejuízo causado a cliente. Ausência de recolhimento de custas de recurso de apelação. Infração ao artigo 34, inciso IX, da Lei n° 8.906/94. Infração disciplinar configurada. Recurso não provido. 1) **Aquele que pretenda desconstituir a imparcialidade de membro julgador deverá indicar o julgador tido por suspeito e expor suas**

razões, apresentando documentos ou rol de testemunhas que comprovem os fatos alegados, bem como formalizar sua pretensão antes do julgamento do recurso, presumindo-se que, não arguida a suspeição oportunamente, ocorre a preclusão. Precedentes. Eventuais irregularidades ou nulidades processuais não acarretam, inequivocamente, a suspeição dos julgadores, devendo ser analisadas pelas vias processuais adequadas. 2) Ainda quanto à composição de órgãos julgadores de primeira instância, em matéria disciplinar na OAB, não se exige o exercício de mandato eletivo de conselheiro seccional, subsistindo a vedação apenas quanto à composição de órgãos recursais de segunda instância, conforme artigo 109, § 4°, do Regulamento Geral, e Súmula 01/2007-OEP. 3) Identificando-se os marcos interruptivos previstos no § 2° do art. 43 do Estatuto da OAB, conclui-se que não decorreu lapso temporal superior a 05 (cinco) anos capaz de configurar a prescrição da pretensão punitiva. De igual modo, não há que se falar na ocorrência de prescrição intercorrente (§ 1° do art. 43 da Lei 8.906/94), visto que o processo não permaneceu paralisado por mais de três anos pendente de despacho ou decisão. 4) Advogada que apresenta guia de recolhimento de custas de recurso de apelação, a qual, posteriormente, vem a ser declarada inexistente pela instituição financeira, face ao equívoco cometido pela advogada, ao tentar recolher as custas no âmbito estadual em instituição bancária federal, resultando arquivamento do feito por deserção, prejudica, por culpa grave, os interesses do cliente. 5) Recurso não provido. Acórdão: Vistos, relatados e discutidos os autos do processo em referência, acordam os membros do Órgão Especial do Conselho Pleno do Conselho Federal da Ordem dos Advogados do Brasil, observado o quorum exigido no art. 92 do Regulamento Geral, por unanimidade, em negar provimento ao recurso, nos termos do voto do Relator. Impedido de votar o Representante da OAB/São Paulo. Brasília, 11 de dezembro de 2017. Marcelo Lavocat Galvão, Presidente em exercício. Roberto Charles de Menezes Dias, Relator. (DOU, S.1, 01.02.2018, p. 189) (grifos nossos).

No âmbito do TED/RJ, seu Regimento Interno dispõe em seus art. 43 a 46 que o membro do Tribunal tem o dever de declarar sua suspeição ou impedimento na primeira oportunidade em que se pronunciar no processo ou na sessão de julgamento, conforme for o caso, podendo, ainda, ser suscitado incidente[8] por qualquer interessado[9].

Desta forma, como dito, não basta a simples arguição de suspeição ou impedimento do julgador, devendo ser apresentado Incidente de Impedimento ou Suspeição, sendo necessária para a suspeição a demonstração de violação à imparcialidade do julgador, bem como ser observado o prazo de 15 dias (artigo 69 do EAOAB) para apresentação do Incidente, sob pena de preclusão.

## 2.7 Desistência da Representação

Neste tópico, abordaremos a eventual ocorrência de pedido de desistência formulado pela parte Requerente, durante a fase de instrução processual. Este aspecto é o que melhor representa a não aplicabilidade de princípios processuais civis aos procedimentos disciplinares.

No âmbito do processo civil, é permitido à parte autora o pedido de desistência[10], até a prolação da sentença, certo de que, após a apresentação da contestação, o Réu deverá consentir[11] com o pedido de desistência, para que esta venha a ser homologada pelo juízo[12].

---

[8] O RITED/RJ em vigência ainda nomina como exceção de suspeição ou de impedimento, embora vincule às regras processuais civis (CPC), razão pela qual o correto seria Incidente de Suspeição ou de Impedimento (art. 46 RITED/RJ).

[9] *Arts. 43 a 46 RITED/RJ.*

[10] *Art. 485, § 5º do CPC.*

[11] *Art. 485, § 4º do CPC.*

[12] *Art. 485, VII do CPC.*

Diferentemente do acima exposto, cuja questão não possui maiores complexidades, no âmbito do procedimento disciplinar a matéria não é tão simples. Existem, atualmente, duas correntes no âmbito do Conselho Federal. A corrente majoritária entende que a desistência da Representação pelo Requerente é irrelevante para o processo disciplinar. Esta corrente é seguida pelo TED/RJ, que incluiu em seu Regimento Interno o artigo 71 que, especificamente, aponta que a desistência não importa em necessário arquivamento do procedimento disciplinar.

> *"RITED/RJ Art. 71. A desistência da representação não importa, necessariamente, em arquivamento e desde que presentes indícios de falta disciplinar, o processo prosseguirá a tramitar como representação de ofício, excluindo-se o nome do representante originário da autuação."*

Outra corrente, todavia, defende que a desistência da Representação pelo Requerente importa no arquivamento do processo disciplinar, por aplicação subsidiária do artigo 107, V do CPP, por expressa previsão no artigo 68 do EAOAB, entendendo pelo arquivamento sem resolução do mérito.

Filiamos-nos, todavia, a despeito do entendimento de aplicação subsidiária do artigo 107, V do CPP, à corrente majoritária que defende a irrelevância do pedido de desistência da representação para o prosseguimento do processo disciplinar, ante o princípio do interesse público e da discricionariedade do poder disciplinar, conferido pelo EAOAB. Ou seja, o pedido de desistência não afasta a sanção disciplinar, ante o poder fiscalizatório e punitivo da OAB.

Como afirmado, este entendimento é adotado no TED do Rio de Janeiro, tendo incluído a previsão de irrelevância da desistência em seu Regimento Interno.

Outro aspecto relevante quanto à desistência da representação diz respeito àquelas inauguradas por advogado em face de outro advogado.

O ilustre advogado, e Conselheiro da OAB/RJ, Dr. João Augusto Basílio tem importante entendimento no sentido de que os processos de representação de advogado contra advogado possuem expressa previsão da possibilidade de conciliação entre as partes, o que atrairia interpretação análoga à figura da queixa do direito processual penal e, consequentemente, aplicação subsidiária das regras que a disciplinam, no que couber.

Segundo entendimento do douto advogado, ante o permissivo do art. 68 do EAOAB, a possibilidade de renúncia ao direito de queixa (art. 49 e seguintes do CPP) e a possibilidade de perdão pelo ofendido (art. 51 e seguintes do CPP) possuem aplicação subsidiária nas representações de advogado contra advogado, o que pressupõe a homologação do pedido de desistência do representante, neste caso.

O brilhante entendimento tem embasamento em precedentes do Conselho Federal da OAB e com o qual nos filiamos diretamente, ressaltando, apenas, que a possibilidade de aplicação subsidiária das regras processuais penais supracitadas se restringe, a nosso entender, às representações de advogado contra advogado, considerando que nas demais representações, pelos fundamentos acima explicitados, há nítido e cristalino interesse da Ordem dos Advogados do Brasil no afastamento e punição da conduta infracional objeto de apuração, o que justifica a substituição do polo ativo.

# 3. Linha processual fase de conhecimento

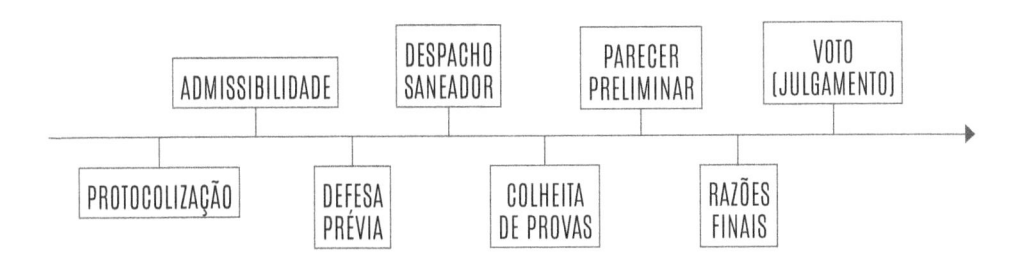

```
                    ┌──────────┐      ┌──────────┐      ┌──────────┐
                    │ DESPACHO │      │  PARECER │      │   VOTO   │
   ┌──────────────┐ │ SANEADOR │      │PRELIMINAR│      │(JULGAMENTO)│
   │ADMISSIBILIDADE│└──────────┘      └──────────┘      └──────────┘
   └──────────────┘
───────┬──────────────┬──────────────┬──────────────┬──────────────▶
┌──────────────┐  ┌────────┐    ┌──────────┐    ┌────────┐
│PROTOCOLIZAÇÃO│  │ DEFESA │    │ COLHEITA │    │ RAZÕES │
└──────────────┘  │ PRÉVIA │    │ DE PROVAS│    │ FINAIS │
                  └────────┘    └──────────┘    └────────┘
```

Acima, podemos observar a linha processual simples, desconsiderando as exceções, tais como: pedidos de esclarecimentos na fase de admissibilidade e arquivamento liminar, bem como deixando de considerar a fase recursal. Como se vê, a linha processual se define entre protocolização da representação, despacho de admissibilidade, apresentação de defesa prévia, despacho saneador, fase de provas (apresentação de provas, colheita de depoimentos pessoais e prova testemunhal através de audiência etc.), elaboração de parecer preliminar, apresentação de razões finais e voto em sessão de julgamento.

O gráfico acima ilustrado representa a fase de conhecimento do processo disciplinar, que se encerra após a instrução processual com o julgamento do processo por uma das turmas julgadoras do Tribunal de Ética e Disciplina.

Após o julgamento, inicia-se a fase recursal, da qual podemos destacar a possibilidade de Embargos de Declaração, Embargos Infringentes e Recurso Ordinário. Da decisão da Turma Julgadora caberá Embargos de Declaração nos moldes da legislação processual civil, quando da decisão existirem omissões, contradições ou obscuridades, admitindo-se, ainda, correção de erro material.

Se a decisão da Turma Julgadora for por maioria, caberão Embargos Infringentes, sendo levado ao Plenário do Tribunal de Ética e Disciplina para fazer prevalecer o voto vencedor ou voto vencido, conforme a necessidade da parte embargante. Já nos casos de decisão unânime, caberá Recurso Ordinário, direcionado ao Conselho Pleno Seccional.

Os recursos serão objeto de detalhamento no Livro II – Fase Recursal, cabendo simples menção neste momento, de forma a exemplificar as linhas processuais possíveis.

Na forma dos artigos 61, parágrafo único, 'c' c/c 70, § 1º do EAOAB, nas Subseções que possuírem Conselho, as infrações cometidas, em tese, em sua base territorial, serão instruídas no âmbito das Subseções, através de suas Comissões de Ética. Caso não haja Conselho, a instrução caberá à Seccional, através do Tribunal de Ética e Disciplina.

No Rio de Janeiro, quando a instrução for de atribuição da Seccional, esta é realizada pela Turma Especial de Instrução do Tribunal de Ética e Disciplina,[13] cuja competência se encerra após a elaboração do parecer preliminar e recebimento das razões finais, nos termos do artigo 59, §§ 7º e 8º do EAOAB. Em seguida, o Presidente do TED, após o recebimento do processo devidamente instruído pelo integrante da Turma Especial de Instrução, designa, por sorteio, outro relator, este integrante de uma das Turmas Julgadoras do TED, para proferir voto.

Apenas de forma ilustrativa, após o julgamento de recurso perante o Conselho Seccional, caberá, ainda, recurso ao Conselho Federal, na forma da legislação, cujo tema é tratado no Livro II.

De igual modo, quando a atribuição para a instauração do processo ético-disciplinar for da Subseção, desde que disponha de Conselho e tendo a infração ocorrida em sua base territorial, o processo terá todo o

---

[13] Curiosidade: O art. 8º, alínea "d" do RITED/RJ denomina a referida turma como Turma Especial de Instrução Disciplinar, enquanto o art. 14 do mesmo Regimento, ao descrever sua competência, define como Turma Especializada de Instrução Disciplinar.

trâmite acima descrito na Comissão de Ética e Disciplina da Subseção, e após a apresentação do parecer preliminar, pelo Relator, e razões finais, pelas partes, será encaminhado ao Tribunal de Ética Disciplina, quando então será distribuído para uma das Turmas Julgadoras, designando-se Relator, que proferirá seu voto e submeterá aos demais pares da Turma para o respectivo julgamento. Observe-se que somente o Tribunal de Ética e Disciplina possui competência para julgar e punir (art. 70 do EAOAB), não cabendo tal atribuição aos Conselhos Subseccionais.

## CURIOSIDADE

Há grande lacuna legislativa e doutrinária no que se refere à nomenclatura dada às partes do processo ético-disciplinar, sendo comum vermos Relatores nomeando-as ora como Requerentes/Requeridos, ora como Representantes/Representados. Isto se dá, como afirmado, por mera liberalidade do Relator em decorrência da omissão existente, tanto na legislação pertinente, quanto pela inexistência de doutrina específica.

E, portanto, trazemos no presente livro uma reflexão. Fazendo um paralelo com o que ocorre na esfera criminal, devemos observar, como será tratado no presente livro, que há duas fases distintas — sem adentrar às especificações de cada — no âmbito do processo disciplinar. A primeira, chamada de fase de admissibilidade — a qual se refere a uma fase pré-processual, em que não se fala em processo disciplinar, mas sim em Representação — e outra que se refere à fase de conhecimento — dividida entre instrução e julgamento — e que, somente nesta fase, estamos diante de um processo ético-disciplinar.

Desta maneira, é importante distinguirmos a nomenclatura das partes em cada uma dessas fases. E aqui, arriscamo-nos a demonstrar o que mais se adequa, a nosso ver. Na fase de admissibilidade, por ser pré-processual, teremos a figura do(a) Representante e do(a) Representado(a), uma vez que ainda se trata, tão somente, de uma Representação *lato sensu*. Já nas fases de conhecimento — instrução e julgamento

— que ocorrem após o despacho de admissibilidade e, portanto, existente o processo ético-disciplinar, as partes chamam-se Requerente e Requerido(a).

Apesar de parecer tratar-se de uma linha extremamente tênue entre as denominações das partes, a hermenêutica requer que somente sejam tratados como Representantes e Representados as partes envolvidas em uma Representação. Após o despacho de admissibilidade, que venha admitir a representação e instaurar o processo ético-disciplinar, não mais estaremos diante de uma Representação, razão pela qual necessária a alteração da nomenclatura dada às partes, por questão lógica e semântica.

Resta, portanto, nossa contribuição na presente obra para a observância hermenêutica da nomenclatura das partes. E para que se fixe, antes do despacho de admissibilidade teremos Representantes e Representados e, com a admissibilidade da Representação e instauração do processo ético-disciplinar, teremos Requerentes e Requeridos.

# 4. Fase de conhecimento

O presente livro, Processo Ético-Disciplinar na OAB – Teoria e Prática – Livro I – Fase de Conhecimento, abordará as questões teóricas e práticas envolvendo a fase de conhecimento dos processos disciplinares, mencionando, quando oportuno, outras fases processuais, mas sem se aprofundar no assunto, que será minuciosamente destrinchado no Livro II – Fase Recursal.

Como afirmado anteriormente, abordaremos desde a protocolização da representação até o fim da fase de conhecimento, que se encerra com a apresentação de voto e julgamento pela Turma Julgadora dos Tribunais de Ética e Disciplina, passando por questões polêmicas, indicações de jurisprudências do Conselho Federal da OAB e modelos de peças.

## 4.1 Quadro auxiliar – Instrutores e Defensores Dativos

Antes de adentrarmos especificamente no que diz respeito à fase de conhecimento, faz-se necessário o presente tópico, para que se possa discorrer acerca daqueles personagens que efetivamente são responsáveis pela viabilização do processo ético-disciplinar.

Os processos disciplinares contam com advogados, devidamente nomeados pelo presidente do Conselho Seccional, escolhidos dentre os profissionais com reputação ilibada e notório saber jurídico, para atuar na qualidade de membros dos Tribunais de Ética e Disciplina das Seccionais.

Além dos membros do TED, os servidores das Seccionais e Subseções são peças fundamentais nesta engrenagem processual, auxiliando relatores, administrando o andamento processual, elaborando notificações, publicações em edital, bem como todas as medidas administrativas necessárias para o bom funcionamento do processo disciplinar.

Por fim, mas não menos importante, para compor o quadro de auxiliares dos Tribunais de Ética e Disciplina, são nomeados advogados para atuar nas funções de instrutor e defensor dativo.

Os instrutores são diretamente vinculados aos relatores, podendo executar as diligências determinadas pelo relator, tais como: presidir audiências de conciliação, audiências de instrução, colheita de provas orais, entre outras. A figura dos instrutores é de extrema importância, visto o grande número de processos disciplinares distribuídos diariamente aos relatores que, além de emprestarem seus conhecimentos voluntariamente ao TED, ainda precisam gerir e administrar seus próprios escritórios e clientes.

Com relação aos Defensores Dativos, estes cumprem *múnus* de extrema relevância, pois a eles é direcionada a defesa dos advogados que não forem encontrados ou tenham sido declarados revéis[14], assegurando, assim, o amplo direito de defesa.

Certa questão que levanta polêmica reside no fato de que, entendendo o Representado/Requerido pela necessidade de ser assistido por Defensor Dativo, pode este requerer ao Relator a nomeação de defensor designado no quadro de auxiliares, o que lhe é facultado, expressamente, no âmbito da Seccional do Rio de Janeiro, conforme disposto no artigo 98, § 3º e artigo 137, parágrafo único, do RIOAB/RJ.

Desta forma, os Defensores Dativos atuam como advogados de ofício, dos carentes, sejam estes Representantes/Requerentes ou Representados/Requeridos, que não queiram atuar em causa própria, que estejam ausentes ou sejam revéis.

---

[14] *Art. 73, § 4º EAOAB.*

## 4.2 Protocolo ou Protocolização da Representação

O protocolo, ou protocolização, é o ato de comunicar à Ordem dos Advogados do Brasil acerca de fatos ínsitos ao inscrito, seja advogado ou estagiário, de cunho disciplinar, ou não, que ao ser protocolizado recebe o nome de representação.

Merece destacar que a denominação "Representação" não importa tratar-se de procedimento disciplinar em face do inscrito, bem como não traz qualquer mácula à ficha do advogado ou estagiário.

Desta forma, uma vez protocolizada a Representação e verificando-se tratar de matéria afeta à questão disciplinar, será encaminhado o processo ao Tribunal de Ética — ou à Comissão de Ética no caso de Subseções que dispuserem de Conselho — designando-se relator, que verificará os critérios de admissibilidade, emitindo parecer (despacho) de Instauração do processo disciplinar ou manifestará pelo arquivamento liminar da representação, nos moldes do artigo 58, § 3º do CED.

Caso o Relator emita parecer propondo a instauração do processo ético-disciplinar, será proferido despacho pelo Presidente do TED — ou Presidente da Subseção — declarando a instauração do processo. "Nasce", então, somente neste momento, o processo disciplinar, determinando a notificação do inscrito para que apresente sua Defesa Prévia, devendo observar os termos do artigo 137-D do Regulamento Geral da OAB.

A protocolização da representação pode ocorrer de 3 formas distintas: por representação da parte interessada, por comunicação de autoridade ou de ofício pela própria OAB.

A forma mais comum é a representação protocolizada pela parte interessada, quando leva ao conhecimento da OAB fatos que entende constituir infração disciplinar. Pode ocorrer também através de outro advogado, ao comunicar à Ordem possível infração disciplinar praticada por inscrito.

Como exemplo temos a protocolização pela parte que deixou de receber os valores a ela devidos, que tenham sido levantados pelo advogado, deixando de lhe prestar contas e realizar o repasse dos valores. Outro exemplo é o caso de advogado ser surpreendido por protocolo de procuração de seu cliente a outro advogado, sem que haja comunicação prévia, levando o advogado retirante a comunicar a infração ao TED.

Outra forma de protocolização ocorre através da comunicação (encaminhamento de ofícios) realizada por autoridade, seja pelo juízo ou autoridade policial, dando ciência de eventual prática infracional ocorrida no âmbito de sua competência. Tal comunicação é necessária, uma vez que compete, exclusivamente, à OAB a análise de infrações disciplinares praticadas por seus inscritos. Como exemplo, temos a comunicação de juízo à OAB por eventual retenção abusiva de autos, falta de observância ao dever de urbanidade etc.

Necessária uma reflexão, a título de curiosidade, acerca da infração contida no artigo 34, XXII do EAOAB, que trata da retenção abusiva de autos. Uma vez que se caminha para a extinção dos processos físicos, sendo totalmente substituídos pelos processos eletrônicos, vivenciamos a possibilidade de tal infração caminhar para sua extinção.

Por fim, a protocolização de ofício (*ex officio*) ocorre através da instauração de representação por parte da própria OAB, podendo ocorrer nos casos em que, durante a análise de determinada infração disciplinar, observa-se a ocorrência de outra infração, não sendo possível naqueles autos a inclusão de nova tipificação diversa da constante do libelo acusatório, ocasionando na protocolização de nova representação para análise daquela nova infração observada.

Como exemplo, podemos citar os casos em que se analisa eventual infração disciplinar decorrente de falta de repasse de valores, sendo observado pelo Relator do processo que uma das partes se utiliza de papel timbrado contendo nomenclatura de sociedade de advogados, sem que a referida sociedade seja devidamente registrada na OAB. Assim, diante de tal constatação, o Relator determina a expedição/extração de cópias para instruir nova representação, de forma a aquilatar a ocorrência de manutenção de sociedade irregular.

## 4.2.1 Representação x Procedimento Disciplinar

Conforme já demonstrado, Representação não é sinônimo de Procedimento/Processo Disciplinar. A Representação consiste na protocolização à Ordem dos Advogados do Brasil em referência à determinado inscrito, conquanto o processo disciplinar somente passa a existir após o despacho de admissibilidade, em que se determina a instauração do mesmo para apuração de determinada representação que venha a ter como objeto matéria ético-disciplinar.

Desta forma, enquanto inexistir despacho de admissibilidade, instaurando o processo, trata-se pelo nome de Representação, por pura nomenclatura *lato sensu* sistemática. O sistema da OAB — frise-se, deveras arcaico — utiliza a nomenclatura Representação de forma geral.

Somente após o despacho de admissibilidade da Representação, cujo objeto versar sobre matéria afeta à ética e disciplina, é que passa a ser chamado de procedimento (ou processo) disciplinar.

É importante frisar, novamente, que a simples existência de Representação na ficha cadastral do inscrito não importa em qualquer mácula, conquanto nem toda Representação importe em procedimento disciplinar. Ademais, como será tratado adiante, somente se considera agravante de reincidência a existência de condenação disciplinar transitada em julgado na ficha do inscrito, não podendo se utilizar da simples existência de representações ou procedimentos disciplinares em curso como fundamento para majoração da pena quando de sua dosimetria, embora os antecedentes profissionais do inscrito sejam relevantes para a análise da conveniência de aplicação cumulativa de multa ou de outra sanção disciplinar, bem como sobre o tempo da suspensão e o valor da multa aplicáveis, na forma do art. 40, parágrafo único, alíneas "a" e "b" do EAOAB.

## 4.3 Admissibilidade

Uma vez realizada a protocolização da representação, o Presidente do Conselho Seccional ou o da Subseção (quando dispuser de Conselho), enviará o processo à Comissão de Ética e Disciplina, designando Relator que analisará os critérios de admissibilidade da Representação.

A análise da admissibilidade constitui um dos mais importantes requisitos do processo ético-disciplinar, pois verificará os seguintes pontos:

1. Se as partes se encontram devidamente identificadas, ante a vedação expressa de denúncia anônima (artigo 55, § 2º e 57, I do CED da OAB);
2. Se da narração dos fatos é possível verificar a existência, em tese, e ainda que mínima, dos requisitos que evidenciam eventual falta ética disciplinar. (artigo 57, II do CED);
3. Se há documentos que evidenciem o alegado, ou ainda, a indicação de outras provas a serem produzidas, dentre elas, se for o caso, o rol de testemunhas, até o máximo de cinco (artigo 57, III do CED);
4. A assinatura do representante ou a certificação de quem a tomou por termo (artigo 57, IV do CED).
5. Se infração disciplinar ocorreu na base territorial daquela Seccional ou Subseção (artigo 61, IV, parágrafo único, alínea 'c' c/c artigo 70, *caput*, da Lei nº 8.906/94).

Importante observar que se trata de fase anterior à instauração do processo disciplinar e, portanto, neste momento pairam incertezas acerca dos fatos lançados na Representação, bem como, via de regra, não se tem robustez nas provas, devendo-se apenas analisar os requisitos **mínimos** que possam propiciar o início do processo ético-disciplinar. Trata-se de juízo de valor primário e não definitivo/sentenciante.

Caso o Relator entenda pertinente, é possível, antes da decisão de instauração do processo ético-disciplinar, notificar os interessados para prestar esclarecimentos (artigo 59 do CED). Decerto que, depois de instaurado o procedimento disciplinar não há que se falar em esclarecimentos, mas em notificação para apresentação de defesa prévia, a qual deve observar o regramento contido no artigo 137-D do Regulamento Geral da OAB.

Outra questão importante é a verificação da competência da Seccional ou da Subseção. Pouco importa se o advogado ou estagiário pertence à outra Subseção, ou até mesmo outro Conselho Seccional, devendo ser verificado o local da infração, sendo este o critério basilar para permitir a instauração e instrução do processo determinada Seccional ou Subseção, uma vez que os critérios de competência se regem pela Territorialidade.

## 4.4 Fase de Admissibilidade

A fase de admissibilidade compreende os atos processuais que se iniciam com a protocolização da Representação e se encerram com a instauração, ou não, do Processo Disciplinar.

Nessa fase ainda não existe processo disciplinar, contudo, a inobservância dos regramentos processuais, abaixo descritos, acaba por acarretar nulidades processuais, verificadas em maior número quando da instrução pelas Subseções.

Assim, necessário observar que quando do protocolo da representação, e após designado Relator pelo Presidente do TED ou da Subseção, caberá a análise em juízo de admissibilidade dos requisitos mínimos para o nascimento do processo ou não.

Nesse momento processual surge para o Relator 3 (três) possibilidades, quais sejam: (i) pedir esclarecimentos; (ii) opinar pelo arquivamento liminar ou (iii) propor a instauração do processo disciplinar.

É preciso que se registre que a fase de admissibilidade deverá se dar de forma célere, não sendo possível admitir que se faça dessa passagem processual uma 'nova instância', até mesmo porque, uma vez designado relator para proceder ao parecer (despacho) de admissibilidade, este terá o prazo de 30 (trinta) dias para fazê-lo, sob pena de redistribuição do feito, a teor do artigo 58, § 3º do CED da OAB.

Vejamos as possibilidades:

## 4.4.1 Pedidos de esclarecimentos – Exceção

É muito comum, sobretudo, quando se trata de representação feita pelo cliente do advogado/representado, faltar elementos hábeis que permitam proceder à correta análise da admissibilidade, mas, que, no entanto, possam trazer fato grave imputado ao inscrito e que merece análise pelo órgão de classe, como é o caso da ausência de prestação de contas e locupletamento.

Em regra, uma representação desprovida dos requisitos mínimos para prover o seu 'nascimento' deverá ser arquivada liminarmente, contudo, como dito, por vezes há fatos graves de repercussão negativa à Classe, como é o caso de maus profissionais que se apropriam do dinheiro de seu constituinte, merecendo exceção à regra, portanto, atraindo a possibilidade de se pedir esclarecimentos, conforme preceitua o art. 59 do CED da OAB.

Diante dessa hipótese, poderá o Relator notificar as partes para prestar esclarecimentos e, em seguida, proceder à análise da admissibilidade.

É importante, nesta toada, realizarmos uma leitura atenta do que preconiza o art. 59, *caput*, do CED, a fim de se evitar a criação de uma nova fase processual, inexistente na legislação. E para tal leitura, propomos a separação do texto legal, para melhor compreensão:

> Art. 59. Compete ao relator do processo disciplinar determinar a notificação dos interessados para prestar esclarecimentos ou a do representado para apresentar defesa prévia, no prazo de 15 (quinze) dias, em qualquer caso.

Observe-se que o dispositivo legal possui duas pessoas distintas e uma atitude para cada uma delas. A primeira pessoa citada é "os interessados", aqui indicados como as partes que inauguraram o procedimento disciplinar, sejam autoridades comunicantes ou representantes. E para estas pessoas, poderá o Relator determinar sua notificação para prestar esclarecimentos.

Já a segunda pessoa indicada é a do "representado", ou seja, o(a) advogado(a) que, em tese, cometeu a infração objeto de apuração. E para este, a providência legal é a sua notificação para apresentar defesa prévia.

Há quem entenda, a nosso ver de forma equivocada, que "interessados" são quaisquer pessoas envolvidas naquela Representação, culminando em uma série de notificações dos representados a apresentar esclarecimentos. Tal expediente só traz morosidade e entraves ao processo disciplinar, uma vez que, em cumprindo a representação os requisitos mínimos de admissibilidade, a providência a ser adotada é a instauração do processo disciplinar e a notificação do representado a apresentar defesa prévia.

Tal entendimento adotado por alguns relatores faz com que os representados, ao serem notificados para prestar esclarecimentos, o façam na forma de defesa prévia, prosseguindo o relator com a instrução processual sem, contudo, exarar despacho de admissibilidade, o que, por óbvio, gera nulidade processual.

Imaginemos uma sentença condenatória penal sem o prévio recebimento de uma denúncia, pois é justamente isso que ocorre quando se tem um julgamento sem a prévia instauração do processo disciplinar, ou seja, tem-se um julgamento de um processo que nem sequer "nasceu".

Outrossim, mesmo que o advogado o faça na forma de esclarecimentos e o relator emita despacho de admissibilidade determinando sua notificação para defesa prévia, por certo a defesa a ser apresentada será *ipsis litteris* da peça de esclarecimentos, o que reforça a tese de inexistência de pedidos de esclarecimentos ao representado.

Ademais, se a representação não cumpre os requisitos mínimos para sua admissibilidade, cabe ao Relator opinar pelo arquivamento liminar, e não determinar a notificação do representado a prestar esclarecimentos no intuito de que este, desatento, venha a cumprir os requisitos de admissibilidade que deveriam ter sido observados pela parte representante.

É importante observar que antes do despacho de instauração do processo disciplinar, não há que se falar em defesa prévia, devendo o Representado observar que, se instado a se manifestar nesse momento processual, deve fazê-lo em forma de esclarecimentos.

Entretanto, se ainda assim o relator determinar a notificação do representado para prestar esclarecimentos, ainda que de forma alheia à legislação em vigor, e ainda que o advogado/representado apresente seus esclarecimentos em forma de defesa prévia, **deverá** o Relator proceder à análise da admissibilidade da representação e, se for o caso de opinar pela instauração, proferir o respectivo despacho (observando o art. 58 e seus parágrafos do CED da OAB) determinando a notificação do advogado para apresentar sua defesa, ou seja, aí sim, defesa prévia.

Não sendo o caso de se instaurar o processo disciplinar, o Relator opinará pelo arquivamento liminar da representação, a teor do art. 58, § 3º do CED da OAB.

## CURIOSIDADE

Reforçando a tese de que o texto legal do *caput* do art. 59 do CED diferencia "interessado" de "representado", tem-se que a Resolução nº 9/2021 do CFOAB, que alterou o § 8º do citado artigo, dispõe que o prazo para apresentação de razões finais é sucessivo, primeiro ao interessado e, após, ao representado.

Não restam dúvidas, portanto, que não há como se interpretar o termo "interessados" contido no *caput* do art. 59 do CED como sendo toda e qualquer parte do processo disciplinar, quando o § 8º do citado artigo deixa claro que interessado é a parte representante ou autoridade comunicante, e não o representado, ao dispor que primeiro se manifesta em razões finais o interessado e, após, o representado.

Assim, a nosso ver, encerra-se a questão, não sendo cabível, ainda que excepcionalmente, a notificação do representado à apresentação de esclarecimentos, mas tão somente, à parte interessada, aquela que inaugurou a representação.

### 4.4.2 Arquivamento liminar

Ainda na fase de admissibilidade, a segunda possibilidade ao Relator é de determinar o arquivamento liminar, nos termos do artigo 58, § 3º do CED da OAB, que em nada se confunde com indeferimento liminar, disposto no artigo 73, § 2º do EAOAB.

O arquivamento liminar se dá **antes** da instauração do processo disciplinar, ocorrendo quando o Relator verificar a ausência de, pelo menos, um dos requisitos mínimos para início do processo — aqueles que, como já explicado, são requisitos de admissibilidade de cunho simplório e objetivo, e que se encontram no artigo 57 do CED da OAB. Neste caso, o processo disciplinar sequer '*nascerá*', não passando de uma mera petição que recebe o nome de representação, como já explicado.

Em sendo a hipótese de arquivamento liminar, o Relator proferirá despacho propondo o arquivamento da representação que, em seguida, será submetido à ratificação pelo Presidente do Tribunal de Ética e Disciplina (se for de competência originária da Seccional) ou à ratificação pelo Presidente da Subseção (em sendo o caso de representação em trâmite na Subseção), conforme determina o artigo 58, §4º do CED da OAB. A hipótese excepcional de arquivamento liminar somente ocorrerá quando inexistente os pressupostos de admissibilidade da representação, inseridos no artigo 57 do CED da OAB.

Observe atentamente que **após** instaurado o processo disciplinar, ou seja, caso ultrapassada a fase de admissibilidade, e, aí sim, existindo um processo ético-disciplinar e não uma mera representação, não mais há que se falar em arquivamento liminar, mas, sim, em indeferimento liminar, cujas peculiaridades serão tratadas no tópico próprio.

### 4.4.3 Instauração do Procedimento Disciplinar

Finalmente, chega-se à terceira e última possibilidade que surge ao Relator na fase de admissibilidade, que é proceder ao despacho determinando a instauração do processo ético-disciplinar, se verificados os requisitos mínimos que propiciem a instauração (*nascimento*) do processo.

Nesse momento, caberá ao Relator, em conformidade com o artigo 57 do CED da OAB, verificar se o Representante está devidamente qualificado; se da narração dos fatos é possível extrair o cometimento, em tese, de falta disciplinar; a existência de documentos ou indicação de provas a serem produzidas, dentre elas o rol de testemunhas, até o máximo de cinco, e a assinatura do Representante ou a certificação de quem tomou a termo os fatos, se funcionário da OAB.

Além dos requisitos acima, o Relator deverá, também, verificar se a representação não é anônima, ante a vedação expressa contida no artigo 55, § 2º do CED e, finalmente, a competência para a instrução processual, que será definida pelo local do fato (cometimento da infração), nos termos dos artigos 61, IV, parágrafo único, 'c' c/c 70 do EAOAB e art. 120 do RGEAOAB.

Como já detalhado anteriormente, a instrução processual deverá ocorrer no local do fato, pouco importando se é hipótese de o Representado ser inscrito naquela Subseção, outra Subseção ou até mesmo em outro Conselho Seccional, visto que, diante da competência territorial, será o local do cometimento da infração que definirá a competência da instrução processual.

Após a verificação de todos os requisitos, o Relator proferirá despacho opinando pela instauração do processo ético-disciplinar, submetendo sua decisão ao Presidente da Subseção ou ao Presidente do Tribunal de Ética e Disciplina, dependendo do local de trâmite, a quem incumbirá declarar instaurado o processo disciplinar, a teor do artigo 58, § 4º do CED da OAB.

Ponto controvertido, e que merece destaque, se refere à conduta de alguns relatores em realizar o enquadramento legal da conduta tida como infracional no ato do despacho de admissibilidade, em sentido contrário ao que dispõe do art. 59, § 7º do CED que expressamente prevê o enquadramento legal no Parecer Preliminar.

Em que pese a inexistência de nulidade ou prejuízo às partes a realização do enquadramento legal no despacho de admissibilidade — ou mesmo no despacho saneador —, tal proceder leva à enorme tese defensiva de impossibilidade de apuração de fato diverso e, sobretudo, acaba por direcionar a defesa ao pensamento embrionário da relatoria que, diga-se, pode não ser aquele a embasar o Parecer Preliminar.

Portanto, tem-se que o melhor caminho a ser adotado é a obediência ao texto legal, procedendo com o enquadramento legal dos fatos tidos como infracionais apenas quando da elaboração do Parecer Preliminar, tornando, assim, o processo mais claro e previsível.

Observe-se que, como já narrado e será melhor abordado, os advogados nos processos disciplinares no sistema OAB se defendem dos fatos a ele imputados, e não da tipificação legal, cabendo ao relator no momento da apresentação do Parecer Preliminar dar o devido enquadramento legal à conduta apurada, da qual não se encontra adstrito o Relator Julgador, desde que não se afaste dos fatos narrados.

Por esta razão, entendemos que o enquadramento legal da conduta antes do Parecer Preliminar causa insegurança jurídica às partes envolvidas no processo disciplinar, quando se depararem com tipificação diversa no Parecer Preliminar ou no voto.

## 4.5 Defesa Prévia

É a peça processual, sem dúvida, mais importante do processo disciplinar, pois é através desta que as provas deverão ser especificadas, e que norteará a defesa do Requerido.

Importante atentar-se ao fato de que neste momento ainda é possível ao Requerido beneficiar-se do Indeferimento Liminar da representação (artigo 73, § 2º do EAOAB), encerrando-se o procedimento disciplinar, sem julgamento por uma das Turmas Julgadoras.

Os defendentes nos processos disciplinares que, muitas vezes, possuem conhecimento da área processual penal, podem confundir o nome da peça defensiva com a antiga Defesa Prévia penal, embora atualmente já se fale em resposta à acusação que, assim como nos procedimentos perante o sistema OAB, devem enfrentar todos os fatos narrados, apresentar toda a tese defensiva, produzir provas ou requerê--las. Ou seja, todos os argumentos defensivos devem ser apresentados neste manejo processual.

### 4.5.1 Notificação e Prazo

O Relator, ao opinar pela instauração do processo ético-disciplinar, deverá no mesmo ato determinar a notificação do Requerido para apresentar sua defesa, denominada defesa prévia, no prazo de 15 dias úteis, embora a secretaria deva, antes de notificar o advogado, encaminhar os autos ao Presidente do órgão competente para que profira o despacho de instauração.

Veja, a importância da remessa ao Presidente do órgão competente **antes** da notificação do advogado é de extrema relevância, pois, pode aquele discordar do parecer emitido pelo Relator, e culminar no arquivamento liminar do processo. Imagine o cenário em que, antes do despacho de instauração, o representado apresente sua defesa prévia sem que saiba se o processo de fato existe! Nada mais desarrazoado.

Dito isto, a notificação para apresentação da defesa deverá ser feita através de correspondência, com aviso de recebimento, enviada para o endereço profissional ou residencial do advogado Requerido. Frustrada a entrega da notificação, será efetivada através de *edital*, a ser publicado no Diário Eletrônico da OAB, tudo conforme artigo 137-D do RGEAOAB.

Observe que a contagem do prazo se inicia no primeiro dia útil seguinte, seja da publicação da decisão no Diário Eletrônico da OAB; seja da data da juntada aos autos do aviso de recebimento da notificação, anotada pela Secretaria do órgão da OAB.

Por sua vez, por se tratar de processo disciplinar, a notificação deve respeitar o sigilo, não podendo constar qualquer referência de que se trata de matéria disciplinar, constando apenas o nome completo do advogado, nome social, o seu número de inscrição e a observação de que ele deverá comparecer à sede do Conselho Seccional ou da Subseção para tratar de assunto de seu interesse.

Uma tese defensiva utilizada por alguns Requeridos no âmbito disciplinar e que não encontra qualquer respaldo, recai justamente no texto contido na publicação do edital. Muitos afirmam que, por desconhecer tratar-se de procedimento disciplinar, simplesmente ignoram a publicação, culminando em sua revelia. Tal tese defensiva esbarra, frontalmente, com o disposto no artigo 137-D do RGEAOAB e não é capaz de afastar a revelia decretada.

Registre-se, ainda, que incumbe ao advogado manter sempre atualizado o seu endereço residencial e profissional junto ao Conselho Seccional que estiver inscrito, presumindo-se recebida a correspondência enviada para o endereço nele constante, art. 137-D, § 1º do RGEAOAB.

Tal dispositivo afasta a tese defensiva, muito comum por Requeridos revéis ou por aqueles que possuem o intuito procrastinatório, de não recebimento da notificação em razão da mudança de endereço. Ora, é ônus do profissional atualizar sempre seus endereços[15], portanto, caso

---

[15] *Art. 137-D, § 1º do RGEAOAB.*

tenha se mudado sem a devida comunicação, se considera válida a notificação se remetida ao endereço constante nos assentos da Casa.

Outra discussão comum nos Tribunais de Ética e Disciplina dá-se quanto ao recebimento pessoal da notificação. De igual modo, é uníssono o entendimento de sua desnecessidade, se presumindo efetivada a notificação enviada para o endereço do Requerido, mesmo que recebida por terceiros.

Vale citar alguns arestos do Conselho Federal da OAB, a saber:

> RECURSO nº 49.0000.2018.003130-3/OEP. Recorrente: P.C.L.J. (Adv: Pedro Carneiro Lobo Junior OAB/PR 39186). Interessado: Conselho Seccional da OAB/Paraná. Relatora: Conselheira Federal Ana Beatriz Ferreira Rebello Presgrave (RN). EMENTA nº 008/2020/OEP. Recurso ao Órgão Especial do Conselho Pleno do CFOAB. Art. 85, inciso II, do Regulamento Geral. **Notificações nos processos disciplinares da OAB. Art. 69 do EAOAB e art. 137-D do Regulamento Geral. Inexistência de obrigação legal à notificação por correspondência de forma pessoal. Jurisprudência pacífica do Conselho Federal da OAB nesse sentido. Notificações que se presumem recebidas quando enviadas ao endereço profissional ou residencial do advogado, cadastrado no Conselho Seccional, sendo sua obrigação manter sempre atualizado seu cadastro, sob pena de se considerar validamente notificado.** Recurso conhecido, mas improvido. Acórdão: Vistos, relatados e discutidos os autos do processo em referência, acordam os membros do Órgão Especial do Conselho Pleno do Conselho Federal da Ordem dos Advogados do Brasil, observado o quorum exigido no art. 92 do Regulamento Geral, por unanimidade, em negar provimento ao recurso, nos termos do voto da Relatora. Impedido de votar o Representante da OAB/Paraná. Rio de Janeiro, 11 de fevereiro de 2020. Luiz Viana

Queiroz, Presidente. Ana Beatriz Ferreira Rebello Presgrave, Relatora. (DEOAB, a. 1, nº 303, 10.3.2020 p. 3)

RECURSO nº 49.0000.2017.005837-6/SCA-PTU. Recte: J.M.C.R. (Adv: José Maria Casquero Ruiz OAB/SP 109580). Recdo: Conselho Seccional da OAB/São Paulo. Relator: Conselheiro Federal Alexandre Mantovani (MS). EMENTA nº 008/2018/SCA-PTU. Recurso ao Conselho Federal. Conhecimento parcial, face à alegação de nulidade processual por cerceamento de defesa. **Notificação pessoal. Desnecessidade. Matéria pacífica na jurisprudência deste Conselho. Improvimento. 1) O art. 137-D do Regulamento Geral do EAOAB dispõe que a notificação inicial para a apresentação de defesa prévia ou manifestação em processo administrativo perante a OAB deverá ser feita através de correspondência, com aviso de recebimento, enviada para o endereço profissional ou residencial constante do cadastro do Conselho Seccional, incumbindo ao advogado manter sempre atualizado seu endereço residencial e profissional no cadastro do Conselho Seccional, presumindo-se recebida a correspondência enviada para o endereço nele constante. Em face da citada norma, pois, a jurisprudência deste Conselho Federal da OAB é pacífica no sentido da desnecessidade de notificação pessoal.** Por sua vez, a publicação na imprensa oficial observará o sigilo de que trata o art. 72, § 2º, da Lei 8.906/94, constando apenas o nome do advogado e o seu número de inscrição, circunstância que, igualmente, não resulta nulidade. 2) Mérito recursal não analisado, face à ausência dos pressupostos de admissibilidade previstos no art. 75, *caput*, do EAOAB, constatada a mera pretensão ao reexame de questões fáticas e probatórias, de modo a afastar a condenação disciplinar. 3) Recurso parcialmente conhecido, quanto à nulidade arguida e, nesse ponto, improvido. Acórdão: Vistos, relatados e discutidos os autos do processo em referência, acordam os membros da Primeira

Turma da Segunda Câmara do Conselho Federal da Ordem dos Advogados do Brasil, observado o quorum exigido no art. 92 do Regulamento Geral, por unanimidade, em conhecer parcialmente do recurso e, nesse ponto, negar-lhe provimento, nos termos do voto do Relator. Brasília, 11 de dezembro de 2017. Carlos Roberto de Siqueira Castro, Presidente. Elton Sadi Fülber, Relator *ad hoc*. (DOU, S.1, 01.02.2018, p.183)

No âmbito do Tribunal de Ética e Disciplina do Estado do Rio de Janeiro, a Secretaria do TED, composta por exímios colaboradores, a fim de evitar tais discussões, tem-se por hábito notificar os advogados em todos os endereços constantes nos assentamentos da Casa, além de encaminhar, também, para o seu endereço eletrônico, evitando, assim, enorme lapso temporal entre a expedição das notificações e seu retorno, procedendo à notificação por DEOAB caso se quede silente o Requerido.

## QUESTÃO RELEVANTE

Com o advento da tecnologia e a celeridade conferida pelos novos meios de comunicação, até porque já aceitos e utilizados no âmbito do Poder Judiciário, há grande possibilidade de nos depararmos, em um futuro bem próximo, com o advento das notificações por aplicativos de mensagens e e-mail, este último já sendo utilizado no âmbito dos TEDs.

Todavia, importa destacar que, seja qual for a forma de notificação adotada no futuro, é imprescindível a confirmação do recebimento da mesma pela parte notificada, até sob pena de nulidade.

Ademais, em pouco tempo, os processos administrativos da OAB, a nível nacional e seccional, passarão a contar com o processo eletrônico, realidade esta já vivenciada pelos operadores do direito no seu dia a dia profissional, inclusive em algumas Seccionais do país, que já possuem processos disciplinares eletrônicos. Tal avanço trará maior celeridade aos atos processuais disciplinares, e mais praticidade às partes, em especial nas consultas de andamento e cópias processuais.

A Seccional no Rio de Janeiro já se encontra em processo de implementação do processo disciplinar e administrativo, em geral, de forma eletrônica, que será uma breve realidade aos advogados fluminenses e às partes envolvidas. Tal evolução alterará sobremaneira a forma de notificação das partes nos processos disciplinares, de maneira positiva.

### 4.5.2 Atuação do Defensor Dativo

Não raras vezes, o Representado/Requerido queda-se silente a todas as notificações, ou não é encontrado, obrigando ao Relator designar um Defensor Dativo, para lhe garantir o exercício de defesa e contraditório, conforme disposto no artigo 59, § 2º do CED, e já esclarecido em tópico anterior, devendo, a partir deste momento, ser este pessoalmente comunicado de todos os atos processuais.

É possível, ainda, que o próprio Representado/Requerido, em não se sentindo confortável para praticar os atos de sua defesa, requeira a assistência de um Defensor Dativo, o que lhe é de direito e pertinente, ao menos no Estado do Rio de Janeiro[16].

Registre-se, todavia, que tal requerimento **deverá** ser feito **antes** do decurso de eventual prazo processual que tenha a necessidade de ser cumprido pelo defensor, evitando, assim, qualquer preclusão de prazo processual.

Importante esclarecer, que nos casos em que o Representado/Requerido venha a intervir nos autos, após a nomeação do Defensor Dativo, este receberá o processo no estado em que se encontra, não sendo permitida a devolução de qualquer prazo ou reapresentação de peças já elaboradas pelo Defensor.

Outro aspecto importante, e pouco utilizado, é a possibilidade de assistência do Defensor Dativo ao Representante/Requerente, pois em muitas ocasiões, sobretudo, quando dos julgamentos pelas Turmas Julgadoras, ou pelo Pleno, quando se tem a possibilidade de sustentar oral-

---

[16] *Artigo 98, § 3º c/c artigo 137, parágrafo único, ambos do RIOAB/RJ.*

mente, verifica-se prejuízo à defesa da parte que se encontra desassistida, na medida em que não possui aptidão técnica para proceder aos seus argumentos oralmente, conquanto, lícito é, se requisitado for, a atuação do Defensor Dativo pelo Representante/Requerente.

É importante frisar, todavia, que em caso de pedido de atuação da Defensoria Dativa por parte do Requerido, este perde sua capacidade postulatória no processo disciplinar, não atuando o Defensor Dativo conjuntamente com o advogado Requerido, mas sim de forma independente e exclusiva.

### 4.5.3 Requisitos formais

A peça deve ser apresentada por escrito pelo Requerido, ou por advogado regularmente inscrito e devidamente constituído, contendo especificação das provas que pretende produzir, sendo vedado o pedido genérico de produção de provas, sob pena de perda da prova.

Deverá, ainda, se fazer acompanhar dos documentos que possam afastar os fatos descritos no libelo acusatório e do rol de testemunhas, até o limite de 5 (cinco), cujo comparecimento é de incumbência da parte que arrolou, salvo se, ao apresentar o respectivo rol, requerer, **por motivo justificado**, a notificação pela secretaria do órgão julgador, o que lhe será concedido de maneira excepcional.

Não se afaste do que já narrado anteriormente, visto que a Defesa Prévia deve enfrentar, desde logo, TODA a matéria discutida na representação, certo de que a próxima manifestação do representado será em razões finais. Muitas vezes, na atuação junto ao TED/RJ, estivemos diante de defesas prévias que simplesmente negam genericamente o fato, afirmando que será futuramente discutido cada um dos pontos abordados no libelo acusatório, o que é um grave equívoco, visto que não haverá "momento futuro" para apresentação das impugnações.

É lícito, ainda, na defesa técnica, requerer diligências que poderão ser deferidas, se pertinentes ao caso, sendo indeferidas, de maneira fundamentada, aquelas consideradas ilícitas, protelatórias e impertinentes. O tópico de provas, indicará de forma mais aprofundada, as possibilidades de diligências e pedidos de provas.

### 4.5.4 Prejudiciais de mérito

Já deixamos claro que a Defesa Prévia é a peça mais importante no procedimento disciplinar. Isto porque, além de trazer à luz os argumentos defensivos do Requerido e as provas que corroboram a tese defensiva, é o momento para apresentação das questões preliminares e das prejudiciais de mérito.

Aos processos disciplinares, a simplicidade da questão gera facilidade na atuação dos profissionais, ou dos Requeridos. Não se discute diferenciação entre preliminar ou prejudicial de mérito, entendendo-se que as questões que antecedem à análise meritória devem ser apresentadas na Defesa Prévia, as quais, se acolhidas pelo Relator, implicarão na extinção do processo com seu consequente indeferimento liminar.

Tem-se como questões prejudiciais que podem ser arguidas na Defesa Prévia, além de descumprimento dos pressupostos de admissibilidade[17], a ocorrência da prescrição, da decadência, bem como eventual arguição de ilegitimidade passiva, desde que devidamente fundamentados e comprovados.

As questões apresentadas de forma preliminar, ou prejudiciais de mérito, deverão ser analisadas de forma fundamentada pelo Relator no despacho saneador, sob pena de nulidade do processo disciplinar. Ademais, uma vez analisadas as questões levantadas, à exceção da prescrição — que por ser matéria de ordem pública, pode ser arguida e reconhecida a qualquer tempo —, não serão objeto de nova análise até a prolação do voto pelo relator da Turma de Julgamento, que poderá discordar da decisão do relator da instrução.

---

[17] *Art. 57 do CED.*

Todavia, mesmo que venha o relator da Turma Julgadora a reconhecer questões prejudiciais de mérito, não poderá este determinar o arquivamento liminar ou indeferimento liminar, podendo, entretanto, julgar improcedente a representação, sob o fundamento da tese defensiva relacionada às prejudiciais de mérito.

## QUESTÃO RELEVANTE

É importante diferenciar, como já dito, questões preliminares de questões prejudiciais de mérito. As prejudiciais, como o nome sugere, prejudicam o julgamento do mérito, devendo ser analisadas no momento do despacho saneador. Entretanto, existem as preliminares de mérito, muitas vezes denominadas de forma equivocada, as quais a parte envolvida deseja sua análise de forma antecedente ao mérito.

Todavia, nem todas as preliminares deverão ser analisadas no despacho saneador. Existem aquelas, que por sua natureza, se confundem com o mérito do processo ético-disciplinar, e estas, por óbvio, serão analisadas quando da apresentação do parecer preliminar e, na Turma Julgadora, no voto.

Desta forma, questões preliminares que se confundirem com o mérito, deverão ser analisadas no Parecer Preliminar e no Voto, enquanto as prejudiciais de mérito deverão ser analisadas no despacho saneador, após a arguição em Defesa Prévia pelo Requerido.

### 4.5.5 Requerimento de provas

A peça de bloqueio, chamada de defesa prévia no âmbito dos processos disciplinares, deverá se dar de forma mais completa possível, tal qual a resposta à acusação no Direito Penal — e não como a antiga defesa prévia criminal —, impugnando-se, desde o início, todos os pontos do libelo acusatório.

Observe-se que uma defesa prévia bem elaborada, com arcabouço probatório robusto, permitirá ao Relator se manifestar pelo indeferimento liminar[18] da representação, o que poderá livrar o Requerido do julgamento pelas Turmas Julgadoras, situação, em regra, desconfortável.

Além disso, é importantíssimo que o Requerido **especifique todas as provas**, inclusive diligências, que pretende produzir, apresentando rol de testemunhas, até o limite de 05 (cinco), não sendo possível o pedido genérico de provas, sob pena de restar precluso o momento processual.

Digno de registro, no âmbito do processo administrativo não se tem a possibilidade de prova pericial, no entanto, nada impede, se for o caso, de o próprio Representado — ou Representante — produzir tal prova às suas expensas e colacionar aos autos para que, após o contraditório, ganhe valor probante. Decerto que o presente tema será desenvolvido em item próprio.

É muito comum observarmos, nas defesas apresentadas, Requeridos que fazem pedido genérico de produção de provas, na esperança de ser proferido, tal como ocorre no âmbito civil, o famoso despacho *"em provas"*. No entanto, é um grande equívoco, cuja atecnia invariavelmente acarretará prejuízos à defesa, pois o ato processual seguinte será o despacho saneador, em que se analisará a pertinência ou não das provas requeridas e apresentadas, as quais, como dito, deverão ser especificadas e requeridas na defesa prévia.

Registre-se, por fim, tal qual como ocorre com a defesa prévia, o libelo acusatório (representação) também deverá vir com a especificação de todas as provas que se pretende produzir. Afinal, não se pode tratar as partes de modo diferente, em que pese, na maioria das vezes, a representação ser feita por cliente desacompanhado de advogado, resguardando-se, assim, a igualdade e a isonomia entre as partes.

---

[18] *Art. 73, § 2º do EAOAB.*

## 4.6 Despacho saneador

O despacho saneador, como o nome já diz, tem por objetivo sanear o processo. Através do despacho, o Relator propõe ao presidente do Conselho Seccional o indeferimento liminar da Representação, na forma do artigo 73, § 2º da Lei 8.906/94 ou, caso contrário, saneará o processo disciplinar, declarando aberta a instrução processual.

Em tal despacho, o Relator do processo disciplinar analisará e decidirá sobre os requerimentos de provas, analisará os pedidos preliminares e prejudiciais, se houverem, e determinará, caso necessário, a realização de audiência para oitiva das partes e testemunhas, bem como quaisquer diligências que julgar convenientes.[19]

Vale ressaltar que o despacho saneador não deve ser apresentado ao presidente do Conselho Seccional para acolhimento, sendo ato privativo do Relator do processo disciplinar.

Merece destaque que, a ausência de despacho saneador é causa de nulidade do procedimento disciplinar, que poderá ser alegada a qualquer tempo pela parte interessada, inclusive quando de eventual pedido de revisão, como disposto no artigo 68 do Código de Ética e Disciplina e no artigo 73, § 5º da Lei 8.906/94.

É importante frisar que, segundo a diretriz nº 16 da Resolução nº 02/2018-COP, o prazo para que o Relator profira despacho saneador é de 05 (cinco) dias úteis após o recebimento do processo, podendo este prazo ser prorrogado até o dobro, nas Seccionais que possuírem mais de 30.000 inscritos, conforme leciona a diretriz nº 23 da Resolução nº 02/2018-COP.

### 4.6.1 Indeferimento Liminar

Prosseguindo na linha processual, observe que já atravessamos a fase de admissibilidade, estando o processo ético-disciplinar já instaurado,

---

[19] Art. 59, § 3º do Código de Ética e Disciplina.

com apresentação de Defesa Prévia pelo Requerido, chegando o momento de o Relator proferir o despacho saneador ou opinar pelo indeferimento liminar da representação, nos termos do artigo 73, § 2º do EAOAB.

Nesse momento processual, se o Relator, após analisar os argumentos e documentos que instruíram a Defesa Prévia do Requerido, verificar que inexistem motivos para o prosseguimento do processo, opinará pelo indeferimento liminar da Representação.

No entanto, diferentemente do que ocorre no arquivamento liminar[20], que se dá **antes** da instauração do processo disciplinar (na fase de admissibilidade), na hipótese de indeferimento liminar[21], que ocorre **após** a instauração do processo, o Relator submeterá sua decisão à ratificação do **Presidente da Seccional**, independente se a tramitação do processo se dá na Subseção ou na Seccional.

Importantíssimo registrar, ainda, que na hipótese de indeferimento liminar, a decisão deverá ser **sempre** ratificada pelo Presidente da Seccional, repita-se, ainda que o processo tramite na Subseção, já que, uma vez instaurado o processo ético-disciplinar, o Presidente da Subseção não mais possui competência para determinar o arquivamento da representação.

Embora pareça óbvio, e legalmente explicado, uma vez que o poder de punir compete exclusivamente ao Tribunal de Ética[22], a observância deste procedimento por alguns Presidentes de Subseção se dá de forma recalcitrante e, muitos deles, negam-se em remeter o processo para ratificação do Presidente da Seccional, entendendo ser ele (Presidente da Subseção) a autoridade competente para ratificar o indeferimento liminar.

No entanto, tal proceder está, notadamente, equivocado, já que após a instauração do processo ético-disciplinar **somente** o Tribunal de Ética e Disciplina possuirá competência legal para decidir, condicionando sua ratificação ao Presidente da Seccional, sendo causa, inclusive, de nulidade processual.

---

[20] *Art. 58, § 3º do CED.*

[21] *Art. 73, § 2º do EAOAB.*

[22] *Art. 70, § 1º do EAOAB.*

Por fim, porém, não menos importante, cabe observar que a possibilidade de indeferimento liminar cessa com a prolação do despacho saneador. Portanto, após proferir o despacho saneador não há mais que se falar em indeferimento liminar, muito menos em arquivamento liminar (cuja possibilidade se exauriu com o despacho de instauração do processo ético-disciplinar), devendo o processo prosseguir com o devido julgamento por uma das Turmas Julgadoras do Tribunal de Ética e Disciplina, que proferirá um resultado de procedência ou improcedência do processo disciplinar.

### CURIOSIDADE

No âmbito do Tribunal de Ética e Disciplina da Seccional do Rio de Janeiro, com o fito de coibir o grande equívoco cometido por alguns Presidentes de Subseção, em proceder — ou ratificar — ao indeferimento liminar, o RITED/RJ, em seu artigo 30, parágrafo único, previu expressamente ser *"defeso aos presidentes das Subseções decidirem sobre o indeferimento liminar das representações, eis que tal prerrogativa é exclusiva do Presidente do Conselho Seccional, nos termos do art. 73, § 2º, da Lei nº 8.906/94"*.

Portanto, sem necessidade de maiores esclarecimentos, resta claro e legalmente previsto, que o ato do indeferimento liminar é competência exclusiva do Presidente do Conselho Seccional, cabendo aos relatores, apenas, opinar pelo indeferimento liminar da representação, que poderá ser, ou não, ratificado.

### 4.6.2  Análise de prejudiciais

Como afirmado anteriormente, o momento da análise das prejudiciais de mérito apresentadas pela defesa se dá no despacho saneador. Não pode o Relator da instrução processual deixar de analisar, pormenorizadamente, todas as questões preliminares ou prejudiciais no momento da prolação do despacho saneador.

Isto porque, se reconhecida a ocorrência de determinadas preliminares de mérito, esta impedirá o prosseguimento do processo disciplinar, atraindo o indeferimento liminar da representação. Note-se que, como já dito, após o despacho de admissibilidade, não se fala mais em arquivamento liminar, cabendo ao relator, ao reconhecer qualquer questão prejudicial de mérito, opinar pelo indeferimento liminar, remetendo os autos ao Presidente do Conselho Seccional, para ratificar — ou não — o indeferimento proposto.

Mereceu destaque este tópico pelo simples fato de que, a ausência de enfrentamento das questões prejudiciais de mérito no despacho saneador é causa de nulidade, podendo, ao ser arguida a nulidade, retroagir para novo despacho saneador, culminando na possível, e lamentável, ocorrência da prescrição quinquenal.

### 4.6.3 Indeferimento de provas

Nos termos do Estatuto da Advocacia e da OAB, ao Requerido deve ser assegurado o amplo direito de defesa[23], neste incluído o direito de produção de provas. Deve-se ter em mente, todavia, que nem todo pedido de prova é pertinente ou juridicamente possível, razão pela qual, poderá o Relator do processo disciplinar indeferir tais provas.

A justificativa legal para o indeferimento de provas encontra respaldo no artigo 59, § 6º do CED, que determina ao Relator, de forma fundamentada, indeferir determinado meio de prova quando este for ilícito, impertinente, desnecessário ou protelatório.

Para uma melhor compreensão do supracitado dispositivo legal, tem-se como prova ilícita aquela obtida por meios ilícitos, nos termos do artigo 5º, LVI da Constituição Federal. Como prova impertinente, entende-se aquela que não se refere à infração disciplinar em análise, sendo descabida ou despropositada. Já os meios de prova desnecessários são aqueles que não contribuem em nada para a análise da infração disciplinar e, mesmo que pertinentes, não se fazem necessárias ao deslinde da questão. Por fim, como meio de prova protelatório tem-se aquele cujo

---

[23] *Art. 73, § 1º do EAOAB.*

único objetivo seja ganhar tempo ou protelar a resolução do procedimento disciplinar.

É importante, ainda, sob pena de nulidade, que o indeferimento de qualquer meio de prova requerido seja devidamente fundamentado, não sendo possível o despacho com simples indeferimento, sendo necessário que a fundamentação observe o disposto no artigo 59, § 6º do CED.

## CURIOSIDADE

Registre-se, a seu turno, que a atuação do profissional de maneira temerária e procrastinatória poderá, inclusive, ensejar a propositura de nova representação ética. Tal entendimento encontra respaldo no artigo 66 do CED, que prevê expressamente:

> *"Art. 66. A conduta dos interessados, no processo disciplinar, que se revele temerária ou caracterize a intenção de alterar a verdade dos fatos, assim como a interposição de recursos com intuito manifestamente protelatório, contrariam os princípios deste Código, sujeitando os responsáveis à correspondente sanção".*

Portanto, a possibilidade do Relator quanto ao indeferimento de provas impertinentes e/ou procrastinatórias não guarda respaldo, somente, no seu poder de direção, mas também, no próprio dever de lealdade processual dos atores do processo disciplinar.[24]

### 4.6.4  Determinação de produção de provas

Como dito, será no despacho saneador que se apreciará a produção de provas devidamente pleiteadas e especificadas, seja no libelo acusatório e/ou na defesa prévia, necessariamente.

Assim, as mencionadas peças processuais deverão vir instruídas com todo o arcabouço documental, com o rol de testemunhas, até o limi-

---

[24] *Art. 66 do CED.*

te de 05 (cinco) e demais provas e diligências que se fizerem necessárias, como já observado anteriormente.

A seu turno, em termos de procedimento ético-disciplinar, há uma grande inobservância ao regramento processual pelas partes do processo, de modo que, não raras vezes, o Relator verifica a possibilidade/necessidade de mitigar a aplicação literal da lei e, no despacho saneador, de forma excepcional, determinar que as partes especifiquem as provas, ao invés de nele as apreciar, embora inexistente o chamado "despacho em provas" no âmbito dos processos disciplinares.

Tal mitigação, da literalidade legal, se dá em razão da busca e estabelecimento da verdade real, além do olhar técnico do Relator, quando percebe que a persecução se mostra deficitária em razão da inaptidão técnica do operador.

Abrimos aqui um parêntese, para registrar que esse vazio é embrionário aos bancos universitários, na medida em que a disciplina de Deontologia Jurídica oferecida pela grande maioria das universidades não possui o aprofundamento necessário da matéria, sendo oferecida, tão somente, como uma forma de concluir as questões éticas que são apresentadas no Exame da Ordem dos Advogados do Brasil[25].

Após a apresentação das provas pelas partes, o relator não proferirá novo despacho saneador. Recepcionará as provas apresentadas e, se for o caso, designará audiência para oitiva do Requerente, do Requerido e das testemunhas, nesta ordem.

Concluída a instrução, o Relator proferirá Parecer Preliminar, dando por encerrada a instrução processual e, analisando todo o arcabouço probatório, emitirá sua opinião pela procedência, com tipificação da conduta, ou pela improcedência da representação, determinando a intimação das partes, no mesmo ato, para apresentação de razões finais, e posterior remessa dos autos a uma das Turmas Julgadoras, para que um novo relator profira voto.

---

[25] *O TED/RJ vem realizando, desde o ano de 2019, uma série de eventos nas Universidades de Direito do Rio de Janeiro, levando conhecimento ético-disciplinar aos estudantes e se colocando à disposição das instituições de ensino para um aprofundamento da Deontologia Jurídica.*

## 4.7 Provas

Como já abordado anteriormente, no momento da análise de admissibilidade, deverão ser verificadas, em sede de cognição sumária, as provas apresentadas pelo Requerente, que deverá indicar no libelo acusatório as provas que pretende produzir, inclusive o rol de testemunhas, além de já anexar os documentos que deverão instruir a exordial, nos termos do artigo 57, III, do CED.

Já o Requerido deverá instruir a defesa prévia com os documentos que julgar pertinentes, bem como indicar o rol de testemunhas que deseja sejam ouvidas, nos termos do artigo 59, § 3º do CED.

Após a apresentação de Defesa Prévia, o relator emitirá despacho saneador, deferindo ou indeferindo as provas requeridas — no caso de indeferimento, este deve ser fundamentado na ilicitude da prova, impertinência, ausência de necessidade ou com intuito meramente protelatório, nos termos do artigo 59, § 6º do CED — e determinando a realização de audiência de oitiva das partes e testemunhas, caso necessário.

Importante frisar que o momento de apresentação de provas pelo Representante se dá com a distribuição da representação e pelo Requerido com a apresentação da defesa prévia, podendo, todavia, a critério do relator, serem determinadas diligências que julgar convenientes ou determinar a apresentação de documentos.

Muito embora o momento de apresentação das provas seja em conjunto com as respectivas peças, seja o libelo acusatório do Representante ou a Defesa Prévia do Representado, é possível que tais peças indiquem as provas que desejam produzir, cabendo ao relator do processo disciplinar, no momento do despacho saneador, determinar prazo para sua apresentação.

Ultrapassado o prazo eventualmente concedido através do despacho saneador para apresentação de provas e documentos, considerar-se-ão preclusas novas provas, salvo nos casos em que a mesma seja impossível à época própria e se, devidamente, fundamentado e comprovado pela parte.

São admitidas como prova nos procedimentos disciplinares todas as admitidas no processo penal, como documental, testemunhal, depoimento pessoal das partes, acautelamento de mídias audiovisuais, entre outras.

Todavia, muito embora a prova pericial seja admitida no âmbito criminal, nos procedimentos disciplinares não cabe pedido de perícia[26], cabendo à parte, se desejar e às suas expensas, trazer aos autos eventual laudo pericial confeccionado por perito habilitado na matéria sob análise, o qual, por óbvio, será submetido ao princípio do contraditório.

Um dos argumentos mais comuns para eventual prova pericial é a arguição de falsidade na assinatura de contrato de honorários ou procurações. Por tais razões, é importante à parte que suscitar a falsidade, ou àquela que sustentar a autenticidade da assinatura, apresentar Laudo Pericial Grafotécnico, de forma a sustentar cabalmente sua tese, visto não ser possível ao relator a análise de tais aspectos, bem como incabível no âmbito dos procedimentos disciplinares a realização de prova pericial, por inexistir no quadro de auxiliares dos Tribunais de Ética e Disciplina peritos habilitados à realização de tal análise.

Abre-se um parêntese neste momento para registrar que existem Seccionais que possuem Peritos colaboradores, permitindo, assim, o pedido de realização de perícia, desde que pagos pela parte que requereu a prova previamente, na forma do que dispõe o regimento interno daquela Seccional, como falaremos adiante.

### 4.7.1 Tipo de provas admitidas

Com observância ao disposto no artigo 59, § 6º do CED, podemos concluir que todos os meios de prova que não sejam ilícitos, impertinentes, desnecessários ou protelatórios poderiam, em tese, ser apresentados ou requeridos na Defesa Prévia. Todavia, considerando que toda regra possui suas exceções, existem certos meios de prova que não afrontam

---

[26] Embora existam poucas exceções que serão tratadas mais adiante, no tópico específico, em regra, não cabe pedido de realização de prova pericial nos processos disciplinares no sistema OAB.

dispositivo legal, mas que, por serem impossíveis a sua realização, acabam sendo indeferidas pelos Relatores, como a prova pericial, por exemplo, que explicaremos a seguir.

Como meios de prova admitidos temos a prova documental, depoimentos pessoais, oitiva de testemunhas, apresentação de mídia audiovisual — respeitando-se a licitude na obtenção da prova —, pedidos de expedição de ofícios, respeitando-se a pertinência, necessidade e a não protelatoriedade da prova.

Por prova documental, têm-se todos os documentos passíveis de comprovar a tese defensiva, ou de instruir o libelo acusatório. Necessário esclarecer, como já afirmado, que as provas documentais devem acompanhar o libelo acusatório ou defesa prévia, sob pena de preclusão, sendo admitida, todavia, a apresentação posterior de prova documental superveniente, estas entendidas como documentos hábeis a fazer prova de fatos ocorridos após os fatos sob análise no processo disciplinar, ou para contrapor as que tiverem sido produzidas nos autos.

Registre-se que, documentos aos quais já teria acesso a parte que apresenta não são considerados supervenientes. O grande equívoco dos operadores de direito que atuam nos procedimentos disciplinares ou os Requeridos, é entender que todo e qualquer documento a ser juntado após a apresentação da defesa prévia é considerado superveniente. Não o é. Apenas aqueles documentos relativos a fatos posteriores aos sob análise ou os que contrapõem provas já produzidas são classificadas como prova documental suplementar.

Dentre as provas documentais possíveis, temos a possibilidade de apresentação de prova emprestada, aquelas advindas de outros procedimentos, sejam administrativos ou judiciais, que por si só não possuem valoração diversa, sendo apresentadas ao Relator para sua análise valorativa em relação aos fatos apurados.

Outro meio de prova possível no âmbito dos procedimentos disciplinares é a apresentação de mídia áudio visual, ou seja, gravações de áudio ou vídeo, que devem ser apresentados no mesmo momento das demais provas, e que se submetem ao crivo do contraditório. Isto quer dizer que, a parte que produzir prova áudio visual deverá, além de apresentar mídia física à disposição das partes e dos relatores, providenciar equipamento hábil à sua exibição em caso de audiência designada pelo Relator.

Merece destacar que, a mídia apresentada deverá ser de possível visualização para que surta seus efeitos legais. Uma mídia corrompida ou cuja exibição seja impossível não será recebida ou valorada, ante evidente desrespeito ao princípio do contraditório.

As mídias mais comuns são o *compact disk* (CD) e o *pendrive*. Todavia, considerando os avanços tecnológicos, cujos equipamentos atuais raramente possuem leitor de CD, é recomendado, evitando a perda da prova, que a mídia físicSa seja apresentada por *pendrive*, que permanecerá acautelado na secretaria do Órgão de Instrução (TED ou Comissão de Ética das Subseções), sendo permitido à parte contrária obter cópia física do conteúdo, desde que providencie a mídia para a respectiva cópia.

Com relação à apresentação em audiência, caso seja requerido e deferido, deverá a parte que pretende produzir a prova, prover os meios tecnológicos necessários à sua exibição, salvo nos Órgãos que possuam equipamento preparado para sua exibição, o que é exceção a nível nacional. No Rio de Janeiro, por exemplo, os equipamentos nas salas de audiência não possuem hardware para a exibição de áudio ou vídeo, sendo necessário providenciar o equipamento para exibição da prova.

É possível ainda, e até mesmo recomendado, que a prova de áudio seja, também, acompanhada da devida degravação, para auxílio na compreensão da análise da prova apresentada. Todavia, a degravação, por si só, não afasta a necessidade de apresentação da mídia física, de forma a se comprovar a veracidade do que se apresenta em forma de degravação.

Entretanto, há ainda a possibilidade de degravação oficial, realizada por Ofício de Notas, que detém fé-pública, sendo esta a forma de degravação mais recomendada.

Outro pedido comum de produção de prova é a expedição de ofícios a órgãos, autarquias, delegacias ou poder judiciário. Neste aspecto, deve-se ter em mente que o ônus da prova é de quem a requer ou apresenta. Neste sentido, muito embora se tenha a ideia de que a OAB possui poder coercitivo para determinar a apresentação de certos documentos, tal entendimento é equivocado. A OAB pode, dentro de sua competência, requerer a determinado órgão a apresentação de determinado documento, o que não garante, todavia, o cumprimento do requerimento.

Merece destacar que, na maioria dos casos no âmbito dos Tribunais de Ética e Disciplina, os pedidos de expedição de ofício têm caráter protelatório ou desnecessário, certo de que a própria parte pode diligenciar junto aos órgãos, obtendo cópia de determinados documentos para, então, apresentá-los nos autos do processo disciplinar.

Importa então, dizer, que muito embora seja permitido à parte requerer a expedição de ofícios a determinados órgãos, tal requerimento certamente poderá ser indeferido pelo Relator, considerando que a espera pela incerta resposta poderá aproximar o processo disciplinar de uma eventual prescrição, causando, portanto, graves prejuízos ao devido processo legal, considerando, como já afirmado, a possibilidade de a parte obter, por diligência própria, a prova requerida.

### 4.7.1.1 Testemunhal

Tal qual ocorre em qualquer processo judicial, a prova testemunhal possui grande valoração, quando os documentos, por si só, não são capazes de comprovar a tese defensiva, ou de acusação. Ademais, é sabido que muitos fatos somente podem ser verificados através deste tipo de prova.

Ocorre que, muitas vezes, as partes envolvidas no processo ético-disciplinar almejam a oitiva de testemunha não para comprovar determinada tese, mas como prova de caráter ou de atuação do profissional. É importante frisar que a testemunha apresentada pela parte que requerer a prova testemunhal deve ter ciência dos fatos objeto da apuração disciplinar, de forma a elucidar ao Relator as questões controversas.

Não muito incomum, infelizmente, é o desconhecimento das partes quanto ao crime de falso testemunho, disposto no artigo 342 do Código Penal, onde a testemunha trazida pela parte faz afirmação falsa com o único objetivo de beneficiar determinada parte. Tal desconhecimento é grave, pois inobstante a legislação disciplinar silenciar quanto o falso testemunho, a legislação penal supracitada é clara, ao afirmar ser crime, passível de pena de reclusão, fazer afirmação falsa como testemunha em processo administrativo, senão vejamos:

> "CP Art. 342. **Fazer afirmação falsa, ou negar ou calar a verdade como testemunha**, perito, contador, tradutor ou intérprete **em processo judicial, ou administrativo**, inquérito policial, ou em juízo arbitral:
> Pena - reclusão, de 2 (dois) a 4 (quatro) anos, e multa.
> § 1º As penas aumentam-se de um sexto a um terço, se o crime é praticado mediante suborno ou se cometido com o fim de obter prova destinada a produzir efeito em processo penal, ou em processo civil em que for parte entidade da administração pública direta ou indireta.
> § 2º O fato deixa de ser punível se, antes da sentença no processo em que ocorreu o ilícito, o agente se retrata ou declara a verdade".

Desta forma, muito embora não tenha o Relator, ou instrutor designado para a audiência, o poder de polícia para determinar eventual prisão da testemunha que faz falso testemunho, tem o Relator o poder, e dever, de comunicar à autoridade competente a prática do ilícito penal.

Outra questão que merece especial atenção é com relação à notificação da testemunha nos processos disciplinares. O CED determina que tanto o Requerente quanto o Requerido incumbir-se-ão do comparecimento de suas testemunhas à audiência de instrução do processo disciplinar. Ou seja, a notificação das testemunhas por parte da OAB é exceção e deve observar certos requisitos, como requerimento fundamentado para a notificação, no momento da apresentação do rol de testemunhas (libelo acusatório ou defesa prévia).

Comparecendo de forma espontânea, ou notificadas pela OAB, as testemunhas serão ouvidas em audiência de instrução, que poderá ser presidida pelo Relator do procedimento disciplinar, ou por Instrutor por ele designado. Tal qual ocorre com a oitiva das partes, as testemunhas do Requerente são ouvidas primeiro, passando às testemunhas do Requerido. O presidente da audiência de instrução inicia o depoimento, que é devidamente registrado em ata, passando a palavra à parte que requereu a prova, e posteriormente à parte contrária da que apresentou a testemunha.

Além disso, registre-se que no caso da prova testemunhal, o pedido deverá ser específico e a parte que a requerer deverá fazer a juntada do respectivo rol, seja na defesa prévia ou no libelo acusatório.

Destaque-se que o destinatário da prova é o Relator do processo disciplinar e, portanto, tem este, ou o instrutor que presidir a audiência, a prerrogativa de determinar que eventual questão já tenha sido respondida pela testemunha previamente, sem que isto importe em violação às prerrogativas profissionais do advogado que acompanhar a audiência.

Tal qual ocorre com provas documentais ou pedidos de prova impertinentes ou protelatórias, questionamentos às testemunhas também podem ser entendidos como impertinentes, se não se limitarem à matéria afeta ao processo disciplinar.

A prova testemunhal tem por característica a oralidade, a objetividade — sem qualquer expressão de opinião ou juízo de valor —, devendo se ater aos fatos sob análise e, portanto, inquirir a testemunha com objetivo de extrair opinião pessoal não só desvirtua o caráter objetivo da prova, como se demonstra como de nítido caráter protelatório ou de causar confusão processual.

Vale destacar, ainda, que a prova oral poderá ser substituída, a requerimento das partes ou por determinação do Relator, pela juntada aos autos de declaração escrita, assinada e com firma reconhecida do declarante, em especial nos casos em que a testemunha possua avançada idade, alguma incapacidade de locomoção ou, até mesmo, se encontre em outra cidade.

Há, ainda, a possibilidade de, em caso de testemunha que se encontre em outra cidade, que esta seja ouvida por carta precatória, a ser encaminhada à Seccional ou Subseção em que resida a mesma. O mesmo vale para o depoimento pessoal da parte, que tratamos a seguir.

### 4.7.1.2 Depoimento pessoal

O depoimento pessoal consiste na oitiva das partes envolvidas no processo, iniciando-se pelo depoimento do Requerente, seguido do depoimento do Requerido, sempre sendo concedido à parte contrária o direito de inquirir a parte.

A condução da audiência para oitiva das partes é de competência do relator ou instrutor designado para o ato, cabendo a este presidir a audiência de forma imparcial e em respeito aos princípios constitucionais da ampla defesa e do contraditório, prezando, ainda, pela lisura do ato.

Neste diapasão, embora seja direito de qualquer das partes inquirir a parte contrária, caberá ao presidente da audiência intervir, caso julgar necessário, de forma a impedir inquirição que possa ter interpretação dúbia, principalmente quando se tratar de parte leiga e desassistida, desde que não se afaste do questionamento efetuado — mas tão somente esclarecendo à parte a pergunta, através de expressões mais simples e inteligíveis — sem que tal intervenção represente cerceamento de direito ou violação de prerrogativas profissionais.

### 4.7.1.3 Outros tipos de prova

Muito embora a prova pericial seja permitida no âmbito dos Tribunais de Ética e Disciplina, a mesma não tem os mesmos requisitos ou formalidades do processo judicial. Não há no TED[27] profissionais capacitados em diversas áreas de conhecimento a servirem como auxiliares dos Relatores.

Por tais razões, requerimentos de prova pericial não são admitidos nos processos disciplinares — em regra — pela maioria dos Conselhos Seccionais, cabendo, todavia, à parte interessada, apresentar na forma documental, eventual laudo pericial ou parecer profissional de determinada área.

Entretanto, existem exceções. Apenas a título exemplificativo, a Seccional do Tocantins admite, em seu Regimento Interno[28], o requerimento de prova pericial, cujo custo será arcado por quem requereu a prova, extraindo-se cópia das peças essenciais, competindo à parte interessada, e sob pena de preclusão, depositar o numerário suficiente na Tesouraria daquela Seccional, que é responsável pelo cálculo das despesas, inclusive do porte de correio.

Outro exemplo, é a existência de Comissão Especial de Perícia no âmbito de algumas Seccionais, como a OAB/SP e, muito recentemente (dezembro de 2023), a OAB/RJ. Todavia, deve se ter em mente que as Comissões Especiais de Perícia estão vinculadas à Seccional, e poderão vir a atuar apenas a pedido do Presidente do Conselho, ou no caso do Rio de Janeiro também do Presidente do TED, não sendo possível à parte requerer a realização de perícia diretamente à Comissão.

O mais comum, no que se refere à prova pericial, refere-se à eventual autenticidade de assinatura em determinado documento, tal qual quando o Requerente, após apresentação de contato de honorários firmado, questiona a veracidade da assinatura aposta no referido documento.

---

[27] Salvo algumas exceções, como será adiante fundamentado.
[28] Art. 112 do RIOAB/TO.

Não cabe ao Relator emitir qualquer juízo de valor acerca da autenticidade ou falsificação de assinatura, visto não possuir conhecimentos técnico-científicos para realizar tal aferição. Não raras vezes é possível observar relatores entendendo pela falsificação de determinado documento ou assinatura, sem que possuam qualquer habilitação na área grafotécnica ou documentoscópica.

E justamente por tais razões, importante que a parte apresente laudo ou parecer grafotécnico, de forma a corroborar sua tese, seja pela autenticidade do documento/assinatura ou por sua falsidade, firmada por perito grafotécnico de confiança da parte, que restará sujeito ao crivo do contraditório.

Desta forma, podemos afirmar que, apesar da prova pericial não poder ser requerida nos processos disciplinares, entende-se que, se produzidas por conta própria pela parte, ou determinadas de ofício pelo Órgão Instrutor, poderão ser apresentadas como provas documentais, se firmadas por profissional habilitado na área de conhecimento a que se propõe e sujeitas ao contraditório.

## Audiência de conciliação / Possibilidade de acordo

É comum, no âmbito do TED, a designação de audiência de conciliação, sobretudo nas hipóteses em que a representação se operar por entraves na relação e comunicação cliente/advogado, onde um diálogo poderia ser suficiente para sanar o impasse. A audiência de conciliação é, todavia, facultativa, e depende de cada caso, sendo recomendado, sempre que possível, a adoção das medidas de mediação.

Nessa toada, no âmbito da Seccional do Rio de Janeiro é possível, ainda, suspender temporariamente a aplicação das penas de advertência e censura àquele infrator primário, nos casos de inépcia profissional decorrente de erros vernaculares, desde que passe a frequentar e conclua curso de reciclagem ministrado pela Escola Superior de Advocacia ou outro que o TED indicar, sendo medida conciliatória bem aceita[29].

---

[29] *Artigo 42 do RITED/RJ.*

Seguindo o intuito conciliatório que circunda todo o ordenamento, foi aprovada em 30.09.2020, pelo Conselho Federal da OAB, a possibilidade de realização de termo de ajustamento de conduta (TAC) para aquelas infrações disciplinares que tenham por objeto a publicidade irregular, incluindo o artigo 47-A no Código de Ética e Disciplina, com a seguinte proposta de redação: *"será admitida a celebração de termo de ajustamento de conduta no âmbito dos Conselhos Seccionais e do Conselho Federal para fazer cessar a publicidade irregular praticada por advogados ou sociedades de advogados".*

Não podemos deixar de nos expressar acerca da inclusão do artigo 47-A no CED da OAB, eis que oriunda de um "pedido" da jovem advocacia, sob o argumento de desconhecimento das regras de publicidade. Isso somente corrobora com o que já dissemos de que, infelizmente, a deontologia jurídica somente é aplicada nas universidades com o mero intuito de atender à exigência do exame de Ordem, sem, contudo, se preocupar em preparar os profissionais do direito para a vida forense.

No entanto, em se tratando de matéria disciplinar, que fuja aos entraves de comunicação cliente/advogado, e a hipótese acima, e dependendo da natureza da infração, em especial quando envolver locupletamento e recusa de prestação de contas, mesmo que se tenha obtido eventual acordo (incluindo o pagamento ao cliente) ou até mesmo se o Representante vier a desistir da representação, isso não implicará em arquivamento do procedimento disciplinar.

Isto ocorre, como já explicado[30], pelo fato do poder de fiscalização da OAB e do nítido interesse púbico a ser protegido pela Instituição, não subsistindo o princípio da demanda na representação, que facultaria um possível arquivamento por conta de eventual acordo ou desistência, caso em que ocorra, deverá o Relator excluir o Requerente da lide e o processo passar a tramitar *ex officio*.

Ou seja, nem toda conciliação ou desistência importará em obrigatório arquivamento do procedimento disciplinar, nem qualquer desistên-

---

[30] Item 2.7.

cia da parte Requerente, mas tão somente, a critério do Relator, aquelas em que não persistirem indícios de falta disciplinar[31] mais grave a ser combatida pela OAB.

### 4.7.2 Audiência de instrução

Ultrapassado o momento conciliatório, chega-se à audiência de instrução, onde serão colhidos os depoimentos pessoais, testemunhais, apresentação de mídias audiovisuais etc. A audiência de instrução em muito se assemelha com as audiências no âmbito do Poder Judiciário, com algumas ressalvas.

A notificação para comparecimento à audiência de instrução, onde as partes deverão ser intimadas com antecedência mínima de 15 (quinze) dias, constará a data, o horário e o local — com endereço completo — em que a audiência será realizada, sob pena de nulidade do ato intimatório.

No local designado para a audiência, será afixada, em local visível, a pauta de audiências, que deverá observar o sigilo dos procedimentos disciplinares, não podendo constar o nome do Requerido. No horário designado, é realizado pregão, chamando-se as partes e seus procuradores, quando estes se fizerem presentes nos autos, para que adentrem à sala de audiências. E, neste momento, costuma surgir a primeira dúvida das partes: Em que local cada parte deve se sentar à mesa?

Embora não tenha regramento específico sobre o tema, recomenda-se a observância do posicionamento no âmbito processual penal, excluindo-se, evidentemente, a figura do representante do Ministério Púbico. Assim, o Relator, ou instrutor, senta-se à cabeceira da mesa, sentando-se à sua esquerda o Requerido e seu advogado, e do lado oposto, à sua direita, sentam-se o Requerente e seu advogado.

Iniciada a audiência, o Relator, ou instrutor, recebe os documentos de identificação das partes presentes, podendo receber, conforme o caso,

---

[31] *Artigo 71 do RITED/RJ.*

instrumento de procuração a ser anexado aos autos, enquanto o auxiliar do presidente da audiência qualifica as partes presentes na assentada.

Qualificadas as partes e devidamente apresentados os documentos de identificação, o presidente da audiência inicia a instrução através da colheita do depoimento pessoal do Requerente, concedendo, após, a palavra ao Requerido — ou seu advogado — para que proceda à inquirição da parte, o mesmo fazendo após com o Requerido, concedendo a palavra ao Requerente, ou seu advogado, para inquirição.

Os depoimentos são reduzidos a termo e fazem parte integrante da assentada da audiência, traduzindo o que fora perguntado e respondido na presença do Relator, ou instrutor, mediante ditado realizado pelo presidente da audiência a seu auxiliar.

Após o depoimento pessoal das partes, inicia-se a fase de oitiva de testemunhas, limitadas a 5 (cinco) para cada parte, iniciando-se pelas testemunhas do Requerente e, posteriormente, passando à oitiva das testemunhas do Requerido. Iniciando-se as perguntas por aquele que arrolou a testemunha a ser inquirida, concluindo-se com as perguntas do presidente da audiência, podendo, dependendo do caso, iniciar-se por este.

Tal qual os depoimentos pessoais, a oitiva das testemunhas é reduzida à termo, que fará parte integrante da assentada da audiência.

Todos os documentos, assentada, termos de depoimento e oitiva de testemunhas devem ser assinados pelo Relator, ou instrutor, e pelas partes presentes.

Ao final da audiência de instrução, o Relator, ou instrutor, concluirá a assentada da audiência, fazendo constar eventuais requerimentos e ocorrências relevantes durante a audiência. Sendo a audiência presidida pelo Relator, este poderá, na própria assentada, decidir eventuais requerimentos formulados pelas partes. Sendo presidida por instrutor, este fará consignar em ata e remeterá os autos ao Relator, para decidir o que for pertinente.

### 4.7.3 Diligências determinadas pelo Relator

Como já afirmado anteriormente, pode o Relator determinar a realização de diligências que entender convenientes, nos termos do artigo 59, § 5º do CED. Ocorre que, amparados pelo citado dispositivo legal, muitos relatores se investem no papel de acusação, determinando a realização de determinada prova, não requerida por qualquer das partes.

E é com relação a este tópico que, com a máxima vênia, nos insurgimos contrariamente a tal proceder. Isto porque, o Relator possui papel de juiz e, portanto, deve respeitar o princípio da inércia, ou seja, não deve este prestar qualquer tutela senão quando a parte ou interessado o requerer.

Compete, entretanto, ao Relator, por ser matéria de ordem pública, reconhecer eventual prescrição ou decadência, mesmo sem qualquer provocação das partes, além de promover o andamento processual, por ser prerrogativa de sua função. Todavia, nos filiamos ao posicionamento de que, ao determinar a realização de determinada diligência — tal como expedição de ofício à delegacia de polícia, à órgão do Poder Judiciário etc. — está o Relator excedendo seu dever, afastando-se da imparcialidade que lhe é imputada e revestindo-se do múnus acusatório.

O cerne da questão se dá por interpretação equivocada do termo "diligência". Em seu artigo 59, § 5º, o Código de Ética e Disciplina concede ao Relator o poder de determinar a realização de diligências que julgar convenientes, ou seja, diante dos requerimentos de diligências formulados pelas partes, cabe ao Relator decidir acerca de sua pertinência, determinando-as ou não. Isto é totalmente diverso de quando o Relator, sem qualquer requerimento ou provocação das partes, determina a realização de determinada diligência, por mais conveniente que entenda ser.

Exemplificando a problemática, vigora no processo disciplinar o princípio da inocência, cabendo à parte Representante comprovar os fatos narrados no libelo acusatório. Assim, analisemos a seguinte situação fictícia: determinado cliente ingressa com representação em face de seu advogado, afirmando que este recebera, através de alvará de levantamento, determinada quantia em seu nome, sem que realizasse o necessário repasse. Seu libelo acusatório não está instruído com a comprovação de que o advogado tenha sido o responsável pelo levantamento da quantia. A representação é recebida e determinada a apresentação de Defesa Prévia por parte do advogado, que apresenta defesa genérica, negando totalmente os fatos narrados no libelo acusatório. Em seu despacho saneador, todavia, o Relator determina a expedição de ofício à instituição financeira, de forma a que esta demonstre quem teria sido o responsável pelo levantamento da quantia.

Ora, no exemplo acima, resta evidente, a nosso ver, que a conduta do Relator extrapolou sua competência, visto que o libelo acusatório não requereu a expedição de tal ofício e, tampouco a defesa prévia, sendo a atuação do Relator prejudicial à defesa do Requerido, uma vez que a ausência de comprovação dos fatos narrados atrairia, em regra, a improcedência da representação ou, até mesmo, eventual indeferimento liminar.

Deste modo, o artigo 59, § 3º do CED deve ser entendido de forma a que, ao Relator compete decidir acerca das diligências requeridas pelas partes, determinar a realização das diligências legais (determinação de apresentação de defesa prévia e realização de audiência de conciliação e de instrução), e não proceder à determinação de diligências se não requeridas pelas partes.

## QUESTÃO EXCEPCIONAL

Não podemos deixar de citar, neste tópico que, por óbvio, é medida aceita no âmbito dos processos ético-disciplinares, em homenagem à busca da verdade real, que o Relator-Instrutor se valha de recursos à sua disposição — tais como consultas processuais, juntada de trecho de sentenças, ou outros tantos — para fundamentar decisão favorável ao Requerido.

E tal situação é corriqueiramente presente, em especial quando a prova a justificar o posicionamento — frise-se, benéfico ao Requerido — do Relator esteja disponível. É importante destacar, todavia, que tal excepcionalidade não deve ser utilizada em prejuízo do Requerido, sob pena de se violar a inércia do julgador.

## 4.8 Parecer Preliminar

Finda a instrução probatória, e antes das razões finais, chega-se ao parecer preliminar, momento em que o relator da instrução processual manifestará sua opinião, dando enquadramento legal aos fatos imputados ao Requerido e opinará pela procedência ou improcedência da representação.

O parecer preliminar, inicialmente, deverá ser estruturado de forma a conter relatório pormenorizado de todo o processo, incluindo as questões prejudiciais e/ou preliminares e, em seguida, enfrentar as questões meritórias, valorando as provas e delas partindo para dar o devido enquadramento legal aos fatos imputados ao Requerido para, então, concluir de forma opinativa pela procedência ou improcedência do processo.

Na fundamentação do parecer preliminar, deverá o Relator Instrutor indicar as provas que considerou relevantes para sua convicção, não se admitindo parecer evasivo e sem a exaustiva análise comparativa das provas com os fatos imputados. O parecer há de ser conciso e objetivo, porém, cirúrgico ao que está sendo imputado, sem deixar de analisar todas as provas constantes do processo.

Neste passo, merece uma observação. Há entre os membros dos Tribunais de Ética e do Conselho Federal duas correntes acerca da possibilidade — e as consequências — de alteração da tipificação da conduta. A corrente majoritária entende que o Requerido se defende dos fatos a ele imputados, e não da tipificação legal ao qual fora enquadrada a infração. Isto importa em dizer que, mesmo que o Relator-Instrutor altere a tipificação da infração, sem alteração dos fatos narrados, não há que se falar em nulidade, desde que, atendendo ao princípio da não surpresa[32],

---

[32] *Item 2.1.*

dê ao Requerido a oportunidade de se manifestar, o que será feito por ocasião das razões finais.

Entretanto, outra corrente, esta minoritária, entende no sentido de necessidade de reabertura da instrução processual caso ocorra alteração da tipificação no momento do parecer preliminar em relação à tipificação contida no despacho de admissibilidade, havendo necessidade de notificar o Requerido para manifestar-se acerca da nova tipificação, reinaugurando a fase instrutória para, só então, proferir o parecer preliminar.

Tal entendimento decorre do fato de que, em muitas ocasiões, ao proferir o despacho de admissibilidade, ou ainda o despacho saneador, alguns Relatores optam por indicar a tipificação legal da conduta, inobservando que o momento adequado é o parecer preliminar, a teor do que dispõe o artigo 59, § 7º do CED da OAB. Portanto, diante dessa hipótese, pretendendo alterar a tipificação quando do parecer preliminar, mostra-se adequado reabrir a fase instrutória. Diferente entendimento ocorreria se o enquadramento legal se operasse, exclusivamente, no parecer preliminar, conforme disposto textualmente no artigo 59, § 7º do CED da OAB.

Noutra toada, opinar pela procedência ou improcedência do procedimento disciplinar é ato de extrema responsabilidade do Relator-Instrutor, visto que o parecer preliminar servirá de base para o Relator da Turma Julgadora proferir seu voto, filiando-se ou divergindo do entendimento do Relator-Instrutor, o que, neste último caso, deverá demonstrar em seu voto os motivos pelos quais diverge do parecer preliminar, o que demonstra a importância de um parecer preliminar bem elaborado, com as observâncias legais do artigo 59, § 7º do CED.

Não se pode deixar de lado, ainda, que não importa o caminho adotado pelo Relator-Instrutor em seu parecer preliminar, fato é que este **deverá** ser submetido ao Tribunal de Ética e Disciplina da Seccional, e diretamente a este, já com as razões finais inclusas[33], para que se redistribua, por sorteio, a novo Relator que proferirá o voto, aplicando a pena e

---

[33] Art. 59, § 8º CED.

sua dosimetria, submetendo seu voto à Turma Julgadora que faça parte, como será examinado adiante.

O mesmo vale para quando a instrução processual ocorrer no âmbito das subseções. Ou seja, apresentado o parecer preliminar e juntada as razões finais, deverá o processo ser imediatamente submetido ao TED **sem** qualquer homologação pelo Conselho da Subseção e, menos ainda, **sem** qualquer julgamento no âmbito da Subseção, como será explorado adiante.

Desta forma, com a apresentação do Parecer Preliminar e das Razões Finais das partes encerra-se a fase instrutória, seja das Turmas de Instrução ou das Comissões de Ética e Disciplina das Subseções, iniciando-se a fase de julgamento pelo Tribunal de Ética e Disciplina da Seccional.

## 1ª QUESTÃO POLÊMICA

Observe-se, atentamente, que as atribuições das Turmas de Instrução em muito se assemelham às atribuições das Comissões de Ética e Disciplina das Subseções, iniciando-se sua competência no momento da admissibilidade e encerrando-se quando da apresentação do Parecer Preliminar pelo Relator-Instrutor.

No âmbito da Seccional do Rio de Janeiro, em razão do grande volume de representações, foi criada a Comissão de Admissibilidade Processual, que se destina exclusivamente à análise dos requisitos de admissibilidade das representações, conforme artigo 58, § 7º do CED.

A polêmica envolve a equivocada prática — a nosso entender e conforme fundamentação anteriormente realizada —, no âmbito das Subseções, de submeter o Parecer Preliminar ao seu Conselho, seja para homologação ou, até mesmo, julgamento. Tal prática é capaz, inclusive, de gerar a nulidade do processo disciplinar e, pior, violar o sigilo[34] do procedimento disciplinar, podendo-se aventar a hipótese, inclusive, de representação disciplinar em face daquele que inobservou o sigilo apresentando os autos ao Conselho da Subseção.

---

[34] *Art. 72, § 2º do EAOAB.*

A competência para julgamento do advogado é **exclusiva** do Tribunal de Ética e Disciplina, e somente a ele caberá julgar[35]. Portanto, assim como as Turmas Especiais de Instrução dos Tribunais de Ética e Disciplina, às Subseções cabem apenas a instrução do processo disciplinar, e tão somente.

## 2ª QUESTÃO POLÊMICA

Outro ponto que gera polêmica no âmbito dos procedimentos disciplinares cinge-se na indicação, ou não, de penalidade correlata à infração ética tipificada, no corpo do Parecer Preliminar.

Percebam, neste aspecto, que o artigo 59, § 7º do CED estabelece que o Parecer Preliminar deverá dar *"enquadramento legal aos fatos imputados ao representado"*. Nesta toada, enquadramento legal não significa dosimetria da pena ou indicação de penalidade a ser imposta.

A seu turno, o artigo 61 do CED estabelece que, quando do julgamento da representação, ou seja, quando o voto do Relator de uma das Turmas Julgadoras for apresentado para julgamento, é que se lavrará Acórdão, do qual constarão, dentre outros requisitos, *"a sanção aplicada"*.

Portanto, apesar de polemizada a questão no âmbito das Subseções, entende-se que inexiste qualquer polêmica ou, sequer, liame para discussão acerca da inclusão de sanção no parecer preliminar. A questão, a contrário, encontra-se claramente demonstrada no texto legal, certo de que, no Parecer Preliminar haverá o enquadramento legal aos fatos e no voto a aplicação de sanção, com a dosimetria da pena e análise de questões atenuantes ou agravantes.

## QUESTÃO RELEVANTE

Recentemente, em 20.09.2022, o Órgão Especial do Conselho Pleno do Conselho Federal da Ordem dos Advogados do Brasil editou a Súmula 12/2022/OEP acerca da ausência de parecer preliminar nos processos ético-disciplinares no sistema OAB, assim dispondo:

---

[35] *Art. 70, § 1º do EAOAB.*

"A AUSÊNCIA DO PARECER PRELIMINAR PREVISTO NO ART. 59, § 7º, DO CÓDIGO DE ÉTICA E DISCIPLINA DA OAB, GERA NULIDADE RELATIVA, A SER RECONHECIDA SE COMPROVADO O PREJUÍZO CAUSADO".

Na esteira do entendimento sumulado, o Conselho Federal firmou posição de que a ausência do parecer preliminar em processo ético-disciplinar gera nulidade relativa, esta entendida como aquela decorrente de violação à norma tuteladora de direito privado e que, portanto, somente pode ser reconhecida se postulado pela parte interessada e comprovado o efetivo prejuízo causado, vedado o reconhecimento de ofício.

E nesta toada, surge o primeiro questionamento: qual o momento em que se opera a preclusão da alegação de nulidade relativa decorrente da ausência do parecer preliminar? Considerando-se que as razões finais são apresentadas após o parecer preliminar que tipificou a conduta imputada ao Requerido, na forma do art. 69, § 8º do CED, a ausência do parecer preliminar não inviabilizaria o exercício pleno do direito de defesa das partes?

Desta forma, guardadas todas as vênias ao posicionamento sumulado do Conselho Federal, entendemos que a ausência do parecer preliminar é causa de nulidade absoluta nos processos ético-disciplinares, visto o evidente prejuízo à ampla defesa e ao contraditório.

Até porque, é no parecer preliminar que se dará, pela primeira vez, o enquadramento legal à conduta, permitindo às partes dele divergir, discutir eventual aplicação de penalidade, de reconhecimento de atenuantes ou agravantes, entre outros.

Entretanto, em caso de aplicação vinculante da Súmula 12/2022/OEP, entendemos que o momento para arguição da nulidade relativa por ausência do parecer preliminar seja com a apresentação das razões finais, casos em que, não havendo provocação do julgador, restará preclusa futura arguição de nulidade.

## 4.9 Razões finais

É a peça processual apresentada pelas partes, na forma escrita, após o término da instrução processual e após o conhecimento do Parecer Preliminar, no prazo **sucessivo** de 15 (quinze) dias úteis[36].

Merece destaque, por sua relevância, que antes do advento da Resolução 09/2021 do Conselho Federal, o prazo para apresentação de razões finais era comum. A citada Resolução alterou o CED para que o prazo para apresentação das razões finais seja sucessivo, ou seja, iniciando-se com o interessado e, após, o representado[37].

Caberá ao Relator-Instrutor, ao término do seu Parecer Preliminar, determinar a notificação das partes para apresentação do referido mecanismo de defesa para que, em seguida, redistribua-se o procedimento disciplinar para um dos Relatores das Turmas Julgadoras.

A notificação das partes, necessariamente, deverá se operar por correspondência, com Aviso de Recebimento (A.R.), e no caso de inércia pelo Diário Eletrônico da OAB (DEOAB).

No caso de notificação por AR, o prazo se inicia a contar do dia útil imediato ao da juntada aos autos do aviso de recebimento. E, na hipótese de notificação pelo DEOAB, o prazo terá início no primeiro dia útil seguinte à publicação, assim considerado o primeiro dia útil seguinte ao da disponibilização da informação no Diário, a teor do artigo 69, §§ 2º e 3º do EAOAB c/c Provimento 182/2018.

Certamente que se trata de mecanismo de defesa indispensável, sob pena de nulidade insanável do processo disciplinar. Em caso de inércia do Representado, deverá ser nomeado um Defensor Dativo, que cumprirá com a apresentação de importante fase processual, em homenagem aos princípios do contraditório e da ampla defesa, afastando-se futuras arguições de nulidade.

---

[36] Com a edição da Resolução nº 09/2021 CFOAB, em 09.11.2021, o prazo para apresentação de Razões Finais deixou de ser comum e passou a ser sucessivo.

[37] Art. 59, § 8º do CED.

Ocorre, todavia, que muito embora as razões finais sejam peças obrigatórias para ambas as partes, Requerente e Requerido, na prática, as alegações finais das partes geralmente são dispensadas pelos Relatores ou pelas próprias partes, o que causa grande insegurança jurídica aos processos disciplinares.

Isto porque, por ausência de mecanismos concretos de confirmação da inércia do Requerente, quando desassistido por advogado, bem como pela grande falta de profissionais voluntários nas Defensorias Dativas, deixa-se de nomear um advogado dativo para cumprir a necessária peça processual.

Como já afirmado anteriormente, a Defensoria Dativa não funciona apenas nos casos em que o Requerido é revel. É possível ao Requerente pleitear assistência destes importantes profissionais, ante a ausência de conhecimentos técnicos que muitos apresentam. Desta forma, tal qual poderia a parte requerer a assistência, a sua não manifestação em alegações finais deveria ensejar a imediata atuação da Defensoria Dativa Tabelar — nos casos em que já haja um defensor atuando nos autos — para a realização do ato.

Ultrapassada a questão supracitada, tem-se que nas razões finais, embora não se tenha formatação específica, é de bom alvitre que se elabore sucinto relatório, com os principais pontos do procedimento, objurgue prejudiciais e/ou preliminares, se presentes, dentre elas a prescrição, assim como eventuais nulidades. E, finalmente, enfrente-se o mérito do processo, seja prestigiando ou combatendo os fundamentos do Parecer Preliminar.

Noutra toada, peculiar característica possui as Razões Finais no âmbito dos procedimentos éticos da OAB, pois, em sendo o Parecer Preliminar o momento para enquadramento legal aos fatos, por conseguinte, na apresentação das Razões Finais será o momento para a defesa combater, além do enquadramento em si, questões ligadas à dosimetria de eventual penalidade que possa vir a ser aplicada quando do voto, podendo, inclusive, argumentar eventual desclassificação da infração para outra mais branda, se não for o caso de adotar a improcedência.

É o momento único, inclusive, de se combater eventuais discussões acerca da penalidade, eventualmente, imposta e cujo embate se travará no momento do voto, ato imediatamente posterior à apresentação das alegações finais.

Por fim, reforça-se a afirmação de que as Razões Finais se constituem peça processual indispensável ao julgamento do processo ético-disciplinar, e cuja ausência acarretará, invariavelmente, nulidade intransponível.

## 4.10 Voto

Com a apresentação das Razões Finais pelas partes e a redistribuição dos autos a Relator de uma das Turmas Julgadoras, encerra-se a fase instrutória do procedimento disciplinar, inaugurando-se a fase de julgamento. É importante observar o disposto no artigo 60, § 1º do CED e na diretriz nº 25, *in fine*, da Resolução nº 02/2018-SCA, onde consta expressa vedação de que o Relator da fase de julgamento seja o mesmo Relator da fase instrutória, caso o processo disciplinar tenha sido instruído no âmbito do Tribunal de Ética e Disciplina.

Isto significa que, o Relator Instrutor, aquele que funcionou em todo o processo disciplinar até a apresentação de seu parecer preliminar, não poderá ser nomeado como Relator na fase de julgamento.

Atendendo a este comando, como já afirmado anteriormente, o Tribunal de Ética e Disciplina da Seccional do Rio de Janeiro criou, no âmbito de sua competência, a Turma Especial de Instrução Disciplinar, que não se confunde com uma das 11 (onze) Turmas de Julgamento. A Turma Especial de Instrução, composta por Relatores nomeados pelo Presidente do TED/RJ, é responsável pela instrução processual de todos os procedimentos disciplinares no âmbito do Tribunal, bem como a esta incumbe a discricionariedade de opinar pelo indeferimento liminar da representação.

Feita a instrução processual será o processo redistribuído a um dos Relatores das Turmas Julgadoras após a apresentação do Parecer Preliminar e da juntada das Razões Finais.

Assim, após recebimento do processo devidamente instruído, o Presidente do TED designará, por sorteio, relator para proferir o voto[38]. O voto é a manifestação do Relator da Turma Julgadora, semelhante à sentença, no qual será proferida a decisão pela procedência ou improcedência do processo disciplinar, com base no conjunto probatório constante dos autos do processo disciplinar.

Deverá o voto conter o número do processo, o nome da parte Requerente, o nome do seu advogado, o nome do Requerido e de seu advogado, indicando, conforme o caso, se qualquer das partes está representado pela Defensoria Dativa, e o nome do Relator designado para proferir o voto.

Após a qualificação das partes e do processo, o voto deve se iniciar pelo Relatório, onde o Relator deverá transcrever, de forma fiel, os fatos e a cronologia dos atos processuais. O relatório não necessita ser extremamente minucioso, mas deverá retratar os fatos e atos processuais relevantes, observando atentamente as datas importantes, para eventual análise de prescrição ou decadência, tais como: data do protocolo, da notificação das partes, da instauração do procedimento disciplinar, entre outros.

Deverá, ainda, o relatório, mencionar as questões preliminares levantadas pelas partes e, também, as Razões Finais das partes devem ser mencionadas no relatório do voto.

Superada a parte do relatório, passará o Relator a proferir o voto, sempre de forma fundamentada, sob pena de nulidade[39], com subsunção do fato à norma, o enquadramento dos fatos sob análise ao regramento disciplinar vigente — ou vigente à época dos fatos —, demonstrando de forma clara como os fatos se enquadraram aos dispositivos legais. No voto, enfrentará o Relator as questões preliminares, ainda

---

[38] *Art. 60 do CED.*
[39] *Art. 93, IX da CRFB.*

que já tenham sido enfrentadas no despacho saneador, não estando o Relator da Turma Julgadora adstrito a acompanhar a decisão do Relator Instrutor, ou sequer às alegações produzidas pelas partes, podendo discordar de todas as alegações constantes dos autos, devendo, todavia, fundamentar seu entendimento.

Ao final, deverá o Relator proferir sua decisão, aplicando a sanção disciplinar, ou julgando improcedente o processo, e realizando a dosimetria da pena, com base nas circunstâncias constantes dos autos, analisando as agravantes e atenuantes, e determinando dia para julgamento.

Concluindo as formalidades do voto, após a decisão, deverá o Relator apresentar Ementa, com resumo dos fatos e fundamentos, adotando-se, nos termos da Resolução nº 02/2018-SCA, linguagem quase telegráfica, sem sacrifício da inteligibilidade, ante as óbvias razões de espaço.

### CURIOSIDADE:

No âmbito da Seccional do Rio de Janeiro foi criada a Diretoria de Assuntos Jurisprudenciais que, dentre outras, possui competência para elaboração de ementário do Conselho Seccional, do TED e dos diversos órgãos julgadores, tendo elaborado valiosa cartilha de elaboração de ementas, que se encontra disponível no site da OAB/RJ.

### 4.11 Julgamento pela Turma Julgadora

O julgamento pela Turma do Tribunal de Ética e Disciplina é marco essencial para a interrupção de prazo prescricional, compreendendo a verdadeira decisão acerca de determinado processo disciplinar. O voto apresentado pelo relator nomeado é incluído em pauta de julgamento e apresentado à turma para proceder ao julgamento.

É importantíssimo frisar, à exaustão, que apenas o Tribunal de Ética e Disciplina do Conselho Seccional detém competência, exclusiva, para julgar os processos disciplinares que tenham sido instruídos pelas Subseções ou por relatores do próprio Conselho.

Isto quer dizer, que a competência da Subseção se encerra com a conclusão da instrução processual, como já afirmado anteriormente, inexistindo qualquer previsão legal para que, no âmbito da Subseção, seja o parecer preliminar submetido ao Conselho da Subseção e, menos ainda, que haja julgamento do procedimento disciplinar naquela instância de instrução.

A ocorrência de julgamento no âmbito das subseções pode ser, inclusive, causa de nulidade a ser arguida, visto não deter competência para proceder a julgamento de processo ético-disciplinar. Ademais, é submeter o inscrito ao desconforto de apresentar-se perante seus pares nas comarcas de interior, obtendo "decisão" condenatória ou absolutória e exercendo seu direito de sustentação oral em uma fase processual inexistente e sem qualquer validade.

Dito isto, devidamente demonstrada a competência exclusiva dos Tribunais de Ética e Disciplina para julgar procedimentos ético-disciplinares, passa-se aos requisitos objetivos para a validade da sessão de julgamento.

Após a apresentação do voto pelo relator designado pelo TED, o processo é incluído em pauta de sessão de julgamento, devendo ser o Requerido e Requerente notificados pela secretaria do TED, com 15 (quinze) dias de antecedência para comparecerem à sessão de julgamento[40].

Um parêntese importante, diz respeito à impossibilidade de, no âmbito das Turmas Julgadoras, o Relator determinar arquivamento ou indeferimento liminar, uma vez que já ultrapassada, e muito, a fase processual de ocorrência de tais institutos, cabendo ao Relator apresentar voto pela procedência ou improcedência do processo disciplinar.

Durante a realização da sessão de julgamento, o presidente da Turma passa a palavra ao relator do procedimento disciplinar, que faz a leitura de seu voto, retornando a palavra ao presidente da Turma, que deverá conceder palavra às partes para sustentação oral, pelo prazo de 15 (quinze) minutos, iniciando-se pelo Requerente e, posteriormente, pelo Requerido[41].

---

[40] Art. 60, § 3º CED.
[41] Art. 60, § 4º do CED.

Concluídas as sustentações orais, o presidente da Turma devolve a palavra ao Relator do processo disciplinar, permitindo a este, à luz das defesas orais apresentadas, mantenha seu voto ou o modifique, iniciando-se, após, a fase de debates pelos membros da Turma, que podem requerer esclarecimentos das partes ou do relator, declarando se acompanham o voto proferido ou apresentam voto divergente.

Em caso de voto divergente por qualquer dos membros da Turma Julgadora, este deve ser fundamentado de forma oral e no momento da sessão de julgamento, expondo suas razões e conclusão. É possível a ocorrência de mais de um voto divergente. O voto divergente, se existir, embora oral, deverá ser reduzido a termo e juntado aos autos posteriormente à sessão de julgamento.

Após a apresentação das divergências, o presidente da Turma abre votação, ocasião em que os membros (excetuando-se o relator e os divergentes) decidem se acompanham o voto do relator ou o voto divergente apresentado, contabilizando-se os votos e declarando, ao final, o resultado do julgamento.

As regras relativas a empate na votação, dependerão dos regimentos internos do Conselho ou do TED de cada Seccional. A título de curiosidade, o vigente RITED/RJ prevê, especificamente, que nos casos de empate o voto proferido pelo presidente da Turma possui vantagem, sendo contabilizado à razão de 2 para 1, apenas para o desempate no julgamento (art. 59, § 2º do vigente RITED/RJ).

Entretanto, como já narrado anteriormente, o Tribunal de Ética e Disciplina do Rio de Janeiro editou novo Regimento Interno que, embora já aprovado por seu Tribunal Pleno desde dezembro de 2022, ainda não se encontra vigente, pendente de aprovação pelo Conselho Seccional. O novo RITED/RJ, aprovado por aclamação por seu Tribunal Pleno, trouxe importante alteração neste sentido, alterando o voto de qualidade do presidente da Turma para, nos casos de empate, prevalecer o voto mais favorável ao Representado.

Embora não se encontre vigente, os membros do Tribunal de Ética do Rio de Janeiro já adotam tal entendimento para os casos em que houver empate na votação, se posicionando na vanguarda e em sintonia com os preceitos constitucionais e os mais recentes entendimentos das Cortes Superiores, prevalecendo, no TED/RJ, o voto mais benéfico ao Representado nos casos de empate.[42]

O resultado do julgamento, depois de declarado pelo presidente da Turma, gera acórdão de julgamento, que deve conter os elementos da sessão de julgamento, tais como declaração de voto do relator, existência de votos divergentes, breve ementa, e a forma como se deu o resultado, por unanimidade ou por maioria, registrando, ainda, as presenças das partes, advogados ou defensor dativo.

Por decisão unânime entende-se aquela a qual não foram apresentados votos divergentes, sendo acompanhado o voto do relator por todos os membros presentes à sessão de julgamento. Das decisões unânimes, além de Embargos de Declaração para sanar omissões, obscuridades ou contradições, caberá Recurso Ordinário, dirigido ao Pleno do Conselho Seccional.

Por decisão majoritária entende-se aquela a qual fora apresentada voto divergente, prevalecendo um dos votos proferidos, da qual, além dos Embargos de Declaração, caberá Embargos Infringentes, dirigido ao Pleno do Tribunal de Ética e Disciplina da Seccional, para fazer prevalecer o voto vencedor ou o voto vencido, conforme o caso e interesse da parte recorrente.

Os tipos de recursos, seus conceitos, definições, requisitos e modelos serão apresentados no Livro II – Fase Recursal, que estará disponível em breve.

---

[42] Art. 63, § 3º do RITED/RJ, ainda pendente de aprovação pelo Conselho Seccional da OAB/RJ.

### CURIOSIDADE

Nos processos em que o Presidente da Turma Julgadora tenha sido nomeado à Relatoria, este não presidir a sessão de julgamento, ocasião em que a presidência será transferida ao Secretário, devidamente eleito pelos integrantes da Turma no início do triênio. E neste aspecto, considerando que a nomeação do Secretário ocorre por eleição entre os membros da Turma, pouco importa o tempo de inscrição nos quadros da OAB.

Vale destacar, entretanto, que podem existir casos em que tanto o Presidente quanto o Secretário estejam impossibilitados de presidir a sessão de julgamento, por exemplo, quando o presidente for relator de determinado processo e restar ausente à sessão o Secretário, ou se este se declarar impedido ou suspeito. Nestes casos, a presidência será transferida ao integrante da turma julgadora que possuir inscrição mais antiga.

## 4.12 Do Julgamento de Processos Ético-Disciplinares com Perspectiva de Gênero

O Tribunal de Ética e Disciplina da OAB do Rio de Janeiro, na vanguarda da atuação em prol da erradicação da violência contra a mulher, lançou a inédita Resolução 01/2023 que estabeleceu novos critérios de julgamento ético-disciplinar de advogados da perspectiva de gênero.

No dia 03.05.2023, em sessão realizada no Plenário Evandro Lins e Silva na OAB/RJ, o TED/RJ anunciou os novos critérios em evento que também debateu o *lawfare* de gênero e formas de defesa de mulheres advogadas no exercício profissional.

Conforme previsto na Resolução 01/2023, as diretrizes estabelecidas consideram a Convenção Interamericana para Prevenir, Punir e Erradicar a Violência contra a Mulher (Convenção de Belém do Pará) e a Convenção sobre a Eliminação de todas as Formas de Discriminação contra as Mulheres (CEDAW), ambas legalmente internalizadas à ordem jurídica brasileira, o Objetivo de Desenvolvimento Sustentável (ODS) nº 5, constante da Agenda 2030, da Organização das Nações Unidas (ONU), que preconiza *"alcançar a igualdade de gênero e empoderar todas as mulheres e meninas"* e a necessidade do combate às práticas discriminatórias e à utilização abusiva de normas e procedimentos jurídicos como forma de ataque e perseguição, em especial, em desfavor de mulheres advogadas, conduta denominada *lawfare* de gênero.

Dentre as diretrizes, há a tramitação do processo de forma prioritária no âmbito do Tribunal de Ética e Disciplina, podendo ser reconhecido o processo com perspectiva de gênero por manifestação da parte ou *ex officio*.

Mas o que é um julgamento sob perspectiva de gênero? O que é *lawfare*? Em um primeiro momento, há de se destacar que a Resolução 01/2023 do TED/RJ não se limita ao *lawfare* de gênero, embora o englobe, mas sim a toda uma preocupação de combate à violência contra a mulher.

O termo *lawfare*, segundo matéria publicada pelo site da CNN[43], deriva da combinação das palavras inglesas *law* (lei) e *warfare* (guerra), e fugindo de sua origem militar, significa a utilização do sistema jurídico como parte de uma estratégia contra adversários, ou seja, o *"uso ou manipulação das leis e procedimentos legais como instrumento de combate e intimidação a um oponente, desrespeitando os procedimentos legais e dos direitos do indivíduo que se pretende eliminar"*.

Conjugando-se as expressões *lawfare* e de gênero, teríamos, então, a utilização ou manipulação de leis e procedimentos legais como instrumento de combate ou intimação à mulher, especificamente no caso dos processos ético-disciplinares, a mulher advogada.

Mas a resolução do TED/RJ não se limita aos casos em que se identifique a utilização dos processos ético-disciplinares como vendeta, perseguição ou intimidação da mulher advogada, mas também qualquer atuação processual que importe em humilhação, temor, intimidação ou sério constran-

---

[43] https://www.cnnbrasil.com.br/politica/entenda-o-que-e-lawfare-o-uso-estrategico-do-sistema-judicial/ publicado em 15/09/2020, atualizado em 14/04/2023 e acessado em 25/10/2023.

gimento à mulher. Observe-se, nesta mesma toada protetiva, que a resolução na se limita à mulher diretamente parte do processo, podendo ser adotada quando direcionada, também, à mulher advogada que esteja atuando nos autos do processo disciplinar, independente da parte que represente.

E este particular é extremamente valioso. Observe-se que o art. 3º da Resolução 01/2023 não limita aos casos envolvendo a mulher advogada, mas sim a qualquer mulher que seja parte no processo disciplinar.

> *Art. 3º. Nos casos regulados pela presente Resolução, sendo verificado que a presença da parte contrária poderá causar humilhação, temor, intimidação ou sério constrangimento à mulher, será facultada a realização de audiências e do julgamento de forma híbrida.*

Conceituando o julgamento sob a perspectiva de gênero, podemos entender que, sempre que uma mulher se encontrar presente em processo ético-disciplinar e possa sofrer violência — em todas as suas formas — e/ou práticas discriminatórias, poderá o processo tramitar sob a garantia das diretrizes da referida resolução.

Caberá, em especial, à relatoria da instrução processual se "aproximar das partes do processo" para que possa identificar circunstâncias especiais que venham a caracterizar violência de gênero ou que implique na inclusão da mulher em situação de vulnerabilidade, como, por exemplo: lactantes, filhos pequenos, possibilidade de compreensão acerca do que está sendo proposto, capacidade de realizar a sua defesa (seja em causa própria ou até mesmo quando no exercício do seu mister profissional), dentre diversas outras situações que possam remeter ao tema da violência de gênero ou vulnerabilidade da mulher.

Nesta toada, pode a parte requerer à relatoria o reconhecimento do processo com perspectiva de gênero, ou ser este assim reconhecido de ofício pela própria relatoria do processo, desde que fundamentada sua decisão. Em caso de requerimento formulado pela parte que venha a ser indeferido pelo Relator, a decisão de indeferimento deve — observemos o verbo no imperativo, como comando obrigatório — ser devidamente fundamentada, o mesmo ocorrendo nos casos de deferimento.

Uma vez reconhecido o processo ético-disciplinar com perspectiva de gênero, caso seja de interesse da parte, ou não restando possível notificá-la, a defensoria dativa especializada em perspectiva de gênero passará a atuar no processo em defesa dos interesses da parte.

Esta é uma das importantes criações trazidas pelas diretrizes de julgamento com perspectiva de gênero, a criação de uma defensoria dativa no âmbito do Tribunal de Ética e Disciplina especializada nas questões de gênero e julgamentos com esta perspectiva, trazendo mais empoderamento e segurança à mulher que se encontrar nos processos assim reconhecidos.

Mas não é só. Observe que a responsabilidade da relatoria nos casos de processos com perspectiva de gênero ganhou importante e inegável adição, a de estarem sensíveis e atentos ao combate de qualquer prática que possa importar em humilhação, temor, intimidação ou sério constrangimento à mulher, podendo, nestes casos, determinar a realização de audiências ou julgamentos de forma híbrida, evitando a ocorrência de situações que coloquem à mulher em vulnerabilidade processual.

Neste particular, tanto a audiência quanto os julgamentos perante o Tribunal de Ética e Disciplina ganham contornos relevantes, pois, se não conduzida sob a perspectiva de gênero, certamente resultará em mais uma forma de violência contra a mulher e, portanto, deverá a relatoria da instrução processual ou da turma julgadora permanecer sempre atenta, não só ao ambiente estrutural da audiência ou da sessão de julgamento, como, por exemplo, uma sala com exclusiva presença de homens ou a presença da parte agressora.

Sobretudo, deverá a relatoria restar atenta à inquirição ou sustentação oral direcionada à mulher que, em linhas gerais, possam conter formas mascaradas ou dissimuladas de violência, que possam desqualificar, intimidar, rememorar situações traumáticas ou expor sua intimidade. Ademais, deverá a relatoria desestimular e fazer cessar a frequente interrupção da fala da mulher ou a pressão exercida sobre esta que não permita o desenvolvimento de seu raciocínio.

Ademais, todos os membros do Tribunal de Ética e Disciplina poderão se valer de marcos normativos e precedentes nacionais ou internacionais, além de recomendações, opiniões consultivas ou observações gerais emitidas pelos organismos regional e internacional que se relacionam com o tema do julgamento sob a perspectiva de gênero, mantendo-se em constante atualização com as normas de regência da proteção da mulher.

É de extrema importância que, não só a relatoria do processo, mas, também, todas as partes evolvidas estejam atentas aos pronunciamentos, precedentes (nacionais e internacionais), resoluções, e outras normas reguladoras que se relacionem à questão da perspectiva de gênero e que possam ser aplicadas ao caso em concreto, trazendo efeitos práticos, e não teóricos, ao que dispõe o art. 4º da Resolução 01/2023 do TED/RJ.

A identificação da norma e sua aplicabilidade aos processos ético-disciplinares permitirá a utilização das ferramentas legais contidas nestes comandos normativos que garantam um julgamento mais justo e, até certo ponto, protetivo diante de casos de violência de gênero e vulnerabilidade da mulher.

Ilustrando o tema de maneira exemplificativa, podem ser adotados e aplicados aos julgamentos dos processos ético-disciplinares as seguintes normativas protetivas de gênero, entre outras, desde que cabíveis ao caso concreto:

a) Convenção sobre os Direitos Políticos da Mulher (1953);
b) Convenção Internacional sobre a Eliminação de todas as Formas de Discriminação contra a Mulher – CEDAW (1979) e seu Protocolo Facultativo (1999);
c) Recomendação Geral nº 19 sobre violência contra as mulheres do Comitê CEDAW;
d) Recomendação Geral nº 35 sobre a violência de gênero contra as mulheres do Comitê CEDAW;

e) Convenção Interamericana para Prevenir, Punir e Erradicar a Violência contra as Mulheres – Convenção de Belém do Pará (1994);
f) Declaração e Plataforma de Ação da IV Conferência Mundial sobre a Mulher – Pequim (1995);
g) Regras das Nações Unidas para o tratamento de mulheres presas e medidas não privativas de liberdade para mulheres infratoras (Regras de Bangkok) – (2010).

Finalizando o tema, sem esgotá-lo, têm-se então as seguintes diretrizes nos casos de julgamento de processo ético-disciplinar sob a perspectiva de gênero:
Obrigatoriedade de decisão fundamentada de deferimento ou indeferimento do reconhecimento do processo sob perspectiva de gênero;
h) Tramitação de forma prioritária;
i) Possibilidade de atuação da Defensoria Dativa Especializada em Perspectiva de Gênero;
j) Possibilidade de realização de audiências e julgamentos de forma híbrida, sempre que for verificado que a presença da parte poderá causar humilhação, temor, intimidação ou sério constrangimento à mulher;
k) Obrigatoriedade de inclusão na ementa do julgado do termo "julgamento segundo Perspectiva de Gênero".

Este é o primeiro passo, de muitos que ainda precisam ser caminhados, e que abrirá muitos caminhos para o combate à violência e discriminação contra a mulher, certo de que prescinde de constante e permanente capacitação de todos os membros do Tribunal de Ética e Disciplina e representa um importante marco na história dos TEDs, acreditando que, muito em breve, seja uma realidade em todo o país.

# 5. Medida cautelar – Suspensão preventiva

Trata-se de medida de natureza cautelar, prevista no artigo 70, § 3º do EAOAB, via de regra, antecipatória ao procedimento ético-disciplinar, de caráter excepcionalíssimo, que visa suspender preventivamente o Requerido, por até 90 (noventa) dias, quando verificado fato grave, contemporâneo ao julgamento e, sobretudo, com repercussão social que cause prejudicialidade à imagem e dignidade da advocacia.

Observe que não será, exclusivamente, a conduta praticada que ensejará o procedimento de suspensão preventiva, mas sim, os reflexos sociais prejudiciais daquela conduta à nobreza da advocacia.

Neste tipo de procedimento, excepcional e de cunho cautelar, o que se pretende proteger é um bem maior, qual seja: a nobreza e a imagem da advocacia e, por essa razão, a conduta deve ter refletido no âmbito social, com repercussão nos meios de comunicação, ou não, de modo que a ausência de atuação imediata por parte da OAB possa causar prejuízo maior à essência da própria Instituição.

Por óbvio, a decisão que determinar a medida cautelar há de ser bem fundamentada, delimitando de maneira pormenorizada, não o mérito de eventual falta disciplinar a ser perquirida em procedimento próprio, mas sim, o prejuízo causado à dignidade da advocacia, a saber:

> "PROCESSO Nº 41692019 (16262019). Representante: Dadalto Administração e Participações S/A. Advogados: Rafael Freitas de Lima – OAB/ES 16421 e Mariah Sartório Justi – OAB/ES 26136. Representado(a): D.A.L. Ad-

vogado(a): Diego Azeredo Lorencini – OAB/ES 12198; Relator(a): Dr.(a) Marcus Modenesi Vicente. EMENTA: representado manteve conduta incompatível com a advocacia. Ultrapassou os limites delineados no Código de Ética da OAB. Atitude que afetou a honra e dignidade da advocacia. Tentativa de minimizar efeitos não elimina os reflexos negativos sobre a classe dos advogados. Medida cautelar. Necessidade de suspensão preventiva na forma do estatuto em vigor. A apropriação de valores de clientes, como o apurado no caso em tela, se reveste de grande gravidade no âmbito da prestação do serviço de advocacia. **Preenchidos os requisitos para a suspensão cautelar: conduta atual, repercussão no ambiente social e prejudicialidade à dignidade da advocacia, impõe-se a aplicação da suspensão preventiva ao advogado pelo prazo de 90 (noventa) dias, prazo em que o processo disciplinar deverá ser concluído.** ACÓRDÃO: vistos, relatados e discutidos estes autos, com garantia do exercício da ampla defesa e contraditório, em audiência especial na forma do RI/TED/OAB/ES, conforme determina o estatuto da OAB. Os integrantes da 4ª turma do TED, decidiram, à unanimidade, pela aplicação de 90 (noventa) dias de suspensão preventiva, na forma do artigo 70, § 3°, da 8.906/94, ao advogado representado, conforme termo constante dos autos. Vitória, 25/03/2019. Marcus Modenesi Vicente – Presidente/Relator.

RECURSO n° 49.0000.2014.003180-0/SCA-TTU. Recte: I.F.F.A.M. (Advs: Antônio Eduardo da Costa e Silva OAB/MT 13752/O, Francisco Dias de Alencar Neto OAB/MT 14859/O e Joice Fialho do Nascimento OAB/MT 15900/O). Recdos: Conselho Seccional da OAB/Mato Grosso e Augusto Antônio Tenório. Relator: Conselheiro Federal Guilherme Octávio Batochio (SP). Relator para o acórdão: Conselheiro Federal Aldemario Araujo Castro (DF). EMENTA n° 049/2015/SCA-TTU.

1. Processo Administrativo de natureza ética e disciplinar. 2. Suspensão preventiva (art. 70, parágrafo terceiro, do Estatuto da Advocacia e da OAB). Necessidade de decisão do Tribunal de Ética e Disciplina por sua composição plenária. Art. 54 do Código de Ética e Disciplina. 3. **O julgador está obrigado a demonstrar, com fundamentação suficiente, a repercussão prejudicial à dignidade da advocacia quando decidir pela aplicação da sanção cautelar. Inaceitável a simples afirmação genérica da presença do requisito legal num parágrafo com algumas linhas.** 4. Ausência de violação à ampla defesa em função do indeferimento do pedido de redesignação da sessão especial. Advogada acusada devidamente assistida no feito disciplinar. 5. Não é válida qualquer determinação, do Conselho Federal, no sentido de Conselho Seccional não exercer sua competência de instaurar processo disciplinar. Eventuais transgressões aos normativos de regência do processo ético-disciplinar no âmbito da OAB deverão ser atacadas e apreciadas nas sedes próprias. 6. Decisão por maioria. Acórdão: Vistos, relatados e discutidos os autos do processo em referência, acordam os membros da Terceira Turma da Segunda Câmara do Conselho Federal da Ordem dos Advogados do Brasil, observado o quorum exigido no art. 92 do Regulamento Geral, por maioria, em acolher o voto divergente do Conselheiro Federal Aldemario Araujo Castro (DF), parte integrante deste, conhecendo e dando provimento ao recurso. Brasília, 14 de abril de 2015. Renato da Costa Figueira, Presidente. Aldemario Araujo Castro, Relator para o acórdão. (DOU, S.1, 29.05.2015, p. 287-288)"

Assim, nem toda falta disciplinar, por mais grave que seja, ensejará o início do procedimento de suspensão preventiva, mas, como já dito, iniciar-se-á apenas quando a conduta repercutir, mormente pelos meios de comunicação — mas não limitados a estes — negativamente à dignidade da advocacia.

E aqui, rendemos homenagens ao ilustre ex-Presidente do Tribunal de Ética e Disciplina do Rio de Janeiro Dr. João Baptista Lousada Camara, que em *feedback* quanto à leitura deste livro em sua 2ª edição, nos trouxe à reflexão de que poderíamos ter explorado com maior profundidade alguns aspectos relevantes da cautelar, entendimento este que nos curvamos e nos penitenciamos, apresentando nesta nova edição uma complementação ao assunto, conforme se observará neste e nos próximos tópicos.

Como já narrado anteriormente, tem-se que a conduta passível de análise de aplicação da medida cautelar de suspensão preventiva é aquela que ultrapassa a figura dos envolvidos e repercute negativa e prejudicialmente à dignidade da advocacia e, portanto, admite a imediata atuação da OAB para fazer cessar a conduta prejudicial e os riscos que a liberdade plena ao exercício da função causaria ao processo ou ao bom nome dos advogados.

Nesta esteira, há de se destacar posicionamento contrário à legalidade do instituto da suspensão preventiva da lavra do ilustre e conceituado advogado criminalista, e membro do Tribunal de Ética e Disciplina da OAB/RJ, Dr. Renato Neves Tonini,[44] o qual não se pretende esgotar, mas tão somente demonstrar, em total respeito e deferência a este profissional que merece todas as nossas homenagens.

Entende o ilustre criminalista Dr. Tonini, em proposta[45] de interpretação do art. 70, § 3º do EAOAB, apresentada ao Conselho Seccional do Rio de Janeiro, que *"não obstante a suspensão preventiva do advogado possua natureza acautelatória, ela não atinge aos objetivos inerentes às medidas cautelares, como a defesa da passagem do tempo ou a preservação de provas, razão pela qual importaria em mera antecipação de*

---

[44] Ao querido amigo Renato Tonini que, com sua incrível sensibilidade e notório saber jurídico, nos leva a refletir diariamente acerca dos temas mais relevantes nos processos ético-disciplinares, embora com posicionamentos divergentes, mas sempre respeitosos. Nossas sinceras e carinhosas homenagens.

[45] Processo nº 18.061/2019.

*pena, sem que, entretanto, estivesse formada a culpa do advogado, após o devido processo legal disciplinar*"[46].

Nesta clave, a corrente defendida por Tonini entende que a medida de suspensão preventiva representa verdadeira antecipação de pena, o que estaria em contradição com o que dispõe o princípio da inocência, garantido pelo art. 5º, LVII da Constituição Federal.

Com todas as vênias ao querido Renato Tonini, que desde já reconhecemos o brilhantismo e a grande contribuição para os processos disciplinares, entendemos de forma diversa e não nos filiamos ao entendimento de que a medida cautelar de suspensão preventiva se reveste de antecipação da reprimenda ético-disciplinar, à medida que não se confunde com o mérito do processo ético-disciplinar, que corre, inclusive, em autos apartados e independentes, limitando-se à observância da presença de repercussão negativa à advocacia, objetivando impedir, mesmo que temporariamente, a continuidade da conduta sob análise.

Parafraseando o competentíssimo Conselheiro da OAB/RJ Dr. Rafael Borges,[47] "*qualquer discussão acerca do conteúdo ou da própria existência da lide cautelar não poderá jamais ignorar que a decretação da medida estará sempre estritamente vinculada à demonstração de que o direito litigioso seja ao menos verossímil e que, no caso concreto, a tutela ordinária se revele muito lenta para remediar tempestivamente o perigo de dano que ameaça o direito*".

O entendimento esposado pelo nobre advogado Dr. Rafael Borges também permeou o voto lavrado pelo então Conselheiro da OAB/RJ Dr. Luís Guilherme Vieira nos autos da Proposta formulada por Renato Tonini quando se manifesta no sentido de que "*as cautelares com caráter sancionatório pressupõem a existência de perigo na demora da prestação que justifique a adoção da restrição ao direito do arguido, bem*

---

[46] TONINI, Renato Neves.

[47] Rafael Borges, grande criminalista, que entende, como ninguém, os meandros e mecanismos dos processos ético-disciplinares, com quem temos a honra de compartilhar experiências e conhecimentos, tanto no Tribunal de Ética e Disciplina, quanto no Conselho Seccional da OAB/RJ.

*como haja verossimilhança do fato trazido na inicial"*, bem como que *"a cautelar assegura a efetividade do direito futuro, justificando-se pela urgência e necessidade da atividade preventiva. Sua concessão cessará com a tutela satisfativa definitiva, quando cumprirá seu papel de garantir a eficácia do próprio direito principal abarcado pela tutela jurisdicional, ou quando alteradas as condições iniciais que a justificaram"*.

Desta forma, nos filiamos ao entendimento de que a suspensão preventiva, além de resguardar a dignidade da advocacia, tem por outro fundamento a prevenção de ameaça ou violação à dignidade da advocacia, e, portanto, plenamente aplicável no âmbito dos processos disciplinares no sistema OAB.

A bem da verdade é que o instituto da suspensão preventiva visa resguardar um bem maior, a dignidade da própria Classe, o interesse do todo, do coletivo, diante daquela conduta que repercute diretamente em desfavor da classe. O interesse tutelado muito se assemelha, com todas as ressalvas aplicáveis ao caso, ao *in dubio pro societate* onde o interesse do coletivo, ainda que momentaneamente, se sobrepõe ao individual.

Ultrapassadas tais questões, importante pontuar entendimentos existentes de que a medida de suspensão preventiva somente se aplicaria caso o ato praticado que se amolde à conduta passível de reprimenda na mesma medida, ou superior, àquela pretendida de forma cautelar. Significa dizer que não caberia a suspensão preventiva nos casos em que a penalidade eventualmente aplicada ao ato seja passível de pena de censura quando a cautelar representa penalidade mais gravosa — suspensão.

Entretanto, diversos Tribunais de Ética e Disciplina do país entendem pela aplicabilidade da cautelar de suspensão preventiva em casos de publicidade irregular ou captação ilegal de causas praticado por advogados, especialmente — mas não limitado — às redes sociais, o que representa o incansável combate da OAB ao abuso publicitário e ao exercício ilegal da advocacia, conforme manifestação do ilustre Secretário-Adjunto da OAB Nacional Dr. Ary Raghiant Neto em matéria no site da OAB Nacional[48].

Na matéria citada, dá-se notícia de que o Tribunal Regional Federal da 4ª Região convalidou a decisão de suspensão preventiva cautelar da inscrição de advogado inscrito na OAB gaúcha por captação ilegal e publicidade irregular, reconhecendo a competência do presidente da OAB da Seccional do Rio Grande do Sul de suspender cautelarmente a inscrição do advogado dado o caráter de urgência em defesa da classe.

Seguindo este mesmo entendimento, diversos Tribunais de Ética e Disciplina inauguram processo cautelar de suspensão preventiva decorrente de publicidade irregular e captação ilegal de causas, ambas as condutas passíveis de pena de censura, sob o fundamento de defesa da classe e combate ao evidente e conhecido abuso publicitário na atualidade.

Entendemos que a medida se amolda à possibilidade de defesa da classe por parte dos Tribunais de Ética e Disciplina dos Conselhos Seccionais da OAB, na medida em que as publicidades irregulares e a captação ilegal de causas representam grave mácula à imagem da advocacia, além de prejudicar diretamente a atuação profissional daqueles que caminham ao lado da ética, seja nas redes sociais ou fora delas.

A atual diretoria do TED/RJ, todavia, entende de forma diversa e cujo posicionamento adotamos na atuação institucional. Há um movimento muito mais educativo que punitivo por parte do Tribunal de Ética do Rio de Janeiro, onde se realiza um primeiro contato telefônico com o advogado cuja publicidade se entenda irregular, pretendendo que o mesmo faça cessar aquela publicidade.

E em quase todas às vezes, há a informação de desconhecimento quanto à irregularidade da publicidade e a imediata retirada desta das redes sociais, evitando, assim, a abertura de processo disciplinar que,

---

[48] TRF4 mantém decisão da OAB de suspensão cautelar de advogado por publicidade irregular. Site: Conselho Federal. Disponível em https://www.oab.org.br/noticia/58336/trf4-mantem-decisao-da-oab-de-suspensao-cautelar-de-advogado-por-publicidade-irregular. Acesso em 23/08/2023.

somente se inaugura quando o advogado deixa de retirar a publicidade ou afirma que aquela não é irregular, embora tal expediente não impeça a abertura da representação por outras formas. Merecidos aplausos à iniciativa do Tribunal de Ética do Rio de Janeiro.

Por fim, concluindo este linear de raciocínio, entendemos pela aplicabilidade da suspensão preventiva em quaisquer hipóteses em que o ato praticado repercuta negativamente para a classe, desde que presentes todos os requisitos para sua aplicação, conforme explanado.

## 5.1 Procedimento

Ocorrendo a hipótese de análise da suspensão preventiva, será autuada a Representação perante o Conselho Seccional onde o Requerido tenha sua inscrição principal, em procedimento apartado do processo ético-disciplinar, designando-se Relator que emitirá voto fundamentado e pedirá dia para julgamento em sessão especial, a ser realizado pelo Plenário no Tribunal de Ética e Disciplina[49].

Abram-se parênteses para esclarecer que, em regra, o procedimento de suspensão preventiva se inicia por ato da Presidência do Tribunal de Ética e Disciplina que, ao tomar conhecimento de fatos que afrontem a dignidade da advocacia, instaura *ex officio* procedimento em desfavor do inscrito/Requerido, embora seja plenamente possível que se analise a possibilidade da suspensão preventiva a partir de requerimento da parte interessada ou manifestação da Corregedoria-Geral.

O Requerido, então, é notificado a comparecer na sessão especial, a fim de ser ouvido sobre os fatos que deram azo à instauração do procedimento cautelar, momento em que será facultada a apresentação de Defesa, a produção de prova e a sustentação oral, conforme estabelece o artigo 63 do CED.

Destaca-se, neste momento, o brocado retirado do Direito Romano *quod non est in actis non est in mundo*, que em tradução livre seria

---

[49] Art. 12, VII, 'e' do RITED/RJ.

"o que não está nos autos não está no mundo". Dito isto, o Requerido deve apresentar sua defesa e provas nos autos, até a data designada para a sessão especial em que será ouvido, sob pena de preclusão da prova, salvo se puder — sem que a sessão seja adiada — produzi-la no momento de sua sustentação oral.

Nos casos em que o inscrito esteja recolhido em estabelecimento prisional, deverá a Ordem dos Advogados do Brasil comunicar o Requerido, pessoalmente, para que constitua defensor particular, sendo-lhe nomeado, caso não compareça ou se faça representar na sessão especial, defensor dativo para a defesa de seus interesses, resguardando-se a ampla defesa e o contraditório.

Em seguida, e ainda na mesma sessão, o Tribunal de Ética e Disciplina, em sua composição total, procederá ao julgamento da suspensão preventiva, podendo seguir, ou não, o voto do Relator.

Caso seja aplicada a pena de suspensão, o processo ético-disciplinar, que se encontra autuado em apartado e se prestará à análise da falta ética, deverá ser julgado no prazo de 90 (noventa) dias e, não o sendo, a suspensão preventiva será automaticamente revogada, sendo esta a razão de se atribuir o limite máximo de 90 (noventa) dias para a duração da penalidade de suspensão preventiva.

Portanto, observe-se que o procedimento ético-disciplinar hábil a verificar a falta ética tramitará em apartado e prosseguirá seu trâmite independente do julgamento da medida cautelar de suspensão preventiva, observando-se, apenas, que caso ocorra a condenação na medida cautelar, que este deverá ser concluído em 90 (noventa) dias.

Caso o Requerido obtenha decisão desfavorável e seja suspenso preventivamente, eventual recurso manejado não possuirá efeito suspensivo, sendo este recebido apenas com efeito devolutivo, como preleciona o artigo 77 do EAOAB. Observe-se que até mesmo os Embargos de Declaração não são hábeis a suspender a aplicação da medida na forma do art. 52, § 2º, do RGEOAB. Ademais, o processo disciplinar — aquele que se presta a apurar a falta disciplinar e que deverá se encontrar em apartado ao procedimento cautelar — deverá permanecer na origem, sem que seja encaminhado juntamente com eventual recurso, para cumprimento e execução da pena preventiva e para a tramitação final[50].

Muito embora os tipos de recurso possíveis de manejo, seus conceitos, definições, requisitos e modelos serão objeto de estudo no Livro II – Fase Recursal, tem-se que, da decisão do Plenário do TED que julgar a suspensão preventiva caberá Recurso ao Plenário ou Órgão Especial equivalente do Conselho Seccional, cujo regramento se encontrará no Regimento Interno de cada Conselho, observando a necessidade de se juntar no recurso a cópia integral do processo disciplinar, que permanecerá na origem[51].

## QUESTÃO RELEVANTE

É importante registrar que a repercussão negativa à advocacia não necessariamente se restringe a nível nacional. Uma repercussão negativa na localidade em que o advogado exerce seu mister é suficiente a ensejar o procedimento cautelar de suspensão preventiva. Isto porque, nem tudo que repercute nos meios de comunicação de determinada localidade chega ao conhecimento da Seccional, detentora da competência para instruir e julgar o procedimento cautelar.

É por tal razão que as Subseções, através de suas Comissões de Ética e Disciplina — que aqui chamamos de TEID (Turma Especial de Instrução Diferida) — exercem importante função como fiscais da imagem da advocacia, levando ao conhecimento das Seccionais, através de seus TEDs, aquela repercussão negativa.

Destacamos, ainda, que embora seja o meio mais comum de repercussão negativa para embasar a instauração da cautelar de suspensão preventiva, as matérias jornalísticas — televisivas ou impressas — não são prescindíveis. A legislação não menciona ou limita que a repercussão negativa deva ocorrer através de veículos de imprensa, mas tão somente

---

[50] Art. 144-A do RGEAOAB c/c 70, § 3º do EAOAB.
[51] Art. 144 do RGEAOAB c/c 58 do RITED/RJ.

que exista a repercussão negativa. Isto significa dizer que a repercussão pode ocorrer através da divulgação dos fatos publicamente em qualquer meio, da própria prática do ato de forma pública, da publicidade em mídias sociais, entre outros.

## CURIOSIDADE

Registre-se, como já afirmado, que não existe no texto legal o limite máximo de 90 dias para a duração da penalidade de suspensão preventiva. No entanto, o texto legal proclama que a conclusão do processo ético-disciplinar que apurará a falta ética deverá ser concluído em até 90 dias, cessando-se, se não concluído, os efeitos da sanção cautelar de suspensão preventiva. É de bom alvitre esclarecer, que no âmbito do Tribunal de Ética e Disciplina do Rio de Janeiro, tal hipótese encontra-se prevista do artigo 47, V do RITED/RJ.

Entretanto, consideramos o prazo máximo de 90 dias para a conclusão do procedimento disciplinar extremamente curto, o que acarreta, em 99% dos casos, na revogação da suspensão preventiva antes da conclusão do processo disciplinar.

Todavia, nem tudo é unânime e incontestável, como já sabemos. Existem diversas decisões proferidas pelos Tribunais de Ética e Disciplina do país que, em casos de suspensão preventiva, determinam que a suspensão perdure até que o advogado faça cessar o ato negativo, como, por exemplo, nos casos de publicidade irregular.

E nesta toada, a depender da gravidade da repercussão ou das implicações negativas à imagem da advocacia, parece-nos posicionamento razoável e coerente a manutenção dos efeitos da suspensão preventiva enquanto perdurar o ato, visto que se aproxima do espírito embrionário do legislador, que pretendeu com a cautelar fazer cessar a mácula à imagem da classe.

## 5.2 Competência

A competência para julgar o processo cautelar de suspensão preventiva é do Pleno do Tribunal de Ética e Disciplina onde o Requerido tenha a sua inscrição principal[52].

Diferentemente do que ocorre nos processos ético-disciplinares, cuja competência é territorial, ou seja, é definida pelo local do fato tido como infracional, no caso da medida cautelar a legislação fixou a competência exclusiva do local de inscrição principal do representado, conforme disposto no artigo 70, *caput*, do EAOAB.

Isto importa dizer que, muito embora possa ter o Requerido inscrição suplementar em determinada Seccional e a falta ética com repercussão negativa tenha ocorrido, em tese, no âmbito da Seccional em que possua sua inscrição complementar, ainda assim, a competência para julgar o procedimento cautelar é da Seccional do local em que o Requerido tenha sua inscrição principal, excluindo-se todas as demais.

Assim, é possível que o procedimento cautelar tenha seu trâmite perante a Seccional da inscrição principal do Requerido, enquanto o processo ético-disciplinar para apuração da infração ética tenha seu trâmite perante o Conselho do local do fato. Neste caso, deverá o procedimento disciplinar permanecer sobrestado até a decisão da cautelar, em primeiro grau de jurisdição, visto que eventual recurso não possui efeito suspensivo.

Neste sentido, temos entendimentos do Conselho Federal da OAB, a saber:

> **CONFLITO DE COMPETÊNCIA** n° 49.0000.2018. 02527-8/OEP. Suscitante: Conselho Seccional da OAB/ Pernambuco. Suscitado: Conselho Seccional da OAB/ Bahia. Interessados: J.C.N.B (Adv: Joaquim Coelho Neto OAB/PE 13762) e Comissão Fiscalizadora do Exercício Profissional da OAB/Bahia. Relator: Conse-

---

[52] Artigo 70, § 3° do EAOAB c/c 71, IV do EAOAB c/c 12, VII, 'e' do RITED/RJ.

lheiro Federal Daniel Blume Pereira de Almeida (MA). EMENTA nº 082/2019/OEP. **Conflito de competência. Processo disciplinar. Tramitação. Conselho Seccional em cuja base territorial se tenha constatado a prática da infração disciplinar. Suspensão preventiva. Competência do Conselho em que o advogado mantém inscrição principal. Necessidade de sobrestamento do processo disciplinar enquanto o Conselho Seccional de inscrição principal analisa a suspensão preventiva.** Desnecessidade do trânsito em julgado para prosseguimento do processo disciplinar, visto que o art. 77 do EAOAB não atribui efeito suspensivo a recurso interposto em sede de processo de suspensão preventiva, hipótese em que, seja qual for a decisão proferida na sessão especial do Tribunal de Ética e Disciplina, deve o processo disciplinar em trâmite no outro Conselho Seccional retomar seu curso regular. Acórdão: Vistos, relatados e discutidos os autos do processo em referência, acordam os membros do Órgão Especial do Conselho Federal da Ordem dos Advogados do Brasil, observado o quorum exigido no art. 92 do Regulamento Geral, por unanimidade, dirimir o conflito de competência, nos termos do voto do Relator. Impedidos de votar os Representantes da OAB/Bahia e OAB/Pernambuco. Brasília, 17 de setembro de 2019. Afeife Mohamad Hajj, Presidente em exercício. Daniel Blume, Relator. (DEOAB, a. 1, nº 194, 3.10.2019, p. 6)

CONFLITO DE COMPETÊNCIA nº 49.0000.2013.014722-9/OEP. Assunto: Conflito de Competência. Aplicação de suspensão preventiva. Suscitante: Conselho Seccional da OAB/São Paulo. Suscitado: Conselho Seccional da OAB/Distrito Federal. Interessado: R.B.P.F.J. (Adv: Raul Benedito Pacheco Fernandes Júnior OAB/SP 148044 e OAB/DF 17228). Relator: Conselheiro Federal José Luis Wagner (AP). EMENTA nº 003/2016/OEP. Conflito de competência levantado pela OAB/SP diante decisão proferida pela OAB/DF que reconheceu a competência do seu Tribunal de Ética para aplicar suspensão preventiva em inscrições suplementares. **Nos termos do § 3º, art. 70, do Estatuto da Advocacia e da OAB, a competência para suspender preventivamente o advogado acusado é da Seccional onde o mesmo possui inscrição principal.** Portanto, a competência, no presente caso, é da Seccional de São Paulo. Acórdão: Vistos, relatados e discutidos os autos do processo em referência, acordam os membros do Órgão Especial do Conselho Federal da Ordem dos Advogados do Brasil, observado o quorum exigido no art. 92 do Regulamento Geral, por unanimidade, acolher o voto do Relator, declarando a competência do Conselho Seccional da OAB/São Paulo para a apreciação da matéria. Impedido de votar o Representante da OAB/Distrito Federal. Brasília, 30 de novembro de 2015. Claudio Pacheco Prates Lamachia, Presidente. José Luis Wagner, Relator. (DOU, S.1, 11.03.2016, p. 265-266)

Neste diapasão, trazemos nesta obra uma questão a ser refletida. É certo que o sobrestamento do processo disciplinar até a conclusão da medida cautelar pela Seccional de inscrição principal do advogado é medida que se observa apenas em conflito de competência. Todavia, a reflexão necessária se dá quanto ao fato de que, não ocorrendo o referido sobrestamento, e se ambos os procedimentos — cautelar e disciplinar — tramitarem simultaneamente, existirá a real possibilidade de conclusão do procedimento disciplinar no prazo legal de 90 (noventa) dias.

Atente-se, ainda, que o sobrestamento do processo ético-disciplinar até a conclusão do procedimento cautelar não ocorrerá quando inexistir conflito de competência Seccional, razão pela qual não se pode almejar o sobrestamento do processo disciplinar em trâmite perante a mesma Seccional — incluindo suas Subseções — que se encontra apurando a aplicabilidade da medida cautelar.

Guardando as necessárias ressalvas ao regramento da competência, considerando nosso entendimento de que o Tribunal de Ética e Disciplina do local do fato teria melhores condições de analisar a conduta de repercussão negativa, por sua proximidade ao ato e às suas consequências, não se pode fugir à necessidade de alteração legislativa da Lei 8.906/94 para que seja alterada a competência para a suspensão preventiva.

Por fim, mas não menos importante, resta frisar que o procedimento cautelar não se presta à análise meritória de infração disciplinar, mas tão somente para apurar se a conduta do Requerido fora causa de repercussão negativa à imagem e dignidade da advocacia. Na maioria dos casos perante o TED/RJ, por exemplo, tem-se como linha defensiva a arguição de que os fatos ainda se encontram sob a análise do judiciário, inexistindo trânsito em julgado, pautando-se toda a tese defensiva no princípio da inocência, deixando de lado a questão de maior relevância, que seria o afastamento do reconhecimento da repercussão negativa.

## QUESTÕES RELEVANTES

Não se pode afastar a contemporaneidade da repercussão negativa. A medida cautelar tem como principal objetivo dar uma efetiva e célere resposta à sociedade quanto àquela conduta negativa praticada pelo causídico. Desta forma, a contemporaneidade é fator essencial para a efetividade da medida.

Podemos fazer um paralelo entre a medida cautelar da suspensão preventiva com a prisão preventiva no âmbito do procedimento penal. A Suprema Corte já manifestou, em diversas oportunidades, firmando posicionamento no sentido de que fatos antigos, ainda que graves, não autorizam a prisão preventiva[53].

---

[53] *André Fini Terçarolli — Artigo em sitio eletrônico. Canal Ciências Criminais — A Contemporaneidade das medidas cautelares diversas da prisão processual).*
(STF, HC nº 147.192/RJ, Segunda Turma, Relator o Ministro Gilmar Mendes, DJe de 23/2/18; STJ, HC nº 439.565/SP, Rel. Ministro Ribeiro Dantas, 5ª T., DJe 02/05/2018; STJ, HC nº 214.921/PA, Rel. Min. Nefi Cordeiro, DJe de 25/3/2015).

E seguindo o mesmo entendimento, deve-se atentar para tal posicionamento consolidado, também no âmbito da medida cautelar de suspensão preventiva. Desta forma, eventual decisão cautelar de suspensão a advogado que tenha praticado conduta afrontosa a imagem da advocacia de forma não imediata, não alcançaria o fim colimado da medida.

Por óbvio, há de se observar a subjetividade da contemporaneidade, certo de que esta deverá ser analisada a cada caso concreto e, embora cientes das dificuldades de cada Seccional no que concerne à celeridade de seus processos, não se pode transferir ao Requerido o ônus pela morosidade do tramitar processual perante os TEDs.

Embora fugindo do tópico acerca da contemporaneidade dos fatos, há que se discorrer acerca da futura análise da pena aplicada em caráter cautelar — em eventual condenação disciplinar — à luz do instituto da detração penal, previsto no art. 42 do Código Penal. Embora existam posicionamentos favoráveis à aplicação do citado instituto nos processos disciplinares do sistema OAB, especificamente quanto ao abatimento da pena cumprida na medida cautelar de suspensão preventiva quando da condenação disciplinar, discordamos de sua possibilidade ante inexistência de previsão legal.

Como já narrado, o art. 68 do EAOAB é expresso ao admitir como fonte subsidiária do processo disciplinar as regras do processo penal comum, restando, a nosso sentir, inaplicáveis as regras do Código Penal ao regime disciplinar da OAB e, portanto, incabível a detração do período cumprido cautelarmente em relação à condenação disciplinar eventualmente aplicada.

# 6. Prescrição e Decadência

A prescrição, por ser matéria de ordem pública, pode ser arguida a qualquer tempo, por qualquer das partes, ou reconhecida de ofício pelo relator do procedimento disciplinar. A prescrição, disciplinada no artigo 43 da Lei 8.906/94 (EAOAB), é de 5 (cinco) anos a contar da data da constatação oficial do fato pela OAB, ou seja, da data em que fora protocolizada a representação, e interrompe-se com a instauração do procedimento disciplinar ou pela notificação válida feita diretamente ao representado e pela decisão condenatória recorrível de qualquer órgão julgador da OAB, nos termos do artigo 43, § 2º, I e II do EAOAB c/c Súmula 01/2011/COP.

Importante observar, no que tange à prescrição, a forma como a representação se originou, permitindo, assim, a correta análise do primeiro marco interruptivo do prazo prescricional quinquenal.

A Segunda Câmara do Conselho Federal da OAB consolidou entendimento quanto aos marcos interruptivos da prescrição, destrinchando duas possibilidades: (i) inaugurada a representação *ex officio*, assim entendidos como aqueles inaugurados pela própria OAB ou por comunicação feita por autoridades; e (ii) inaugurada a representação por iniciativa de parte interessada, assim entendido como aquelas representações não inauguradas de ofício ou por comunicação de autoridades.

Independente de qual modalidade de inauguração da representação, sendo protocolado o libelo acusatório (seja de ofício ou pela parte interessada), passa a OAB a ter ciência oficial do fato, iniciando-se, assim, a contagem do prazo prescricional.

O primeiro marco interruptivo do prazo prescricional dependerá, aí sim, da forma com que a representação foi inaugurada. Em sendo inaugurada *ex officio*, e caso a instauração do processo disciplinar ocorra antes de qualquer notificação válida feita diretamente ao representado, será este o marco interruptivo da prescrição, sem nova interrupção até eventual decisão condenatória recorrível.

Portanto, será considerado, tão somente, a situação que ocorrer primeiro, seja a instauração do processo disciplinar ou a notificação válida feita ao advogado, para apresentar defesa prévia ou qualquer outra manifestação nos autos.

Já nos casos em que a representação foi inaugurada através de iniciativa de parte interessada, a interrupção da prescrição ocorrerá com a notificação válida feita diretamente ao representado, casos estes em que a instauração do processo disciplinar não interromperá a prescrição.

Assim sendo, nos casos em que a representação se originou de iniciativa de parte interessada, será considerado como marco interruptivo da prescrição, tão somente, a notificação válida feita diretamente ao representado para se manifestar nos autos, seja para apresentação de defesa prévia ou qualquer outra manifestação nos autos.

Isto posto, há de se ter em mente que a notificação válida apta a interromper o curso da prescrição quinquenal não é tão somente aquela que determina a apresentação de defesa prévia, proferida após a instauração do processo disciplinar, mas toda e qualquer notificação válida ao advogado representado a se manifestar nos autos, seja para prestar esclarecimentos — resguardado nosso entendimento quanto ao assunto —, comparecer à audiência de conciliação ou para defesa prévia, por exemplo. Neste sentido, tem-se o que dispõe o Manual de Procedimentos do Processo Ético-Disciplinar do Conselho Federal[54]:

> *INTERRUPÇÃO DA PRESCRIÇÃO* — *fatos previstos no Estatuto da Advocacia e da OAB (art. 43, §§ 1º e 2º), que interrompem, por inteiro, a contagem do prazo prescricional e fazem recomeçar o fluxo do prazo*

---

[54] Manual de Procedimentos do Processo Ético-Disciplinar — OAB Nacional — pág. 22/23.

*prescricional no dia seguinte. Em se tratando da prescrição intercorrente, seu curso será interrompido a cada despacho de movimentação processual, não possuindo marcos interruptivos fixados em lei, visando impedir que o processo disciplinar permaneça paralisado, por mais de três anos, pendente de despacho ou julgamento. A prescrição quinquenal — ou prescrição da pretensão punitiva —, a seu turno, será interrompida ou pela notificação inicial do advogado para defesa prévia ou qualquer manifestação nos autos — inclusive para audiência de conciliação ou para prestar esclarecimentos preliminares —, ou pela instauração do processo disciplinar, quando esta se der de ofício, considerando-se apenas o que ocorrer primeiro — ou a notificação ou a instauração do processo disciplinar —, conforme entendimento pacífico deste Conselho Federal da OAB. A seu turno, ainda, a prescrição quinquenal será interrompida a cada decisão de natureza condenatória recorrível proferida por órgão julgador da OAB.*

(grifos nossos)

Nesta toada, interrompido o prazo prescricional em qualquer dos casos acima descritos, inicia-se nova contagem do prazo quinquenal, não sendo mais interrompido até decisão condenatória de qualquer órgão julgador da OAB. Finalmente, após o julgamento pelas turmas de julgamento do TED cujo resultado tenha sido pela condenação, interrompe-se o prazo novamente, recomeçando a contagem do prazo prescricional.

Ou seja, existem apenas dois momentos em que a prescrição quinquenal é interrompida no curso do processo disciplinar. O primeiro com a instauração ou notificação válida feita ao representado, o que ocorrer primeiro — observada, no caso da instauração, se a representação inaugurou-se de ofício —, e o segundo e último marco interruptivo da prescrição ocorre com a decisão condenatória, ainda que recorrível, de qualquer órgão julgador da OAB.

Desta forma, quando do julgamento do processo disciplinar por uma das turmas julgadoras do Tribunal de Ética e Disciplina cujo resultado tenha sido pela condenação do representado, interrompe-se o prazo prescricional, mesmo que de tal decisão ainda seja possível a interposição de recursos.

Por órgão julgador, entende-se aquele que possuir competência para julgar infrações éticas. Vale frisar, que os Conselhos de Ética das Subseções possuem sua competência apenas para instrução do processo disciplinar, cumprindo ao Tribunal de Ética e Disciplina do Conselho Seccional competente o poder de punir disciplinarmente[55].

Observe que o texto legal do artigo 43, § 2º, II do EAOAB é taxativo ao dispor que somente as decisões condenatórias possuem força interruptiva da prescrição, não sendo possível a interrupção com decisão que venha a julgar improcedente o procedimento disciplinar.

Com base neste entendimento, o Pleno do TED/RJ aprovou, por aclamação, suas primeiras Súmulas[56], tendo como relatores o Dr. Marcelo Rabelo Pinheiro e Dr. Rafael Caetano Borges, que trataram de afastar quaisquer dúvidas acerca dos marcos interruptivos da prescrição e da decadência quanto à infração do art. 34, XX e XXI do EAOAB, conforme se demonstra a seguir.

> *SÚMULA Nº 01 – TED/RJ – PRESCRIÇÃO:*
>
> *1. Aplicação erga omnes da prescrição: Os prazos prescricionais do art. 43 da Lei 8.906/94 tratam-se de matéria de ordem pública e têm natureza material, aplicando-se a todos os processos ético-disciplinares, independente da infração apurada.*
>
> *2. Marcos Interruptivos: Na análise dos marcos interruptivos da prescrição quinquenal, disposto no inciso I,*

---

[55] Art. 70, caput, e § 1º da Lei 8.906/94.

[56] Súmula 01/2022 e Súmula 02/2022. Por decisão unânime do Tribunal Pleno do TED/RJ, publicada no D.O. de 27.11.2023, foram alteradas as nomenclaturas "Enunciado" para "Súmula", em cumprimento ao art. 12, VI do RITED/RJ.

*do § 2º, do art. 43 do Estatuto da Advocacia e da OAB, a interrupção somente ocorrerá uma única vez, seja pela instauração do processo disciplinar ou pela notificação inicial válida feita ao Requerido, o que ocorrer primeiro, nas hipóteses em que o processo é instaurado de ofício ou por ofício de autoridade. Quando o processo disciplinar for inaugurado por parte interessada, a notificação válida ao representado para apresentar defesa prévia ou qualquer outra manifestação nos autos, será considerada como marco interruptivo.*

*3. Da notificação válida apta a interromper a prescrição: Para a interrupção da contagem do prazo prescricional decorrente de notificação válida feita ao representado, observar-se-á a data da juntada do AR positivo, direcionado aos endereços constantes dos cadastros da Seccional quando positivos, mesmo que não recebidos pessoalmente pelo representado. Em caso de retorno de AR negativo, será considerada a data da publicação no Diário Eletrônico da OAB. Quando o representado se fizer presente nos autos voluntariamente, será considerada a data de sua ciência e/ou manifestação, o que ocorrer primeiro, como marco interruptivo do prazo prescricional quinquenal.*

Quanto à interrupção da prescrição fundada em decisão condenatória, na forma do art. 43, § 2º, II do EAOAB, em decisão[57] proferida em 12.05.2023 o Órgão Especial do Conselho Pleno do Conselho Federal da OAB entendeu que as decisões proferidas por órgãos julgadores recursais ostentam caráter condenatório caso inadmitam recursos contra acórdão condenatório ou mantenham a inadmissibilidade por ausência de violação à Lei nº 8.906/94, ausência de contrariedade à decisão do Conselho Federal ou de outro Conselho Seccional e, ainda, ausência de violação ao Regulamento Geral, ao Código de Ética e Disciplina e aos Provimentos.

---

[57] Representação nº 49.0000.2017.001876-5 – Relatora Dra. Helcinkia Albuquerque dos Santos.

Ainda neste sentido, observe-se a parte final do que dispõe o Manual de Procedimentos da OAB Nacional, ao conceituar a interrupção da prescrição:

> "[...] A seu turno, ainda, a prescrição quinquenal será interrompida a cada decisão de natureza condenatória recorrível proferida por órgão julgador da OAB".

Nesta linha de entendimento, embora uma leitura superficial possa levar ao entendimento de que qualquer decisão em órgão julgador colegiado seja apta a interromper a prescrição, a supracitada decisão do OEP faz expressa menção à Súmula 12, embora a indicação correta seja a Súmula 13/OEP, que assim dispõe:

> O Órgão Especial do Conselho Pleno do Conselho Federal da Ordem dos Advogados do Brasil, no uso das suas atribuições conferidas no art. 86 do Regulamento Geral da Lei nº 8.906/94, considerando o julgamento do Recurso nº 49.0000.2016.006052-7/OEP, decidiu, por unanimidade de votos, em sessão ordinária realizada no dia 20 de setembro de 2022, editar a Súmula nº 13/2022, com o seguinte enunciado: "Interrompem a prescrição as decisões do Conselho Federal da OAB que inadmitam recursos interpostos contra acórdão condenatório ou mantenham a sua inadmissibilidade por ausência de violação à Lei nº 8.906/94, ausência de contrariedade à decisão do Conselho Federal ou de outro Conselho Seccional e, ainda, ausência de violação ao Regulamento Geral, ao Código de Ética e Disciplina e aos Provimentos (art. 75, da Lei 8.906/94), por ostentarem caráter condenatório, nos termos do art. 43, § 2º, II, do Estatuto da Advocacia e da OAB".

Observe-se da leitura da citada Súmula que apenas as decisões do Conselho Federal que inadmitam recursos interpostos contra acórdão condenatório ou mantenham a sua inadmissibilidade por ausência de violação à Lei nº 8.906/94, ausência de contrariedade à decisão do Conselho Federal ou de outro Conselho Seccional e, ainda, ausência de violação ao Regulamento Geral, ao Código de Ética e Disciplina e aos Provimentos, segundo tal entendimento, possui caráter condenatório e, portanto, à luz da jurisprudência, possuem o condão de interromper a prescrição quinquenal, nada dispondo acerca de decisões dos órgãos recursais dos Conselhos Seccionais.

Todavia, nos filiamos ao entendimento, embora contrário à Súmula 13/2022/OEP, de que somente a primeira decisão condenatória recorrível é apta a interromper a prescrição, visto que eventual manutenção da condenação em grau de recurso não se reveste de caráter condenatório, mas sim de confirmação de decisão condenatória, não sendo razoável pretender que a interrupção da prescrição se dê fora dos limites legais e em interpretação prejudicial ao representado.

Outra modalidade de prescrição é a intercorrente, disposta no artigo 43, § 1º da Lei 8.906/94[58], que trata da paralisação dos processos disciplinares, pendentes de despacho ou julgamento, pelo prazo de três anos. Para a ocorrência da prescrição intercorrente, é essencial que os autos permaneçam paralisados por 3 anos, ou mais, sem qualquer despacho ou julgamento.

Neste sentido, tal qual a prescrição quinquenal, a intercorrente também possui marcos interruptivos, e estes são despachos ou julgamento. A cada despacho proferido pelo Relator do processo disciplinar, interrompe-se a prescrição intercorrente, reiniciando sua contagem a partir daquela decisão.

É importante mencionar que, as causas interruptivas da prescrição intercorrente são despachos e julgamento, ou seja, atos processuais de cunho decisório, ainda que não vinculados por votos. Isto quer dizer que os atos meramente ordinatórios não possuem o condão de interromper a prescrição intercorrente, tais como despachos de redesignação de relator,

---

[58] *Ver também Súmula 01/2011-COP, item III.*

vez que despidos de qualquer conteúdo decisório, conforme reiterados precedentes do Conselho Federal.

Ademais, a ocorrência da prescrição intercorrente agride frontalmente o dever correcional da Ordem dos Advogados do Brasil, razão pela qual a legislação determinou, taxativamente, a apuração pela responsabilidade da paralisação, que ocorre no âmbito da Seccional cuja prescrição intercorrente tenha sido reconhecida.

Importante frisar que prescrição não se confunde com decadência do direito de representação. Enquanto a prescrição refere-se à pretensão punitiva por parte do órgão disciplinar, a decadência é condição a ser analisada em juízo de admissibilidade, e refere-se à perda do direito de representação por parte do representante.

Neste sentido, muito embora inexista na Lei 8.906/94 qualquer previsão acerca da decadência do direito de ação, o que abre permissibilidade para a eternização de seu exercício, a jurisprudência dominante vem no sentido de fixar prazo decadencial em cinco anos contados da ciência do fato pela parte Representante.

> RECURSO nº 49.0000.2017.012118-0/SCA-TTU. Recte: T.P.P. (Adv: Edeval de Almeida OAB/SP 87809). Recda: M.S.G.L. (Adv: João Barbosa de Lima OAB/SP 173180). Interessado: Conselho Seccional da OAB/São Paulo. Relator: Conselheiro Federal Nelson Ribeiro de Magalhães e Souza (PA). EMENTA nº 100/2018/SCA-TTU. Recurso ao Conselho Federal da OAB. Decadência do direito de representação. Protocolo da representação após o transcurso de lapso temporal superior a 05 (cinco) anos da data em que a parte representante tomou ciência inequívoca dos fatos tidos por infracionais. Precedente do Pleno da Segunda Câmara, no sentido de que o advogado não pode ficar eternamente submetido ao poder disciplinar da OAB, quando a parte que foi vítima de suposta conduta imprópria deixa de exercer seu direito de representação no prazo de 05 (cinco) anos. Recurso provido, para declarar

extinta a punibilidade pela decadência. Acórdão: Vistos, relatados e discutidos os autos do processo em referência, acordam os membros da Terceira Turma da Segunda Câmara do Conselho Federal da Ordem dos Advogados do Brasil, observado o quorum exigido no art. 92 do Regulamento Geral, por unanimidade, em dar provimento ao recurso, nos termos do voto do Relator. Brasília, 25 de junho de 2018. Renato da Costa Figueira, Presidente em exercício. Nelson Ribeiro de Magalhães e Souza, Relator. (DOU, S. 1, 29.06.2018, p. 183).

Deste modo, existem dois fatores que devem ser analisados para a declaração da extinção da punibilidade pela ocorrência da decadência. O primeiro deles é a data da ciência inequívoca dos fatos tidos como infracionais pela parte que alega o ato infracional, enquanto o segundo é a data em que a representação fora protocolizada, de forma a se aquilatar o transcurso do prazo de 5 (cinco) anos.

Neste sentido, merece uma reflexão. Imaginemos que o advogado tenha prestado serviço a determinado cliente e repassado a este os valores decorrentes de sua atuação, quando ainda em vida. Passados 10 anos de seu óbito, determinado herdeiro venha a suscitar dúvida acerca do repasse de valores e da prestação de contas da atuação daquele causídico, sob o argumento de que, somente 10 anos após o óbito de seu parente, tomou ciência de que havia uma ação judicial em que possivelmente havia valores a serem creditados. Seria crível que o Tribunal de Ética e Disciplina admitisse tal representação, sob o argumento de que o herdeiro teria tido ciência do fato tido como infracional 20 anos após a sua ocorrência?

A admissão de tal representação acarretaria a eternização do dever do advogado em manter guardado documentos decorrentes de todas as suas intervenções, o que não se faz sequer possível, quanto mais crível.

Como já narrado, o TED/RJ aprovou, duas Súmulas importantes para a condução dos processos ético-disciplinares, já tendo sido a primeira devidamente demonstrada. Já a Súmula 02/2022 TED/RJ expõe, de forma clara, a ocorrência da decadência nas infrações contidas nos incisos XX e XXI do art. 34 do EAOAB, a saber:

> SÚMULA Nº 02/2022 TED/RJ – DECADÊNCIA
>
> Nas infrações previstas no artigo 34, incisos XX e XXI do EOAB, a fluência do prazo decadencial de cinco anos contar-se-á do dia em que a parte toma conhecimento de que o advogado representado incorporou ao seu patrimônio ou simplesmente deixou de repassar, de forma indevida, recursos do cliente ou de parte adversa, bem como da recusa à prestação de contas, não se caracterizando tais infrações como de trato sucessivo ou permanente.

Assim, a contagem do prazo decadencial para o interessado propor representação em face de advogado se inicia com a ciência do fato infracional, encontrando termo após 5 anos, momento ao qual decairá de seu direito de ação.

### MARCOS PRESCRICIONAIS EM REPRESENTAÇÃO MOVIDA POR INICIATIVA DA PARTE OU AUTORIDADE

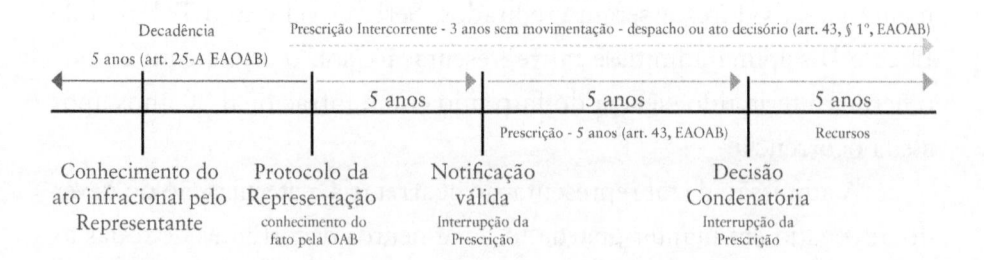

| Decadência | | | | |
|---|---|---|---|---|
| 5 anos (art. 25-A EAOAB) | Prescrição Intercorrente - 3 anos sem movimentação - despacho ou ato decisório (art. 43, § 1º, EAOAB) | | | |
| | 5 anos | 5 anos | | 5 anos |
| | | Prescrição - 5 anos (art. 43, EAOAB) | | Recursos |
| Conhecimento do ato infracional pelo Representante | Protocolo da Representação *conhecimento do fato pela OAB* | Notificação válida *Interrupção da Prescrição* | | Decisão Condenatória *Interrupção da Prescrição* |

## MARCOS PRESCRICIONAIS EM REPRESENTAÇÃO MOVIDA DE OFÍCIO

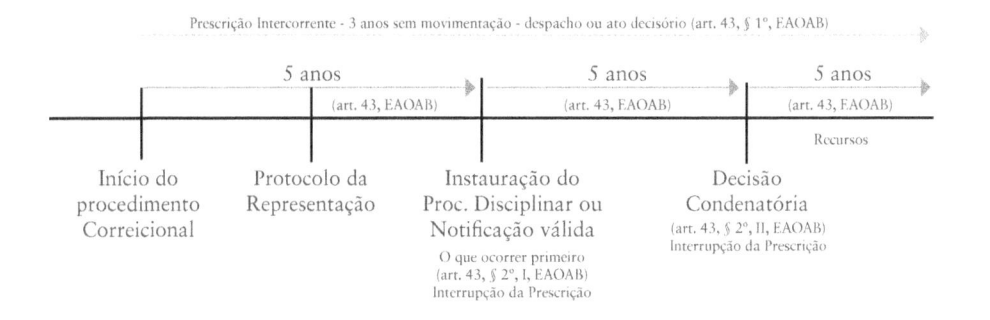

Prescrição Intercorrente - 3 anos sem movimentação - despacho ou ato decisório (art. 43, § 1º, EAOAB)

| 5 anos | 5 anos | 5 anos |
|---|---|---|
| (art. 43, EAOAB) | (art. 43, EAOAB) | (art. 43, EAOAB) |

Recursos

- Início do procedimento Correicional
- Protocolo da Representação
- Instauração do Proc. Disciplinar ou Notificação válida
  O que ocorrer primeiro
  (art. 43, § 2º, I, EAOAB)
  Interrupção da Prescrição
- Decisão Condenatória
  (art. 43, § 2º, II, EAOAB)
  Interrupção da Prescrição

## QUESTÃO POLÊMICA

Existia uma corrente, dentre alguns membros do Tribunal de Ética e Disciplina da OAB/RJ, que entendia as infrações dispostas no artigo 34, XX e XXI do EAOAB como infrações de trato sucessivo e, portanto, não abrangidas pela prescrição, visto que tais infrações se repetiriam ao longo do tempo, de forma continuada.

Ocorre, todavia, *data maxima venia* aos nobres colegas que se filiam a tal corrente, que tal entendimento não encontra sustentáculo legal, inexistindo qualquer ressalva ou previsão no artigo 43 da Lei 8.906/94 a embasar tal posicionamento, tratando-se de entendimento *contra legem* que implica prejuízo à ordem pública e aos princípios que norteiam os processos disciplinares e, portanto, passível de recurso ao Conselho Federal com possibilidade de anulação da decisão que afastou a prescrição sob tais argumentos.

Tal entendimento, felizmente, foi afastado recentemente, com a edição da já citada Súmula 01/2022 TED/RJ, que em seu primeiro item descreve que os prazos prescricionais do art. 43 da Lei 8.906/94 tratam-se de matéria de ordem pública e têm natureza material, aplicando-se a todos os processos ético-disciplinares, independente da infração apurada.

A explicação, posta no voto do Relator da Súmula , é no sentido de que, considerando que prescrição é matéria de ordem pública, assim entendida como aquelas que garantem a finalidade de controle da regularidade do processo, sendo definidas por Candido Rangel Dinamarco[59] como:

> *"São de ordem pública (processuais ou substanciais) referentes a relações que transcendam a esfera de interesses dos sujeitos privados, disciplinando relações que os envolvam, mas fazendo-o com atenção ao interesse da sociedade, como um todo, ou ao interesse público. Existem normas processuais de ordem pública e outras, também processuais que não o são.*
>
> *Como critério geral, são de ordem pública, as normas processuais destinadas a assegurar o correto exercício da jurisdição (que é uma função pública, expressão do poder estatal), sem a atenção centrada de modo direto ou primário nos interesses das partes conflitantes.*
>
> *Não o são aquelas que tem em conta os interesses das partes em primeiro plano, sendo relativamente indiferente ao correto exercício da jurisdição a submissão destas ou eventual disposição que venham a fazer em sentido diferente".*

Ademais, a Ordem Jurídica Brasileira não admite, em qualquer esfera, a eternização do processo, bem como que aos processos disciplinares, por força do art. 68 do EAOAB, são aplicadas subsidiariamente as regras processuais penais, tem-se que a prescrição é a extinção do direito da OAB de punir conduta infracional praticada por inscrito e, tal qual no *codex* processual penal, possui marco definido em lei para seu reconhecimento.

---

[59] DINAMARCO, Candido Rangel. *Instituições de direito processual civil*. 4. Ed. ver. Atual. São Paulo: Malheiros. 2004, v. I, p. 69-70.

Ainda nesta toada, a Lei 8.906/94 define as regras para o processo disciplinar sancionatório, ajustadas às especificações e peculiaridades da profissão e possui especialidade que prevalece sobre a regra subsidiária, não sendo razoável a aplicação *in pejus* ao representado de norma subsidiária.

# 7. Sanções Disciplinares

A lei 8.906/94 impõe quatro tipos de sanções disciplinares cominadas às infrações disciplinares: censura, suspensão, exclusão e multa. Além das três primeiras sanções, a aplicação de multa pode ser cumulada com a aplicação das penas de censura ou suspensão, que pode corresponder ao valor de uma a dez anuidades, desde que existam circunstâncias agravantes[60].

As sanções são aplicadas na legislação de forma abstrata, cabendo ao relator designado para julgamento a dosimetria da pena, de acordo com o fato apresentado no libelo acusatório e nas circunstâncias atenuantes ou agravantes.

A censura é aplicável nos casos em que a infração sob análise decorra dos incisos I a XVI e XXIX do artigo 34 da Lei 8.906/94, além de violação aos preceitos do Código de Ética e Disciplina ou outros preceitos do próprio Estatuto da Advocacia e da OAB, não inclusos no artigo 34 ou que a própria legislação não tenha estabelecido sanção mais grave.

É o caso, por exemplo, de violação ao dever de urbanidade, que se encontra disposto no artigo 27, *caput*, e § 1º do Código de Ética e Disciplina. Ao advogado que deixar de observar o dever de urbanidade a que se encontra obrigado para com a sociedade, em caso de condenação decorrente de processo disciplinar instaurado, a sanção cominada é a censura, nos moldes do artigo 36, II do EAOAB.

Questão relevante se afigura na possibilidade de a sanção de censura vir a ser convertida em advertência, realizada através de ofício reservado ao inscrito, sem que conste de seus assentamentos. Para que tal

---

[60] *Arts. 35 a 39 da Lei 8.906/94.*

conversão ocorra é necessária a existência de circunstâncias atenuantes, requisito essencial para sua aplicação.

Muito embora a legislação utilize-se da expressão *"pode ser convertida"*, o que atrai o entendimento de que esta será uma faculdade do relator, não ocorrendo de forma automática com a simples existência de circunstância atenuante, filiamo-nos ao entendimento de que a conversão da censura deve ser aplicada sempre que existir circunstância atenuante e inexistir circunstância agravante, observadas as circunstâncias da infração e suas consequências.

Tal posicionamento é corroborado, observadas as circunstâncias da infração e suas consequências pela esmagadora jurisprudência do Conselho Federal, bem como da Seccional do Rio de Janeiro, que em seus julgamentos aplicam o parágrafo único do artigo 36 a toda condenação em que a sanção cominada seja a de censura e a parte requerida seja primária. A primariedade é uma das circunstâncias atenuantes dispostas no artigo 40 do EAOAB.

Adiante, trataremos da possibilidade de desclassificação de infrações, cuja sanção cominada seja a de suspensão, para aplicação da penalidade de censura, tese sustentada por precedente da Segunda Câmara do Conselho Federal.

Com relação à sanção de suspensão, esta capitulada no artigo 37 da Lei 8.906/94, é aplicável nos casos em que a infração cometida se encontre tipificada nos incisos XVII a XXV e XXX[61] do *caput* do art. 34 do EAOAB e nos casos em que o Requerido é reincidente em infração disciplinar.

Importa discorrer, acerca da reincidência nos procedimentos disciplinares. A reincidência em infração disciplinar não importa no cometimento de infração tipificada em um mesmo inciso do artigo 34, ou a repetição de infração aos preceitos do código de ética e disciplina ou do próprio Estatuto. Deve-se ter em mente que a reincidência ocorre quando o Requerido não mais é primário, ou seja, possui em seus assentamentos condenação transitada em julgado decorrente de processo disciplinar pretérito.

---

[61] Incluído pela Lei 14.612/2023.

Grande equívoco que pode ocorrer nos votos proferidos pelos relatores dos Tribunais de Ética é a aplicação da reincidência pela existência de outros procedimentos disciplinares em curso, em face do mesmo Requerido. Tal majoração é totalmente dissonante da previsão legal. Para que seja considerado reincidente, é condição *sine qua non* o trânsito em julgado de condenação disciplinar.

O fato de determinado Requerido possuir inúmeros procedimentos disciplinares em seu desfavor não pode, enquanto não transitada em julgado alguma condenação, ser causa de valoração negativa com fundamento no inciso II do artigo 37, ou sequer causa de majoração da pena ou aplicação de multa, vigendo no procedimento disciplinar o princípio da presunção de inocência.

Outro fator de extrema relevância advém do fato de que o Conselho Federal possui algumas decisões, ainda que minoritárias, no sentido de que as penas cumpridas pelo Requerido há mais de cinco anos não podem servir de valoração negativa para afirmar a existência de "maus antecedentes".

Com este entendimento, alguns julgados do Conselho Federal afastam a valoração negativa, diminuindo a pena ao mínimo legal nos casos de suspensão, ou deixando de majorar uma sanção de censura, nos casos em que o Requerido já tenha cumprido sua penalidade há mais de cinco anos.

> MAUS ANTECEDENTES – PENA CUMPRIDA HÁ MAIS DE 5 ANOS – IMPOSSIBILDIADE DE VALORAÇÃO NEGATIVA. Recurso n° 49.0000.2019.002732-0/SCA-PTU. Recorrente: O.A.P. (Advogado: Orlando Alves de Paula OAB/GO 4.475). Recorrida: Célia de Fátima de Oliveira. Interessado: Conselho Seccional da OAB/Goiás. Relator: Conselheiro Federal Ulisses Rabaneda dos Santos (MT). EMENTA n° 110/2019/SCA-PTU. Recurso ao Conselho Federal da OAB. Decisão definitiva e unânime de Conselho Seccional. Preli-

minar. Nulidade processual. Intimação por carta e por telefone. Remessa ao endereço constante do cadastro. Regularidade. Nulidade afastada. Ausência de nomeação de defensor dativo em audiência. Matéria não enfrentada na origem. Ausência de prequestionamento. Não conhecimento. Mérito. Revolvimento da matéria fático-probatória. Impossibilidade. Recurso que ostenta natureza extraordinária. Não conhecimento. <u>Dosimetria da pena. Supostos maus antecedentes. Condenações cumpridas a mais de 5 anos. Impossibilidade de valoração negativa. Pena diminuída ao mínimo legal</u>. Provimento Parcial. Acórdão: Vistos, relatados e discutidos os autos do processo em referência, acordam os membros da Primeira Turma da Segunda Câmara do Conselho Federal da Ordem dos Advogados do Brasil, observado o quorum exigido no art. 92 do Regulamento Geral, por unanimidade, em conhecer parcialmente do recurso e, na parte conhecida, dar-lhe parcial provimento, nos termos do voto do Relator. Brasília, 20 de agosto de 2019. Juliano Breda, Presidente em exercício. Ulisses Rabaneda dos Santos, Relator. (DEOAB, a. 1, n° 167, 27.8.2019, p. 9).

Outra corrente majoritária, todavia, entende que o lapso temporal decorrente entre o cumprimento da pena disciplinar é irrelevante, não podendo ser considerado primário o Requerido. Isto porque, entendem os defensores desta corrente, a qual nos filiamos, que por disposição legal, pode o advogado requerer, após um ano do cumprimento da pena, a reabilitação disposta no artigo 41 do EAOAB c/c artigo 69 do Código de Ética e Disciplina.

Isto quer dizer que, não cumprindo o Requerido os requisitos para seu pedido de reabilitação (art. 69, § 4° do CED), que deve ocorrer através de procedimento próprio, não poderá este se valer da atenuante da primariedade, pelo simples transcurso do prazo de cinco anos desde sua última condenação.

Quanto ao tema, a corrente minoritária se utiliza de aplicação subsidiária do art. 64 do Código Penal para definir o prazo de 5 (cinco) anos como período depurador, entendendo pela impossibilidade de valoração da condenação para fins de reincidência ou de cômputo das três condenações disciplinares previstas no art. 38, I do EAOAB.

Todavia, nos filiamos ao entendimento majoritário, e que reflete precedentes do Conselho Federal, de que inexiste no regime disciplinar da OAB a chamada reabilitação de ofício ou automática, aquela que se verifica apenas pelo decurso do tempo. Enquanto não deferida a reabilitação da condenação disciplinar anterior, ainda que transitada em julgado há mais de cinco anos, será esta considerada para fins de reincidência e para cômputo das três condenações disciplinares previstas no artigo 38, inciso I, do EAOAB.

> *Recurso nº 16.0000.2021.000196-6/SCA-TTU. Recorrente: V.R.S. (Advogado: Valdemar Ramalho dos Santos OAB/PR 20.489). Recorrido: Conselho Seccional da OAB/Paraná. Relator: Conselheiro Federal Jader Kahwage David (PA). EMENTA nº 099/2022/SCA-TTU. Recurso ao Conselho Federal da OAB. Artigo 75, caput, do Estatuto da Advocacia e da OAB. Acórdão unânime do Conselho Seccional da OAB/Paraná. Processo disciplinar de exclusão de advogado dos quadros da OAB, face à existência de três condenações disciplinares anteriores, à sanção de suspensão do exercício profissional, transitadas em julgado. Incidência do artigo 38, inciso I, do Estatuto da Advocacia e da OAB. Prescrição quinquenal. Marco inicial. No caso de processo disciplinar de exclusão com base em três condenações anteriores, o marco inicial do curso prescricional quinquenal será a data do trânsito em julgado da terceira condenação disciplinar de suspensão do exercício profissional, visto que, somente a partir de então, surge o poder-dever de instaurar o processo de exclusão dos quadros da OAB. Precedentes. Inexistência,*

*no regime disciplinar da OAB, da chamada reabilitação de ofício, ou automática, que se verifica apenas pelo decurso do tempo, visto que, conforme precedentes deste Conselho, enquanto não deferida a reabilitação (art. 41, EAOAB), a condenação disciplinar anterior, ainda que transitada em julgado há mais de cinco anos, será considerada para fins de reincidência e para cômputo das três condenações disciplinares previstas no artigo 38, inciso I, do Estatuto da Advocacia e da OAB. Quanto ao mérito, reafirma-se a jurisprudência deste Conselho Federal no sentido de que não se admite, no processo disciplinar de exclusão, qualquer pretensão ao reexame do mérito das condenações anteriores ou análise de questões relativas aos processos disciplinares já transitados em julgado, face à coisa julgada administrativa, limitando-se o contraditório à existência dos requisitos objetivos para a procedência da pretensão punitiva. Recurso conhecido, mas improvido. Acórdão: Vistos, relatados e discutidos os autos do processo em referência, acordam os membros da Terceira Turma da Segunda Câmara do Conselho Federal da Ordem dos Advogados do Brasil, observado o quorum exigido no art. 108 do Regulamento Geral, por unanimidade, em negar provimento ao recurso, nos termos do voto do Relator. Impedida de votar a Representante da OAB/Paraná. Brasília, 18 de outubro de 2022. Alberto Zacharias Toron, Presidente em exercício e Relator ad hoc. (DEOAB, a. 4, nº 967, 26.10.2022, p. 24).*
(grifei)
Recurso nº 16.0000.2021.000151-0/SCA-STU. Recorrente: A.M. (Defensor dativo: Alexandre Taborda Ribas OAB/PR 70.253). Recorrido: Conselho Seccional da OAB/Paraná. Relator: Conselheiro Federal Paulo Cesar Salomão Filho (RJ). EMENTA nº 081/2022/SCA-STU. Recurso ao Conselho Federal da OAB. Artigo 75, *caput*, do Estatuto da Advocacia e da OAB. Acórdão não unânime do Conselho Seccional da OAB/Paraná. Proces-

*so disciplinar de exclusão de advogado dos quadros da OAB, em razão de três condenações anteriores, à sanção de suspensão, transitadas em julgado. Artigo 38, inciso I, do Estatuto da Advocacia e da OAB. Período depurador, previsto no artigo 64 do Código Penal. Inaplicabilidade ao regime disciplinar da OAB. Inexistência da chamada reabilitação de ofício, segundo a qual não mais prevalece a condenação anterior após decorrido o prazo de 05 (cinco) anos do cumprimento ou extinção da sanção imposta. Precedentes. A exigência dos precedentes desta Segunda Câmara tem sido no sentido de que este processo deve ser autônomo, decorrendo, sob pena de nulidade, que desde a primeira notificação ao advogado deve haver a capitulação jurídica dos fatos para que tenha a oportunidade de se defender da possibilidade de vir a ser excluído dos quadros da Ordem, não se exigindo a comprovação de uma quarta penalidade para a aplicação da exclusão. Precedente firmado pelo Pleno da Segunda Câmara, em matéria afeta a julgamento. Recurso não provido. Acórdão: Vistos, relatados e discutidos os autos do processo em referência, acordam os membros da Segunda Turma da Segunda Câmara do Conselho Federal da Ordem dos Advogados do Brasil, observado o quorum exigido no art. 108 do Regulamento Geral, por unanimidade, em negar provimento, nos termos do voto do Relator. Brasília, 20 de setembro de 2022. Ezelaide Viegas da Costa Almeida, Presidente em exercício. Paulo Cesar Salomão Filho, Relator. (DEOAB, a. 4, nº 949, 29.09.2022, p. 26).*

*(grifei)*

Como visto, o período depurador previsto no art. 64 do Código Penal é inaplicável ao regime disciplinar da OAB, razão pela qual não há que se falar em desconsideração de suspensão transitada em julgado há mais de 5 anos para fins de reincidência ou cômputo para a abertura de processo de exclusão.

Por dever de lealdade aos nossos leitores, há grandes possibilidades de o entendimento supracitado restar superado, passando a prevalecer a tese hoje minoritária. Em recente julgado da 3ª Turma da Segunda Câmara do Conselho Seccional foi alterado o posicionamento para considerar que não pode uma punição administrativa anterior projetar indefinidamente a reincidência para o futuro, apenas porque não houve o requerimento da reabilitação. Veja recente julgado que menciona a tese:

> *Recurso nº 49.0000.2021.008031-9/SCA-STU. Recorrente: J.L.S. (Advogado: José Lopes da Silva OAB/SP 253.900 e Defensor dativo: Raphael Soares Gullino OAB/SP 351.298). Recorrido: Conselho Seccional da OAB/São Paulo. Relatora: Conselheira Federal Ezelaide Viegas da Costa Almeida (AM). EMENTA nº 112/2022/SCA-STU. Recurso ao Conselho Federal da OAB. Artigo 75, caput, do Estatuto da Advocacia e da OAB. Acórdão unânime do Conselho Seccional da OAB/São Paulo. Processo de exclusão de advogado dos quadros da OAB (art. 38, I, EAOAB). Competência. Súmula nº 08/2019/COP/CFOAB. Julgamento pelo Tribunal de Ética e Disciplina da OAB, com remessa ao Conselho Seccional da OAB em caso de condenação, em sede de reexame necessário. Procedimento observado. Advogado que ostenta contra si três condenações disciplinares anteriores, à sanção disciplinar de suspensão do exercício profissional, transitadas em julgado. Recurso conhecido. No mérito, improvido. 01) Com a vigência da Súmula nº 08/2019/COP/CFOAB, os processos de exclusão de advogado(a) dos quadros da OAB passaram a ser de competência originária do Tribunal de Ética e Disciplina da OAB que, em julgando procedente a pretensão punitiva, remete os autos ao respectivo Conselho Seccional da OAB para confirmação da decisão, em sede de reexame necessário, verificando-se que o procedimento restou devidamente observado. 02) Quanto ao procedimento, prevalece o entendimento de que, com o*

*trânsito em julgado da terceira sanção disciplinar de suspensão do exercício profissional, surge o poder-dever de a OAB instaurar o competente processo de exclusão, de forma autônoma, facultando ao advogado ou à advogada o exercício do contraditório e a ampla defesa sobre o atendimento aos requisitos para sua exclusão dos quadros da OAB, o que restou devidamente observado. 03) No tocante à prescrição, o entendimento que tem prevalecido na jurisprudência das Turmas da Segunda Câmara é no sentido de que o marco inicial do prazo prescricional no caso de processo disciplinar de exclusão de advogado dos quadros da OAB, nos termos do artigo 38, inciso I, do Estatuto da Advocacia e da OAB, é o trânsito em julgado da terceira condenação disciplinar à sanção de suspensão do exercício profissional, porquanto, somente a partir de então, surgiria o jus puniendi específico. 04) Porém, não se pode deixar de considerar que, em recentíssimo julgado, a Terceira Turma da Segunda Câmara deste Conselho Federal da OAB alterou seu posicionamento para considerar que não pode uma punição administrativa anterior projetar indefinidamente a reincidência para o futuro, apenas porque não houve o requerimento da reabilitação, visto que o prazo expurgador do gravame que eleva a pena, por uma questão de razoabilidade e proporcionalidade, deve acompanhar o que dispõe o artigo 64, inciso I, do Código Penal, não sendo aceitável que condenações por condutas muito mais reprováveis como as criminosas propriamente ditas sejam apagadas após 05 (cinco) anos da extinção da pena e o mesmo, salvo regulação em contrário que inexiste no Estatuto da Advocacia e da OAB e no Código de Ética e Disciplina da OAB, não se dê no processo ético-disciplinar que, ademais, prescreve em cinco anos. 05) Nesse panorama, sem dúvida, a condenação disciplinar anterior, com pena cumprida ou extinta há mais de 05 (anos) não pode ser considerada para fins de reincidência, porquanto prescrita para essa finalidade, circunstância que também deve alcançar a sua invalidade para fins de cômputo para instauração do processo disciplinar de exclusão dos quadros da OAB. Vale dizer, no momento em que for instaurado o processo disciplinar de exclusão de advogado dos quadros da OAB, deve-se observar a data do cumprimento de cada uma das sanções de suspensão, desprezando-se aquelas as quais a pena já tenha sido cumprida ou extinta há mais de cinco anos. 06) Assim, efetivamente, a alteração de entendimento trazida pela Terceira Turma da Segunda Câmara deve ser acolhida, porquanto é o entendimento que melhor espelha a vedação constitucional a penas de caráter perpétuo e atende aos princípios da razoabilidade e de proporcionalidade, impedindo-se que um(a) advogado(a) permaneça indefinidamente no tempo passível de ser submetido a um processo de exclusão por uma condenação disciplinar a qual já houve o cumprimento da sanção há mais de 05 (cinco) anos. 07) No caso dos autos, contudo, verifica-se que este processo disciplinar foi instaurado considerando três condenações anteriores dentro do lapso temporal de 05 (cinco) anos, de modo que não há a prescrição de nenhuma das condenações quando da instauração do processo disciplinar de exclusão. 08) Recurso improvido. Acórdão: Vistos, relatados e discutidos os autos do processo em referência, acordam os membros da Segunda Turma da Segunda Câmara do Conselho Federal da Ordem dos Advogados do Brasil, observado o quorum exigido no art. 108 do Regulamento Geral, por unanimidade, em negar provimento ao recurso, nos termos do voto da Relatora. Brasília, 16 de novembro de 2022. Emerson Luis Delgado Gomes, Presidente. Ezelaide Viegas da Costa Almeida, Relatora. (DEOAB, a. 4, nº 998, 12.12.2022, p. 22).*

*(grifos nossos)*

Por fim, a pena mais gravosa do Estatuto encontra-se tipificada no artigo 38 do EAOAB, que trata da sanção de exclusão. Poderão ser excluídos dos quadros de inscritos da OAB os advogados que sofrerem, por três vezes, a pena de suspensão, ou aqueles que cometerem as infrações tipificadas nos incisos XXVI a XXVIII do artigo 34 da Lei 8.906/94.

Abre-se aqui um parêntese para demonstrar que a Lei 14.365/2022 incluiu o § 6º-I ao art. 6º do EAOAB, que prevê aplicação da pena de exclusão ao advogado que efetuar colaboração premiada contra quem seja ou tenha sido seu cliente, a saber:

> *"Art. 6º, § 6º-I. É vedado ao advogado efetuar colaboração premiada contra quem seja ou tenha sido seu cliente, e a inobservância disso importará em processo disciplinar, que poderá culminar com a aplicação do disposto no inciso III do caput do art. 35 desta Lei, sem prejuízo das penas previstas no art. 154 do Decreto-Lei nº 2.848, de 7 de dezembro de 1940 (Código Penal)".*
>
> *Art. 35. As sanções disciplinares consistem em:*
> *[...]*
> *III - exclusão;*

A exclusão decorrente do inciso I do artigo 38 do EAOAB pressupõe a instauração de ofício pela Seccional em que o advogado possua inscrição[62] (ressalvando-se, desde já, nosso entendimento apresentado no Capítulo 8 – Processo de Exclusão – Questão Polêmica). Já a sanção decorrente do inciso II do art. 38 e do art. 6º, § 6º-I, ambos do EAOAB pode ser instaurada por qualquer pessoa que tiver conhecimento de fato infracional constante nos incisos XXVI a XXVIII do EAOAB, de ofício ou por comunicação de autoridade competente.

---

[62] O tópico próprio do processo de exclusão abordará questões polêmicas sobre o assunto, especialmente quanto ao entendimento de *bis in idem* nos processos *ex officio* baseado no art. 38, I do EAOAB.

Merece destaque que o julgamento dos processos de exclusão compete exclusivamente ao Pleno do Conselho Seccional, sendo necessária a manifestação de dois terços de seus membros. Com a edição e vigência da Súmula 08/2019/COP, os processos de exclusão são encaminhados ao Pleno do Conselho Seccional após a instrução e julgamento dos mesmos pelo Tribunal de Ética e Disciplina. Sobre o assunto, abordaremos com maior profundidade no tópico próprio.

Importa dizer, que procedimentos disciplinares que apurem infrações passíveis de aplicação da pena de exclusão, bem como aqueles decorrentes da existência de mais de três penas de suspensão, não podem ser sequer instruídos perante as Subseções. A instrução passou a ser de competência exclusiva dos Tribunais de Ética e Disciplina, que após a conclusão da instrução e o julgamento em suas Turmas, deverá ser encaminhado ao Pleno do Conselho Seccional, caso o julgamento aponte pela procedência.

## 7.1 Desclassificação

Antes de tratar sobre o tema da desclassificação no âmbito dos procedimentos disciplinares, uma ressalva merece ser pontuada: a desclassificação é admitida apenas de forma excepcional, ou seja, não é regra processual obrigatória e aplicável de forma imediata. Para tal, é necessária a ocorrência de certas condições para que o julgador proceda à desclassificação, mediante requerimento da parte, formulado em defesa prévia ou alegações finais.

Tal qual ocorre no processo penal, a desclassificação da infração ocorre quando o relator responsável pelo voto entende, a partir de seu convencimento baseado nas provas constantes dos autos e a narrativa do fato tido como infracional, de que se trata de infração diversa da tipificada pelo relator da instrução, desclassificando-a para outra infração.

Devemos ter em mente que a desclassificação não pode ocorrer para imputar ao Requerido infração com sanção superior à previamente tipificada, da qual se defendeu no curso do processo disciplinar, sob pena de violação aos princípios do contraditório e da ampla defesa.

Feitas as necessárias considerações, a possibilidade excepcional de desclassificação mais recorrente acontece nos casos de infração ao artigo 34, XX ou XXI do EAOAB, que vinha sendo desclassificada para infração ao artigo 12 do CED. Todavia, entendimentos mais recentes e, a nosso ver, mais acertados, vêm realizando a desclassificação para o art. 34, IX do EAOAB.

Como sabido, a sanção para a infração aos incisos XX e XXI do artigo 34 do EAOAB é de suspensão, estendendo-se até que preste contas, nos termos do artigo 37, I, § 2º do EAOAB, enquanto a infração ao artigo 34, IX do CED é passível de sanção de censura, nos termos do artigo 36, I do EAOAB, sendo, portanto, uma pena mais benéfica ao representado.

Mas quando é possível desclassificar as condutas de locupletamento e recusa de prestação de contas para infração disciplinar do artigo 12 do CED ou do art. 34, IX do EAOAB? A jurisprudência do Conselho Federal da OAB sedimentou entendimento no sentido de que, o pagamento dos valores devidos ao cliente ou Requerente, acrescidos de correção monetária, antes de qualquer decisão condenatória, é fato que não deve deixar de ser observado pelo julgador no momento da valoração da sanção, permitindo, assim, excepcionalmente, a desclassificação.

Todavia, é importante frisar que a desclassificação, nestes casos, só é admitida quando o tempo de retenção dos valores seja mínimo e a devolução ocorra tão logo o advogado tome conhecimento da representação.

Outra questão importante a ser analisada, do ponto de vista do Conselho Federal da OAB, diz respeito à transação ocorrida entre as partes envolvidas no processo disciplinar. Não tem a composição o condão de afastar a ocorrência da infração, e não pode ser causa de desclassificação, servindo, entretanto, como afastamento da aplicabilidade do artigo 37, § 2º do EAOAB.

Finalmente, outra causa de possibilidade da desclassificação ocorre quando se tipifica a cobrança imoderada de honorários como locupletamento, conduta descrita como infracional no artigo 34, XX do EAOAB. Como sabido, para que determinada conduta se adeque ao tipo infracional, necessário se faz a presença do elemento do tipo, bem como que não haja tipificação específica. Assim, nesses casos, a cobrança imoderada de honorários viola o disposto no artigo 49 ou artigo 50 do Código de Ética, conforme o caso, não se confundindo com a infração de locupletamento do EAOAB.

Destarte, no caso supracitado, caberia a desclassificação do tipo infracional do artigo 34, XX do EAOAB para o artigo 49 do CED, cuja sanção cominada é de censura, e não de suspensão, adequando-se o tipo infracional à exata conduta praticada pelo Requerido.

## 7.2 Atenuantes

As causas atenuantes que podem, e devem, ser consideradas pelo julgador no momento da dosimetria da sanção encontram-se dispostas no artigo 40, do EAOAB. Merece destacar que, pela interpretação literal do citado dispositivo legal, o rol das condutas atenuantes não é taxativo, mas exemplificativo, ao dispor, em sua parte final, o trecho "entre outras".

> Art. 40. Na aplicação das sanções disciplinares, são consideradas, para fins de atenuação, as seguintes circunstâncias, entre outras:
>
> (omissis)

Desta forma, o Estatuto da Advocacia e da OAB exemplifica circunstâncias atenuantes que devem ser consideradas pelo julgador.

I. falta cometida na defesa de prerrogativa profissional;
II. ausência de punição disciplinar anterior;

III. exercício assíduo e proficiente de mandato ou cargo em qualquer órgão da OAB;

IV. Prestação de relevantes serviços à advocacia ou à causa pública.

A presença de circunstâncias atenuantes, combinada à ausência de circunstâncias agravantes, é importante para a dosimetria da pena, em especial para os casos em que a sanção cominada seja a de censura, atraindo a possibilidade de aplicação do parágrafo único do artigo 36 do EAOAB, que trata da conversão da censura para advertência, em ofício reservado, sem o registro da sanção nos assentamentos do inscrito[63].

Que não se entenda que a conversão da pena de censura em advertência é consequência lógica da presença de atenuantes, como muitos defendem. O dispositivo legal é expresso ao afirmar que a censura PODE ser convertida, sendo, portanto, uma faculdade do julgador durante a dosimetria da pena, ao analisar todo o conjunto probatório colacionado nos autos durante a instrução processual, embora, como já narrado, exista posicionamento dominante quanto à sua aplicabilidade.

## 7.3 Agravantes

Tal qual as atenuantes anteriormente mencionadas, as circunstâncias agravantes de sanção disciplinar se encontram dispostas de forma subjetiva no artigo 40, parágrafo único do EAOAB, e devem ser consideradas para a conveniência do julgador na cumulação de pena de multa, na aplicação de outra sanção disciplinar diversa da cominada como, por exemplo, a reincidência, que majora a sanção de censura para suspensão, além do tempo de suspensão e o valor da multa a ser aplicada para cada caso.

Temos, então, como circunstâncias agravantes no processo disciplinar:

I. o grau de culpa do inscrito;

II. as consequências da infração;

---

[63] *Observar o tópico Sanções Disciplinares, para maiores detalhes sobre as sanções aplicáveis.*

III. as circunstâncias em que a infração fora cometida;
IV. os antecedentes profissionais do inscrito.

Observemos que o parágrafo único do art. 40 do EAOAB dispõe como agravante de pena os antecedentes profissionais do inscrito, enquanto o art. 40, *caput*, II do EAOAB dispõe como circunstância atenuante a ausência de punição disciplinar anterior. Veja, há nítida diferenciação entre punição disciplinar e antecedentes profissionais, de forma que é possível ao julgador, ao decidir sobre o tempo de suspensão ou sobre a conveniência de aplicação cumulativa de multa, a utilização dos antecedentes do inscrito como, por exemplo, uma grande quantidade de processos em tramitação, ainda que o profissional não tenha sido punido disciplinarmente, desde que realize a correta dosimetria entre a atenuante e a agravante presente.

Ultrapassada a questão, entretanto, há de se destacar, na mesma esteira das circunstâncias atenuantes, que não há taxatividade das circunstâncias que podem ser entendidas como agravantes, ficando ao arbítrio do julgador a análise em cada caso específico.

Por fim, à exceção dos antecedentes profissionais, todas as circunstâncias que agravam a pena são subjetivas e devem ser analisadas pelo julgador à luz das provas apresentadas no procedimento disciplinar, tais como depoimentos colhidos, prova testemunhal e documental, entre outras, para que possa o julgador definir o grau de culpa do inscrito e as consequências que o ato infracional gerou, tanto para o Requerente, quanto para a sociedade em geral, não sendo deixadas de lado as consequências para a imagem de toda a advocacia.

# 8. Processo de Exclusão

Os processos de exclusão no âmbito dos Tribunais de Ética e Disciplina possuem fase de instrução similar aos demais processos disciplinares, com algumas peculiaridades. Uma das peculiaridades mais importante refere-se à competência para instrução e julgamento. Neste sentido, devemos dividir o processo de exclusão em duas fases distintas, a instrução e o julgamento.

Através da Súmula nº 08/2019 do Conselho Pleno do Conselho Federal da Ordem dos Advogados do Brasil, a competência para o julgamento dos processos de exclusão é **exclusiva** do Pleno do Conselho Seccional, após a necessária instrução e julgamento — sim, julgamento — pelo Tribunal de Ética e Disciplina.

O primeiro aspecto relevante é que, cristalinamente, foge totalmente à competência das Subseções a instrução e, menos ainda, o julgamento, dos processos de exclusão.

Outro aspecto de suma importância, e que causa grandes debates tanto no colegiado dos Tribunais de Ética e Disciplina quanto do Pleno dos Conselhos Seccionais, é a leitura dada à Súmula nº 08/2019-COP no que concerne o julgamento do processo. Decerto, causa confusão quando a citada Súmula dispõe que a competência para julgamento é do Pleno do Conselho Seccional após o julgamento pelo Tribunal de Ética e Disciplina. Fica no ar, portanto, a pergunta: afinal, quem julga o processo de exclusão?

Caso nosso entendimento — esposado adiante no tópico "questão polêmica" — fosse adotado no âmbito dos processos disciplinares, tal questionamento não se faria presente. O TED realizaria a instrução processual apuratória de infração disciplinar e, após seu julgamento com aplicação da pena de exclusão, os autos seguiriam ao Pleno do Conselho Seccional para julgamento em reexame necessário acerca da aplicação da pena máxima.

Entendemos, portanto, que a tese citada melhor se adequa, também, aos procedimentos adotados diante da corrente majoritária e dos precedentes do CFOAB. Instaurado *ex officio* o processo de exclusão com fundamento exclusivo no art. 38, I do EAOAB, o processo é instruído e julgado pelo Tribunal de Ética e Disciplina que, se entender pela aplicação da pena de exclusão, deverá ser submetido ao Pleno do Conselho Seccional, em reexame necessário, a ratificar, ou não, a pena mais grave.

Ou seja, toda instrução processual referente à exclusão é realizada no âmbito dos Tribunais de Ética e Disciplina e julgada em uma de suas Turmas. Após o julgamento pela Turma do TED, caso o entendimento seja pela procedência do processo de exclusão, os autos são encaminhados ao Pleno do Conselho Seccional para julgamento e cumprimento do disposto no artigo 38, par. único do EAOAB.

A instrução deve seguir todos os trâmites — apenas no âmbito da Seccional — dos demais procedimentos disciplinares e, sendo caso de procedência da exclusão, o julgamento realizado pelo TED deverá ser ratificado por maioria qualificada do Pleno do Conselho Seccional, ou seja, 2/3 da totalidade dos membros do Conselho.

Caso o julgamento no TED seja pela improcedência da exclusão, não haverá recurso de ofício, ficando condicionada eventual reforma da decisão de improcedência à recurso voluntário ao Pleno do Conselho Seccional, que somente poderá aplicar penalidade de exclusão se observado o quórum qualificado.

Importante, aqui, reafirmar nosso entendimento pela revogação tácita do artigo 120, § 3º do Regulamento Geral, razão pela qual deve ser afastado, de igual modo, o terceiro item da decisão proferida em sede de Embargos Declaratórios nos autos da Proposição nº 49.0000.2016.011884-1/COP, que afirma a observação da Súmula

08/2019-COP aos processos instruídos perante as Subseções e homologados pelos respectivos Conselhos.

Como já afirmado anteriormente, em nosso entendimento não há homologação dos processos ético-disciplinares pelo Conselho das Subseções, razão pela qual, a parte final da supracitada decisão deve ser entendida com relação aqueles processos anteriores à vigência da Resolução 02/2015 (CED), quando os processos ainda eram submetidos à homologação pelo Conselho da Subseção, por observância ao art. 120, § 3º do RGEAOAB.

Desta forma, entendemos que o terceiro item afronta, inclusive, a ementa da Súmula 08/2019-COP, que determina a competência de instrução ao Tribunal de Ética e Disciplina, não sendo possível, portanto, a instrução no âmbito dos Conselhos Subseccionais, o que seria totalmente possível caso levado à prática o entendimento apresentado no tópico "questão polêmica" a seguir.

Faz-se necessário a transcrição da Súmula nº 08/2019 do Conselho Pleno do Conselho Federal da Ordem dos Advogados do Brasil, a saber:

> O CONSELHO PLENO DO CONSELHO FEDERAL DA ORDEM DOS ADVOGADOS DO BRASIL, no uso das atribuições que lhe são conferidas nos arts. 75, parágrafo único, e 86 do Regulamento Geral da Lei nº 8.906/94, considerando o julgamento da Proposição nº 49.0000.2016.011884-1/COP, decidiu, na Sessão Ordinária realizada no dia 18 de março de 2019, editar a Súmula nº 08/2019/COP, com o seguinte enunciado: PROCESSO DE EXCLUSÃO – INSTRUÇÃO E JULGAMENTO. Compete exclusivamente ao Pleno do Conselho Seccional o julgamento dos processos de exclusão, mediante manifestação favorável de dois terços dos seus membros, após a necessária instrução e julgamento dos referidos processos perante o Tribunal de Ética e Disciplina (art. 38, parágrafo único, c/c art. 70, § 1º, ambos da Lei nº 8.906/94 – Estatuto da Advocacia e da OAB).

**OBSERVAÇÃO:** Incorpora-se à Súmula n° 08/2019/COP a deliberação plenária proferida na Proposição n° 49.0000.2016.011884-1/COP (Sessão Ordinária de 08/04/2019, Ementa n° 011/2019/COP – disponibilizada no Diário Eletrônico da OAB de 11/04/2019, p. 02). O Conselho Pleno do Conselho Federal da OAB, ao julgar embargos declaratórios nos autos do processo em referência, determinou:

– a fixação da data inicial em 19 de março de 2019 para a vigência da Súmula n° 08/2019/COP, devendo os processos já instruídos e conclusos para julgamento, até essa data, seguir a disciplina da Súmula n° 07/2016/OEP;

– a necessidade de que fique expresso que, na hipótese de absolvição nos processos de exclusão, não haverá recurso de ofício, ficando a reforma da decisão condicionada a recurso ao Pleno da Seccional, que apenas aplicará a penalidade de exclusão mediante votação de dois terços dos seus membros;

– tendo em vista o § 3° do art. 120 do Regulamento Geral, que a orientação da Súmula n° 08/2019/COP abrange os processos instruídos perante as Subseções e homologados pelos respectivos Conselhos.

## QUESTÃO POLÊMICA

É entendimento amplamente adotado no Sistema OAB de que o artigo 38, I do EAOAB deve ser tratado como uma infração distinta e, por tal, pode ser objeto de representação de ofício por parte da OAB, considerando que a presença de 3 penalidades de suspensão seria suficiente para a abertura de processo de exclusão.

Todavia, entendemos de forma diversa, no sentido de que o inciso I do art. 38 do EAOAB não constitui infração ética apta a ensejar a abertura de processo de exclusão *ex officio*. E a tese não demonstra muita dificuldade de compreensão. Isto porque, se analisarmos que o artigo 38 do EAOAB trata de sanção aplicável às infrações cometidas pelos advogados, não pode o referido artigo servir de supedâneo para o ingresso de nova representação.

Tendo em mira o princípio constitucional da legalidade, de que não há crime sem lei que o defina nem pena sem prévia cominação legal, devemos considerar que as infrações disciplinares se encontram dispostas nos incisos do art. 34 da Lei 8.906/94 e no CED, certo que os art. 36 a 38 dispõe sobre a aplicação da pena às infrações cometidas.

Desta forma, tratando-se de dispositivo legal que mensura a aplicação de pena, é necessária a existência de uma infração ético-disciplinar, a abertura de processo para apuração da suposta falta ética e, na dosimetria da pena, se constatado que o Representado possui 3 penalidades de suspensão, a pena a ser aplicada é a de exclusão.

Tal qual o art. 37, II do EAOAB, que majora a penalidade do art. 36 em caso de reincidência em infração disciplinar, assim o faz o art. 38, I, ao majorar as penalidades de censura e suspensão em exclusão, nos casos em que o Representado possua 3 (três) suspensões transitadas em julgado.

E aqui, merece uma reflexão. Qual seria o momento da análise do trânsito em julgado das 3 suspensões? Na data do ato tido como infracional ou na data da prolação do voto com a dosimetria da pena?

Parece-nos mais razoável, tal qual se observa com a majoração do art. 37, II do EAOAB, que o momento da análise da condição de ostentar em sua ficha disciplinar 3 suspensões transitadas em julgado seja na prolação do voto, momento em que o relator deverá realizar a dosimetria da pena, e não na data do fato.

Desta forma, entendemos que a abertura de procedimento disciplinar de exclusão, fundada apenas na existência de 3 penalidades de suspensão configura verdadeiro *bis in idem*, representando dupla punição ao advogado, que já fora apenado por infrações anteriores, visto que todas as faltas éticas obtiveram suas sanções.

O novo procedimento que verse exclusivamente sobre exclusão de advogado que ostente 3 penalidades de suspensão imputa ao Requerido encontrar-se envolto em novo processo administrativo disciplinar sem que para tal tenha dado causa.

O trânsito em julgado das penalidades impostas em procedimentos anteriores, e já cumpridos — ou em cumprimento — pelo causídico representam que o advogado foi, devidamente, punido e cumpriu — ou se encontra cumprindo — a punição decorrente da infração praticada. A abertura de novo procedimento, sem qualquer nova infração praticada, objetivando sua exclusão dos quadros da OAB pelo fato de possuir três anotações de suspensão anteriores configura, com todas as vênias ao entendimento majoritário, verdadeiro *bis in idem*, inexistindo ao representado qualquer possibilidade de defesa.

Isto porque, nos processos *ex officio* baseados exclusivamente na ficha disciplinar do inscrito, não se discute o mérito das infrações anteriores, que se encontram transitadas em julgado, sendo vedada, também, a análise de eventuais nulidades naqueles processos, em razão da coisa julgada administrativa, restando ao advogado uma única possibilidade de defesa, na forma indireta, com o protocolo de pedido de reabilitação, que poderá, ou não, ser julgado procedente, de acordo com cada caso.

Neste sentido, embora notificado a apresentar defesa prévia e razões finais, ser notificado a comparecer à sessão de julgamento perante a Turma Julgadora dos TEDs e, posteriormente, sustentar suas razões perante o Conselho Seccional, tais atos constituem meras formalidades, inaptas a afastar o fundamento do processo de exclusão, qual seja, a existência de três penas de suspensão transitadas em julgado.

Tal situação nos parece diretamente ofensiva ao princípio da legalidade, do devido processo legal e, até mesmo, da dignidade da pessoa humana, e não poderia, jamais, ser admitida na Casa da Democracia, instituição que sempre esteve na vanguarda da defesa dos direitos humanos e do Estado Democrático de Direito.

Por todas estas razões, entendemos que somente seria cabível a aplicabilidade do artigo 38, I do EAOAB quando, tomando ciência a OAB de nova falta disciplinar, passível de sanção — qualquer que seja — atribuir ao Requerido, no momento da dosimetria da pena, a sanção de exclusão, se este ostentar em sua ficha disciplinar três penalidades de suspensão, mas jamais inaugurar procedimento disciplinar com base pura e simples no somatório de três penas anteriormente impostas.

Noutro giro, há corrente que defende a inconstitucionalidade do art. 38, I do EAOAB, muito embora não nos filiemos à referida corrente, pelos motivos já expostos. Tem-se que o legislador, ao incluir o referido dispositivo legal, almejou conferir maior rigor à penalidade imposta ao advogado que coleciona condenações disciplinares, mas não para servir de supedâneo à instauração de nova representação.

Entretanto, existem correntes dentre os Tribunais de Ética e Disciplina que defendem a possibilidade de abertura de processo de exclusão, de ofício, após o trânsito em julgado da terceira pena de suspensão aplicada ao inscrito. A mesma corrente entende, que a defesa a ser apresentada pelo advogado que se encontrar nesta situação é o requerimento de reabilitação ou revisão.

Muito embora esta corrente tenha aceitação na maioria dos Tribunais de Ética, entendemos que viola preceito legal, em prejuízo dos inscritos, o que não deveria ser aceito ou chancelado pelas Turmas, Plenos e Conselhos Seccionais.

Entretanto, pode-se adotar parte da tese como matéria defensiva. Uma vez que a abertura de pedido de revisão ou de reabilitação pode se mostrar eficiente mecanismo de defesa indireta a impedir a pena de exclusão, devendo, inclusive, existir a interferência de Defensor Dativo nos casos em que houver sido decretada a revelia do Representado/Requerido.

# 9. Termo de Ajustamento de Conduta (TAC)

## 9.1 Considerações iniciais

O Conselho Federal da OAB, através da Resolução n° 04/2020, com disponibilização no DEOAB de 03.11.2020, acrescentou os artigos 47-A e 58-A ao Código de Ética e Disciplina da Ordem dos Advogados do Brasil, que conferiu a possibilidade da realização de Termo de Ajustamento de Conduta (TAC) quando a infração, em tese cometida, tiver como sanção a penalidade de censura (artigo 58-A) ou na hipótese de fazer cessar a publicidade irregular praticada por advogados e estagiários (artigo 47-A).

Concomitante à inclusão dos dispositivos supramencionados, foi deliberado e aprovado pelo Conselho Pleno da OAB Nacional o Provimento n° 200/2020, com disponibilização no DEOAB de 03.11.2020, que regulamentou e delimitou as condições para a celebração, ou não, de realização do TAC.

A despeito disso, as alterações introduzidas pela Resolução n° 04/2020 (artigos 47-A e 58-A do CED da OAB) que possibilita um *"acordo"*, através do TAC, com a parte Representada/ Requerida, significa profundo avanço no trato das infrações ético-disciplinares, inclusive se observarmos que é papel do Tribunal de Ética e Disciplina *"orientar"* os seus inscritos (artigo 71, V, do CED da OAB) através de cursos, palestras etc.

Mais do que isso, a possibilidade do TAC naquelas infrações correlatas à publicidade irregular, de certa maneira, acalenta aos operadores do direito quanto à escuridão interpretativa que circunda a tudo que diz respeito à publicidade na advocacia, sobretudo, no cenário que se desenhou com as forçadas inovações decorrentes da pandemia (COVID-19).

A seu turno, registre-se, que deve prevalecer a cautela e a análise criteriosa, caso a caso, da possibilidade, ou não, de celebração do TAC, sobretudo para não se referendar e chancelar comportamentos que reverberem negativamente para a Classe, ou ainda, para que o instituto não sirva de escudo e estímulo ao cometimento de publicidade sabidamente irregular.

E, por esse motivo, a redação dos artigos 47-A e 58-A deixa claro que é uma faculdade, portanto não obrigatório, a realização do Termo de Ajustamento de Conduta.

No primeiro dispositivo (artigo 47-A) com a condição de *"fazer cessar a publicidade irregular"* e no segundo dispositivo (artigo 58-A) *"se o fato apurado não tiver gerado repercussão negativa à advocacia"*.

Portanto, antes de adentrarmos às condições impostas pelo Provimento regulamentador de nº 200/2020, obrigatoriamente, deverá ser previamente analisado se aquele TAC fará *"cessar a publicidade irregular"* e, dependendo do caso, se a infração não gerou *"repercussão negativa à advocacia"*, decerto que, somente após isso, e se superado esses óbices iniciais, se passará aos critérios regulamentadores instituídos pelo dito Provimento nº 200/2020.

## 9.2 Regulamentação – Provimento nº 200/2020

Superada as questões acima, uma vez constatada a prática de infrações ético-disciplinares com penalidade de censura (artigo 36 do EAOAB) ou aquelas afetas à publicidade profissional (artigos 39 a 47 do CED), e, desde que a conduta apurada não implique na prática de mais de uma infração ético-disciplinar ou violação simultânea de outros dispositivos do EAOAB, o TAC poderá ser celebrado, de ofício ou a requerimento da parte, àquele advogado ou estagiário, regularmente inscrito nos quadros da OAB, que não tiver contra si condenação ético-disciplinar transitada em julgado, ressalvando-se as hipóteses de reabilitação.

Além disso, será vedada a celebração de TAC pela parte Requerida/Representada já beneficiada com o instituto nos 03 (três) anos anteriores à conduta a ser apurada.

Feita a análise desses requisitos, o órgão competente poderá propor o TAC. Sendo o caso concreto de competência do Conselho Seccional, a sua propositura se dará em conformidade com seu Regimento Interno, portanto, sua aplicação dependerá de prévia regulamentação por parte da Seccional, através de alteração em seu Regimento Interno. Já no âmbito do Conselho Federal, dar-se-á por seu Relator, com a subsequente homologação pela Turma da Segunda Câmara correspondente.

O Provimento institui, ainda, requisitos formais que deverão estar contidos no documento, quais sejam: (i) a qualificação do advogado ou estagiário; (ii) descrição da conduta imputada, com informação da data da ocorrência e do meio utilizado; (iii) certidão de regular inscrição na OAB e certidão negativa ou positiva sobre a existência de punições anteriores transitadas em julgado; (iv) a capitulação da infração correspondente e (v) os termos do ajustamento de conduta a ser celebrado.

Apresentado nos autos, pelo órgão competente, a proposta do TAC, a parte Representada/Requerida será notificada para, em 15 (quinze) dias, manifestar seu interesse na adesão às condições impostas, presumindo-se o seu silêncio como recusa.

Importante destacar, mais uma vez, a preocupação da classe em fazer cessar a falta disciplinar. Assim, não só o artigo 47-A do CED da OAB, como também o artigo 4º do Provimento nº 200/2020, repetidamente impõem a necessidade de *"fazer cessar a conduta objeto do TAC"* como regra intransigível para sua celebração, assim como, dependendo da hipótese, deverá a parte *"reparar o dano"* e, por lógica, se *"abster de praticar a mesma conduta"*.

Com a celebração e aquiescência ao TAC, o procedimento ético-disciplinar ficará suspenso por 03 (três) anos, período pelo qual não fluem os prazos prescricionais, após, transcorrido sem o cometimento da nova infração e cumprido integralmente os seus termos, será arquivado definitivamente, sem anotações nos assentos profissionais.

Em caso de descumprimento, o processo ético-disciplinar retornará o seu trâmite, cabendo a fiscalização, no âmbito das Seccionais, ao Tribunal de Ética e Disciplina e, no âmbito do Conselho Federal, ao Presidente da Turma da Segunda Câmara correspondente.

No âmbito do Rio de Janeiro, o Conselho Seccional editou a Resolução nº 425/2022, atribuindo ao Presidente do Tribunal de Ética e Disciplina, ou a quem este delegar a atribuição, a competência para firmar o TAC, bem como ao TED/RJ a competência para edição, regulamentação, formalização e fiscalização do TAC. Por sua vez, o TED/RJ editou a Resolução 01/2022, que estabelece o procedimento para formalização do TAC no âmbito do Tribunal de Ética e Disciplina.

Importante destacar que, à luz do Provimento nº 200/2020, uma vez preenchidos os seus requisitos, este pode vir a ser firmado independente do momento processual em que se encontrar a representação ético-disciplinar, bastando inexistir o seu trânsito em julgado e, repita-se, preenchidos todos os requisitos impostos pelo inovador Provimento.

Entretanto, em recente posicionamento datado de 23.11.2023, o Órgão Especial do Conselho Federal editou a Súmula 19/2023/OEP, em que dá nova interpretação ao momento processual possível para oferecimento de ofício ou requerimento da parte pela celebração do TAC.

A citada Súmula apresenta duas possibilidades distintas a serem observadas: 1) os processos iniciados antes da entrada em vigor do provimento 200/2020 e; 2) os processos iniciados a partir da entrada em vigor do provimento 200/2020.

No primeiro caso, ou seja, naqueles processos iniciados antes da vigência do provimento nº 200/2020, caso não oferecido o TAC de ofício pelo Relator, caberá ao interessado requerê-lo até o trânsito em julgado, em qualquer fase processual, sob pena de preclusão.

Já nos processos iniciados sob a vigência do provimento nº 200/2020, caso o TAC não seja oferecido de ofício pela OAB, compete ao interessado requerê-lo enquanto tramitar o processo na primeira instância de julgamento, sob pena de preclusão.

> *Súmula nº 19/2023/OEP*
> *O Órgão Especial do Conselho Pleno do Conselho Federal da Ordem dos Advogados do Brasil, no uso das suas atribuições conferidas no art. 86 do Regulamento Geral da Lei nº 8.906/94, considerando o julgamento da Proposição de súmula nº 49.0000.2022.011618-9/OEP, decidiu, por unanimidade, editar a Súmula nº 19/2023/OEP, com o seguinte enunciado, aprovado na sessão ordinária do dia 14 de novembro de 2023: "TERMO DE AJUSTAMENTO DE CONDUTA. I. É cabível a conversão do processo em diligência, de ofício, para oferecimento de TAC aos processos iniciados antes da entrada em vigor do provimento nº 200/2020 deste Conselho Federal, e, caso não oferecido de ofício pelo relator, cabe ao interessado requerê-lo até o trânsito em julgado, sob pena de preclusão. II. Aos processos disciplinares iniciados a partir da entrada em vigor do Provimento nº 200/2020, caso não oferecido o TAC de ofício pela OAB, compete ao interessado requerê-lo enquanto o processo tramita na primeira instância de julgamento, sob pena de preclusão.".*
> 
> (DEOAB, 23/11/2023, p. 8)

Pois bem, o principal ponto trazido pela Súmula 19/2023/OEP é a preclusão do direito de requerimento do TAC ou da possibilidade de oferecimento de ofício. Nos casos dos processos inaugurados antes do provimento nº 200/2020, a preclusão tanto para o interessado quanto para a OAB ocorre apenas com o trânsito em julgado do processo disciplinar, ocasião em que não haverá mais possibilidade de celebração do TAC.

Noutro giro, quando tratar-se de processo iniciado na vigência do citado provimento, haverá preclusão tanto em relação à possibilidade de requerimento pela parte interessada quanto para o oferecimento pela OAB, que se consuma preclusa com o encerramento da fase de conhecimento.

Significa dizer que, após a realização da sessão de julgamento por uma das Turmas Julgadoras do TED, ou pelos Colegiados do Conselho Pleno ou do Tribunal Pleno do TED naqueles casos de competência originária, desde que escoado o prazo para embargos de declaração, restarão preclusas tanto a possibilidade de requerimento do TAC pela parte interessada quanto a de oferecimento do TAC, de ofício, pela OAB.

E aqui, vamos além: é sabido que muitos processos, lamentavelmente, são incluídos em pauta de julgamento em data extremamente próxima da prescrição quinquenal, o que poderá levar a inúmeros requerimentos de TAC pela parte interessada, mesmo quando não presentes os requisitos autorizadores, sob o incorreto entendimento de que os autos serão automaticamente baixados em diligência para análise dos requisitos.

Nesta toada, em sendo possível observar no momento do pedido formulado pela parte interessada, que esta não se adequa aos requisitos para celebração do TAC, poderá o Relator indeferir o pedido monocraticamente, desde que através de decisão fundamentada, que fará parte integrante do voto lançado, podendo ser objeto de questionamento em eventual recurso interposto contra a decisão principal.

# 10. Estrutura das peças processuais

## 10.1 Estrutura de Libelo Acusatório

DIRECIONAMENTO

Excelentíssimo Senhor Doutor Presidente do Tribunal de Ética e Disciplina da Seccional do Estado do Rio de Janeiro da Ordem dos Advogados do Brasil.[64]

QUALIFICAÇÃO DO(S) REPRESENTANTE(S)

Nome completo do(a) representante, nacionalidade, estado civil, profissão, identidade n° XXXX, inscrito no CPF-MF sob o n° XXXX, com endereço eletrônico de e-mail, possuindo os seguintes números para contato XXXX, residente e domiciliado XXXX[65], vem, mui respeitosamente, apresentar

---

[64] Quanto ao endereçamento da petição é importante observar que ela poderá ser dirigida diretamente ao TED da respectiva seccional ou ao Presidente da Subseção. O que irá definir o correto direcionamento será o local do fato (do cometimento da infração) e saber se a subseção dispõe de Conselho. Artigo 56, § único do CED da OAB c/c artigos 61, IV, § Ú, 'c' c/c 70 do EAOAB e art. 120 do RGEAOAB.

[65] A parte deverá se encontrar regularmente identificada, inclusive, valendo relembrar a impossibilidade de denúncia anônima. É importante que o representante, além da qualificação completa, informe todos os seus meios de contato e os mantenha sempre atualizados. Artigos 55, § 2° e 57, I do CED da OAB.
Na hipótese de a parte representante estar representada por advogado deverá juntar procuração com poderes específicos para atuação no Tribunal de Ética, bem como indicar o endereço para onde deverão ser remetidas as notificações, incluindo endereço eletrônico sendo prudente informar números para contato.

# REPRESENTAÇÃO

### Qualificação do(s) Representado(s)

Em desfavor de nome completo do advogado(a) ou estagiário(a) representado(a), inscrito(a) na OAB sob o nº XXXX, com endereço na XXXX e em outros endereços conhecidos pela Casa[66], pelos fatos abaixo:

### Descrição dos Fatos

Importante que, na narrativa fática, o representante informe à OAB, de maneira clara e precisa, tudo aquilo que entende ensejar uma violação ética passível de apuração.

*Exemplo (dentre outros): em sendo a hipótese de recebimento de mandado/alvará de pagamento sem o devido repasse (prestação de contas) deverá o representante, no mínimo, trazer aos autos: mandado de pagamento e, sobretudo, o comprovante de recebimento do mandado de pagamento que indique quem de fato recebeu os valores, portanto, não bastando mera juntada do mandado de pagamento sem a indicação do real levantador.*

Registre-se que para o Representante o libelo acusatório é a peça mais importante do processo, pois é com base nos fatos apresentados que se admitirá ou não a representação, assim como se julgará procedente ou não o processo disciplinar.

É importante frisar que o Representante não necessita, obrigatoriamente, indicar o dispositivo legal violado, bastando imputar os fatos que deverão ser apurados, conforme artigo 57, II do CED da OAB, conquanto, o famoso tópico *"Do Direito"* se mostra facultativo.

Nessa toada, vale lembrar que cabe ao Relator do processo dar enquadramento legal aos fatos, nos termos do artigo 59, § 7º do CED da OAB.

---

[66] *Com relação ao advogado(a) ou estagiário(a) a ser representado(a) é importante que se indique todos os dados possíveis que seja de conhecimento do representante, no entanto, caso não disponha de todos os dados (por exemplo: o número de inscrição e endereços) é possível que apenas indique o nome e solicite que a OAB proceda à notificação nos endereços constantes nos assentos da Casa.*

Além disso, o libelo acusatório **deverá** vir acompanhado dos documentos ou outros meios de prova que o Representante possua até aquele momento, e que se prestem a comprovar os fatos tidos, em tese, como faltosos. Decerto que, na impossibilidade de fazê-lo, deverá especificar, obrigatoriamente, quais as provas que pretende produzir, consoante disposição do artigo 57, III do CED da OAB.

### Da Conclusão do Libelo Acusatório

É de bom alvitre que dê um desfecho à Representação. Assim, sugerimos como exemplo, o seguinte texto: *"Diante dos fatos acima objurgados, requer o recebimento da presente representação, devendo ser devidamente admitida e, por conseguinte, instaurando-se o respectivo processo ético-disciplinar, cuja procedência é o que se espera, aplicando ao Representado a correspondente sanção disciplinar".*

### Da Especificação de Provas

Observe, como já dito exaustivamente, que o processo disciplinar é sincrético com marcos processuais bem definidos, portanto, o Representante deverá especificar as provas que pretende produzir, conforme artigo 57, III do CED da OAB, decerto que **não** se recomenda a utilização do famoso jargão: *"produção de todas as provas admitidas em direito".*

Assim, a título exemplificativo, sem prejuízo de outras provas que entenda pertinente ao caso concreto, poderá o Representante adotar o seguinte texto: *"Requer a juntada dos documentos anexos, sem prejuízo da produção de prova documental superveniente e da produção de prova oral, consistente no depoimento pessoal das partes e oitiva de testemunhas[67], cujo rol segue anexo".*

---

[67] Atente-se que na hipótese de oitiva de testemunhas, até o máximo cinco, o libelo acusatório deverá vir acompanhado do respectivo rol, assim como a notificação e condução de testemunhas é ônus da parte que a requer. A seu turno, caso pretenda que a notificação se dê pela Secretaria deverá fazer pedido expresso, justificando-a, e com a indicação precisa de todos os elementos que propiciem a efetivação do ato.

Importante, ainda, datar e assinar o documento, seja o próprio Representante (caso não se encontre representado por advogado) ou seu advogado, com informação de seu número de inscrição.

## 10.2 Estrutura da Petição de Esclarecimentos

### 10.2.1 Petição de Esclarecimentos pelo(a) Representante

DIRECIONAMENTO

Excelentíssimo Senhor Doutor Relator do Tribunal de Ética e Disciplina da Seccional do Estado [Estado] da Ordem dos Advogados do Brasil.[68]

IDENTIFICAÇÃO DA REPRESENTAÇÃO

Autos[69] nº:

Notificação nº[70]:

QUALIFICAÇÃO DO PETICIONANTE

Nome completo do(a) representante[71], já qualificado nos autos da representação epigrafada, movida em face do(a) advogado(a) Nome completo do representado(a), inscrito(a) na OAB-XX sob o nº XXXX, vem, tempestiva e respeitosamente, a presença de Vossa Excelência, atendendo ao r. despacho de fls. XXXX, cujo recebimento da notificação se operou no dia XXXX, prestar os seguintes esclarecimentos, a saber:

---

[68] *Atente-se que nesse momento já existe a identificação da autoridade responsável pelo despacho solicitando esclarecimentos, portanto a petição deverá ser endereçada para este.*

[69] *Quanto à nomenclatura, observe que os autos já possuem número, ainda que esteja na fase de admissibilidade, assim é com essa numeração que permanecerá até seu término.*

[70] *Todas as notificações remetidas fisicamente possuem numeração própria e, assim sendo, por questão de organização, faz-se importante referenciar.*

[71] *Inserir o nome completo de quem faz a representação. Observe que nesse momento, por ainda não existir processo insaturado, ainda tratamos como "representante" e não "requerente", esta última denominação dar-se-á após a instauração.*

### Descrição dos esclarecimentos requeridos pelo Relator

Registre-se que a peça de esclarecimentos é uma petição, por assim dizer, comum e, portanto, sem muito formalismo.

A seu turno, cabe ao Representante a sensibilidade de observar que, por qualquer motivo, o libelo acusatório deixou de preencher algum (ou alguns) dos requisitos do art. 57 do CED, razão pela qual o Relator, sensível ao pleito acusatório, necessita de tal alinhamento para então proceder à análise da admissibilidade da Representação.

Não raras vezes, os fatos são confusos ou, a contrário, os fatos são claros, mas o libelo não vem acompanhado de nenhum documento comprobatório, levando ao relator a proferir excepcional medida de solicitação de esclarecimentos.

Observem que diante dessa hipótese de ausência de elementos hábeis a instaurar o processo, o Relator poderia determinar o arquivamento liminar. Entretanto, por vezes o libelo acusatório traz a imputação de possível falta grave, e que merece o seu regular processamento, desde que sanada a irregularidade processual.

Assim, deverá o Representante ser pontual no atendimento do comando exarado pelo Relator, desenvolvendo seus argumentos de maneira a propiciar a admissibilidade da representação.

### Conclusão da Peça de Esclarecimentos

Na conclusão da peça de esclarecimentos, deverá o Representante requerer o recebimento dos termos ali expostos e, se for o caso, a juntada de eventuais documentos ou outras provas, além de pleitear o deferimento do prosseguimento da Representação e a instauração do processo ético-disciplinar.

A título exemplificativo, sugerimos o seguinte: "*Dessa forma, em estrito cumprimento ao despacho de esclarecimentos, requer o recebimento do presente petitório, com a juntada dos inclusos documentos, devendo ser exarado despacho de admissibilidade, propondo a instaura-*

*ção do processo disciplinar e, finalmente, a procedência do pleito com a aplicação da correspondente sanção disciplinar".*

Importante, ainda, datar e assinar o documento, seja o próprio Representante (caso não se encontre representado por advogado) ou seu advogado, com informação de seu número de inscrição.

### 10.2.2 Petição de Esclarecimentos pelo(a) Representado(a)

DIRECIONAMENTO

Excelentíssimo Senhor Doutor Relator do Tribunal de Ética e Disciplina da Seccional do Estado do Rio de Janeiro da Ordem dos Advogados do Brasil.

IDENTIFICAÇÃO DA REPRESENTAÇÃO

Autos nº:

Notificação nº:

QUALIFICAÇÃO DO PETICIONANTE

Nome completo do(a) Representado[72], nacionalidade, estado civil, advogado(a)/estagiário(a), inscrito na OAB sob o nº XXXX, regulamente inscrito no CPF sob o nº XXXX, com endereço eletrônico XXXX, possuindo os seguintes números para contato XXXX, e com endereço profissional XXXX[73], local para onde deverão ser direcionadas as notificações, nos autos da representação em epígrafe, em que figura como Representado, movida por [nome completo do representante], vem, a

---

[72] *O(a) representado(a) deverá observar que esse é o primeiro momento em que falará no processo, portanto imprescindível que traga sua qualificação completa, todas os meios de contato, bem como o local em que pretende receber suas notificações.*

[73] *O(a) representado(a) deverá observar a obrigatoriedade de manter seus dados cadastrais sempre atualizados nos assentamentos da Casa, sob pena de se presumir recebida a correspondência enviada para o endereço nele constante.*

presença de Vossa Excelência, respeitosamente, atendendo ao r. despacho de fls. XX, tendo recebido a notificação no dia XXXX, portanto, no aprazamento legal, prestar os seguintes esclarecimentos, a saber:

DESCRIÇÃO DOS ESCLARECIMENTOS REQUERIDOS PELO RELATOR

Como já dito, a peça de esclarecimentos é uma petição sem muito formalismo[74]. Para muitos, inclusive, desnecessária.

No entanto, ousamos divergir no que se refere ao Representado. Isto porque, ao advogado(a) Representado(a) surge, nesse momento processual, oportunidade ímpar de evitar a instauração de processo disciplinar em seu desfavor.

Decerto que é importantíssimo o(a) Representado(a) apresentar seus argumentos de maneira cirúrgica, objetivando afastar a pretensão do libelo acusatório, sem, contudo, deixar de atender aos exatos termos do comando do Relator.

Observe que, na fase de admissibilidade, poderá o Relator opinar pelo arquivamento liminar[75], ocasião em que o processo disciplinar nem sequer nascerá e, no caso das Subseções, poderá ser ratificado pelo seu Presidente, dispensando a remessa do processo ao Tribunal de Ética e Disciplina.

Assim, diante desta importante possibilidade de arquivamento liminar, torna-se imprescindível que os esclarecimentos sejam direcionados de forma fundamentada e com todos os elementos que afastem os fatos objurgados no libelo acusatório.

CONCLUSÃO DA PEÇA DE ESCLARECIMENTOS

Na conclusão, deverá o(a) Representado (a) requerer o recebimento dos termos do petitório e, se for o caso, a juntada de eventuais docu-

---

[74] *É importante frisar que a petição de esclarecimentos é diferente de defesa prévia, portanto o representado(a) não deverá apresentar sua peça em forma (no formato) de defesa prévia, mas sim, como mera petição e, inclusive, deverá pleitear, por cautela, que caso seja instaurado o processo disciplinar lhe seja oportunizada a apresentação da competente peça defensiva, qual seja: (aí sim) Defesa Prévia.*

[75] Artigo 58, § 3º do CED da OAB.

mentos ou outras provas, bem como pleitear o arquivamento liminar da representação e, por cautela, fazer constar pedido para que, em sendo instaurado o processo disciplinar, se garanta ao representado(a) o direito de se manifestar através de Defesa Prévia.

A título exemplificativo, sugerimos o seguinte: *"Dessa forma, em estrito cumprimento ao r. despacho de esclarecimentos, requer o recebimento do presente petitório, com a juntada dos inclusos documentos, rogando pelo arquivamento liminar da representação, posto que ausentes os requisitos do art. 57 do CED da OAB.*

*Por cautela, e na remotíssima hipótese de ser instaurado processo ético-disciplinar, requer, desde já, seja o(a) ora Representado(a) notificado(a) para a apresentação de sua competente, e necessária, Defesa Prévia".*

Datar, assinar e incluir o número de inscrição na OAB.

## 10.3 Estrutura de Defesa Prévia

DIRECIONAMENTO

Excelentíssimo Senhor Doutor Relator do Tribunal de Ética e Disciplina da Seccional do Estado [Estado] da Ordem dos Advogados do Brasil.

IDENTIFICAÇÃO DO PROCESSO

Autos nº:

Notificação nº:

QUALIFICAÇÃO DO REQUERIDO

Nome completo do(a) Requerido (a)[76], nacionalidade, estado civil, advogado(a)/estagiário(a), inscrito na OAB sob o nº XXXX, e no CPF sob o nº XXXX, com endereço eletrônico XXX, possuindo os seguintes números para contato XXXX, com endereço profissional XXXX, local

---

[76] *Na hipótese de já ter sido apresentada petição de esclarecimentos, desnecessário, portanto, a qualificação completa se já informada no petitório esclarecedor.*

para onde deverão ser direcionadas as notificações, nos autos do processo disciplinar em epígrafe, movido por [nome do Requerente], vem, a presença de Vossa Excelência, respeitosamente, atendendo ao r. despacho de fls. XXX, que admitiu a representação e instaurou o presente processo, apresentar sua **DEFESA PRÉVIA**, pelos fatos e fundamentos abaixo expostos:

QUESTÕES QUE ANTECEDEM AO MÉRITO

1. TEMPESTIVIDADE

É necessário que se informe o meio em que se efetivou a notificação (A.R., e-mail ou Diário Eletrônico da OAB), a data do seu recebimento e a data de protocolo da defesa. Observando-se que o prazo para apresentação é de 15 dias úteis, contados na forma do artigo 139 do RGEAOAB c/c artigo 69, §§ 1º e 2º do EAOAB e esmiuçado no item "4.6.1".

2. PREJUDICIAIS OU PRELIMINARES DE MÉRITO

Como já explicado no item '4.5.4', não adentraremos à discussão da diferenciação de prejudiciais ou preliminares de mérito, dada à simplicidade que rege o processo disciplinar, para tanto, deverá nesse momento processual ser alegado tudo aquilo que prejudica a análise do mérito, tais como: ilegitimidade, prescrição, decadência e, se for o caso, a inobservância dos requisitos de admissibilidade da representação[77].

Ao final da presente fundamentação sugerimos o seguinte texto: *"Dessa forma, requer o acolhimento da presente prejudicial (ou preliminar) de mérito e, por conseguinte, obstando o prosseguimento do feito com o consequente indeferimento liminar da representação, a ser devidamente ratificado pelo Presidente do Conselho Seccional, nos termos do artigo 73, § 2º do EAOAB".*

---

[77] Atente-se que todas as prejudiciais de mérito deverão ser enfrentadas quando do despacho saneador, posto que seu acolhimento necessariamente implicará no indeferimento liminar da representação.

## 3. Síntese do Processo Disciplinar

É sugestivo que se faça um resumo do processo, valendo mencionar as manifestações, documentos, despachos, notificações com respectivas datas de recebimento e, sempre que possível, a indicação das folhas constantes até o momento da apresentação da defesa. Observe-se que se trata de um mero resumo do processo, sem, contudo, explanar qualquer juízo de valor que deverá ser feito em item próprio.

### Da Defesa Meritória

Eis aqui o momento do(a) Requerido(a) enfrentar detidamente todos os pontos do libelo acusatório, diferentemente do que ocorre na esfera penal, a Defesa Prévia na esfera administrativa deve se contrapor a todos os pontos da acusação. Isto porque, o(a) Requerido(a) tem a oportunidade de ver encerrado o processo, sem ter que se submeter ao julgamento das Turmas Julgadoras, se reconhecido pelo Relator o indeferimento liminar da Representação, devendo pleitear, em caso de não acolhimento do indeferimento, a improcedência da representação.

Importante destacar que é muito comum nos processos ético-disciplinares da OAB, que os Requeridos simplesmente pugnem, equivocadamente, pelo arquivamento, visto que este é a consequência de eventual arquivamento liminar, indeferimento liminar ou improcedência, tanto quanto após o trânsito em julgado de eventual decisão condenatória.

### Da Conclusão da Defesa

Ao final de toda a explanação defensiva deverá ser pleiteado, se for o caso, o acolhimento da(s) prejudiciais de mérito, que se acolhidas nesse momento processual, poderão remeter ao indeferimento liminar da representação.

E, não sendo a hipótese de preliminares, ainda assim, deverá ser pleiteado o indeferimento liminar da representação e, caso ultrapassado a hipótese, pleiteia-se a improcedência da representação.

A título exemplificativo sugerimos o seguinte: "*Dessa forma, diante de todo o exposto, acrescido do acervo probatório colacionado, verifica-se a inexistência de falta disciplinar hábil a propiciar o prosseguimento do feito e, portanto, sendo a hipótese de initio litis de indeferimento liminar do presente processo ético-disciplinar, nos termos do artigo 73, § 2º do EAOAB.*

*Todavia, caso Vossa Excelência entenda de maneira diversa, o que não se espera, protesta pela apresentação de Parecer Preliminar pela IMPROCEDÊNCIA do processo ético-disciplinar, quando do encerramento da instrução*".

Para os casos em que se tenham teses prejudiciais de mérito, deverá ser pleiteado, primeiramente, o acolhimento da prejudicial com o consequente indeferimento liminar do processo ético-disciplinar, em seguida, passa-se à sugestão acima exposta.

### DA ESPECIFICAÇÃO DE PROVAS

Vale reforçar o que já foi maciçamente explicado no item '4.5.5', cabendo ao Requerido na Defesa Prévia especificar **todas** as provas que pretende produzir, não sendo aceito o pedido genérico. Portanto, as provas deverão ser especificadas conforme dispõe o artigo 59, § 3º do CED da OAB e, se for o caso de oitiva de testemunhas, deverá acompanhar o respectivo rol.

A título exemplificativo sugerimos o seguinte: "*Por fim, requer a produção de prova documental, já inclusa e superveniente; prova oral, consistente no depoimento das partes e oitiva de testemunhas, cujo respectivo rol segue anexo, e expedição de ofício para a autoridade XXXX, com o objetivo de XXXX*".

Registre-se, ainda, que poderá a parte de valer de outros meios de provas, conforme demonstrado nos itens "4.5.5, 4.7 e, em especial, 4.7.1.4". O importante a ser destacado é que tais provas deverão ser especificadas na Defesa Prévia, sob pena de restar precluso o momento processual oportuno.

## 10.4 Estrutura de Razões Finais

DIRECIONAMENTO

Excelentíssimo Senhor Doutor Relator do Tribunal de Ética e Disciplina da Seccional do Estado [Estado] da Ordem dos Advogados do Brasil.

IDENTIFICAÇÃO DO PROCESSO

Autos nº:

Notificação nº:

QUALIFICAÇÃO DO PETICIONANTE

Nome completo do(a) Requerido (a)[78], já devidamente qualificado nos autos do processo em epígrafe, movido por [Nome completo do Requerente], vem, respeitosamente, a presença de Vossa Excelência, atendendo ao r. despacho de fls. XX, apresentar **RAZÕES FINAIS,** o que faz nos seguintes termos.

QUESTÕES QUE ANTECEDEM AO MÉRITO

1. TEMPESTIVIDADE

É necessário que se informe o meio que se efetivou a notificação (A.R, e-mail ou Diário Eletrônico da OAB), a data do seu recebimento e a data de protocolo da defesa. Observando-se que o prazo para apresentação é de 15 dias úteis, contados na forma do artigo 139 do RGEAOAB c/c artigo 69, §§ 1º e 2º do EAOAB e esmiuçado no item "4.10".

2. PREJUDICIAIS OU PRELIMINARES DE MÉRITO

Embora seja a Defesa Prévia o momento para se discutir prejudiciais de mérito, é possível que outras surjam no decorrer do processo, como, por exemplo, eventual prescrição, seja ela intercorrente ou não.

---

[78] *Se a peça for apresentada pelo Requerente, inicia-se por este.*

Além disso, ainda é possível discutir outras nulidades que eventualmente tenham ocorrido no decorrer do processo, portanto surge nesse momento a oportunidade de lançar a tese que deverá ser enfrentada quando da apresentação do voto pelo Relator das Turmas Julgadoras.

Registre-se, ainda, que caso eventual preliminar não tenha sido acatada quando objurgada na Defesa Prévia, poderá a parte combater os seus fundamentos nas Razões Finais, pleiteando o enfrentamento pelo Relator Julgador. Ou, finalmente, apenas prestigiar os fundamentos do Parecer Preliminar apresentado pelo Relator Instrutor.

Ao final da fundamentação, sugerimos o seguinte texto: "*Dessa forma, requer o acolhimento da presente prejudicial (ou preliminar), julgando extinto o processo sem exame do mérito com o seu consequente arquivamento*"[79].

## 3. Síntese do Processo Disciplinar

Como igualmente sugerido na Defesa Prévia, é importante que se faça um resumo do processo, valendo mencionar as manifestações, documentos, despachos, notificações com as respectivas datas de recebimento e, sempre que possível, com indicação das folhas constantes até o momento da apresentação das razões finais.

### Do Enfrentamento do Mérito

No mérito, deverão as partes enfrentar todos os fatos de maneira pormenorizada, de modo que beneficie sua pretensão. Observe que no caso de o Parecer Preliminar lhe for favorável, poderá lhe prestigiar, além de outros argumentos. A seu turno, caso lhe seja desfavorável, deverá combater seus fundamentos, sem prejuízo de outros fatos que entenda pertinente.

---

[79] *Observe que diferentemente do que ocorre na Defesa Prévia, nesse momento processual não há que se falar em indeferimento liminar, pois o momento de sua aplicabilidade já restou superado, artigo 73, § 2º do EAOAB. Assim, necessariamente, ainda que se acolha a preliminar deverá o processo ser submetido ao julgamento pela Turma Julgadora para ratificação do acolhimento ou não da preliminar e se não for acolhido se adentrará ao julgamento do mérito.*

Considerando ser o Parecer Preliminar o momento para o enquadramento legal dos fatos, a defesa deverá, nas Razões Finais, combater a tipificação para outra mais branda, na hipótese de ser superada a improcedência, ou eventual pedido de desclassificação.

Além disso, a peça das Razões Finais é momento processual para se discutir eventual penalidade a ser aplicada, onde o Requerido(a) deverá apontar aquela que lhe for mais branda, evidentemente, se restar superada o pleito de improcedência. Ou, caso a peça seja pelo Requerente, apontar aquela que entender pertinente ao caso.

Quanto ao texto final das Razões Finais, é importante que se atente às peculiaridades do caso concreto, observando eventual desclassificação da infração ou, ainda, a dosimetria da pena. Em linhas gerais, sugerimos o seguinte texto, em poslúdio: *"Dessa forma, requer seja julgada improcedente o pleito contido no libelo acusatório e, na remota hipótese de procedência, seja desclassificada a conduta para a descria no artigo XXXX com a consequente aplicação da penalidade mais branda, insculpida no artigo XXXX"*.

## Da Conclusão da Peça

Ao final de toda a explanação defensiva (ou acusatória), deverá ser pleiteado, se for o caso, o acolhimento — ou afastamento — da(s) prejudiciais de mérito, que se acolhidas nesse momento processual, com o regular julgamento pela Turma Julgadora, remeterão ao julgamento do processo sem apreciação do mérito, com o seu consequente arquivamento.

E, não sendo a hipótese de preliminares, pleiteia-se a improcedência — ou procedência — do processo disciplinar, e se for o caso, requerer a desclassificação da conduta para outra mais branda, assim como a própria penalidade correlata, ou a aplicação de penalidade mais gravosa, dependendo de quem esteja se manifestando.

A título exemplificativo sugerimos o seguinte texto: *"Dessa forma, meritoriamente, requer a improcedência [ou procedência] do feito e, caso não seja a hipótese, espera a desclassificação da conduta para a esculpida no artigo XXXX com a consequente aplicação da penalidade mais branda consoante no artigo XXXX. [ou, espera que, na dosimetria da pena, Vossa Excelência entenda pela aplicação da penalidade constante do art. XXX, por se adequar aos fatos narrados e comprovados].*

*"Sem prejuízo, por cautela, a defesa (ou o Requerente) manifesta seu interesse em realizar sustentação oral quando do seu julgamento".*

Registre-se, outrossim, que para os casos em que se tenham teses prejudiciais de mérito, deverá ser pleiteado primeiramente o acolhimento da prejudicial, com o consequente julgamento sem exame do mérito, em seguida, passa-se à sugestão acima exposta.

# 11. Jurisprudências do Conselho Federal

## 11.1 Desclassificação

Recurso nº 16.0000.2021.000268-9/SCA-TTU-Embargos de Declaração. Embargante: G.P.M. (Advogado: Gustavo Tuller Oliveira Freitas OAB/PR 54.411). Embargado: A.T.T.Ltda. Representante legal: A.S. (Advogados: Carlos Aurélio Bancke OAB/PR 43.341 e outro). Recorrente: G.P.M. (Advogado: Gustavo Tuller Oliveira Freitas OAB/PR 54.411). Recorrido: A.T.T.Ltda. Representante legal: A.S. (Advogados: Carlos Aurélio Bancke OAB/PR 43.341 e outro). Interessado: Conselho Seccional da OAB/Paraná. Relatora: Conselheira Federal Sinya Simone Gurgel Juarez (AP). EMENTA nº 092/2023/SCA-TTU. Embargos de declaração. Artigo 138, § 4º, do Regulamento Geral do Estatuto da Advocacia e da OAB c/c artigos 68 do Estatuto da Advocacia e da OAB e 619 e 620 do Código de Processo Penal. Pretensão a rediscussão de matéria de mérito já apreciada que encontra óbice na natureza integrativa do recurso. Alegada omissão acerca do pedido de desclassificação da sanção. Omissão configurada. Acolhimento, para sanar a omissão apontada, sem alteração no julgado. 1) Não é possível a pretensa desclassificação da conduta de locupletamento para cobrança imoderada de honorários advocatícios (art. 49, do CEDOAB), visto que a celeuma ocorreu em razão da retenção indevida de valores, e não pela cobrança imoderada de honorários advocatícios, sem mencionar que o advogado ostenta condenação disciplinar com trânsito em julgado, fato esse que também obsta a pretendida desclassificação. 2) Embargos de declaração acolhidos, para sanar a omissão apontada, sem alteração no julgado. Acórdão: Vistos, relatados e discutidos os autos do processo em referência, acordam os membros da Terceira Turma da Segunda Câmara do Conselho Federal da Ordem dos Advogados do Brasil, observado o quorum exigido no art. 92 do Regulamento Geral, por unanimidade, em acolher os embargos de declaração, para sanar a omissão apontada, sem alteração do julgado, nos termos do voto da Relatora. Impedida de votar a Representante da OAB/Paraná. Brasília, 18 de agosto de 2023. Milena da Gama Fernandes Canto, Presidente. Sinya Simone Gurgel Juarez, Relatora. (DEOAB, a. 5, nº 1176, 29.08.2023, p. 4)

Recurso nº 09.0000.2022.000027-6/SCA-STU. Recorrente: I.B.R. (Advogados: Frederico Augusto Auad de Gomes OAB/GO 14.680 e Pedro Rafael de Moura Meireles OAB/GO 22.459). Recorrido: Conselho Seccional da OAB/Goiás. Relator: Conselheiro Federal Paulo Cesar Salomão Filho (RJ). EMENTA nº 106/2023/SCA-STU. Recurso ao Conselho Federal da OAB. Artigo 75, *caput*, do Estatuto da Advocacia e da OAB. Acórdão unânime de Conselho Seccional da OAB. Revisão de processo disciplinar. Concessão de medida cautelar pela Segunda Câmara, para atribuir efeito suspensivo ao pedido de revisão até julgamento pelo Conselho Seccional. Inexistência de prevenção para processamento e julgamento de recurso interposto ao Conselho Federal. 01) A concessão de provimento cautelar antecedente pela Segunda Câmara, no sentido de atribuir efeito suspensivo a pedido de revisão que tramita perante Conselho Seccional e no sentido de sobrestar o trâmite de processo de exclusão até julgamento do pedido de revisão pelo Conselho Seccional da OAB não induz à futura prevenção para eventual recurso posteriormente interposto na forma do artigo 75 do Estatuto, o qual deverá tramitar em uma de suas Turmas. Diferentemente é a hipótese em que o provimento cautelar buscado guarda relação com o próprio recurso ao Conselho Federal, hipótese em que eventual medida cautelar deverá tramitar em uma das Turmas da Segunda Câmara. Prevenção não verificada. 02) Quanto ao mérito, apesar de possível a desclassificação das condutas de locupletamento e recusa injustificada à prestação de contas nos casos em que houver a quitação dos valores devidos integralmente e antes de qualquer juízo de valor sobre o mérito da representação, há que se ressaltar que, no caso dos autos, restou incontroverso que o advogado permaneceu 04 (quatro) meses na posse indevida de quantia que devia repassar ao cliente, mesmo depois de formalizada a representação, ainda que com juros e correção monetária. Pedido de revisão do processo ético-disciplinar que constitui medida excepcional e não instância recursal ordinária, não podendo ser banalizado. Recurso conhecido e desprovido mantendo-se a decisão recorrida pelos seus próprios fundamentos. Acórdão: Vistos, relatados e discutidos os autos do processo em referência, acordam os membros da Segunda Turma da Segunda Câmara do Conselho Federal da Ordem dos Advogados do Brasil, observado o quorum exigido no art. 92 do Regulamento Geral, por unanimidade, em negar provimento ao recurso, nos termos do voto do Relator. Brasília, 18 de agosto de 2023. Emerson Luis Delgado Gomes, Presidente. Paulo Cesar Salomão Filho, Relator. (DEOAB, a. 5, nº 1175, 28.08.2023, p. 23).

RECURSO nº 49.0000.2015.002438-4/OEP. Recorrente: T.A.O. (Adv: Tiago Aires de Oliveira OAB/TO 2347). Recorrido: T.F.S.B. (Advs: Elda de Paulo Sampaio Castro OAB/DF 27774 e Evamar Francisco Lacerda OAB/DF 12559). Interessado: Conselho Seccional da OAB/Tocantins. Relator: Conselheiro Federal Luiz Saraiva Correia (AC). EMENTA nº 046/2019/OEP. Recurso ao Órgão Especial. Artigo 85, inciso II, do Regulamento Geral. Locupletamento e recusa injustificada à prestação de contas. Pagamento dos valores devidos à representante, em dobro, antes de qualquer decisão condenatória. Desclassificação. Violação ao artigo 9º do Código de Ética e Disciplina. Recurso parcialmente provido. **1) O pagamento dos valores reclamados pela parte representante, antes de qualquer decisão condenatória, é circunstância que não deve passar** à margem da valoração do julgador. 2) A jurisprudência deste Órgão Especial tem admitido, excepcionalmente, a desclassificação das infrações disciplinares tipificadas no artigo 34, incisos XX e XXI, da Lei nº 8.906/94, para a violação ao preceito ético do artigo 9º do Código de Ética e Disciplina, que determina ao advogado a devolução de quaisquer valores destinados a seu cliente tão logo haja a conclusão ou desistência da causa, bem como a pormenorizada prestação de contas. 3) Recurso conhecido e parcialmente provido para desclassificar a conduta do recorrente para violação ao preceito ético do artigo 9º do Código de Ética e Disciplina, cominando a sanção disciplinar de censura, convertida em advertência, por ausência de punição disciplinar anterior. Acórdão: Vistos, relatados e discutidos os autos do processo em referência, acordam os membros do Órgão Especial do Conselho Pleno do Conselho Federal da Ordem dos Advogados do Brasil, observado o quorum exigido no art. 92 do Regulamento Geral, por unanimidade, em dar parcial provimento ao recurso, nos termos do voto do Relator. Impedido de votar o Representante da OAB/Tocantins. Brasília, 19 de março de 2019. Luiz Viana Queiroz, Presidente. Luiz Saraiva Correia, Relator. (DEOAB, a. 1, nº 87, 6.5.2019, p. 1)

RECURSO nº 49.0000.2018.012444-8/SCA-STU. Recorrente: C.S.S. (Advogado: Nacib Rachid Silva OAB/MG 75.403). Recorrido: Conselho Seccional da OAB/Minas Gerais. Relator: Conselheiro Federal Carlos Roberto de Siqueira Castro (RJ). EMENTA nº 068/2019/SCA-STU. Recurso ao Conselho Federal contra acórdão não unânime do Conselho Seccional da OAB/MG. Locupletamento e ausência de prestação de contas (art. 34, incisos XX e XXI, do EAOAB). Desclassificação. Impossibilidade. 1) **A composição realizada entre as partes, após o oferecimento de representação disciplinar, não tem o condão de elidir as infrações disciplinares previstas no art. 34, incisos XX e XXI, da Lei nº 8.906/94, mas tão apenas excluir da sanção a prorrogação da suspensão do exercício profissional até a efetiva prestação de contas.** 2) Este E. Conselho

Federal apenas admite, de forma excepcional, a desclassificação das infrações disciplinares previstas nos incisos XX e XXI do EAOAB quando o tempo de retenção dos valores seja mínimo e a devolução ocorra tão logo o advogado tome conhecimento da representação. 3) Recurso conhecido e improvido. Acórdão: Vistos, relatados e discutidos os autos do processo em referência, acordam os membros da Segunda Turma da Segunda Câmara do Conselho Federal da Ordem dos Advogados do Brasil, observado o quorum exigido no art. 92 do Regulamento Geral, por unanimidade, em negar provimento ao recurso, nos termos do voto do Relator. Brasília, 21 de maio de 2019. Adélia Moreira Pessoa, Presidente em exercício. Emerson Luis Delgado Gomes, Relator *ad hoc*. (DEOAB, a. 1, nº 100, 23.5.2019, p. 26).

Recurso nº 49.0000.2019.001995-0/SCA-PTU. Recorrentes: M.O.F. e V.P. (Advogados: Milton Oldair Fritzen OAB/SC 13.626, Sabrina Postai da Costa OAB/SC 30.318 e outros). Recorridos: M.O.F. e V.P. (Advogados: Milton Oldair Fritzen OAB/SC 13.626, Sabrina Postai da Costa OAB/SC 30.318 e outros). Interessado: Conselho Secional da OAB/Santa Catarina. Relator: Conselheiro Federal Ulisses Rabaneda dos Santos (MT). EMENTA nº 108/2019/SCA-PTU. Recursos ao Conselho Federal da OAB. Recurso do advogado representado. Alegação de prescrição da pretensão punitiva. Inocorrência. Inteligência do art. 43 do EAOAB. Mérito. Cobrança abusiva de honorários. Previsão contratual de 50% do valor recebido pelo cliente. **Condenação por locupletamento. Reforma. Cobrança imoderada que caracteriza violação exclusiva ao Código de Ética. Desclassificação da condenação. Pena de censura aplicada. Conversão em advertência. Possibilidade. Primariedade. Recurso parcialmente provido.** Recurso Adesivo do representante. Não cabimento. Ausência de previsão legal. Inexistência de recurso do autor contra a decisão do TED. Impossibilidade de recorrer da decisão do Conselho Seccional para majorar a pena. Reformatio in pejus. Recurso não conhecido. Acórdão: Vistos, relatados e discutidos os autos do processo em referência, acordam os membros da Primeira Turma da Segunda Câmara do Conselho Federal da Ordem dos Advogados do Brasil, observado o quorum exigido no art. 92 do Regulamento Geral, por unanimidade, em não conhecer do recurso do representante e conhecer do recurso do representado, para rejeitar a preliminar, e, no mérito, dar-lhe parcial provimento, nos termos do voto do Relator. Brasília, 20 de agosto de 2019. Juliano Breda, Presidente em exercício. Ulisses Rabaneda dos Santos, Relator. (DEOAB, a. 1, nº 167, 27.8.2019, p. 8)

Recurso nº 49.0000.2019.006445-9/SCA-TTU. Recorrente: T.A.F. (Advogados: Gustavo Garcia do Nascimento OAB/RJ 136.451 e Tino Alegria Franco OAB/RJ 049.071). Recorrido: Conselho Seccional da OAB/Rio de Janeiro. Relator: Conselheiro Federal Guilherme Octávio Batochio (SP). EMENTA nº 167/2019/SCA-TTU. Recurso ao Conselho Federal da OAB. **Conduta incompatível com a advocacia. Infração que reclama, para sua configuração, habitualidade. A prática de conduta isolada não se amolda ao arquétipo da infração definida no inciso XXV do EAOAB. Desclassificação para violação ao preceito contido no artigo 28 do CED, infligida a pena de censura.** Recurso parcialmente provido. Acórdão: Vistos, relatados e discutidos os autos do processo em referência, acordam os membros da Terceira Turma da Segunda Câmara do Conselho Federal da Ordem dos Advogados do Brasil, observado o quorum exigido no art. 92 do Regulamento Geral, por unanimidade, em dar parcial provimento ao recurso e determinar a expedição de ofício ao Presidente deste Conselho Federal, com cópia do recurso interposto a esta instância administrativa, para adoção das providências que entender cabíveis, e, por maioria, em afastar as demais medidas sugeridas pelo voto-vista, nos termos do voto do Relator. Brasília, 10 de dezembro de 2019. Renato da Costa Figueira, Presidente. Guilherme Octávio Batochio, Relator. (DEOAB, a. 1, nº 244, 13.12.2019, p. 27)

RECURSO nº 49.0000.2017.000483-2/OEP. Recorrente: P.P.F.M. (Adv: Pryscila Porelli Figueiredo Martins OAB/SP 226619). Recorrido: Adriana

Lopes da Silva. Interessado: Conselho Seccional da OAB/São Paulo. Relator: Conselheiro Federal Sergio Ludmer (AL). EMENTA nº 115/2019/OEP. Recurso ao Órgão Especial do Conselho Pleno do CFOAB. Recusa injustificada à prestação de contas. Advogada que permanece por quase 05 (cinco) anos na posse de quantia que deveria ter sido repassada imediatamente a cliente. Conforme entendimento unificado firmado pelo Pleno da Segunda Câmara, a desclassificação de conduta - do art. 34, inciso XXI, do EAOAB para o art. 12 do CED – demanda a análise do caso concreto, sendo considerado que **a ausência de justificativa para o repasse da quantia devida ao cliente, a inércia do advogado em proceder ao pagamento, e o decurso de lapso temporal são critérios que devem ser levados em consideração.** No caso, o excessivo período de tempo em que a advogada reteve indevidamente quantia que deveria ter sido repassada a seu cliente impede seja ela beneficiada com a desclassificação da conduta, devendo ser mantida a condenação disciplinar. Recurso não provido. Acórdão: Vistos, relatados e discutidos os autos do processo em referência, acordam os membros do Órgão Especial do Conselho Pleno do Conselho Federal da Ordem dos Advogados do Brasil, observado o quorum exigido no art. 92 do Regulamento Geral, em negar provimento ao recurso, nos termos do voto do Relator. Impedido de votar o Representante da OAB/São Paulo. Brasília, 10 de dezembro de 2019. Luiz Saraiva Correia, Presidente em exercício. Sergio Ludmer, Relator. (DEOAB, a. 1, nº 247, 18.12.2019, p. 6)

## 11.2 Desistência

RECURSO nº 49.0000.2020.006169-7/OEP. Recorrente: W.G. de A. (Advogado: Wismar Guimaraes de Araujo OAB/MG 61594 e OAB/SP 311806). Recorrido: A.S.F. de A. (Advogado: Jean Alves OAB/SP 167362). Interessado: Conselho Seccional da OAB/Minas Gerais. Relator: Conselheiro Federal Thiago Roberto Morais Diaz (MA). Ementa nº

051/2023/OEP. Recurso ao Órgão Especial do Conselho Pleno do Conselho Federal da OAB. Artigo 85, inciso II, do Regulamento Geral do Estatuto da Advocacia e da OAB. Acórdão unânime da Segunda Turma da Segunda Câmara. Alegação de divergência jurisprudencial. Inexistência. **Pedido de desistência. Irrelevância.** Desclassificação. Inaplicabilidade. Recurso não provido. A jurisprudência deste Conselho Federal da OAB é pacífica no sentido de admitir a desclassificação da conduta, nos casos de infrações disciplinares de locupletamento e recusa injustificada à prestação de contas (art. 34, XX e XXI, EAOAB), para a infração disciplinar de causar prejuízo a cliente, por culpa grave (art. 34, IX, EAOAB), nos casos em que o advogado retém quantias devidas ao cliente por curto período de tempo e que demonstre qualquer justificativa no sentido de que não houve intenção de se apropriar dos valores recebidos, bem como que proceda à restituição dos valores voluntariamente na primeira oportunidade que tiver, quando instado pelo cliente a repassar os valores devidos ou assim que verificar que não houve o repasse dos valores devidos anteriormente, por circunstância justificável, sendo que tal pretensão deverá ser analisada casuisticamente. Precedentes. No caso dos autos, considerando que o advogado permaneceu indevidamente por mais de 05 (cinco) anos na posse de quantia devida ao cliente, e que somente manifestou interesse em fazer acordo nos autos da ação de prestação de contas promovida por ele ajuizada, tem-se que não se verifica qualquer conduta no sentido de minorar as consequências de seus atos, porquanto privou o cliente de suas verbas alimentares por mais de 05 (cinco) anos, devendo ser mantida a condenação em todos os seus termos. <u>A seu turno, como bem pontuado pela decisão recorrida, o pedido de desistência da representação, pela parte Representante, por si só, não tem o condão de impor o arquivamento do processo disciplinar, face à sua natureza de ordem pública, com vistas à materialização do poder disciplinar da OAB (art. 44, II, EAOAB), não estando submetido ao interesse das partes</u>. Recurso não provido. Acórdão: Vistos, relatados e discutidos os autos do processo em referência, acordam os membros do Órgão Especial do

Conselho Pleno do Conselho Federal da Ordem dos Advogados do Brasil, observado o quorum exigido no art. 92, do Regulamento Geral, por unanimidade, em negar provimento ao recurso, nos termos do voto do Relator. Impedido de votar o Representante da OAB/Minas Gerais. Brasília, 7 de fevereiro de 2023. Milena da Gama Fernandes Canto, Presidente em exercício. Cacilda Pereira Martins, Relatora *ad hoc*. (DEOAB, a. 5, nº 1100, 12.05.2023, p. 11).

RECURSO nº 49.0000.2018.011384-5/SCA-PTU. Recorrentes: A.C., L.G.S. e W.F.L. (Advogados: Altevir Comar OAB/PR 08.019, Lucas Góes dos Santos OAB/PR 68.378, Rodrigo Augusto Chaves Belo da Silva OAB/DF 57.305, Walter Francisco Laureano OAB/PR 18.003 e outros). Recorrido: Eugenio Tonete. Interessado: Conselho Seccional da OAB/Paraná. Relator: Conselheiro Federal Hélio das Chagas Leitão Neto (CE). EMENTA nº 056/2019/SCA-PTU. Recurso ao Conselho Federal da OAB. Acórdão não unânime de Conselho Seccional da OAB. **Desistência da representação. Ausência de condição de procedibilidade do processo disciplinar. Aplicação subsidiária do art. 107, inciso V, do Código Penal. Previsão do art. 68 do Estatuto da OAB. Arquivamento sem resolução do mérito.** Acórdão: Vistos, relatados e discutidos os autos do processo em referência, acordam os membros da Primeira Turma da Segunda Câmara do Conselho Federal da Ordem dos Advogados do Brasil, observado o quorum exigido no art. 92 do Regulamento Geral, por unanimidade, em homologar a desistência, com o consequente arquivamento da representação, nos termos do voto do Relator. Impedido de votar o Representante da OAB/Paraná. Brasília, 9 de abril de 2019. Juliano Breda, Presidente em exercício. Hélio das Chagas Leitão Neto, Relator. (DEOAB, a. 1, nº 73, 12.04.2019, p. 6)

RECURSO nº 49.0000.2018.006763-5/SCA-STU. Recorrentes: A.J.C. e H.C. (Advogados: Ana Paula Cantão OAB/SP 253.554 e Marcelo Alcazar OAB/SP 188.764). Recorridos: Despacho de fls. 456/457 do Presidente da Segunda Turma da Segunda Câmara e R.B.L. (Advogado: Enivaldo Alarcon OAB/SP 279.255). Interessado: Conselho Seccional da OAB/São Paulo. Relator: Conselheiro Federal Aniello Miranda Aufiero (AM). EMENTA n° 021/2019/SCA-STU. Recurso voluntário. Art. 140, parágrafo único, do Regulamento Geral do EAOAB. Decisão monocrática de indeferimento liminar de recurso ao Conselho Federal da OAB, por ausência de seus pressupostos de admissibilidade (art. 75 EAOAB). Acordo firmado em ação judicial de prestação de contas. Afastamento da prorrogação da suspensão. **Pedido de desistência formalizado pelo representante. Irrelevância.** Processo disciplinar que segue o interesse público – e não o princípio da demanda –, não dispondo a OAB de discricionariedade para renunciar ao poder disciplinar conferido pela Lei n° 8.906/94. A quitação dos valores devidos ou a realização de acordo no curso de processo judicial impacta apenas no afastamento da prorrogação da suspensão. Precedentes. Recurso parcialmente provido. 1) **Em que pese haver nos autos pedido de desistência da representação, formalizado pela parte representante, em razão da realização de acordo firmado nos autos da ação de prestação de contas, é certo que a jurisprudência deste Conselho Federal da OAB é pacífica no sentido de que o pedido de desistência é irrelevante para o prosseguimento do processo disciplinar, que não segue o princípio da demanda, mas sim o do interesse público, não dispondo a OAB ou as partes de discricionariedade sobre o poder disciplinar conferido pela Lei n° 8.906/94.** 2) Lado outro, a jurisprudência deste Conselho Federal da OAB também é pacífica no sentido de que, em havendo discussão judicial entre as partes, especialmente havendo notícias nos autos de realização de acordo judicial, há de ser afastada da condenação a prorrogação da suspensão do exercício profissional, porquanto a decisão final a respeito da discussão envolvendo débitos/créditos entre as partes caberá ao poder judiciário. 3) Recursos conhecidos, uma vez que próprios e tempestivos, e, acolhido o fato novo trazido pelas partes, qual seja, o acordo realizado na ação de prestação de contas, parcialmente providos, para afastar da condenação a prorrogação da suspensão do exercício profissional. Acórdão: Vistos, relatados e discutidos os autos do processo em referência, acordam os membros da Segunda Turma da Segunda Câmara do Conselho Federal da Ordem dos Advogados do Brasil, observado o quorum exigido no art. 92 do Regulamento Geral, por unanimidade, em dar parcial provimento aos recursos, nos termos do voto do Relator. Brasília, 19 de março de 2019. Carlos Roberto Siqueira Castro, Presidente. Aniello Miranda Aufiero, Relator. (DEOAB, a. 1, nº 60, 26.03.2019, p. 19)

RECURSO nº 49.0000.2018.012044-4/SCA-PTU. Recorrente: C.A.V.S.S. (Advogada: Celi Aparecida Vicente da Silva Santos OAB/SP 276.762). Recorrida: Auta de Siqueira Alves (Falecida). Representante legal: Nildo Siqueira Alves. Interessado: Conselho Seccional da OAB/São Paulo. Relator: Conselheiro Federal Ulisses Rabaneda dos Santos (MT). EMENTA nº 047/2019/SCA-PTU. Recurso ao Conselho Federal da OAB. Conhecimento parcial. Alegação de convocação para a sessão de julgamento do TED com antecedência inferior a quinze dias. Inocorrência. Pedido de arquivamento da representação formulado pela então representante. Acusação de falta de prestação de contas e locupletamento. Irrelevância para o prosseguimento do processo disciplinar. Mérito recursal não conhecido. 1) A advogada foi notificada no prazo legal de quinze dias, nos termos do artigo 139 do Regulamento Geral, com a redação vigente à época da interposição do recurso, vale dizer, com a contagem do prazo em dias corridos, e nos termos do artigo 60, § 3º, do CED. 2) **O pedido de desistência da representação não afasta a sanção disciplinar, face ao poder punitivo da OAB.** 3) Mérito recursal não analisado, porquanto não demonstrada contrariedade da decisão do Conselho Seccional da OAB à Lei nº 8.906/94, ao Regulamento Geral do EAOAB, ao Código de Ética e Disciplina ou aos Provimentos, como impõe o artigo 75 da Lei nº 8.906/94, não superando o recurso o juízo de admissibilidade formal, constatada apenas a pretensão ao reexame de matéria fática. 4) Recurso parcialmente conhecido, e, nessa parte, improvido. Acórdão: Vistos, relatados e discutidos os autos do processo em referência, acordam os membros da Primeira Turma da Segunda Câmara do Conselho Federal da Ordem dos Advogados do Brasil, observado o quorum exigido no art. 92 do Regulamento Geral, por unanimidade, em conhecer parcialmente do recurso e, nessa parte, negar-lhe provimento, nos termos do voto do Relator. Brasília, 19 de março de 2019. Juliano Breda, Presidente em exercício. Ulisses Rabaneda dos Santos, Relator. (DEOAB, a. 1, nº 60, 26.03.2019, p. 14)

## 11.3 Ausência de Razões Finais

Recurso nº 25.0000.2021.000267-8/SCA. Recorrente: D.M.M.A. (Advogada: Diana Maria Mello de Almeida OAB/SP 198.405). Recorrido: Reginaldo Aparecido Trovo Mauruto. Interessado: Conselho Seccional da OAB/São Paulo. Relatora: Conselheira Federal Ezelaide Viegas da Costa Almeida (AM). EMENTA nº 023/2023/SCA. Recurso ao Pleno da Segunda Câmara do Conselho Federal da OAB. Artigo 89-A, § 3º, do Regulamento Geral do Estatuto da Advocacia e da OAB. Acórdão unânime da Primeira Turma da Segunda Câmara. Alegação de nulidade processual absoluta. Recurso conhecido. Ausência de razões finais. Precedentes do Pleno da Segunda Câmara. Torna-se absolutamente imprescindível a designação de defensor dativo ao advogado que não for encontrado ou tornar-se revel, conforme artigo 73, § 4º, do Estatuto da Advocacia e da OAB, e artigo 59, § 2º, do Código de Ética e Disciplina da OAB (antigo art. 52, § 1º CED). **<u>Nesse ponto, a jurisprudência deste Conselho Federal da OAB é pacífica no sentido de que a ausência de apresentação de razões finais pelo(a) advogado(a) representado(a) constitui-se de nulidade absoluta, que independe de prejuízo à defesa, pois se constituem em fase imprescindível do processo disciplinar, na qual é assegurada à parte a efetiva manifestação sobre as provas produzidas no curso da instrução processual e, no caso da parte representada,</u>** a última oportunidade de sustentar eventuais alegações acerca da improcedência da representação e se manifestar sobre os termos da imputação delimitada no parecer preliminar antes de a representação ser levada a julgamento pelo Tribunal de Ética e Disciplina. Recurso parcialmente provido, para anular o processo disciplinar desde o despacho que designou relator, e, em consequência, declarar extinta a punibilidade pela prescrição da pretensão punitiva. Acórdão: Vistos, relatados e discutidos os autos do processo em referência, acordam os membros da Segunda Câmara do Conselho Federal da Ordem dos Advogados do Brasil, observado o quorum exigido no art. 92 do Regulamento Geral, por unanimidade, em dar parcial provimento ao recurso para declarar a nulidade do processo disciplinar desde o despacho que designou Relator, e, em consequência, reconhecer a extinção da punibilidade pela ocorrência da prescrição da pretensão punitiva da OAB, nos termos do voto da Relatora. Brasília, 18 de agosto de 2023. Milena da Gama Fernandes Canto, Presidente. Maria Gláucia Barbosa Soares, Relatora *ad hoc*. (DEOAB, a. 5, nº 1175, 28.08.2023, p. 2).

Recurso nº 25.0000.2022.000487-2/SCA-STU. Recorrente: D.M.M.A. (Advogada: Diana Maria Mello de Almeida OAB/SP 198.405). Recorrido: Marcos Aparecido Machado. Interessado: Conselho Seccional da OAB/São Paulo. Relator: Conselheiro Federal Marcelo Tostes de Castro Maia (MG). EMENTA nº 098/2023/SCA-STU. Recurso ao Conselho Federal da OAB (art. 75, EAOAB). Acórdão unânime de Conselho Seccional da OAB. **Ausência de razões finais. Revelia. Ausência de designação de defensor dativo. Nulidade absoluta.** Precedentes. Recurso parcialmente provido, para anular o processo disciplinar. Superveniência da prescrição da pretensão punitiva, decorrência lógica da anulação dos atos processuais. Acórdão: Vistos, relatados e discutidos os autos do processo em referência, acordam os membros da Segunda Turma da Segunda Câmara do Conselho Federal da Ordem dos Advogados do Brasil, observado o quorum exigido no art. 92 do Regulamento Geral, por unanimidade, em dar parcial provimento ao recurso, nos termos do voto do Relator. Brasília, 28 de julho de 2023. Emerson Luis Delgado Gomes, Presidente. Marcelo Tostes de Castro Maia, Relator. (DEOAB, a. 5, nº 1165, 14.08.2023, p. 10).

Recurso nº 25.0000.2022.000229-8/SCA-PTU. Recorrente: A.D.F. (Advogados: Adriane Isabelle Gomes Feliciano OAB/SP 335.505, Alexandre Dantas Fronzaglia OAB/SP 101.471 e outros). Recorrido: Conselho Seccional da OAB/São Paulo. Relator: Conselheiro Federal Ulisses Rabaneda dos Santos (MT). EMENTA nº 105/2023/SCA-PTU. Recurso ao Conselho Federal da OAB (art. 75, EAOAB). Decisão não unânime de Conselho Seccional da OAB. Ausência de notificação para as razões finais. Nulidade absoluta. Reconhecimento de ofício. 1) A jurisprudência deste Conselho Federal da OAB é pacífica no sentido de que a ausência de notificação do advogado para apresentação de razões finais constitui-se de nulidade absoluta, que independe de prejuízo à defesa, pois se constituem em fase imprescindível do processo disciplinar, na qual é assegurada à parte a efetiva manifestação sobre as provas produzidas no curso da instrução processual e, no caso da parte representada, a última oportunidade de sustentar eventuais alegações acerca da improcedência da representação e se manifestar sobre os termos da imputação delimitada no parecer preliminar antes de a representação ser levada a julgamento pelo Tribunal de Ética e Disciplina. 2) Nesse contexto, tanto a ausência de notificação do advogado para as razões finais quanto à inércia em apresentá-las, se não sanadas devidamente pela decretação da revelia e designação de defensor dativo em caso de inércia, maculam a validade do processo disciplinar, por ofensa à garantia constitucional da ampla defesa, assegurada pelo artigo 5º, inciso LV, da Constituição Federal. 3) Processo disciplinar anulado, de ofício, desde o despacho que designou relator para julgamento, por não observar a ausência de razões finais nos autos, e, em decorrência da anulação, declarada extinta a punibilidade pela prescrição da pretensão punitiva. 4) Admissibilidade do recurso prejudicada, face à decretação de nulidade processual de ofício. Acórdão: Vistos, relatados e discutidos os autos do processo em referência, acordam os membros da Primeira Turma da Segunda Câmara do Conselho Federal da Ordem dos Advogados do Brasil, observado o quorum exigido no art. 92 do Regulamento Geral, por unanimidade, em declarar, de ofício, a nulidade do processo disciplinar desde o despacho que designou Relator para julgamento, diante da ausência de razões finais e, em consequência, reconhecer a extinção da punibilidade pela ocorrência da prescrição da pretensão punitiva da OAB, prejudicada a admissibilidade recursal, nos termos do voto do Relator. Brasília, 31 de julho de 2023. Ulisses Rabaneda dos Santos, Presidente em exercício e Relator. (DEOAB, a. 5, nº 1161, 08.08.2023, p. 9).

Recurso nº 49.0000.2019.007689-5/SCA-STU. Recorrentes: F.C. e F.C.S.N. (Advogados: Fábio Carraro OAB/GO 11.818, Franco Craveiro de Sá Neto OAB/GO 14.277 e outros). Recorrido: M.M.L. (Advogados: Andrea Macedo Lobo OAB/GO 8.013, Murillo Macedo Lôbo OAB/GO 14.615 e outros). Interessado: Conselho Seccional da OAB/Goiás. Relator: Conselheiro Federal Carlos Roberto Siqueira Castro (RJ). EMENTA nº 152/2019/SCA-STU. Recurso contra acórdão unânime prolatado pelo Conselho Seccional da OAB/GO. Não apresentação de alegações finais pelas partes representadas. Nulidade absoluta. Reconhecimento ex officio. Prescrição. Matéria de Ordem Pública. 1) **As alegações finais (memoriais) constituem fase imprescindível do processo em que é assegurado às partes a efetiva manifestação sobre todas as provas produzidas no curso da instrução processual e, no caso dos representados, a última oportunidade de sustentar eventuais alegações acerca da improcedência da representação. 2) A ausência de juntada das competentes alegações finais é caso de nulidade absoluta, por ofensa à garantia constitucional da ampla defesa, assegurada pelo art. 5º, inciso LV, da Constituição Federal, bem como pelo que dispõe o art. 261 do Código de Processo Penal, aplicável subsidiariamente ao processo disciplinar por força do art. 68 do EAOAB. 3) A prescrição constitui matéria de ordem pública e, em razão disso, pode ser reconhecida de ofício e em qualquer grau de jurisdição. 4) Decorrido lapso temporal superior a 05 (cinco) anos entre a última interrupção do prazo prescricional válida e o presente julgamento, impõe-se o reconhecimento da extinção da punibilidade dos representados pela ocorrência da prescrição. 5) Recurso que se conhece e declara, ex officio, a nulidade absoluta do processo disciplinar desde a fase suprimida, bem como reconhece o implemento da prescrição da pretensão punitiva, nos termos do art. 43 do Estatuto da Advocacia e da OAB. Acórdão: Vistos, relatados e discutidos os autos do processo em referência, acordam os membros da Segunda Turma da Segunda Câmara do Conselho Federal da Ordem dos Advogados do Brasil, observado o quorum exigido no art. 92 do Regulamento Geral, por unanimidade, em conhecer do recurso e declarar, de ofício, a nulidade do processo desde o parecer preliminar e o implemento da prescrição da pretensão punitiva, nos termos do voto do Relator. Impedido de votar o Representante da OAB/Goiás. Brasília, 19 de novembro de 2019. Adélia Moreira Pessoa, Presidente em exercício. Emerson Luis Delgado Gomes, Relator *ad hoc*. (DEOAB, a. 1, nº 229, 22.11.2019, p. 15)

## 11.4 Maus antecedentes – Pena cumprida há mais de 05 (cinco) anos – Impossibilidade de valoração negativa

Recurso nº 49.0000.2021.008031-9/SCA-STU. Recorrente: J.L.S. (Advogado: José Lopes da Silva OAB/SP 253.900 e Defensor dativo: Raphael Soares Gullino OAB/SP 351.298). Recorrido: Conselho Seccional da OAB/São Paulo. Relatora: Conselheira Federal Ezelaide Viegas da Costa Almeida (AM). EMENTA nº 112/2022/SCA-STU. Recurso ao Conselho Federal da OAB. Artigo 75, *caput*, do Estatuto da Advocacia e da OAB. Acórdão unânime do Conselho Seccional da OAB/São Paulo. Processo de exclusão de advogado dos quadros da OAB (art. 38, I, EAOAB). Competência. Súmula nº 08/2019/COP/CFOAB. Julgamento pelo Tribunal de Ética e Disciplina da OAB, com remessa ao Conselho Seccional da OAB em caso de condenação, em sede de reexame necessário. Procedimento observado. Advogado que ostenta contra si três condenações disciplinares anteriores, à sanção disciplinar de suspensão do exercício profissional, transitadas em julgado. Recurso conhecido. No mérito, improvido. 01) Com a vigência da Súmula nº 08/2019/COP/CFOAB, os processos de exclusão de advogado(a) dos quadros da OAB passaram a ser de competência originária do Tribunal de Ética e Disciplina da OAB que, em julgando procedente a pretensão punitiva, remete os autos ao respectivo Conselho Seccional da OAB para confirmação da decisão, em sede de reexame necessário, verificando-se que o procedimento restou devidamente observado. 02) Quanto ao procedimento, prevalece o entendimento de que, com o trânsito em julgado da terceira sanção disciplinar de suspensão do exercício profissional, surge o poder-dever de a OAB instaurar o competente processo de exclusão, de forma autônoma, facultando ao advogado ou à advogada o exercício do contraditório e a ampla defesa sobre o atendimento aos requisitos para sua exclusão dos quadros da OAB, o que restou devidamente observado. 03) No tocante à prescrição, o entendimento que tem prevalecido na jurisprudência das Turmas da Segunda Câmara é no sentido de que o marco inicial do prazo prescricional no caso de processo disciplinar de exclusão de advogado dos quadros da OAB, nos termos do artigo 38, inciso I, do Estatuto da Advocacia e da OAB, é o trânsito em julgado da terceira condenação disciplinar à sanção de suspensão do exercício profissional, porquanto, somente a partir de então, surgiria o jus puniendi específico. 04) Porém, não se pode deixar de considerar que, em recentíssimo julgado, a Terceira Turma da Segunda Câmara deste Conselho Federal da OAB alterou seu posicionamento para considerar que não pode uma punição administrativa anterior projetar indefinidamente a reincidência para o futuro, apenas porque não houve o requerimento da reabilitação, visto que o prazo expurgador do gravame que eleva a pena, por uma questão de razoabilidade e proporcionalidade, deve acompanhar o que dispõe o artigo

64, inciso I, do Código Penal, não sendo aceitável que condenações por condutas muito mais reprováveis como as criminosas propriamente ditas sejam apagadas após 05 (cinco) anos da extinção da pena e o mesmo, salvo regulação em contrário que inexiste no Estatuto da Advocacia e da OAB e no Código de Ética e Disciplina da OAB, não se dê no processo ético-disciplinar que, ademais, prescreve em cinco anos. 05) Nesse panorama, sem dúvida, a condenação disciplinar anterior, com pena cumprida ou extinta há mais de 05 (anos) não pode ser considerada para fins de reincidência, porquanto prescrita para essa finalidade, circunstância que também deve alcançar a sua invalidade para fins de cômputo para instauração do processo disciplinar de exclusão dos quadros da OAB. Vale dizer, no momento em que for instaurado o processo disciplinar de exclusão de advogado dos quadros da OAB, deve-se observar a data do cumprimento de cada uma das sanções de suspensão, desprezando-se aquelas as quais a pena já tenha sido cumprida ou extinta há mais de cinco anos. 06) Assim, efetivamente, a alteração de entendimento trazida pela Terceira Turma da Segunda Câmara deve ser acolhida, porquanto é o entendimento que melhor espelha a vedação constitucional a penas de caráter perpétuo e atende aos princípios da razoabilidade e de proporcionalidade, impedindo-se que um(a) advogado(a) permaneça indefinidamente no tempo passível de ser submetido a um processo de exclusão por uma condenação disciplinar a qual já houve o cumprimento da sanção há mais de 05 (cinco) anos. 07) No caso dos autos, contudo, verifica-se que este processo disciplinar foi instaurado considerando três condenações anteriores dentro do lapso temporal de 05 (cinco) anos, de modo que não há a prescrição de nenhuma das condenações quando da instauração do processo disciplinar de exclusão. 08) Recurso improvido. Acórdão: Vistos, relatados e discutidos os autos do processo em referência, acordam os membros da Segunda Turma da Segunda Câmara do Conselho Federal da Ordem dos Advogados do Brasil, observado o quorum exigido no art. 108 do Regulamento Geral, por unanimidade, em negar provimento ao recurso, nos termos do voto da Relatora. Brasília, 16 de novembro de 2022. Emerson Luis Delgado Gomes, Presidente. Ezelaide Viegas da Costa Almeida, Relatora. (DEOAB, a. 4, nº 998, 12.12.2022, p. 22).

Recurso nº 49.0000.2019.002732-0/SCA-PTU. Recorrente: O.A.P. (Advogado: Orlando Alves de Paula OAB/GO 4.475). Recorrida: Célia de Fátima de Oliveira. Interessado: Conselho Seccional da OAB/Goiás. Relator: Conselheiro Federal Ulisses Rabaneda dos Santos (MT). EMENTA nº 110/2019/SCA-PTU. Recurso ao Conselho Federal da OAB. Decisão definitiva e unânime de Conselho Seccional. Preliminar. Nulidade processual. Intimação por carta e por telefone. Remessa ao endereço constante do cadastro. Regularidade. Nulidade afastada. Ausência de nomeação de defensor dativo em audiência. Matéria não enfrentada na origem. Ausência de prequestionamento. Não conhecimento. Mérito. Revolvimento da matéria fático-probatória. Impossibilidade. Recurso que ostenta natureza extraordinária. Não conhecimento. **Dosimetria da pena. Supostos maus antecedentes. Condenações cumpridas a mais de 5 anos. Impossibilidade de valoração negativa. Pena diminuída ao mínimo legal.** Provimento Parcial. Acórdão: Vistos, relatados e discutidos os autos do processo em referência, acordam os membros da Primeira Turma da Segunda Câmara do Conselho Federal da Ordem dos Advogados do Brasil, observado o quorum exigido no art. 92 do Regulamento Geral, por unanimidade, em conhecer parcialmente do recurso e, na parte conhecida, dar-lhe parcial provimento, nos termos do voto do Relator. Brasília, 20 de agosto de 2019. Juliano Breda, Presidente em exercício. Ulisses Rabaneda dos Santos, Relator. (DEOAB, a. 1, nº 167, 27.8.2019, p. 9)

## 11.5 Pagamento do valor antes de qualquer decisão condenatória – Desclassificação

RECURSO n° 49.0000.2015.002438-4/OEP. Recorrente: T.A.O. (Adv: Tiago Aires de Oliveira OAB/TO 2347). Recorrido: T.F.S.B. (Advs: Elda de Paulo Sampaio Castro OAB/DF 27774 e Evamar Francisco Lacerda OAB/DF 12559). Interessado: Conselho Seccional da OAB/Tocantins. Relator: Conselheiro Federal Luiz Saraiva Correia (AC). EMENTA n° 046/2019/OEP. Recurso ao Órgão Especial. Artigo 85, inciso II, do Regulamento Geral. Locupletamento e recusa injustificada à prestação de contas. Pagamento dos valores devidos à representante, em dobro, antes de qualquer decisão condenatória. Desclassificação. Violação ao artigo 9° do Código de Ética e Disciplina. Recurso parcialmente provido. **1) O pagamento dos valores reclamados pela parte representante, antes de qualquer decisão condenatória, é circunstância que não deve passar à margem da valoração do julgador. 2) A jurisprudência deste Órgão Especial tem admitido, excepcionalmente, a desclassificação das infrações disciplinares tipificadas no artigo 34, incisos XX e XXI, da Lei n° 8.906/94, para a violação ao preceito ético do artigo 9° do Código de Ética e Disciplina, que determina ao advogado a devolução de quaisquer valores destinados a seu cliente tão logo haja a conclusão ou desistência da causa, bem como a pormenorizada prestação de contas. 3) Recurso conhecido e parcialmente provido para desclassificar a conduta do recorrente para violação ao preceito ético do artigo 9° do Código de Ética e Disciplina, cominando a sanção disciplinar de censura, convertida em advertência, por ausência de punição disciplinar anterior.** Acórdão: Vistos, relatados e discutidos os autos do processo em referência, acordam os membros do Órgão Especial do Conselho Pleno do Conselho Federal da Ordem dos Advogados do Brasil, observado o quorum exigido no art. 92 do Regulamento Geral, por unanimidade, em dar parcial provimento ao recurso, nos termos do voto do Relator. Impedido de votar o Representante da OAB/Tocantins. Brasília, 19 de março de 2019. Luiz Viana Queiroz, Presidente. Luiz Saraiva Correia, Relator. (DEOAB, a. 1, n° 87, 6.5.2019, p. 1)

## 11.6 Prescrição

Recurso nº 49.0000.2019.006494-7/SCA-PTU. Recorrente: P.R.P.O. (Advogada: Patrícia Renata Passos de Oliveira OAB/SP 174.008). Recorrido: A.C.C.R. (Advogado: Antonio Carlos Castilho Ramos OAB/SP 24.083). Interessado: Conselho Seccional da OAB/São Paulo. Relator: Conselheiro Federal João Luis Lôbo Silva (AL). EMENTA nº 169/2019/SCA-PTU. Recurso ao Conselho Federal da OAB. **Prescrição da pretensão punitiva. Transcurso de lapso temporal superior a cinco anos entre a notificação inicial do advogado e a primeira decisão condenatória recorrível de órgão julgador da OAB. Precedente firmado pelo Pleno da Segunda Câmara, no sentido de que a interrupção do curso da prescrição da pretensão punitiva, ou prescrição quinquenal, nos termos do inciso I, do § 2º, do art. 43 do Estatuto da Advocacia e da OAB, somente ocorrerá uma única vez, seja pela instauração do processo disciplinar, hipótese em que o processo é instaurado de ofício, ou pela notificação inicial válida, feita ao advogado, para apresentar defesa prévia ou qualquer outra manifestação nos autos, sendo considerado como marco interruptivo apenas aquele que verificar primeiro.** Recurso provido, para declarar extinta a punibilidade pela prescrição. Acórdão: Vistos, relatados e discutidos os autos do processo em referência, acordam os membros da Primeira Turma da Segunda Câmara do Conselho Federal da Ordem dos Advogados do Brasil, observado o quorum exigido no art. 92 do Regulamento Geral, por unanimidade, em dar provimento ao recurso, nos termos do voto do Relator. Brasília, 19 de novembro de 2019. Ary Raghiant Neto, Presidente. João Luis Lôbo Silva, Relator. (DEOAB, a. 1, nº 229, 22.11.2019, p. 8)

Recurso nº 49.0000.2019.007212-0/SCA-STU. Recorrentes: F.C. e J.R.C.F. (Advogado: Fábio Comodo OAB/SP 155.075). Recorrido: Conselho Seccional da OAB/São Paulo. Interessada: P.B. (Defensor dativo: Fábio Campos Monteiro de Lima OAB/SP 281.429). Relatora: Conselheira Federal Daniela Lima de Andrade Borges (BA). EMENTA n° 167/2019/SCA-STU. Recurso ao Conselho Federal da OAB. Decorrendo lapso temporal superior a 05 (cinco) anos entre as causas de interrupção do curso da prescrição, vale dizer, ou a notificação válida ou a instauração do processo disciplinar, e a primeira decisão condenatória recorrível proferida por órgão julgador da OAB, ou mesmo tramitando o processo disciplinar a partir de então, por lapso temporal superior a 05 (cinco) anos, sem a prolação de decisão de natureza condenatória, restará fulminada a pretensão punitiva pela prescrição quinquenal. Recurso provido, para declarar extinta a punibilidade pela prescrição da pretensão punitiva. Acórdão: Vistos, relatados e discutidos os autos do processo em referência, acordam os membros da Segunda Turma da Segunda Câmara do Conselho Federal da Ordem dos Advogados do Brasil, observado o quorum exigido no art. 92 do Regulamento Geral, por unanimidade, em dar provimento ao recurso, nos termos do voto da Relatora. Brasília, 10 de dezembro de 2019. Adélia Moreira Pessoa, Presidente em exercício. Ilana Kátia Viera Campos, Relatora *ad hoc*. (DEOAB, a. 1, n° 244, 13.12.2019, p. 16)

## 11.7 Validade da notificação ao endereço cadastrado

Recurso n° 49.0000.2018.013147-9/SCA-STU. Recorrente: Presidente do Conselho Seccional da OAB/Rio Grande do Sul-Gestão 2016/2019, Ricardo Ferreira Breier. Recorrido: F.S. (Advogado: Fernando Schumacher OAB/RS 36.656). Interessado: Conselho Seccional da OAB/Rio Grande do Sul. Relatora: Conselheira Federal Daniela Lima de Andrade Borges (BA). EMENTA n° 083/2019/SCA-STU. Recurso ao Conselho Federal da OAB. Acórdão não unânime de Conselho Seccional. Recurso interposto pelo Presidente do Conselho Seccional. Notificações nos processos disciplinares da OAB. Art. 69 do EAOAB e art. 137-D do Regulamento Geral. **Inexistência de obrigação legal à notificação pes-**

soal. Jurisprudência pacífica do Conselho Federal da OAB nesse sentido. Notificações que se presumem recebidas quando enviadas ao endereço profissional ou residencial do advogado, sendo sua obrigação manter sempre atualizado seu cadastro, sob pena de se considerar notificado. Recurso do Presidente da Seccional provido, para, assentando a validade da notificação inicial para apresentação de defesa prévia, restabelecer a decisão do TED que culminou com a decretação da pena de suspensão do Recorrido, determinando o imediato retorno dos autos à Egrégia 2ª Câmara da OAB/RS para apreciação do mérito do recurso ali interposto em favor do Recorrido, restando, entretanto, suspensos os efeitos de tal decisão até a conclusão do referido julgamento. Acórdão: Vistos, relatados e discutidos os autos do processo em referência, acordam os membros da Segunda Turma da Segunda Câmara do Conselho Federal da Ordem dos Advogados do Brasil, observado o quorum exigido no art. 92 do Regulamento Geral, por unanimidade, em dar provimento ao recurso, nos termos do voto da Relatora. Brasília, 11 de junho de 2019. Adélia Moreira Pessoa, Presidente em exercício. Ubirajara Gondim de Brito Ávila, Relator *ad hoc*. (DEOAB, a. 1, nº 115, 13.6.2019, p. 27)

Recurso nº 49.0000.2018.011311-3/SCA-TTU. Recorrente: B.M.M.A. (Advogado: Bruno Martins Miranda de Assis OAB/MG 85.925). Recorrido: Conselho Seccional da OAB/Minas Gerais. Relator: Conselheiro Federal Daniel Blume Pereira de Almeida (MA). EMENTA nº 080/2019/SCA-TTU. Recurso ao Conselho Federal da OAB. Decisão definitiva e unânime de Conselho Seccional. Alegação de nulidade das notificações expedidas no curso do processo. Inexistência. **O artigo 137-D do Regulamento Geral do Estatuto da Advocacia e da OAB estabelece que a notificação será enviada para o endereço profissional ou residencial constante do cadastro do Conselho Seccional, presumindo-se recebida a correspondência enviada para o endereço nele constante, e, por outro lado, impõe ao advogado a obrigação de manter sempre atualizado o seu endereço residencial e profissional no cadastro do Conselho Seccio-**

nal. **Desnecessidade, por outro lado, de notificação pessoal.** Precedentes. Recurso conhecido e improvido. Acórdão: Vistos, relatados e discutidos os autos do processo em referência, acordam os membros da Terceira Turma da Segunda Câmara do Conselho Federal da Ordem dos Advogados do Brasil, observado o quorum exigido no art. 92 do Regulamento Geral, por unanimidade, em negar provimento ao recurso, nos termos do voto do Relator. Brasília, 11 de junho de 2019. Renato da Costa Figueira, Presidente. Daniel Blume Pereira de Almeida, Relator. (DEOAB, a. 1, nº 115, 13.6.2019, p. 44)

RECURSO nº 49.0000.2017.006081-0/OEP. Recorrente: L.C.F.S. (Adv: Luiz Carlos Frota da Silva OAB/RJ 88646). Interessado: Conselho Seccional da OAB/Rio de Janeiro. Relatora: Conselheira Federal Ana Beatriz Ferreira Rebello Presgrave (RN). EMENTA nº 094/2019/OEP. Recurso ao Órgão Especial do Conselho Pleno do CFOAB. Notificações no curso do processo disciplinar. Observância às normas de regência. Ausência de nulidade. Recurso não provido. **1) O artigo 137-D do Regulamento Geral do Estatuto da Advocacia e da OAB estabelece que a notificação será enviada para o endereço profissional ou residencial constante do cadastro do Conselho Seccional, presumindo-se recebida a correspondência enviada para o endereço nele constante e, por outro lado, impõe ao advogado a obrigação de manter sempre atualizado o seu endereço residencial e profissional no cadastro do Conselho Seccional. Desnecessidade, por outro lado, de notificação pessoal.** Precedentes. 2) No que toca ao mérito, as razões recursais limitam-se a requerer o provimento do recurso, sem, no entanto, impugnar adequadamente os fundamentos da decisão recorrida, os quais devem ser mantidos para negar-lhe provimento. 3) Recurso conhecido, mas improvido. Acórdão: Vistos, relatados e discutidos os autos do processo em referência, acordam os membros do Órgão Especial do Conselho Pleno do Conselho Federal da Ordem dos Advogados do Brasil, observado o quorum exigido no art. 92 do Regulamento Geral, em negar provimento ao recurso, nos termos do voto da relatora. Brasília, 08 de outubro de 2019. Ary Raghiant Neto, Presidente em exercício. Ana Beatriz Ferreira Presgrave, Relatora. (DEOAB, a. 1, nº 214, 31.10.2019, p. 5)

## 11.8 Nulidades – Prejuízos

Recurso nº 49.0000.2019.001466-0/SCA-TTU. Recorrente: L.C.V.M. (Advogados: João Carlos Navarro de Almeida Prado OAB/SP 203.670 e José Benedito Ruas Baldin OAB/SP 52.851). Recorrido: Conselho Seccional da OAB/São Paulo. Interessado: R.C.B. (Advogados: Edmilson Norberto Barbato OAB/SP 81.730 e outros). Relator: Conselheiro Federal Renato da Costa Figueira (RS). EMENTA nº 085/2019/SCA-TTU. Recurso ao Conselho Federal da OAB. Decisão definitiva e unânime de Conselho Seccional. **Alegação de nulidade processual por ausência de parecer preliminar ao final da instrução. Matéria arguida somente perante esta instância, demonstrando ausência de prejuízo à defesa. No tema das nulidades no processo administrativo-disciplinar da OAB segue-se a ótica da legislação processual penal comum, adotada aos processos disciplinares de forma subsidiária (art. 68 do EAOAB), de modo que, sob esse enfoque, somente será declarado nulo ato processual do qual decorra prejuízo à acusação ou à defesa (art. 563 CPP), consagrando-se o princípio do prejuízo - pas de nullité sans grief. Assim, se a parte praticou atos processuais posteriores àquele que ora requer o reconhecimento da nulidade, e teve a oportunidade de exercer amplamente sua defesa e o contraditório sobre o objeto da acusação no processo disciplinar, produzindo as provas e alegações que entendeu suficientes ao esclarecimento dos fatos, não há legitimidade em buscar o reconhecimento de nulidade ocorrida ainda na fase instrutória, porquanto se verifica que, além de a nulidade não ter sido arguida em tempo oportuno, a parte, ainda que tacitamente, através de seu silêncio processual até a presente instância, aceitou seus efeitos, praticando atos processuais pos-**

teriores, demonstrando às instâncias julgadoras que conseguiu exercer validamente seu direito de defesa e de contraditar tudo aquilo que nos autos fora incorporado, de modo que o reconhecimento das nulidades ora pleiteadas relevaria apenas o excessivo apego ao formalismo processual em detrimento de sua finalidade exclusivamente instrumental, razão pela qual devem as nulidades arguidas serem rejeitadas. Condenação por conduta incompatível com a advocacia e por crime infamante. Condenação por crime infamante afastada pelo Conselho Seccional. Ausência de provas inequívocas da prática da infração disciplinar de manter conduta incompatível com a advocacia. Aplicação do postulado in dubio pro reo. Recurso conhecido e provido, para julgar improcedente a representação. Acórdão: Vistos, relatados e discutidos os autos do processo em referência, acordam os membros da Terceira Turma da Segunda Câmara do Conselho Federal da Ordem dos Advogados do Brasil, observado o quorum exigido no art. 92 do Regulamento Geral, por unanimidade, em dar provimento ao recurso, nos termos do voto do Relator. Impedido de votar o Representante da OAB/São Paulo. Brasília, 11 de junho de 2019. Renato da Costa Figueira, Presidente e Relator. (DEOAB, a. 1, nº 115, 13.6.2019, p. 46)

## 11.9 Alteração de capitulação – Ausência de nulidade

RECURSO nº 49.0000.2017.008202-5/SCA-PTU. Recte: J.O.B.S. (Advs: Arthur Bruno Fischer OAB/RJ 138292 e outra). Recda: Silvana Aparecida Pinheiro. Interessados: Conselho Seccional da OAB/Paraná e P.R.P.A. (Adv: Domingos Sávio Bregalda Gussen OAB/RJ 127405, OAB/MG 124432 e OAB/SP 276374). Relator: Conselheiro Federal Delosmar Domingos de Mendonça Junior (PB). EMENTA nº 044/2018/SCA-PTU. Recurso ao Conselho Federal. Tribunal de Ética e Disciplina. Composição. Art. 114, § 1º, do Regulamento Geral. Súmula 01/2007-OEP. Ausência de nulidade. Alteração da capitulação dos fatos. Inocorrência.

Conhecimento parcial do recurso. Improvimento. 1) Os Tribunais de Ética e Disciplina podem ser compostos por advogados não conselheiros, respeitado o disposto no § 1º, do art. 114 do Regulamento Geral do EAOAB e o do Regimento Interno dos Conselhos Seccionais. Exigência de composição de órgãos julgadores por Conselheiros eleitos apenas em órgãos fracionários do Conselho Seccional para julgamento em segunda instância, a teor do art. 109, § 4º, do RG/EAOAB. 2) **A parte representada se defende dos fatos descritos na peça de representação e não da definição jurídica que aos mesmos é atribuída, seja na peça inicial, no curso da instrução processual ou em segunda instância. Ausência de conversão da sanção de censura em advertência. Matéria apreciada em sede de embargos de declaração.** 3) Mantida a sanção de censura em razão da gravidade dos fatos. 4) Recurso conhecido parcialmente e, nessa parte, improvido. Acórdão: Vistos, relatados e discutidos os autos do processo em referência, acordam os membros da Primeira Turma da Segunda Câmara do Conselho Federal da Ordem dos Advogados do Brasil, observado o quorum exigido no art. 92 do Regulamento Geral, por unanimidade, em conhecer parcialmente do recurso e, nesse ponto, negar-lhe provimento, nos termos do voto do Relator. Impedido de votar o Representante da OAB/Paraná. Brasília, 12 de março de 2018. Carlos Roberto Siqueira Castro, Presidente. Delosmar Domingos de Mendonça Junior, Relator. (DOU, S.1, 21.03.2018, p. 79)

RECURSO nº 49.0000.2017.001776-0/SCA-TTU. Recte: J.F.M.C. (Advs: Filipe Bruno dos Santos OAB/MT 17327/O e outros). Recdo: HSBC. S.B.S/A. Repte. legal: A.L.N. (Advs: Claudinéia Klein Simon OAB/MT 18781/O e outros). Interessado: Conselho Seccional da OAB/Mato Grosso. Relator: Conselheiro Federal José Alves Maciel (TO). EMENTA nº 006/2018/SCA-TTU. Recurso ao Conselho Federal. Acórdão não unânime de Conselho Seccional. Locupletamento e recusa injustificada à prestação de contas. Alteração de capitulação. Ausência de nulidade. Recurso improvido. 1) **A jurisprudência deste Conselho Federal é tranquila** no sentido de não considerar qualquer nulidade a alteração da capitulação da infração disciplinar pelos órgãos julgadores, desde que exercido o contraditório, visto que o advogado acusado em processo disciplinar se defende dos fatos que lhe são imputados, e não da classificação ou da capitulação que lhes é dada inicialmente. 2) A alegação de que os valores efetivamente recebidos pelo advogado foram objeto de acordo de colaboração premiada com o Ministério Público e, por isso, não poderiam ser mais restituídos ao cliente, não se sustenta, em primeiro, por ausência de prova de que o acordo foi cumprido, em segundo, porque há notícias de que o próprio Ministério Público pede a rescisão do acordo. 3) Ademais, os valores foram recebidos pelo advogado entre os meses de fevereiro e abril de 2014, sendo que, somente fora repassada ao cliente uma parte, e muito tempo depois de recebidos. 4) Infrações disciplinares devidamente configuradas. 5) Recurso conhecido, porquanto interposto em face de acórdão não unânime de Conselho Seccional, mas improvido. Acórdão: Vistos, relatados e discutidos os autos do processo em referência, acordam os membros da Terceira Turma da Segunda Câmara do Conselho Federal da Ordem dos Advogados do Brasil, observado o quorum exigido no art. 92 do Regulamento Geral, por unanimidade, em negar provimento ao recurso, nos termos do voto do Relator. Brasília, 11 de dezembro de 2017. Renato da Costa Figueira, Presidente em exercício. Adilar Daltoé, Relator *ad hoc*. (DOU, S.1, 01.02.2018, p.187)

RECURSO nº 49.0000.2017.004269-4/SCA-PTU. Rectes: C.F.S., C.F.S., G.C.S.O., G.S.O., L.M.S.O., M.S.O., P.F.S.A. e R.F.S. (Adv: Jorge Eduardo Furtado Knop OAB/MG 72535). Recdo: J.O.S. (Adv: José Olympio Soares OAB/MG 37349). Interessado: Conselho Seccional da OAB/Minas Gerais. Relator: Conselheiro Federal Carlos Roberto Siqueira Castro (RJ). EMENTA nº 174/2017/SCA-PTU. Recurso ao Conselho Federal contra decisão não unânime do Conselho Seccional da OAB/MG. Conhecimento parcial. Alegação de violação ao artigo 34, inciso XX, do Estatuto da Advocacia e da OAB e ao Código de Ética e Disciplina.

Princípio do non reformatio in pejus. Art. 617 do Código de Processo Penal. Infração prevista no art. 34, inciso XXI, do EAOAB. Absolvição unânime pelo Tribunal *ad quo*. Reexame de provas. Recurso improvido. **1) O Conselho Federal da OAB tem entendimento consolidado no sentido de que a parte representada se defende dos fatos descritos na peça de representação e não da instrução processual ou em segunda instância, conforme assim possibilita o art. 383 do Código de Processo Penal, aplicado subsidiariamente ao processo disciplinar por força do art. 68 do EAOAB. 2) A alteração da capitulação dos fatos em sede recursal, todavia, é limitada, por força do que determina o art. 617 do Código de Processo Penal, sob pena de violação ao princípio do non reformatio in pejus.** 3) Impossibilidade do reexame de fatos e provas quanto à matéria decidida pela Seccional de origem à unanimidade de votos. 4) Recurso que se conhece parcialmente e, no mérito, nega provimento. Acórdão: Vistos, relatados e discutidos os autos do processo em referência, acordam os membros da Primeira Turma da Segunda Câmara do Conselho Federal da Ordem dos Advogados do Brasil, observado o quorum exigido no art. 92 do Regulamento Geral, por unanimidade, em negar provimento ao recurso, nos termos do voto do Relator. Brasília, 23 de outubro de 2017. Delosmar Domingos de Mendonça Junior, Presidente em exercício, Elton Sadi Fülber, Relator *ad hoc*. (DOU, S.1, 26.10.2017, p. 179)

## 11.10 Independência das instâncias

RECURSO nº 49.0000.2017.010814-0/OEP. Recorrente: S.R. (Advs: Araceli Orsi dos Santos OAB/SC 21758 e outra). Interessado: Conselho Seccional da OAB/Santa Catarina. Relator: Conselheiro Federal Marcello Terto e Silva (GO). EMENTA nº 081/2019/OEP. PEDIDO DE INSCRIÇÃO - MAGISTRADO (JUIZ) - APOSENTADORIA COMPULSÓRIA EM REGULAR PROCESSO ADMISTRATIVO DISCIPLINAR - INCIDENTE DE IDONEIDADE INSTAURADO - DECISÃO QUALIFICA-

DA DO CONSELHO PLENO DA OAB/SC PELA INIDONEIDADE DO RECORRENTE - ATOS QUE CONFIGURAM, ALÉM DE INFRAÇÃO DISCIPLINAR, IMPROBIDADE ADMINISTRATIVA - INDEFERIMENTO DA INSCRIÇÃO - REGULARIDADE DO JULGAMENTO E DO PROCESSO - NECESSIDADE DE PROVA DA REABILITAÇÃO PERANTE O TRIBUNAL DE JUSTIÇA - INTELIGÊNCIA DO ART. 8°, INCISO VI, E § 3°, DA LEI n° 8.906/1994 - MANUTENÇÃO DA DECISÃO QUE DECLAROU A INIDONEIDADE E O INDEFERIMENTO DA INSCRIÇÃO - RECURSO DESPROVIDO. A declaração de inidoneidade é ato vinculado, motivado, de competência do Conselho Seccional que recebe o pedido de inscrição do bacharel em direito interessado em exercer a advocacia. A declaração incidente de inidoneidade e o indeferimento da inscrição é possível, desde que se obtenha no mínimo dois terços dos votos dos membros do Conselho Seccional competente, considerada a sua composição total, e não apenas a de presentes à sessão de julgamento. Respeitado o quórum qualificado e assegurado ao interessado o amplo direito de defesa (defesa escrita, oral, recursos, instrução probatória), não há qualquer vício na decisão que indefere a inscrição por inidoneidade. A sanção de aposentação compulsória aplicada a magistrado se equivale à demissão do servidor a bem do serviço público, o que, por si, inviabiliza a inscrição como advogado nos quadros da OAB, pela falta do requisito da idoneidade moral, sendo irrelevante a rejeição da denúncia na esfera criminal. Em virtude da omissão da LOMAN (LC n° 35/1979), por analogia, o interessado deve pleitear a sua reabilitação administrativa se valendo do lapso temporal previsto para a readmissão de servidor punido disciplinarmente, em conformidade com a lei vigente na respectiva unidade federada, para só então requerer o seu pedido de inscrição na OAB. **Independência das instâncias judicial e administrativa. Caso em que a instrução processual descreve condutas que evidenciam a existência da violação de valores e princípios éticos e morais que justificou a responsabilização disciplinar e a declaração de inidoneidade do recorrente. Recurso conhecido e desprovido, para manter o acórdão recorrido. Acórdão: Vistos, relatados e discutidos os autos do processo em referência, acordam os membros do Órgão Especial do Conselho Pleno do Federal da Ordem dos Advogados do Brasil, observado o quorum exigido no art. 8º, § 3º, da Lei nº 8.906/94, por unanimidade, em conhecer e negar provimento ao recurso, nos termos do voto do Relator. Impedida de votar a Representante da OAB/Santa Catarina. Brasília, 17 de setembro de 2019. Luiz Viana Queiroz, Presidente. Marcello Terto e Silva, Relator. (DEOAB, a. 1, nº 194, 3.10.2019, p. 5)

RECURSO nº 49.0000.2018.011868-1/SCA-PTU. Recorrente: G.S.S. (Advogados: Rui Teles Calandrini Filho OAB/RJ 084.384 e outros). Recorrido: Conselho Seccional da OAB/Rio de Janeiro. Relator: Conselheiro Federal Odon Bezerra Cavalcanti Sobrinho (PB). EMENTA nº 065/2019/SCA-PTU. Recurso ao Conselho Federal da OAB. Decisão definitiva e não unânime de Conselho Seccional. Recurso que ostenta natureza ordinária, na forma do art. 75 do EAOAB. Alegação de absolvição na esfera judicial, em ação civil pública movida pela OAB. **Independência das instâncias. Apuração disciplinar que não se confunde com o provimento jurisdicional buscado na ação civil pública.** Alegação de bis in idem, por ter sido condenado o advogado em outro processo disciplinar perante outro Conselho Seccional. Ausência de qualquer prova nesse sentido. Angariação de causas. Veiculação, em site de internet e rede social, de serviços de elaboração de petições jurídicas, e anúncio, promoção de publicidade e divulgação de serviços jurídicos. Infração disciplinar configurada. Recurso conhecido, mas improvido. Acórdão: Vistos, relatados e discutidos os autos do processo em referência, acordam os membros da Primeira Turma da Segunda Câmara do Conselho Federal da Ordem dos Advogados do Brasil, observado o quorum exigido no art. 92 do Regulamento Geral, por unanimidade, em negar provimento ao recurso, nos termos do voto do Relator. Brasília, 21 de maio de 2019. Odon Bezerra Cavalcanti Sobrinho, Presidente em exercício e Relator. (DEOAB, a. 1, nº 100, 23.5.2019, p. 8).

RECURSO nº 49.0000.2018.008691-1/PCA. Recurso nº 49.0000.2018.008691-1/PCA. Recorrente: V. S. S. Interessado: Conselho Seccional da OAB/Paraná. Relatora: Conselheira Federal Sandra Krieger Gonçalves (SC). Ementa nº 061/2019/PCA. **INSCRIÇÃO NA OAB. CONDENAÇÃO CRIMINAL POR CRIME INFAMANTE. TRÂNSITO EM JULGADO DA SENTENÇA. CUMPRIMENTO INTEGRAL DA PENA. EXTINÇÃO DA PUNIBILIDADE. REQUERIMENTO ANTERIOR À REABILITAÇÃO JUDICIAL. OFENSA AO INC. VI DO ART. 8º DO ESTATUTO DA OAB. INDEPENDÊNCIA DAS INSTÂNCIAS JUDICIAL E ADMINISTRATIVA.** INIDONEIDADE MORAL RECONHECIDA. Os requisitos para a inscrição na OAB devem ser comprovados no momento do requerimento. A declaração falsa sobre a ausência de condenação criminal e a omissão sobre processo criminal são atitudes reputadas graves. A prática de crime infamante, mesmo que reabilitado, que pelas circunstâncias em que foi praticado provocou desonra e má fama, acarretam ao interessado a perda de credibilidade e idoneidade necessárias para a inscrição na OAB. Recurso desprovido. Acórdão: Vistos, relatados e discutidos os autos do processo em referência, acordam os membros da Primeira Câmara do Conselho Federal da Ordem dos Advogados do Brasil, observado o quorum exigido no art. 8º, § 3º, da Lei 8.906/94, por maioria, em negar provimento ao recurso, nos termos do voto da Relatora. Impedido de votar o Representante da OAB/Paraná. Brasília, 9 de abril de 2019. José Alberto Ribeiro Simonetti Cabral, Presidente. Paulo Marcondes Brincas, Relator *ad hoc*. (DEOAB, a. 1, nº 78, 22.04.2019, p. 4)

RECURSO nº 49.0000.2018.010477-1/SCA-TTU. Recorrente: M.H.B. (Advogados: Noé Aparecido Martins da Silva OAB/SP 261.753 e outra). Recorrida: Dulcemara das Graças Rodrigues Matias. Interessado: Conselho Seccional da OAB/São Paulo. Relator: Conselheiro Federal Helder José Freitas de Lima Ferreira (AP). EMENTA nº 037/2019/SCA-TTU. Recurso ao Conselho Federal da OAB. Alegação de que a decisão proferida pelo Tribunal de Ética e Disciplina não fora unânime, em razão da abstenção de dois Conselheiros. Inocorrência. Alegação de que os procedimentos utilizados na ação cível ajuizada pela recorrida deveriam ser aplicados a este processo disciplinar. Alegação Infundada. **Independência das instâncias.** Violação ao art. 34, IX, do EAOAB. Sanção disciplinar de censura. Reincidência. Agravamento da censura para suspensão do exercício profissional, fixado o período de 90 (noventa) dias. Desacerto na dosimetria. Mérito recursal não analisado. Recurso parcialmente provido. 1) Consoante se verifica pela ficha de votação e pelo acórdão proferido pelo Tribunal de Ética e Disciplina, não há qualquer manifestação de divergência em relação ao voto do Relator. 2) **As instâncias são independentes entre si e possuem diferentes procedimentos, de modo que não há qualquer irregularidade nos atos praticados na instrução processual.** 3) A utilização da reincidência para majoração da sanção disciplinar de censura em suspensão do exercício profissional e para fixar o respectivo período acima do mínimo legal configura bis in idem, vez que utilizada a mesma circunstância para penalizar o advogado duplamente. 4) Mérito recursal não analisado, porquanto não demonstrada contrariedade da decisão do Conselho Seccional da OAB à Lei nº 8.906/94, ao Regulamento Geral do EAOAB, ao Código de Ética e Disciplina ou aos Provimentos, como impõe o artigo 75 da Lei nº 8.906/94, não superando o recurso o juízo de admissibilidade formal, constatada apenas a pretensão ao reexame de matéria fática. 5) Recurso parcialmente conhecido, e, nessa parte, improvido. Acórdão: Vistos, relatados e discutidos os autos do processo em referência, acordam os membros da Terceira Turma da Segunda Câmara do Conselho Federal da Ordem dos Advogados do Brasil, observado o quorum exigido no art. 92 do Regulamento Geral, por unanimidade, em conhecer parcialmente do recurso e, neste ponto, negar-lhe provimento, nos termos do voto do Relator. Impedido de votar o Representante da OAB/São Paulo. Brasília, 19 de março de 2019. Guilherme Octávio Batochio, Presidente em exercício. Helder José Freitas de Lima Ferreira, Relator. (DEOAB, a.1, nº 60, 26.03.2019, p. 35)

RECURSO n° 49.0000.2018.008692-0/PCA. Recorrente: A.H.C.N. (Advogada: Lucelia Cristina Oliveira Rondon OAB/MT 8932/O). Interessado: Conselho Seccional da OAB/Mato Grosso. Relator: Conselheiro Federal Rafael Coldibelli Francisco (MS). Ementa n° 028/2019/PCA. **RECURSO - INIDONEIDADE MORAL - AÇÕES CRIMINAIS EM CURSO - INEXISTÊNCIA DE SENTENÇA COM TRÂNSITO EM JULGADO - INDEPENDÊNCIA DAS INSTÂNCIA - INDEFERIMENTO DE INSCRIÇÃO - PRECEDENTES - RECURSO CONHECIDO E NEGADO. A constatação da inidoneidade moral independe de sentença com trânsito em julgado, bastando para tanto a existência de processos em andamento para sua verificação da conduta incompatível com o exercício da advocacia, em razão da independência das instâncias.** Recurso conhecido para negar provimento. Acórdão: Vistos, relatados e discutidos os autos do processo em referência, acordam os membros da Primeira Câmara do Conselho Federal da Ordem dos Advogados do Brasil, observado o quórum exigido no art. 8°, § 3° da Lei n° 8.906/94, por unanimidade, em negar provimento ao recurso, nos termos do voto do Relator. Brasília, 10 de dezembro de 2018. Felipe Sarmento Cordeiro, Presidente. Fernando Santana Rocha, Relator *ad hoc*. (DEOAB, a. 1, n° 28, 7.2.2019).

## 11.11 Falta disciplinar decorrente exclusivamente de fato definido como crime

RECURSO n° 49.0000.2018.004486-4/SCA-TTU. Recte: S.T.B. (Adv: Suzana Trelles Brum OAB/RS 21514). Recdo: Conselho Seccional da OAB/Rio Grande do Sul. Relator: Conselheiro Federal Guilherme Octávio Batochio (SP). **EMENTA n° 161/2018/SCA-TTU. Recurso ao Conselho Federal da OAB. Condenação disciplinar por locupletamento. Absolvição, pelos mesmos fatos, na esfera criminal, com trânsito em julgado. Absolvição penal que deve ser estendida à esfera disciplinar. Precedentes.**

Discussão na esfera cível, em ação de cobrança. **Recurso provido, para julgar improcedente a representação**. Acórdão: Vistos, relatados e discutidos os autos do processo em referência, acordam os membros da Terceira Turma da Segunda Câmara do Conselho Federal da Ordem dos Advogados do Brasil, observado o quorum exigido no art. 92 do Regulamento Geral, por unanimidade, em dar provimento ao recurso, nos termos do voto do Relator. Brasília, 3 de setembro de 2018. Guilherme Octávio Batochio, Presidente em exercício e Relator. (DOU, S. 1, 10.09.2018, p. 140).

## 11.12 Competência para julgamento da suspensão preventiva

CONFLITO DE COMPETÊNCIA nº 49.0000.2018.002527-8/OEP. Suscitante: Conselho Seccional da OAB/Pernambuco. Suscitado: Conselho Seccional da OAB/Bahia. Interessados: J.C.N.B (Adv: Joaquim Coelho Neto OAB/PE 13762) e Comissão Fiscalizadora do Exercício Profissional da OAB/Bahia. Relator: Conselheiro Federal Daniel Blume Pereira de Almeida (MA). EMENTA nº 082/2019/OEP. Conflito de competência. Processo disciplinar. Tramitação. Conselho Seccional em cuja base territorial se tenha constatado a prática da infração disciplinar. **Suspensão preventiva. Competência do Conselho em que o advogado mantém inscrição principal. Necessidade de sobrestamento do processo disciplinar enquanto o Conselho Seccional de inscrição principal analisa a suspensão preventiva.** Desnecessidade do trânsito em julgado para prosseguimento do processo disciplinar, visto que o art. 77 do EAOAB não atribui efeito suspensivo a recurso interposto em sede de processo de suspensão preventiva, hipótese em que, seja qual for a decisão proferida na sessão especial do Tribunal de Ética e Disciplina, deve o processo disciplinar em trâmite no outro Conselho Seccional retomar seu curso regular. Acórdão: Vistos, relatados e discutidos os autos do processo em referência, acordam os membros do Órgão Especial do Conselho Federal da Ordem dos Advogados do Brasil, observado o quorum exigido no art. 92 do Regulamento Geral, por unanimidade, dirimir o conflito de competência, nos termos do voto do Relator. Impedidos de votar os Representantes da OAB/Bahia e OAB/Pernambuco. Brasília, 17 de setembro de 2019. Afeife Mohamad Hajj, Presidente em exercício. Daniel Blume, Relator. (DEOAB, a. 1, n° 194, 3.10.2019, p. 6)

CONFLITO DE COMPETÊNCIA n° 49.0000.2013.014722-9/OEP. Assunto: Conflito de Competência. Aplicação de suspensão preventiva. Suscitante: Conselho Seccional da OAB/São Paulo. Suscitado: Conselho Seccional da OAB/Distrito Federal. Interessado: R.B.P.F.J. (Adv: Raul Benedito Pacheco Fernandes Júnior OAB/SP 148044 e OAB/DF 17228). Relator: Conselheiro Federal José Luis Wagner (AP). EMENTA n° 003/2016/OEP. **Conflito de competência levantado pela OAB/SP diante decisão proferida pela OAB/DF que reconheceu a competência do seu Tribunal de Ética para aplicar suspensão preventiva em inscrições suplementares. Nos termos do § 3°, art. 70, do Estatuto da Advocacia e da OAB, a competência para suspender preventivamente o advogado acusado é da Seccional onde o mesmo possui inscrição principal. Portanto, a competência, no presente caso, é da Seccional de São Paulo.** Acórdão: Vistos, relatados e discutidos os autos do processo em referência, acordam os membros do Órgão Especial do Conselho Federal da Ordem dos Advogados do Brasil, observado o quorum exigido no art. 92 do Regulamento Geral, por unanimidade, acolher o voto do Relator, declarando a competência do Conselho Seccional da OAB/São Paulo para a apreciação da matéria. Impedido de votar o Representante da OAB/Distrito Federal. Brasília, 30 de novembro de 2015. Claudio Pacheco Prates Lamachia, Presidente. José Luis Wagner, Relator. (DOU, S.1, 11.03.2016, p. 265-266).

## 11.13 Competência da Subseção – local do fato

Recurso nº 49.0000.2018.004410-0/SCA-TTU. Recorrentes: C.G. e N.R.J. (Advogados: Nelson Rondon Junior OAB/SP 136.928 e Stephanie Yamada Guimarães OAB/SP 350.017). Recorrido: C.E.F. Representante legal: A.C.F. (Advogados: Francisco Hitiro Fugikura OAB/SP 116.384 e outros). Interessado: Conselho Seccional da OAB/São Paulo. Relator: Conselheiro Federal Luiz Tadeu Guardiero Azevedo (TO). EMENTA nº 151/2019/SCA-TTU. Recurso ao Conselho Federal da OAB. Infração disciplinar. Alegação de ausência notificação para os atos processuais. Inocorrência. Comprovação nos autos que os advogados restaram devidamente notificados na forma do art. 137-D do Regulamento Geral do EAOAB. **Competência para instrução do processo disciplinar. Base territorial da subseção** em que **praticados os fatos objeto de apuração. Arts. 61, parágrafo único, alínea c, e 70, da Lei nº 8.906/94.** Recurso não provido. Acórdão: Vistos, relatados e discutidos os autos do processo em referência, acordam os membros da Terceira Turma da Segunda Câmara do Conselho Federal da Ordem dos Advogados do Brasil, observado o quorum exigido no art. 92 do Regulamento Geral, por unanimidade, em negar provimento ao recurso, nos termos do voto do Relator. Impedido de votar o Representante da OAB/São Paulo. Brasília, 10 de dezembro de 2019. Renato da Costa Figueira, Presidente. Luiz Tadeu Guardiero Azevedo, Relator. (DEOAB, a. 1, nº 244, 13.12.2019, p. 22)

RECURSO nº 49.0000.2017.008956-0/SCA-STU. Rectes: C.L.B. e G.H.B. (Advs: Nélio Abreu Neto OAB/SC 25105 e outros). Recdo: Flávio Schmidt. Interessado: Conselho Seccional da OAB/Santa Catarina. Relator: Conselheiro Federal Leon Deniz Bueno da Cruz (GO). EMENTA nº 055/2018/SCA-STU. Recurso ao Conselho Federal da OAB. Constituição de Comissão Especial de Instrução de Processos Ético-Disciplinares pelo Conselho Seccional da OAB/Santa Catarina (Portaria nº 137/2011). Avocação dos processos em trâmite nas Subseções, autuados até o ano de 2008, com vistas a evitar a prescrição. Violação ao devido processo legal. Competência territorial das Subseções fixada por lei federal. 1) A teor do artigo 61, inciso IV, parágrafo único, alínea c, da Lei nº 8.906/94, combinado com o artigo 70, *caput*, do mesmo diploma legal, compete à Subseção em cuja base territorial tenha ocorrido a infração disciplinar instaurar e instruir processos disciplinares, para posterior julgamento pelo Tribunal de Ética e Disciplina. 2) A avocação de competência para instrução de processos disciplinares por Subseção distinta daquela em que fora praticada a infração disciplinar, por meio de Portaria, viola a Lei nº 8.906/94, devendo ser provido o recurso para decretar a nulidade do processo desde o ato de avocação. 3) E, anulado o feito, verificando-se que a última causa válida de interrupção do curso da prescrição é a notificação inicial dos advogados para a defesa prévia, e que transcorreu lapso temporal superior a 05 (cinco) anos sem a prolação de decisão condenatória válida desde então, há de se declarar extinta a punibilidade pela prescrição da pretensão punitiva. Acórdão: Vistos, relatados e discutidos os autos do processo em referência, acordam os membros da Segunda Turma da Segunda Câmara do Conselho Federal da Ordem dos Advogados do Brasil, observado o quorum exigido no art. 92 do Regulamento Geral, por unanimidade, em conhecer parcialmente do recurso e, nesse ponto, dar-lhe provimento, nos termos do voto do Relator. Impedido de votar o Representante da OAB/Santa Catarina. Brasília, 12 de março de 2018. Alexandre César Dantas Soccorro, Presidente. João Paulo Tavares Bastos Gama, Relator *ad hoc*. (DOU, S.1, 21.03.2018, p. 82).

# 12. Bibliografia

CÂMARA, Alexandre Freitas. **O Novo Processo Civil Brasileiro**. 6. ed. São Paulo: Editora GEN ATLAS, 2020.

CAPEZ, Fernando. **Curso de Processo Penal**. 28. ed. SARAIVA JUR, 2021.

CARVALHO FILHO, José dos Santos. **Manual de Direito Administrativo**. 13. ed. Rio de Janeiro: LUMEN JURIS Editora, 2005. 66 p. v. 2.

HARTMANN, Rodolfo Kronemberg. **Curso Completo do Novo Processo Civil**. 5. ed. Rio de Janeiro: Editora IMPETUS, 2019.

LOBO, Paulo. **Comentários ao Estatuto da Advocacia e da OAB**. 15. ed. Rio de Janeiro: Editora SARAIVA JUR, 2023.

NUCCI, Guilherme de Souza. **Manual de Processo Penal**. 2. ed. Rio de Janeiro: Editora FORENSE, 2021.

TOURINHO FILHO, Fernando da Costa. **Processo Penal, Vol. 1 e 2**. 28. ed. Rio de Janeiro: Editora SARAIVA, 2006.

# 13. Anexo 1 – Lei 8.906/94 (EAOAB)

**ESTATUTO DA ADVOCACIA E DA OAB**[80]
**LEI Nº 8.906, DE 4 DE JULHO DE 1994.**

Dispõe sobre o Estatuto da Advocacia e a Ordem dos Advogados do Brasil (OAB).

**O PRESIDENTE DA REPÚBLICA,** faço saber que o Congresso Nacional decreta e eu sanciono a seguinte lei

## TÍTULO I
Da Advocacia

## CAPÍTULO I
Da Atividade de Advocacia

**Art. 1º** São atividades privativas de advocacia:
I - a postulação a órgão do Poder Judiciário e aos juizados especiais;
II - as atividades de consultoria, assessoria e direção jurídicas.
§ 1º Não se inclui na atividade privativa de advocacia a impetração de habeas corpus em qualquer instância ou tribunal.
§ 2º Os atos e contratos constitutivos de pessoas jurídicas, sob pena de nulidade, só podem ser admitidos a registro, nos órgãos competentes, quando visados por advogados.
§ 3º É vedada a divulgação de advocacia em conjunto com outra atividade.

---

[80] Texto legal vigente na data da consulta ao site do Planalto, realizada em 25/10/2023.

**Art. 2º** O advogado é indispensável à administração da justiça.

§ 1º No seu ministério privado, o advogado presta serviço público e exerce função social.

§ 2º No processo judicial, o advogado contribui, na postulação de decisão favorável ao seu constituinte, ao convencimento do julgador, e seus atos constituem múnus público.

§ 2º-A. No processo administrativo, o advogado contribui com a postulação de decisão favorável ao seu constituinte, e os seus atos constituem múnus público.

§ 3º No exercício da profissão, o advogado é inviolável por seus atos e manifestações, nos limites desta lei.

**Art. 2º-A.** O advogado pode contribuir com o processo legislativo e com a elaboração de normas jurídicas, no âmbito dos Poderes da República.

**Art. 3º** O exercício da atividade de advocacia no território brasileiro e a denominação de advogado são privativos dos inscritos na Ordem dos Advogados do Brasil (OAB);

§ 1º Exercem atividade de advocacia, sujeitando-se ao regime desta lei, além do regime próprio a que se subordinem, os integrantes da Advocacia-Geral da União, da Procuradoria da Fazenda Nacional, da Defensoria Pública e das Procuradorias e Consultorias Jurídicas dos Estados, do Distrito Federal, dos Municípios e das respectivas entidades de administração indireta e fundacional.

§ 2º O estagiário de advocacia, regularmente inscrito, pode praticar os atos previstos no art. 1º, na forma do regimento geral, em conjunto com advogado e sob responsabilidade deste.

Art. 3º-A. Os serviços profissionais de advogado são, por sua natureza, técnicos e singulares, quando comprovada sua notória especialização, nos termos da lei.

Parágrafo único. Considera-se notória especialização o profissional ou a sociedade de advogados cujo conceito no campo de sua especialidade, decorrente de desempenho anterior, estudos, experiências, publicações, organização, aparelhamento, equipe técnica ou de outros requisitos relacionados com suas atividades, permita inferir que o seu trabalho é essencial e indiscutivelmente o mais adequado à plena satisfação do objeto do contrato.

**Art. 4º** São nulos os atos privativos de advogado praticados por pessoa não inscrita na OAB, sem prejuízo das sanções civis, penais e administrativas.
Parágrafo único. São também nulos os atos praticados por advogado impedido - no âmbito do impedimento - suspenso, licenciado ou que passar a exercer atividade incompatível com a advocacia.

**Art. 5º** O advogado postula, em juízo ou fora dele, fazendo prova do mandato.
§ 1º O advogado, afirmando urgência, pode atuar sem procuração, obrigando-se a apresentá-la no prazo de quinze dias, prorrogável por igual período.
§ 2º A procuração para o foro em geral habilita o advogado a praticar todos os atos judiciais, em qualquer juízo ou instância, salvo os que exijam poderes especiais.
§ 3º O advogado que renunciar ao mandato continuará, durante os dez dias seguintes à notificação da renúncia, a representar o mandante, salvo se for substituído antes do término desse prazo.
§ 4º As atividades de consultoria e assessoria jurídicas podem ser exercidas de modo verbal ou por escrito, a critério do advogado e do cliente, e independem de outorga de mandato ou de formalização por contrato de honorários.

## CAPÍTULO II
### Dos Direitos do Advogado

**Art. 6º** Não há hierarquia nem subordinação entre advogados, magistrados e membros do Ministério Público, devendo todos tratar-se com consideração e respeito recíprocos.

§ 1º As autoridades e os servidores públicos dos Poderes da República, os serventuários da Justiça e os membros do Ministério Público devem dispensar ao advogado, no exercício da profissão, tratamento compatível com a dignidade da advocacia e condições adequadas a seu desempenho, preservando e resguardando, de ofício, a imagem, a reputação e a integridade do advogado nos termos desta Lei.

§ 2º Durante as audiências de instrução e julgamento realizadas no Poder Judiciário, nos procedimentos de jurisdição contenciosa ou voluntária, os advogados do autor e do requerido devem permanecer no mesmo plano topográfico e em posição equidistante em relação ao magistrado que as presidir.

**Art. 7º** São direitos do advogado:

I – exercer, com liberdade, a profissão em todo o território nacional;

II – a inviolabilidade de seu escritório ou local de trabalho, bem como de seus instrumentos de trabalho, de sua correspondência escrita, eletrônica, telefônica e telemática, desde que relativas ao exercício da advocacia;

III – comunicar-se com seus clientes, pessoal e reservadamente, mesmo sem procuração, quando estes se acharem presos, detidos ou recolhidos em estabelecimentos civis ou militares, ainda que considerados incomunicáveis;

IV – ter a presença de representante da OAB, quando preso em flagrante, por motivo ligado ao exercício da advocacia, para lavratura do auto respectivo, sob pena de nulidade e, nos demais casos, a comunicação expressa à seccional da OAB;

V – não ser recolhido preso, antes de sentença transitada em julgado, senão em sala de Estado Maior, com instalações e comodidades condignas, e, na sua falta, em prisão domiciliar;

VI – ingressar livremente:

a) nas salas de sessões dos tribunais, mesmo além dos cancelos que separam a parte reservada aos magistrados;

b) nas salas e dependências de audiências, secretarias, cartórios, ofícios de justiça, serviços notariais e de registro, e, no caso de delegacias e prisões, mesmo fora da hora de expediente e independentemente da presença de seus titulares;

c) em qualquer edifício ou recinto em que funcione repartição judicial ou outro serviço público onde o advogado deva praticar ato ou colher prova ou informação útil ao exercício da atividade profissional, dentro do expediente ou fora dele, e ser atendido, desde que se ache presente qualquer servidor ou empregado;

d) em qualquer assembléia ou reunião de que participe ou possa participar o seu cliente, ou perante a qual este deva comparecer, desde que munido de poderes especiais.

VII - permanecer sentado ou em pé e retirar-se de quaisquer locais indicados no inciso anterior, independentemente de licença;

VIII - dirigir-se diretamente aos magistrados nas salas e gabinetes de trabalho, independentemente de horário previamente marcado ou outra condição, observando-se a ordem de chegada;

IX - usar da palavra, pela ordem, em qualquer tribunal judicial ou administrativo, órgão de deliberação coletiva da administração pública ou comissão parlamentar de inquérito, mediante intervenção pontual e sumária, para esclarecer equívoco ou dúvida surgida em relação a fatos, a documentos ou a afirmações que influam na decisão;

X - reclamar, verbalmente ou por escrito, perante qualquer juízo, tribunal ou autoridade, contra a inobservância de preceito de lei, regulamento ou regimento;

XI - falar, sentado ou em pé, em juízo, tribunal ou órgão de deliberação coletiva da Administração Pública ou do Poder Legislativo;

XII - examinar, em qualquer órgão dos Poderes Judiciário e Legislativo, ou da Administração Pública em geral, autos de processos findos ou em andamento, mesmo sem procuração, quando não estiverem sujeitos a sigilo ou segredo de justiça, assegurada a obtenção de cópias, com possibilidade de tomar apontamentos;

XIII - examinar, em qualquer instituição responsável por conduzir investigação, mesmo sem procuração, autos de flagrante e de investigações de qualquer natureza, findos ou em andamento, ainda que conclusos à autoridade, podendo copiar peças e tomar apontamentos, em meio físico ou digital;

XIV - ter vista dos processos judiciais ou administrativos de qualquer natureza, em cartório ou na repartição competente, ou retirá-los pelos prazos legais;
XV - retirar autos de processos findos, mesmo sem procuração, pelo prazo de dez dias;
XVI - ser publicamente desagravado, quando ofendido no exercício da profissão ou em razão dela;
XVII - usar os símbolos privativos da profissão de advogado;
XVIII - recusar-se a depor como testemunha em processo no qual funcionou ou deva funcionar, ou sobre fato relacionado com pessoa de quem seja ou foi advogado, mesmo quando autorizado ou solicitado pelo constituinte, bem como sobre fato que constitua sigilo profissional;
XIX - retirar-se do recinto onde se encontre aguardando pregão para ato judicial, após trinta minutos do horário designado e ao qual ainda não tenha comparecido a autoridade que deva presidir a ele, mediante comunicação protocolizada em juízo;
XX - assistir a seus clientes investigados durante a apuração de infrações, sob pena de nulidade absoluta do respectivo interrogatório ou depoimento e, subsequentemente, de todos os elementos investigatórios e probatórios dele decorrentes ou derivados, direta ou indiretamente, podendo, inclusive, no curso da respectiva apuração:
a) apresentar razões e quesitos.
b) (vetado).
§ 1º (revogado).
§ 2º (revogado).
§ 2º-A. (vetado).
§ 2º-B. Poderá o advogado realizar a sustentação oral no recurso interposto contra a decisão monocrática de relator que julgar o mérito ou não conhecer dos seguintes recursos ou ações:
I - recurso de apelação;
II - recurso ordinário;
III - recurso especial;

IV - recurso extraordinário;

V - embargos de divergência;

VI - ação rescisória, mandado de segurança, reclamação, habeas corpus e outras ações de competência originária.

§ 3º O advogado somente poderá ser preso em flagrante, por motivo de exercício da profissão, em caso de crime inafiançável, observado o disposto no inciso IV deste artigo.

§ 4º O Poder Judiciário e o Poder Executivo devem instalar, em todos os juizados, fóruns, tribunais, delegacias de polícia e presídios, salas especiais permanentes para os advogados, com uso assegurados à OAB.

§ 5º No caso de ofensa a inscrito na OAB, no exercício da profissão ou de cargo ou função de órgão da OAB, o conselho competente deve promover o desagravo público do ofendido, sem prejuízo da responsabilidade criminal em que incorrer o infrator.

§ 6º Presentes indícios de autoria e materialidade da prática de crime por parte de advogado, a autoridade judiciária competente poderá decretar a quebra da inviolabilidade de que trata o inciso II do *caput* deste artigo, em decisão motivada, expedindo mandado de busca e apreensão, específico e pormenorizado, a ser cumprido na presença de representante da OAB, sendo, em qualquer hipótese, vedada a utilização dos documentos, das mídias e dos objetos pertencentes a clientes do advogado averiguado, bem como dos demais instrumentos de trabalho que contenham informações sobre clientes.

§ 6º-A. A medida judicial cautelar que importe na violação do escritório ou do local de trabalho do advogado será determinada em hipótese excepcional, desde que exista fundamento em indício, pelo órgão acusatório.

§ 6º-B. É vedada a determinação da medida cautelar prevista no § 6º-A deste artigo se fundada exclusivamente em elementos produzidos em declarações do colaborador sem confirmação por outros meios de prova.

§ 6º-C. O representante da OAB referido no § 6º deste artigo tem o direito a ser respeitado pelos agentes responsáveis pelo cumprimento do mandado de busca e apreensão, sob pena de abuso de autoridade, e o dever de zelar pelo fiel cumprimento do objeto da investigação, bem como de impedir que documentos, mídias e objetos não relacionados à investigação, especialmente de outros processos do mesmo cliente ou de outros clientes que não sejam pertinentes à persecução penal, sejam analisados, fotografados, filmados, retirados ou apreendidos do escritório de advocacia.

§ 6º-D. No caso de inviabilidade técnica quanto à segregação da documentação, da mídia ou dos objetos não relacionados à investigação, em razão da sua natureza ou volume, no momento da execução da decisão judicial de apreensão ou de retirada do material, a cadeia de custódia preservará o sigilo do seu conteúdo, assegurada a presença do representante da OAB, nos termos dos §§ 6º-F e 6º-G deste artigo.

§ 6º-E. Na hipótese de inobservância do § 6º-D deste artigo pelo agente público responsável pelo cumprimento do mandado de busca e apreensão, o representante da OAB fará o relatório do fato ocorrido, com a inclusão dos nomes dos servidores, dará conhecimento à autoridade judiciária e o encaminhará à OAB para a elaboração de notícia-crime.

§ 6º-F. É garantido o direito de acompanhamento por representante da OAB e pelo profissional investigado durante a análise dos documentos e dos dispositivos de armazenamento de informação pertencentes a advogado, apreendidos ou interceptados, em todos os atos, para assegurar o cumprimento do disposto no inciso II do *caput* deste artigo.

§ 6º-G. A autoridade responsável informará, com antecedência mínima de 24 (vinte e quatro) horas, à seccional da OAB a data, o horário e o local em que serão analisados os documentos e os equipamentos apreendidos, garantido o direito de acompanhamento, em todos os atos, pelo representante da OAB e pelo profissional investigado para assegurar o disposto no § 6º-C deste artigo.

§ 6º-H. Em casos de urgência devidamente fundamentada pelo juiz, a análise dos documentos e dos equipamentos apreendidos poderá acontecer em prazo inferior a 24 (vinte e quatro) horas, garantido o direito de acompanhamento, em todos os atos, pelo representante da OAB e pelo profissional investigado para assegurar o disposto no § 6º-C deste artigo.

§ 6º-I. É vedado ao advogado efetuar colaboração premiada contra quem seja ou tenha sido seu cliente, e a inobservância disso importará em processo disciplinar, que poderá culminar com a aplicação do disposto no inciso III do *caput* do art. 35 desta Lei, sem prejuízo das penas previstas no art. 154 do Decreto-Lei nº 2.848, de 7 de dezembro de 1940 (Código Penal).

§ 7º A ressalva constante do § 6º deste artigo não se estende a clientes do advogado averiguado que estejam sendo formalmente investigados como seus partícipes ou coautores pela prática do mesmo crime que deu causa à quebra da inviolabilidade.

§ 8º (vetado)

§ 9º (vetado)

§ 10. Nos autos sujeitos a sigilo, deve o advogado apresentar procuração para o exercício dos direitos de que trata o inciso XIV.

§ 11. No caso previsto no inciso XIV, a autoridade competente poderá delimitar o acesso do advogado aos elementos de prova relacionados a diligências em andamento e ainda não documentados nos autos, quando houver risco de comprometimento da eficiência, da eficácia ou da finalidade das diligências.

§ 12. A inobservância aos direitos estabelecidos no inciso XIV, o fornecimento incompleto de autos ou o fornecimento de autos em que houve a retirada de peças já incluídas no caderno investigativo implicará responsabilização criminal e funcional por abuso de autoridade do responsável que impedir o acesso do advogado com o intuito de prejudicar o exercício da defesa, sem prejuízo do direito subjetivo do advogado de requerer acesso aos autos ao juiz competente.

§ 13. O disposto nos incisos XIII e XIV do *caput* deste artigo aplica-se integralmente a processos e a procedimentos eletrônicos, ressalvado o disposto nos §§ 10 e 11 deste artigo.

§ 14. Cabe, privativamente, ao Conselho Federal da OAB, em processo disciplinar próprio, dispor, analisar e decidir sobre a prestação efetiva do serviço jurídico realizado pelo advogado.

§ 15. Cabe ao Conselho Federal da OAB dispor, analisar e decidir sobre os honorários advocatícios dos serviços jurídicos realizados pelo advogado, resguardado o sigilo, nos termos do Capítulo VI desta Lei, e observado o disposto no inciso XXXV do *caput* do art. 5º da Constituição Federal.

§ 16. É nulo, em qualquer esfera de responsabilização, o ato praticado com violação da competência privativa do Conselho Federal da OAB prevista no § 14 deste artigo.

**Art. 7º-A.** São direitos da advogada:

I - gestante:

a) entrada em tribunais sem ser submetida a detectores de metais e aparelhos de raios X;

b) reserva de vaga em garagens dos fóruns dos tribunais;

II - lactante, adotante ou que der à luz, acesso a creche, onde houver, ou a local adequado ao atendimento das necessidades do bebê;

III - gestante, lactante, adotante ou que der à luz, preferência na ordem das sustentações orais e das audiências a serem realizadas a cada dia, mediante comprovação de sua condição;

IV - adotante ou que der à luz, suspensão de prazos processuais quando for a única patrona da causa, desde que haja notificação por escrito ao cliente.

§ 1º Os direitos previstos à advogada gestante ou lactante aplicam-se enquanto perdurar, respectivamente, o estado gravídico ou o período de amamentação.

§ 2º Os direitos assegurados nos incisos II e III deste artigo à advogada adotante ou que der à luz serão concedidos pelo prazo previsto no art. 392 do Decreto-Lei no 5.452, de 1º de maio de 1943 (Consolidação das Leis do Trabalho).

§ 3º O direito assegurado no inciso IV deste artigo à advogada adotante ou que der à luz será concedido pelo prazo previsto no § 6º do art. 313 da Lei no 13.105, de 16 de março de 2015 (Código de Processo Civil).

**Art. 7º-B** Constitui crime violar direito ou prerrogativa de advogado previstos nos incisos II, III, IV e V do *caput* do art. 7º desta Lei:

Pena - detenção, de 2 (dois) a 4 (quatro) anos, e multa.

## CAPÍTULO III
### Da Inscrição

**Art. 8º** Para inscrição como advogado é necessário:
I - capacidade civil;
II - diploma ou certidão de graduação em direito, obtido em instituição de ensino oficialmente autorizada e credenciada;
III - título de eleitor e quitação do serviço militar, se brasileiro;
IV - aprovação em Exame de Ordem;
V - não exercer atividade incompatível com a advocacia;
VI - idoneidade moral;
VII - prestar compromisso perante o conselho.
§ 1º O Exame da Ordem é regulamentado em provimento do Conselho Federal da OAB.
§ 2º O estrangeiro ou brasileiro, quando não graduado em direito no Brasil, deve fazer prova do título de graduação, obtido em instituição estrangeira, devidamente revalidado, além de atender aos demais requisitos previstos neste artigo.
§ 3º A inidoneidade moral, suscitada por qualquer pessoa, deve ser declarada mediante decisão que obtenha no mínimo dois terços dos votos de todos os membros do conselho competente, em procedimento que observe os termos do processo disciplinar.
§ 4º Não atende ao requisito de idoneidade moral aquele que tiver sido condenado por crime infamante, salvo reabilitação judicial.

**Art. 9º** Para inscrição como estagiário é necessário:
I - preencher os requisitos mencionados nos incisos I, III, V, VI e VII do art. 8º;
II - ter sido admitido em estágio profissional de advocacia.
§ 1º O estágio profissional de advocacia, com duração de dois anos, realizado nos últimos anos do curso jurídico, pode ser mantido pelas respectivas instituições de ensino superior pelos Conselhos da OAB, ou por setores, órgãos jurídicos e escritórios de advocacia credenciados pela OAB, sendo obrigatório o estudo deste Estatuto e do Código de Ética e Disciplina.

§ 2º A inscrição do estagiário é feita no Conselho Seccional em cujo território se localize seu curso jurídico.

§ 3º O aluno de curso jurídico que exerça atividade incompatível com a advocacia pode freqüentar o estágio ministrado pela respectiva instituição de ensino superior, para fins de aprendizagem, vedada a inscrição na OAB.

§ 4º O estágio profissional poderá ser cumprido por bacharel em Direito que queira se inscrever na Ordem.

§ 5º Em caso de pandemia ou em outras situações excepcionais que impossibilitem as atividades presenciais, declaradas pelo poder público, o estágio profissional poderá ser realizado no regime de teletrabalho ou de trabalho a distância em sistema remoto ou não, por qualquer meio telemático, sem configurar vínculo de emprego a adoção de qualquer uma dessas modalidades.

§ 6º Se houver concessão, pela parte contratante ou conveniada, de equipamentos, sistemas e materiais ou reembolso de despesas de infraestrutura ou instalação, todos destinados a viabilizar a realização da atividade de estágio prevista no § 5º deste artigo, essa informação deverá constar, expressamente, do convênio de estágio e do termo de estágio.

**Art. 10.** A inscrição principal do advogado deve ser feita no Conselho Seccional em cujo território pretende estabelecer o seu domicílio profissional, na forma do regulamento geral.

§ 1º Considera-se domicílio profissional a sede principal da atividade de advocacia, prevalecendo, na dúvida, o domicílio da pessoa física do advogado.

§ 2º Além da principal, o advogado deve promover a inscrição suplementar nos Conselhos Seccionais em cujos territórios passar a exercer habitualmente a profissão considerando-se habitualidade a intervenção judicial que exceder de cinco causas por ano.

§ 3º No caso de mudança efetiva de domicílio profissional para outra unidade federativa, deve o advogado requerer a transferência de sua inscrição para o Conselho Seccional correspondente.

§ 4º O Conselho Seccional deve suspender o pedido de transferência ou de inscrição suplementar, ao verificar a existência de vício ou ilegalidade na inscrição principal, contra ela representando ao Conselho Federal.

**Art. 11.** Cancela-se a inscrição do profissional que:
I - assim o requerer;
II - sofrer penalidade de exclusão;
III - falecer;
IV - passar a exercer, em caráter definitivo, atividade incompatível com a advocacia;
V - perder qualquer um dos requisitos necessários para inscrição.

§ 1º Ocorrendo uma das hipóteses dos incisos II, III e IV, o cancelamento deve ser promovido, de ofício, pelo conselho competente ou em virtude de comunicação por qualquer pessoa.

§ 2º Na hipótese de novo pedido de inscrição — que não restaura o número de inscrição anterior — deve o interessado fazer prova dos requisitos dos incisos I, V, VI e VII do art. 8º.

§ 3º Na hipótese do inciso II deste artigo, o novo pedido de inscrição também deve ser acompanhado de provas de reabilitação.

**Art. 12.** Licencia-se o profissional que:
I - assim o requerer, por motivo justificado;
II - passar a exercer, em caráter temporário, atividade incompatível com o exercício da advocacia;
III - sofrer doença mental considerada curável.

**Art. 13.** O documento de identidade profissional, na forma prevista no regulamento geral, é de uso obrigatório no exercício da atividade de advogado ou de estagiário e constitui prova de identidade civil para todos os fins legais.

**Art. 14.** É obrigatória a indicação do nome e do número de inscrição em todos os documentos assinados pelo advogado, no exercício de sua atividade.

Parágrafo único. É vedado anunciar ou divulgar qualquer atividade relacionada com o exercício da advocacia ou o uso da expressão escritório de advocacia, sem indicação expressa do nome e do número de inscrição dos advogados que o integrem ou o número de registro da sociedade de advogados na OAB.

## CAPÍTULO IV
### Da Sociedade de Advogados

**Art. 15.** Os advogados podem reunir-se em sociedade simples de prestação de serviços de advocacia ou constituir sociedade unipessoal de advocacia, na forma disciplinada nesta Lei e no regulamento geral.

§ 1º A sociedade de advogados e a sociedade unipessoal de advocacia adquirem personalidade jurídica com o registro aprovado dos seus atos constitutivos no Conselho Seccional da OAB em cuja base territorial tiver sede.

§ 2º Aplica-se à sociedade de advogados e à sociedade unipessoal de advocacia o Código de Ética e Disciplina, no que couber.

§ 3º As procurações devem ser outorgadas individualmente aos advogados e indicar a sociedade de que façam parte.

§ 4º Nenhum advogado pode integrar mais de uma sociedade de advogados, constituir mais de uma sociedade unipessoal de advocacia, ou integrar, simultaneamente, uma sociedade de advogados e uma sociedade unipessoal de advocacia, com sede ou filial na mesma área territorial do respectivo Conselho Seccional.

§ 5º O ato de constituição de filial deve ser averbado no registro da sociedade e arquivado no Conselho Seccional onde se instalar, ficando os sócios, inclusive o titular da sociedade unipessoal de advocacia, obrigados à inscrição suplementar.

§ 6º Os advogados sócios de uma mesma sociedade profissional não podem representar em juízo clientes de interesses opostos.

§ 7º A sociedade unipessoal de advocacia pode resultar da concentração por um advogado das quotas de uma sociedade de advogados, independentemente das razões que motivaram tal concentração.

§ 8º Nas sociedades de advogados, a escolha do sócio-administrador poderá recair sobre advogado que atue como servidor da administração direta, indireta e fundacional, desde que não esteja sujeito ao regime de dedicação exclusiva, não lhe sendo aplicável o disposto no inciso X do *caput* do art. 117 da Lei nº 8.112, de 11 de dezembro de 1990, no que se refere à sociedade de advogados.

§ 9º A sociedade de advogados e a sociedade unipessoal de advocacia deverão recolher seus tributos sobre a parcela da receita que efetivamente lhes couber, com a exclusão da receita que for transferida a outros advogados ou a sociedades que atuem em forma de parceria para o atendimento do cliente.

§ 10. Cabem ao Conselho Federal da OAB a fiscalização, o acompanhamento e a definição de parâmetros e de diretrizes da relação jurídica mantida entre advogados e sociedades de advogados ou entre escritório de advogados sócios e advogado associado, inclusive no que se refere ao cumprimento dos requisitos norteadores da associação sem vínculo empregatício autorizada expressamente neste artigo.

§ 11. Não será admitida a averbação do contrato de associação que contenha, em conjunto, os elementos caracterizadores de relação de emprego previstos na Consolidação das Leis do Trabalho (CLT), aprovada pelo Decreto-Lei nº 5.452, de 1º de maio de 1943.

§ 12. A sociedade de advogados e a sociedade unipessoal de advocacia podem ter como sede, filial ou local de trabalho espaço de uso individual ou compartilhado com outros escritórios de advocacia ou empresas, desde que respeitadas as hipóteses de sigilo previstas nesta Lei e no Código de Ética e Disciplina.

**Art. 16.** Não são admitidas a registro nem podem funcionar todas as espécies de sociedades de advogados que apresentem forma ou características de sociedade empresária, que adotem denominação de fantasia, que realizem atividades estranhas à advocacia, que incluam como sócio ou titular de sociedade unipessoal de advocacia pessoa não inscrita como advogado ou totalmente proibida de advogar.

§ 1º A razão social deve ter, obrigatoriamente, o nome de, pelo menos, um advogado responsável pela sociedade, podendo permanecer o de sócio falecido, desde que prevista tal possibilidade no ato constitutivo.

§ 2º O impedimento ou a incompatibilidade em caráter temporário do advogado não o exclui da sociedade de advogados à qual pertença e deve ser averbado no registro da sociedade, observado o disposto nos arts. 27, 28, 29 e 30 desta Lei e proibida, em qualquer hipótese, a exploração de seu nome e de sua imagem em favor da sociedade.

§ 3º É proibido o registro, nos cartórios de registro civil de pessoas jurídicas e nas juntas comerciais, de sociedade que inclua, entre outras finalidades, a atividade de advocacia.

§ 4º A denominação da sociedade unipessoal de advocacia deve ser obrigatoriamente formada pelo nome do seu titular, completo ou parcial, com a expressão 'Sociedade Individual de Advocacia'.

**Art. 17.** Além da sociedade, o sócio e o titular da sociedade individual de advocacia respondem subsidiária e ilimitadamente pelos danos causados aos clientes por ação ou omissão no exercício da advocacia, sem prejuízo da responsabilidade disciplinar em que possam incorrer.

**Art. 17-A.** O advogado poderá associar-se a uma ou mais sociedades de advogados ou sociedades unipessoais de advocacia, sem que estejam presentes os requisitos legais de vínculo empregatício, para prestação de serviços e participação nos resultados, na forma do Regulamento Geral e de Provimentos do Conselho Federal da OAB.

**Art. 17-B.** A associação de que trata o art. 17-A desta Lei dar-se-á por meio de pactuação de contrato próprio, que poderá ser de caráter geral ou restringir-se a determinada causa ou trabalho e que deverá ser registrado no Conselho Seccional da OAB em cuja base territorial tiver sede a sociedade de advogados que dele tomar parte.

Parágrafo único. No contrato de associação, o advogado sócio ou associado e a sociedade pactuarão as condições para o desempenho da atividade advocatícia e estipularão livremente os critérios para a partilha dos resultados dela decorrentes, devendo o contrato conter, no mínimo:
I - qualificação das partes, com referência expressa à inscrição no Conselho Seccional da OAB competente;
II - especificação e delimitação do serviço a ser prestado;
III - forma de repartição dos riscos e das receitas entre as partes, vedada a atribuição da totalidade dos riscos ou das receitas exclusivamente a uma delas;
IV - responsabilidade pelo fornecimento de condições materiais e pelo custeio das despesas necessárias à execução dos serviços;
V - prazo de duração do contrato.

## CAPÍTULO V
### Do Advogado Empregado

**Art. 18.** A relação de emprego, na qualidade de advogado, não retira a isenção técnica nem reduz a independência profissional inerentes à advocacia.

§ 1º O advogado empregado não está obrigado à prestação de serviços profissionais de interesse pessoal dos empregadores, fora da relação de emprego.

§ 2º As atividades do advogado empregado poderão ser realizadas, a critério do empregador, em qualquer um dos seguintes regimes:

I - exclusivamente presencial: modalidade na qual o advogado empregado, desde o início da contratação, realizará o trabalho nas dependências ou locais indicados pelo empregador;

II - não presencial, teletrabalho ou trabalho a distância: modalidade na qual, desde o início da contratação, o trabalho será preponderantemente realizado fora das dependências do empregador, observado que o comparecimento nas dependências de forma não permanente, variável ou para participação em reuniões ou em eventos presenciais não descaracterizará o regime não presencial;

III - misto: modalidade na qual as atividades do advogado poderão ser presenciais, no estabelecimento do contratante ou onde este indicar, ou não presenciais, conforme as condições definidas pelo empregador em seu regulamento empresarial, independentemente de preponderância ou não.

§ 3º Na vigência da relação de emprego, as partes poderão pactuar, por acordo individual simples, a alteração de um regime para outro.

**Art. 19.** O salário mínimo profissional do advogado será fixado em sentença normativa, salvo se ajustado em acordo ou convenção coletiva de trabalho.

**Art. 20.** A jornada de trabalho do advogado empregado, quando prestar serviço para empresas, não poderá exceder a duração diária de 8 (oito) horas contínuas e a de 40 (quarenta) horas semanais.

§ 1º Para efeitos deste artigo, considera-se como período de trabalho o tempo em que o advogado estiver à disposição do empregador, aguardando ou executando ordens, no seu escritório ou em atividades externas, sendo-lhe reembolsadas as despesas feitas com transporte, hospedagem e alimentação.

§ 2º As horas trabalhadas que excederem a jornada normal são remuneradas por um adicional não inferior a cem por cento sobre o valor da hora normal, mesmo havendo contrato escrito.

§ 3º As horas trabalhadas no período das vinte horas de um dia até as cinco horas do dia seguinte são remuneradas como noturnas, acrescidas do adicional de vinte e cinco por cento.

**Art. 21.** Nas causas em que for parte o empregador, ou pessoa por este representada, os honorários de sucumbência são devidos aos advogados empregados.

Parágrafo único. Os honorários de sucumbência, percebidos por advogado empregado de sociedade de advogados são partilhados entre ele e a empregadora, na forma estabelecida em acordo.

## CAPÍTULO VI
### Dos Honorários Advocatícios

**Art. 22.** A prestação de serviço profissional assegura aos inscritos na OAB o direito aos honorários convencionados, aos fixados por arbitramento judicial e aos de sucumbência.

§ 1º O advogado, quando indicado para patrocinar causa de juridicamente necessitado, no caso de impossibilidade da Defensoria Pública no local da prestação de serviço, tem direito aos honorários fixados pelo juiz, segundo tabela organizada pelo Conselho Seccional da OAB, e pagos pelo Estado.

§ 2º Na falta de estipulação ou de acordo, os honorários são fixados por arbitramento judicial, em remuneração compatível com o trabalho e o valor econômico da questão, observado obrigatoriamente o disposto nos §§ 2º, 3º, 4º, 5º, 6º, 6º-A, 8º, 8º-A, 9º e 10 do art. 85 da Lei nº 13.105, de 16 de março de 2015 (Código de Processo Civil).

§ 3º Salvo estipulação em contrário, um terço dos honorários é devido no início do serviço, outro terço até a decisão de primeira instância e o restante no final.

§ 4º Se o advogado fizer juntar aos autos o seu contrato de honorários antes de expedir-se o mandado de levantamento ou precatório, o juiz deve determinar que lhe sejam pagos diretamente, por dedução da quantia a ser recebida pelo constituinte, salvo se este provar que já os pagou.

§ 5º O disposto neste artigo não se aplica quando se tratar de mandato outorgado por advogado para defesa em processo oriundo de ato ou omissão praticada no exercício da profissão.

§ 6º O disposto neste artigo aplica-se aos honorários assistenciais, compreendidos como os fixados em ações coletivas propostas por entidades de classe em substituição processual, sem prejuízo aos honorários convencionais.

§ 7º Os honorários convencionados com entidades de classe para atuação em substituição processual poderão prever a faculdade de indicar os beneficiários que, ao optarem por adquirir os direitos, assumirão as obrigações decorrentes do contrato originário a partir do momento em que este foi celebrado, sem a necessidade de mais formalidades.

§ 8º Consideram-se também honorários convencionados aqueles decorrentes da indicação de cliente entre advogados ou sociedade de advogados, aplicada a regra prevista no § 9º do art. 15 desta Lei.

**Art. 22-A.** Fica permitida a dedução de honorários advocatícios contratuais dos valores acrescidos, a título de juros de mora, ao montante repassado aos Estados e aos Municípios na forma de precatórios, como complementação de fundos constitucionais.

Parágrafo único. A dedução a que se refere o *caput* deste artigo não será permitida aos advogados nas causas que decorram da execução de título judicial constituído em ação civil pública ajuizada pelo Ministério Público Federal.

**Art. 23.** Os honorários incluídos na condenação, por arbitramento ou sucumbência, pertencem ao advogado, tendo este direito autônomo para executar a sentença nesta parte, podendo requerer que o precatório, quando necessário, seja expedido em seu favor.

**Art. 24.** A decisão judicial que fixar ou arbitrar honorários e o contrato escrito que os estipular são títulos executivos e constituem crédito privilegiado na falência, concordata, concurso de credores, insolvência civil e liquidação extrajudicial.

§ 1º A execução dos honorários pode ser promovida nos mesmos autos da ação em que tenha atuado o advogado, se assim lhe convier.

§ 2º Na hipótese de falecimento ou incapacidade civil do advogado, os honorários de sucumbência, proporcionais ao trabalho realizado, são recebidos por seus sucessores ou representantes legais.

§ 3º-A. Nos casos judiciais e administrativos, as disposições, as cláusulas, os regulamentos ou as convenções individuais ou coletivas que retirem do sócio o direito ao recebimento dos honorários de sucumbência serão válidos somente após o protocolo de petição que revogue os poderes que lhe foram outorgados ou que noticie a renúncia a eles, e os honorários serão devidos proporcionalmente ao trabalho realizado nos processos.

§ 4º O acordo feito pelo cliente do advogado e a parte contrária, salvo aquiescência do profissional, não lhe prejudica os honorários, quer os convencionados, quer os concedidos por sentença.

§ 5º Salvo renúncia expressa do advogado aos honorários pactuados na hipótese de encerramento da relação contratual com o cliente, o advogado mantém o direito aos honorários proporcionais ao trabalho realizado nos processos judiciais e administrativos em que tenha atuado, nos exatos termos do contrato celebrado, inclusive em relação aos eventos de sucesso que porventura venham a ocorrer após o encerramento da relação contratual.

§ 6º O distrato e a rescisão do contrato de prestação de serviços advocatícios, mesmo que formalmente celebrados, não configuram renúncia expressa aos honorários pactuados.

§ 7º Na ausência do contrato referido no § 6º deste artigo, os honorários advocatícios serão arbitrados conforme o disposto no art. 22 desta Lei.

**Art. 24-A.** No caso de bloqueio universal do patrimônio do cliente por decisão judicial, garantir-se-á ao advogado a liberação de até 20% (vinte por cento) dos bens bloqueados para fins de recebimento de honorários e reembolso de gastos com a defesa, ressalvadas as causas relacionadas aos crimes previstos na Lei nº 11.343, de 23 de agosto de 2006 (Lei de Drogas), e observado o disposto no parágrafo único do art. 243 da Constituição Federal.

§ 1º O pedido de desbloqueio de bens será feito em autos apartados, que permanecerão em sigilo, mediante apresentação do respectivo contrato.

§ 2º O desbloqueio de bens observará, preferencialmente, a ordem estabelecida no art. 835 da Lei nº 13.105, de 16 de março de 2015 (Código de Processo Civil).

§ 3º Quando se tratar de dinheiro em espécie, de depósito ou de aplicação em instituição financeira, os valores serão transferidos diretamente para a conta do advogado ou do escritório de advocacia responsável pela defesa.

§ 4º Nos demais casos, o advogado poderá optar pela adjudicação do próprio bem ou por sua venda em hasta pública para satisfação dos honorários devidos, nos termos do art. 879 e seguintes da Lei nº 13.105, de 16 de março de 2015 (Código de Processo Civil).
§ 5º O valor excedente deverá ser depositado em conta vinculada ao processo judicial.

**Art. 25.** Prescreve em cinco anos a ação de cobrança de honorários de advogado, contado o prazo:
I - do vencimento do contrato, se houver;
II - do trânsito em julgado da decisão que os fixar;
III - da ultimação do serviço extrajudicial;
IV - da desistência ou transação;
V - da renúncia ou revogação do mandato.

**Art. 25-A.** Prescreve em cinco anos a ação de prestação de contas pelas quantias recebidas pelo advogado de seu cliente, ou de terceiros por conta dele (art. 34, XXI).

**Art. 26.** O advogado substabelecido, com reserva de poderes, não pode cobrar honorários sem a intervenção daquele que lhe conferiu o substabelecimento.
Parágrafo único. O disposto no *caput* deste artigo não se aplica na hipótese de o advogado substabelecido, com reservas de poderes, possuir contrato celebrado com o cliente.

## CAPÍTULO VII
### Das Incompatibilidades e Impedimentos

**Art. 27.** A incompatibilidade determina a proibição total, e o impedimento, a proibição parcial do exercício da advocacia.

**Art. 28.** A advocacia é incompatível, mesmo em causa própria, com as seguintes atividades:

I - chefe do Poder Executivo e membros da Mesa do Poder Legislativo e seus substitutos legais;

II - membros de órgãos do Poder Judiciário, do Ministério Público, dos tribunais e conselhos de contas, dos juizados especiais, da justiça de paz, juízes classistas, bem como de todos os que exerçam função de julgamento em órgãos de deliberação coletiva da administração pública direta e indireta;

III - ocupantes de cargos ou funções de direção em Órgãos da Administração Pública direta ou indireta, em suas fundações e em suas empresas controladas ou concessionárias de serviço público;

IV - ocupantes de cargos ou funções vinculados direta ou indiretamente a qualquer órgão do Poder Judiciário e os que exercem serviços notariais e de registro;

V - ocupantes de cargos ou funções vinculados direta ou indiretamente a atividade policial de qualquer natureza;

VI - militares de qualquer natureza, na ativa;

VII - ocupantes de cargos ou funções que tenham competência de lançamento, arrecadação ou fiscalização de tributos e contribuições parafiscais;

VIII - ocupantes de funções de direção e gerência em instituições financeiras, inclusive privadas.

§ 1º A incompatibilidade permanece mesmo que o ocupante do cargo ou função deixe de exercê-lo temporariamente.

§ 2º Não se incluem nas hipóteses do inciso III os que não detenham poder de decisão relevante sobre interesses de terceiro, a juízo do conselho competente da OAB, bem como a administração acadêmica diretamente relacionada ao magistério jurídico.

§ 3º As causas de incompatibilidade previstas nas hipóteses dos incisos V e VI do *caput* deste artigo não se aplicam ao exercício da advocacia em causa própria, estritamente para fins de defesa e tutela de direitos pessoais, desde que mediante inscrição especial na OAB, vedada a participação em sociedade de advogados. (Vide ADI 7.227)

§ 4º A inscrição especial a que se refere o § 3º deste artigo deverá constar do documento profissional de registro na OAB e não isenta o profissional do pagamento da contribuição anual, de multas e de preços de serviços devidos à OAB, na forma por ela estabelecida, vedada cobrança em valor superior ao exigido para os demais membros inscritos. (Vide ADI 7.227)

**Art. 29.** Os Procuradores Gerais, Advogados Gerais, Defensores Gerais e dirigentes de órgãos jurídicos da Administração Pública direta, indireta e fundacional são exclusivamente legitimados para o exercício da advocacia vinculada à função que exerçam, durante o período da investidura.

**Art. 30.** São impedidos de exercer a advocacia:
I - os servidores da administração direta, indireta e fundacional, contra a Fazenda Pública que os remunere ou à qual seja vinculada a entidade empregadora;
II - os membros do Poder Legislativo, em seus diferentes níveis, contra ou a favor das pessoas jurídicas de direito público, empresas públicas, sociedades de economia mista, fundações públicas, entidades paraestatais ou empresas concessionárias ou permissionárias de serviço público.
Parágrafo único. Não se incluem nas hipóteses do inciso I os docentes dos cursos jurídicos.

## CAPÍTULO VIII
### Da Ética do Advogado

**Art. 31.** O advogado deve proceder de forma que o torne merecedor de respeito e que contribua para o prestígio da classe e da advocacia.
§ 1º O advogado, no exercício da profissão, deve manter independência em qualquer circunstância.
§ 2º Nenhum receio de desagradar a magistrado ou a qualquer autoridade, nem de incorrer em impopularidade, deve deter o advogado no exercício da profissão.

**Art. 32.** O advogado é responsável pelos atos que, no exercício profissional, praticar com dolo ou culpa.
Parágrafo único. Em caso de lide temerária, o advogado será solidariamente responsável com seu cliente, desde que coligado com este para lesar a parte contrária, o que será apurado em ação própria.

Art. 33. O advogado obriga-se a cumprir rigorosamente os deveres consignados no Código de Ética e Disciplina.

Parágrafo único. O Código de Ética e Disciplina regula os deveres do advogado para com a comunidade, o cliente, o outro profissional e, ainda, a publicidade, a recusa do patrocínio, o dever de assistência jurídica, o dever geral de urbanidade e os respectivos procedimentos disciplinares.

## CAPÍTULO IX
### Das Infrações e Sanções Disciplinares

Art. 34. Constitui infração disciplinar:

I - exercer a profissão, quando impedido de fazê-lo, ou facilitar, por qualquer meio, o seu exercício aos não inscritos, proibidos ou impedidos;

II - manter sociedade profissional fora das normas e preceitos estabelecidos nesta lei;

III - valer-se de agenciador de causas, mediante participação nos honorários a receber;

IV - angariar ou captar causas, com ou sem a intervenção de terceiros;

V - assinar qualquer escrito destinado a processo judicial ou para fim extrajudicial que não tenha feito, ou em que não tenha colaborado;

VI - advogar contra literal disposição de lei, presumindo-se a boa-fé quando fundamentado na inconstitucionalidade, na injustiça da lei ou em pronunciamento judicial anterior;

VII - violar, sem justa causa, sigilo profissional;

VIII - estabelecer entendimento com a parte adversa sem autorização do cliente ou ciência do advogado contrário;

IX - prejudicar, por culpa grave, interesse confiado ao seu patrocínio;

X - acarretar, conscientemente, por ato próprio, a anulação ou a nulidade do processo em que funcione;

XI - abandonar a causa sem justo motivo ou antes de decorridos dez dias da comunicação da renúncia;

XII - recusar-se a prestar, sem justo motivo, assistência jurídica, quando nomeado em virtude de impossibilidade da Defensoria Pública;

XIII - fazer publicar na imprensa, desnecessária e habitualmente, alegações forenses ou relativas a causas pendentes;

XIV - deturpar o teor de dispositivo de lei, de citação doutrinária ou de julgado, bem como de depoimentos, documentos e alegações da parte contrária, para confundir o adversário ou iludir o juiz da causa;

XV - fazer, em nome do constituinte, sem autorização escrita deste, imputação a terceiro de fato definido como crime;

XVI - deixar de cumprir, no prazo estabelecido, determinação emanada do órgão ou de autoridade da Ordem, em matéria da competência desta, depois de regularmente notificado;

XVII - prestar concurso a clientes ou a terceiros para realização de ato contrário à lei ou destinado a fraudá-la;

XVIII - solicitar ou receber de constituinte qualquer importância para aplicação ilícita ou desonesta;

XIX - receber valores, da parte contrária ou de terceiro, relacionados com o objeto do mandato, sem expressa autorização do constituinte;

XX - locupletar-se, por qualquer forma, à custa do cliente ou da parte adversa, por si ou interposta pessoa;

XXI - recusar-se, injustificadamente, a prestar contas ao cliente de quantias recebidas dele ou de terceiros por conta dele;

XXII - reter, abusivamente, ou extraviar autos recebidos com vista ou em confiança;

XXIII - deixar de pagar as contribuições, multas e preços de serviços devidos à OAB, depois de regularmente notificado a fazê-lo; (Vide ADI 7.020)

XXIV - incidir em erros reiterados que evidenciem inépcia profissional;

XXV - manter conduta incompatível com a advocacia;

XXVI - fazer falsa prova de qualquer dos requisitos para inscrição na OAB;

XXVII - tornar-se moralmente inidôneo para o exercício da advocacia;

XXVIII - praticar crime infamante;

XXIX - praticar, o estagiário, ato excedente de sua habilitação.

XXX - praticar assédio moral, assédio sexual ou discriminação.

§ 1º Inclui-se na conduta incompatível:
a) prática reiterada de jogo de azar, não autorizado por lei;
b) incontinência pública e escandalosa;
c) embriaguez ou toxicomania habituais.

§ 2º Para os fins desta Lei, considera-se:

I - assédio moral: a conduta praticada no exercício profissional ou em razão dele, por meio da repetição deliberada de gestos, palavras faladas ou escritas ou comportamentos que exponham o estagiário, o advogado ou qualquer outro profissional que esteja prestando seus serviços a situações humilhantes e constrangedoras, capazes de lhes causar ofensa à personalidade, à dignidade e à integridade psíquica ou física, com o objetivo de excluí-los das suas funções ou de desestabilizá-los emocionalmente, deteriorando o ambiente profissional;

II - assédio sexual: a conduta de conotação sexual praticada no exercício profissional ou em razão dele, manifestada fisicamente ou por palavras, gestos ou outros meios, proposta ou imposta à pessoa contra sua vontade, causando-lhe constrangimento e violando a sua liberdade sexual;

III - discriminação: a conduta comissiva ou omissiva que dispense tratamento constrangedor ou humilhante a pessoa ou grupo de pessoas, em razão de sua deficiência, pertença a determinada raça, cor ou sexo, procedência nacional ou regional, origem étnica, condição de gestante, lactante ou nutriz, faixa etária, religião ou outro fator.

**Art. 35.** As sanções disciplinares consistem em:
I - censura;
II - suspensão;
III - exclusão;
IV - multa.

Parágrafo único. As sanções devem constar dos assentamentos do inscrito, após o trânsito em julgado da decisão, não podendo ser objeto de publicidade a de censura.

**Art. 36.** A censura é aplicável nos casos de:
I - infrações definidas nos incisos I a XVI e XXIX do art. 34;
II - violação a preceito do Código de Ética e Disciplina;
III - violação a preceito desta lei, quando para a infração não se tenha estabelecido sanção mais grave.
Parágrafo único. A censura pode ser convertida em advertência, em ofício reservado, sem registro nos assentamentos do inscrito, quando presente circunstância atenuante.

**Art. 37.** A suspensão é aplicável nos casos de:
I - infrações definidas nos incisos XVII a XXV e XXX do *caput* do art. 34 desta Lei;
II - reincidência em infração disciplinar.
§ 1º A suspensão acarreta ao infrator a interdição do exercício profissional, em todo o território nacional, pelo prazo de trinta dias a doze meses, de acordo com os critérios de individualização previstos neste capítulo.
§ 2º Nas hipóteses dos incisos XXI e XXIII do art. 34, a suspensão perdura até que satisfaça integralmente a dívida, inclusive com correção monetária.
§ 3º Na hipótese do inciso XXIV do art. 34, a suspensão perdura até que preste novas provas de habilitação.

**Art. 38.** A exclusão é aplicável nos casos de:
I - aplicação, por três vezes, de suspensão;
II - infrações definidas nos incisos XXVI a XXVIII do art. 34.
Parágrafo único. Para a aplicação da sanção disciplinar de exclusão, é necessária a manifestação favorável de dois terços dos membros do Conselho Seccional competente.

**Art. 39.** A multa, variável entre o mínimo correspondente ao valor de uma anuidade e o máximo de seu décuplo, é aplicável cumulativamente com a censura ou suspensão, em havendo circunstâncias agravantes.

**Art. 40.** Na aplicação das sanções disciplinares, são consideradas, para fins de atenuação, as seguintes circunstâncias, entre outras:

I - falta cometida na defesa de prerrogativa profissional;

II - ausência de punição disciplinar anterior;

III - exercício assíduo e proficiente de mandato ou cargo em qualquer órgão da OAB;

IV - prestação de relevantes serviços à advocacia ou à causa pública.

Parágrafo único. Os antecedentes profissionais do inscrito, as atenuantes, o grau de culpa por ele revelada, as circunstâncias e as conseqüências da infração são considerados para o fim de decidir:

a) sobre a conveniência da aplicação cumulativa da multa e de outra sanção disciplinar;

b) sobre o tempo de suspensão e o valor da multa aplicáveis.

**Art. 41.** É permitido ao que tenha sofrido qualquer sanção disciplinar requerer, um ano após seu cumprimento, a reabilitação, em face de provas efetivas de bom comportamento.

Parágrafo único. Quando a sanção disciplinar resultar da prática de crime, o pedido de reabilitação depende também da correspondente reabilitação criminal.

**Art. 42.** Fica impedido de exercer o mandato o profissional a quem forem aplicadas as sanções disciplinares de suspensão ou exclusão.

**Art. 43.** A pretensão à punibilidade das infrações disciplinares prescreve em cinco anos, contados da data da constatação oficial do fato.

§ 1º Aplica-se a prescrição a todo processo disciplinar paralisado por mais de três anos, pendente de despacho ou julgamento, devendo ser arquivado de ofício, ou a requerimento da parte interessada, sem prejuízo de serem apuradas as responsabilidades pela paralisação.

§ 2º A prescrição interrompe-se:

I - pela instauração de processo disciplinar ou pela notificação válida feita diretamente ao representado;

II - pela decisão condenatória recorrível de qualquer órgão julgador da OAB.

## TÍTULO II
### Da Ordem dos Advogados do Brasil

## CAPÍTULO I
### Dos Fins e da Organização

Art. 44. A Ordem dos Advogados do Brasil (OAB), serviço público, dotada de personalidade jurídica e forma federativa, tem por finalidade:

I - defender a Constituição, a ordem jurídica do Estado democrático de direito, os direitos humanos, a justiça social, e pugnar pela boa aplicação das leis, pela rápida administração da justiça e pelo aperfeiçoamento da cultura e das instituições jurídicas;

II - promover, com exclusividade, a representação, a defesa, a seleção e a disciplina dos advogados em toda a República Federativa do Brasil.

§ 1º A OAB não mantém com órgãos da Administração Pública qualquer vínculo funcional ou hierárquico.

§ 2º O uso da sigla OAB é privativo da Ordem dos Advogados do Brasil.

Art. 45. São órgãos da OAB:

I - o Conselho Federal;

II - os Conselhos Seccionais;

III - as Subseções;

IV - as Caixas de Assistência dos Advogados.

§ 1º O Conselho Federal, dotado de personalidade jurídica própria, com sede na capital da República, é o órgão supremo da OAB.

§ 2º Os Conselhos Seccionais, dotados de personalidade jurídica própria, têm jurisdição sobre os respectivos territórios dos Estados-membros, do Distrito Federal e dos Territórios.

§ 3º As Subseções são partes autônomas do Conselho Seccional, na forma desta lei e de seu ato constitutivo.

§ 4º As Caixas de Assistência dos Advogados, dotadas de personalidade jurídica própria, são criadas pelos Conselhos Seccionais, quando estes contarem com mais de mil e quinhentos inscritos.

§ 5º A OAB, por constituir serviço público, goza de imunidade tributária total em relação a seus bens, rendas e serviços.

§ 6º Os atos, as notificações e as decisões dos órgãos da OAB, salvo quando reservados ou de administração interna, serão publicados no Diário Eletrônico da Ordem dos Advogados do Brasil, a ser disponibilizado na internet, podendo ser afixados no fórum local, na íntegra ou em resumo.

**Art. 46.** Compete à OAB fixar e cobrar, de seus inscritos, contribuições, preços de serviços e multas.

Parágrafo único. Constitui título executivo extrajudicial a certidão passada pela diretoria do Conselho competente, relativa a crédito previsto neste artigo.

**Art. 47.** O pagamento da contribuição anual à OAB isenta os inscritos nos seus quadros do pagamento obrigatório da contribuição sindical.

**Art. 48.** O cargo de conselheiro ou de membro de diretoria de órgão da OAB é de exercício gratuito e obrigatório, considerado serviço público relevante, inclusive para fins de disponibilidade e aposentadoria.

**Art. 49.** Os Presidentes dos Conselhos e das Subseções da OAB têm legitimidade para agir, judicial e extrajudicialmente, contra qualquer pessoa que infringir as disposições ou os fins desta lei.

Parágrafo único. As autoridades mencionadas no *caput* deste artigo têm, ainda, legitimidade para intervir, inclusive como assistentes, nos inquéritos e processos em que sejam indiciados, acusados ou ofendidos os inscritos na OAB.

**Art. 50.** Para os fins desta lei, os Presidentes dos Conselhos da OAB e das Subseções podem requisitar cópias de peças de autos e documentos a qualquer tribunal, magistrado, cartório e órgão da Administração Pública direta, indireta e fundacional.

## CAPÍTULO II
### Do Conselho Federal

**Art. 51.** O Conselho Federal compõe-se:
I - dos conselheiros federais, integrantes das delegações de cada unidade federativa;
II - dos seus ex-presidentes, na qualidade de membros honorários vitalícios.
§ 1º Cada delegação é formada por três conselheiros federais.
§ 2º Os ex-presidentes têm direito apenas a voz nas sessões.
§ 3º O Instituto dos Advogados Brasileiros e a Federação Nacional dos Institutos dos Advogados do Brasil são membros honorários, somente com direito a voz nas sessões do Conselho Federal.

**Art. 52.** Os presidentes dos Conselhos Seccionais, nas sessões do Conselho Federal, têm lugar reservado junto à delegação respectiva e direito somente a voz.

**Art. 53.** O Conselho Federal tem sua estrutura e funcionamento definidos no Regulamento Geral da OAB.
§ 1º O Presidente, nas deliberações do Conselho, tem apenas o voto de qualidade.
§ 2º O voto é tomado por delegação, e não pode ser exercido nas matérias de interesse da unidade que represente.
§ 3º Na eleição para a escolha da Diretoria do Conselho Federal, cada membro da delegação terá direito a 1 (um) voto, vedado aos membros honorários vitalícios.

**Art. 54.** Compete ao Conselho Federal:
I - dar cumprimento efetivo às finalidades da OAB;
II - representar, em juízo ou fora dele, os interesses coletivos ou individuais dos advogados;
III - velar pela dignidade, independência, prerrogativas e valorização da advocacia;

IV - representar, com exclusividade, os advogados brasileiros nos órgãos e eventos internacionais da advocacia;

V - editar e alterar o Regulamento Geral, o Código de Ética e Disciplina, e os Provimentos que julgar necessários;

VI - adotar medidas para assegurar o regular funcionamento dos Conselhos Seccionais;

VII - intervir nos Conselhos Seccionais, onde e quando constatar grave violação desta lei ou do regulamento geral;

VIII - cassar ou modificar, de ofício ou mediante representação, qualquer ato, de órgão ou autoridade da OAB, contrário a esta lei, ao regulamento geral, ao Código de Ética e Disciplina, e aos Provimentos, ouvida a autoridade ou o órgão em causa;

IX - julgar, em grau de recurso, as questões decididas pelos Conselhos Seccionais, nos casos previstos neste estatuto e no regulamento geral;

X - dispor sobre a identificação dos inscritos na OAB e sobre os respectivos símbolos privativos;

XI - apreciar o relatório anual e deliberar sobre o balanço e as contas de sua diretoria;

XII - homologar ou mandar suprir relatório anual, o balanço e as contas dos Conselhos Seccionais;

XIII - elaborar as listas constitucionalmente previstas, para o preenchimento dos cargos nos tribunais judiciários de âmbito nacional ou interestadual, com advogados que estejam em pleno exercício da profissão, vedada a inclusão de nome de membro do próprio Conselho ou de outro órgão da OAB;

XIV - ajuizar ação direta de inconstitucionalidade de normas legais e atos normativos, ação civil pública, mandado de segurança coletivo, mandado de injunção e demais ações cuja legitimação lhe seja outorgada por lei;

XV - colaborar com o aperfeiçoamento dos cursos jurídicos, e opinar, previamente, nos pedidos apresentados aos órgãos competentes para criação, reconhecimento ou credenciamento desses cursos;

XVI - autorizar, pela maioria absoluta das delegações, a oneração ou alienação de seus bens imóveis;

XVII - participar de concursos públicos, nos casos previstos na Constituição e na lei, em todas as suas fases, quando tiverem abrangência nacional ou interestadual;

XVIII - resolver os casos omissos neste estatuto.

XIX - fiscalizar, acompanhar e definir parâmetros e diretrizes da relação jurídica mantida entre advogados e sociedades de advogados ou entre escritório de advogados sócios e advogado associado, inclusive no que se refere ao cumprimento dos requisitos norteadores da associação sem vínculo empregatício;

XX - promover, por intermédio da Câmara de Mediação e Arbitragem, a solução sobre questões atinentes à relação entre advogados sócios ou associados e homologar, caso necessário, quitações de honorários entre advogados e sociedades de advogados, observado o disposto no inciso XXXV do *caput* do art. 5º da Constituição Federal.

Parágrafo único. A intervenção referida no inciso VII deste artigo depende de prévia aprovação por dois terços das delegações, garantido o amplo direito de defesa do Conselho Seccional respectivo, nomeando-se diretoria provisória para o prazo que se fixar.

**Art. 55.** A diretoria do Conselho Federal é composta de um Presidente, de um Vice-Presidente, de um Secretário-Geral, de um Secretário-Geral Adjunto e de um Tesoureiro.

§ 1º O Presidente exerce a representação nacional e internacional da OAB, competindo-lhe convocar o Conselho Federal, presidi-lo, representá-lo ativa e passivamente, em juízo ou fora dele, promover-lhe a administração patrimonial e dar execução às suas decisões.

§ 2º O regulamento geral define as atribuições dos membros da diretoria e a ordem de substituição em caso de vacância, licença, falta ou impedimento.

§ 3º Nas deliberações do Conselho Federal, os membros da diretoria votam como membros de suas delegações, cabendo ao Presidente, apenas, o voto de qualidade e o direito de embargar a decisão, se esta não for unânime.

## CAPÍTULO III
### Do Conselho Seccional

**Art. 56.** O Conselho Seccional compõe-se de conselheiros em número proporcional ao de seus inscritos, segundo critérios estabelecidos no regulamento geral.

§ 1º São membros honorários vitalícios os seus ex-presidentes, somente com direito a voz em suas sessões.

§ 2º O Presidente do Instituto dos Advogados local é membro honorário, somente com direito a voz nas sessões do Conselho.

§ 3º Quando presentes às sessões do Conselho Seccional, o Presidente do Conselho Federal, os Conselheiros Federais integrantes da respectiva delegação, o Presidente da Caixa de Assistência dos Advogados e os Presidentes das Subseções, têm direito a voz.

**Art. 57.** O Conselho Seccional exerce e observa, no respectivo território, as competências, vedações e funções atribuídas ao Conselho Federal, no que couber e no âmbito de sua competência material e territorial, e as normas gerais estabelecidas nesta lei, no regulamento geral, no Código de Ética e Disciplina, e nos Provimentos.

**Art. 58.** Compete privativamente ao Conselho Seccional:
I - editar seu regimento interno e resoluções;
II - criar as Subseções e a Caixa de Assistência dos Advogados;
III - julgar, em grau de recurso, as questões decididas por seu Presidente, por sua diretoria, pelo Tribunal de Ética e Disciplina, pelas diretorias das Subseções e da Caixa de Assistência dos Advogados;
IV - fiscalizar a aplicação da receita, apreciar o relatório anual e deliberar sobre o balanço e as contas de sua diretoria, das diretorias das Subseções e da Caixa de Assistência dos Advogados;

V - fixar a tabela de honorários, válida para todo o território estadual;
VI - realizar o Exame de Ordem;
VII - decidir os pedidos de inscrição nos quadros de advogados e estagiários;
VIII - manter cadastro de seus inscritos;
IX - fixar, alterar e receber contribuições obrigatórias, preços de serviços e multas;
X - participar da elaboração dos concursos públicos, em todas as suas fases, nos casos previstos na Constituição e nas leis, no âmbito do seu território;
XI - determinar, com exclusividade, critérios para o traje dos advogados, no exercício profissional;
XII - aprovar e modificar seu orçamento anual;
XIII - definir a composição e o funcionamento do Tribunal de Ética e Disciplina, e escolher seus membros;
XIV - eleger as listas, constitucionalmente previstas, para preenchimento dos cargos nos tribunais judiciários, no âmbito de sua competência e na forma do Provimento do Conselho Federal, vedada a inclusão de membros do próprio Conselho e de qualquer órgão da OAB;
XV - intervir nas Subseções e na Caixa de Assistência dos Advogados;
XVI - desempenhar outras atribuições previstas no regulamento geral.
XVII - fiscalizar, por designação expressa do Conselho Federal da OAB, a relação jurídica mantida entre advogados e sociedades de advogados e o advogado associado em atividade na circunscrição territorial de cada seccional, inclusive no que se refere ao cumprimento dos requisitos norteadores da associação sem vínculo empregatício;
XVIII - promover, por intermédio da Câmara de Mediação e Arbitragem, por designação do Conselho Federal da OAB, a solução sobre questões atinentes à relação entre advogados sócios ou associados e os escritórios de advocacia sediados na base da seccional e homologar, caso necessário, quitações de honorários entre advogados e sociedades de advogados, observado o disposto no inciso XXXV do *caput* do art. 5º da Constituição Federal.

**Art. 59.** A diretoria do Conselho Seccional tem composição idêntica e atribuições equivalentes às do Conselho Federal, na forma do regimento interno daquele.

## CAPÍTULO IV
### Da Subseção

**Art. 60.** A Subseção pode ser criada pelo Conselho Seccional, que fixa sua área territorial e seus limites de competência e autonomia.

§ 1º A área territorial da Subseção pode abranger um ou mais municípios, ou parte de município, inclusive da capital do Estado, contando com um mínimo de quinze advogados, nela profissionalmente domiciliados.

§ 2º A Subseção é administrada por uma diretoria, com atribuições e composição equivalentes às da diretoria do Conselho Seccional.

§ 3º Havendo mais de cem advogados, a Subseção pode ser integrada, também, por um conselho em número de membros fixado pelo Conselho Seccional.

§ 4º Os quantitativos referidos nos §§ 1º e 3º deste artigo podem ser ampliados, na forma do regimento interno do Conselho Seccional.

§ 5º Cabe ao Conselho Seccional fixar, em seu orçamento, dotações específicas destinadas à manutenção das Subseções.

§ 6º O Conselho Seccional, mediante o voto de dois terços de seus membros, pode intervir nas Subseções, onde constatar grave violação desta lei ou do regimento interno daquele.

**Art. 61.** Compete à Subseção, no âmbito de seu território:

I - dar cumprimento efetivo às finalidades da OAB;

II - velar pela dignidade, independência e valorização da advocacia, e fazer valer as prerrogativas do advogado;

III - representar a OAB perante os poderes constituídos;

IV - desempenhar as atribuições previstas no regulamento geral ou por delegação de competência do Conselho Seccional.

Parágrafo único. Ao Conselho da Subseção, quando houver, compete exercer as funções e atribuições do Conselho Seccional, na forma do regimento interno deste, e ainda:

a) editar seu regimento interno, a ser referendado pelo Conselho Seccional;
b) editar resoluções, no âmbito de sua competência;
c) instaurar e instruir processos disciplinares, para julgamento pelo Tribunal de Ética e Disciplina;
d) receber pedido de inscrição nos quadros de advogado e estagiário, instruindo e emitindo parecer prévio, para decisão do Conselho Seccional.

## CAPÍTULO V
### Da Caixa de Assistência dos Advogados

**Art. 62.** A Caixa de Assistência dos Advogados, com personalidade jurídica própria, destina-se a prestar assistência aos inscritos no Conselho Seccional a que se vincule.

§ 1º A Caixa é criada e adquire personalidade jurídica com a aprovação e registro de seu estatuto pelo respectivo Conselho Seccional da OAB, na forma do regulamento geral.

§ 2º A Caixa pode, em benefício dos advogados, promover a seguridade complementar.

§ 3º Compete ao Conselho Seccional fixar contribuição obrigatória devida por seus inscritos, destinada à manutenção do disposto no parágrafo anterior, incidente sobre atos decorrentes do efetivo exercício da advocacia.

§ 4º A diretoria da Caixa é composta de cinco membros, com atribuições definidas no seu regimento interno.

§ 5º Cabe à Caixa a metade da receita das anuidades recebidas pelo Conselho Seccional, considerado o valor resultante após as deduções regulamentares obrigatórias.

§ 6º Em caso de extinção ou desativação da Caixa, seu patrimônio se incorpora ao do Conselho Seccional respectivo.

§ 7º O Conselho Seccional, mediante voto de dois terços de seus membros, pode intervir na Caixa de Assistência dos Advogados, no caso de descumprimento de suas finalidades, designando diretoria provisória, enquanto durar a intervenção.

## CAPÍTULO VI
### Das Eleições e dos Mandatos

**Art. 63.** A eleição dos membros de todos os órgãos da OAB será realizada na segunda quinzena do mês de novembro, do último ano do mandato, mediante cédula única e votação direta dos advogados regularmente inscritos.

§ 1º A eleição, na forma e segundo os critérios e procedimentos estabelecidos no regulamento geral, é de comparecimento obrigatório para todos os advogados inscritos na OAB.

§ 2º O candidato deve comprovar situação regular perante a OAB, não ocupar cargo exonerável *ad nutum*, não ter sido condenado por infração disciplinar, salvo reabilitação, e exercer efetivamente a profissão há mais de 3 (três) anos, nas eleições para os cargos de Conselheiro Seccional e das Subseções, quando houver, e há mais de 5 (cinco) anos, nas eleições para os demais cargos.

**Art. 64.** Consideram-se eleitos os candidatos integrantes da chapa que obtiver a maioria dos votos válidos.

§ 1º A chapa para o Conselho Seccional deve ser composta dos candidatos ao conselho e à sua diretoria e, ainda, à delegação ao Conselho Federal e à Diretoria da Caixa de Assistência dos Advogados para eleição conjunta.

§ 2º A chapa para a Subseção deve ser composta com os candidatos à diretoria, e de seu conselho quando houver.

**Art. 65.** O mandato em qualquer órgão da OAB é de três anos, iniciando-se em primeiro de janeiro do ano seguinte ao da eleição, salvo o Conselho Federal.

Parágrafo único. Os conselheiros federais eleitos iniciam seus mandatos em primeiro de fevereiro do ano seguinte ao da eleição.

**Art. 66.** Extingue-se o mandato automaticamente, antes do seu término, quando:

I - ocorrer qualquer hipótese de cancelamento de inscrição ou de licenciamento do profissional;
II - o titular sofrer condenação disciplinar;
III - o titular faltar, sem motivo justificado, a três reuniões ordinárias consecutivas de cada órgão deliberativo do conselho ou da diretoria da Subseção ou da Caixa de Assistência dos Advogados, não podendo ser reconduzido no mesmo período de mandato.
Parágrafo único. Extinto qualquer mandato, nas hipóteses deste artigo, cabe ao Conselho Seccional escolher o substituto, caso não haja suplente.

**Art. 67.** A eleição da Diretoria do Conselho Federal, que tomará posse no dia 1º de fevereiro, obedecerá às seguintes regras:
I - será admitido registro, junto ao Conselho Federal, de candidatura à presidência, desde seis meses até um mês antes da eleição;
II - o requerimento de registro deverá vir acompanhado do apoiamento de, no mínimo, seis Conselhos Seccionais;
III - até um mês antes das eleições, deverá ser requerido o registro da chapa completa, sob pena de cancelamento da candidatura respectiva;
IV - no dia 31 de janeiro do ano seguinte ao da eleição, o Conselho Federal elegerá, em reunião presidida pelo conselheiro mais antigo, por voto secreto e para mandato de 3 (três) anos, sua diretoria, que tomará posse no dia seguinte;
V - será considerada eleita a chapa que obtiver maioria simples dos votos dos Conselheiros Federais, presente a metade mais 1 (um) de seus membros.
Parágrafo único. Com exceção do candidato a Presidente, os demais integrantes da chapa deverão ser conselheiros federais eleitos.

# TÍTULO III
## Do Processo na OAB
### CAPÍTULO I
#### Disposições Gerais

**Art. 68.** Salvo disposição em contrário, aplicam-se subsidiariamente ao processo disciplinar as regras da legislação processual penal comum e, aos demais processos, as regras gerais do procedimento administrativo comum e da legislação processual civil, nessa ordem.

**Art. 69.** Todos os prazos necessários à manifestação de advogados, estagiários e terceiros, nos processos em geral da OAB, são de quinze dias, inclusive para interposição de recursos.

§ 1º Nos casos de comunicação por ofício reservado ou de notificação pessoal, considera-se dia do começo do prazo o primeiro dia útil imediato ao da juntada aos autos do respectivo aviso de recebimento.

§ 2º No caso de atos, notificações e decisões divulgados por meio do Diário Eletrônico da Ordem dos Advogados do Brasil, o prazo terá início no primeiro dia útil seguinte à publicação, assim considerada o primeiro dia útil seguinte ao da disponibilização da informação no Diário.

### CAPÍTULO II
#### Do Processo Disciplinar

**Art. 70.** O poder de punir disciplinarmente os inscritos na OAB compete exclusivamente ao Conselho Seccional em cuja base territorial tenha ocorrido a infração, salvo se a falta for cometida perante o Conselho Federal.

§ 1º Cabe ao Tribunal de Ética e Disciplina, do Conselho Seccional competente, julgar os processos disciplinares, instruídos pelas Subseções ou por relatores do próprio conselho.

§ 2º A decisão condenatória irrecorrível deve ser imediatamente comunicada ao Conselho Seccional onde o representado tenha inscrição principal, para constar dos respectivos assentamentos.

§ 3º O Tribunal de Ética e Disciplina do Conselho onde o acusado tenha inscrição principal pode suspendê-lo preventivamente, em caso de repercussão prejudicial à dignidade da advocacia, depois de ouvi-lo em sessão especial para a qual deve ser notificado a comparecer, salvo se não atender à notificação. Neste caso, o processo disciplinar deve ser concluído no prazo máximo de noventa dias.

**Art. 71.** A jurisdição disciplinar não exclui a comum e, quando o fato constituir crime ou contravenção, deve ser comunicado às autoridades competentes.

**Art. 72.** O processo disciplinar instaura-se de ofício ou mediante representação de qualquer autoridade ou pessoa interessada.

§ 1º O Código de Ética e Disciplina estabelece os critérios de admissibilidade da representação e os procedimentos disciplinares.

§ 2º O processo disciplinar tramita em sigilo, até o seu término, só tendo acesso às suas informações as partes, seus defensores e a autoridade judiciária competente.

**Art. 73.** Recebida a representação, o Presidente deve designar relator, a quem compete a instrução do processo e o oferecimento de parecer preliminar a ser submetido ao Tribunal de Ética e Disciplina.

§ 1º Ao representado deve ser assegurado amplo direito de defesa, podendo acompanhar o processo em todos os termos, pessoalmente ou por intermédio de procurador, oferecendo defesa prévia após ser notificado, razões finais após a instrução e defesa oral perante o Tribunal de Ética e Disciplina, por ocasião do julgamento.

§ 2º Se, após a defesa prévia, o relator se manifestar pelo indeferimento liminar da representação, este deve ser decidido pelo Presidente do Conselho Seccional, para determinar seu arquivamento.

§ 3º O prazo para defesa prévia pode ser prorrogado por motivo relevante, a juízo do relator.

§ 4º Se o representado não for encontrado, ou for revel, o Presidente do Conselho ou da Subseção deve designar-lhe defensor dativo;

§ 5º É também permitida a revisão do processo disciplinar, por erro de julgamento ou por condenação baseada em falsa prova.

**Art. 74.** O Conselho Seccional pode adotar as medidas administrativas e judiciais pertinentes, objetivando a que o profissional suspenso ou excluído devolva os documentos de identificação.

## CAPÍTULO III
### Dos Recursos

**Art. 75.** Cabe recurso ao Conselho Federal de todas as decisões definitivas proferidas pelo Conselho Seccional, quando não tenham sido unânimes ou, sendo unânimes, contrariem esta lei, decisão do Conselho Federal ou de outro Conselho Seccional e, ainda, o regulamento geral, o Código de Ética e Disciplina e os Provimentos.
Parágrafo único. Além dos interessados, o Presidente do Conselho Seccional é legitimado a interpor o recurso referido neste artigo.
**Art. 76.** Cabe recurso ao Conselho Seccional de todas as decisões proferidas por seu Presidente, pelo Tribunal de Ética e Disciplina, ou pela diretoria da Subseção ou da Caixa de Assistência dos Advogados.
**Art. 77.** Todos os recursos têm efeito suspensivo, exceto quando tratarem de eleições (arts. 63 e seguintes), de suspensão preventiva decidida pelo Tribunal de Ética e Disciplina, e de cancelamento da inscrição obtida com falsa prova.
Parágrafo único. O regulamento geral disciplina o cabimento de recursos específicos, no âmbito de cada órgão julgador.

## TÍTULO IV
### Das Disposições Gerais e Transitórias

**Art. 78.** Cabe ao Conselho Federal da OAB, por deliberação de dois terços, pelo menos, das delegações, editar o regulamento geral deste estatuto, no prazo de seis meses, contados da publicação desta lei.
**Art. 79.** Aos servidores da OAB, aplica-se o regime trabalhista.

§ 1º Aos servidores da OAB, sujeitos ao regime da Lei nº 8.112, de 11 de dezembro de 1990, é concedido o direito de opção pelo regime trabalhista, no prazo de noventa dias a partir da vigência desta lei, sendo assegurado aos optantes o pagamento de indenização, quando da aposentadoria, correspondente a cinco vezes o valor da última remuneração.
§ 2º Os servidores que não optarem pelo regime trabalhista serão posicionados no quadro em extinção, assegurado o direito adquirido ao regime legal anterior.

**Art. 80.** Os Conselhos Federal e Seccionais devem promover trienalmente as respectivas Conferências, em data não coincidente com o ano eleitoral, e, periodicamente, reunião do colégio de presidentes a eles vinculados, com finalidade consultiva.

**Art. 81.** Não se aplicam aos que tenham assumido originariamente o cargo de Presidente do Conselho Federal ou dos Conselhos Seccionais, até a data da publicação desta lei, as normas contidas no Título II, acerca da composição desses Conselhos, ficando assegurado o pleno direito de voz e voto em suas sessões.

**Art. 82.** Aplicam-se as alterações previstas nesta lei, quanto a mandatos, eleições, composição e atribuições dos órgãos da OAB, a partir do término do mandato dos atuais membros, devendo os Conselhos Federal e Seccionais disciplinarem os respectivos procedimentos de adaptação.
Parágrafo único. Os mandatos dos membros dos órgãos da OAB, eleitos na primeira eleição sob a vigência desta lei, e na forma do Capítulo VI do Título II, terão início no dia seguinte ao término dos atuais mandatos, encerrando-se em 31 de dezembro do terceiro ano do mandato e em 31 de janeiro do terceiro ano do mandato, neste caso com relação ao Conselho Federal.

**Art. 83.** Não se aplica o disposto no art. 28, inciso II, desta lei, aos membros do Ministério Público que, na data de promulgação da Constituição, se incluam na previsão do art. 29, § 3º, do seu Ato das Disposições Constitucionais Transitórias.

**Art. 84.** O estagiário, inscrito no respectivo quadro, fica dispensado do Exame de Ordem, desde que comprove, em até dois anos da promulgação desta lei, o exercício e resultado do estágio profissional ou a conclusão, com aproveitamento, do estágio de Prática Forense e Organização Judiciária, realizado junto à respectiva faculdade, na forma da legislação em vigor.

**Art. 85.** O Instituto dos Advogados Brasileiros, a Federação Nacional dos Institutos dos Advogados do Brasil e as instituições a eles filiadas têm qualidade para promover perante a OAB o que julgarem do interesse dos advogados em geral ou de qualquer de seus membros.

**Art. 86.** Esta lei entra em vigor na data de sua publicação.

**Art. 87.** Revogam-se as disposições em contrário, especialmente a Lei n° 4.215, de 27 de abril de 1963, a Lei n° 5.390, de 23 de fevereiro de 1968, o Decreto-Lei n° 505, de 18 de março de 1969, a Lei n° 5.681, de 20 de julho de 1971, a Lei n° 5.842, de 6 de dezembro de 1972, a Lei n° 5.960, de 10 de dezembro de 1973, a Lei n° 6.743, de 5 de dezembro de 1979, a Lei n° 6.884, de 9 de dezembro de 1980, a Lei n° 6.994, de 26 de maio de 1982, mantidos os efeitos da Lei n° 7.346, de 22 de julho de 1985.

Brasília, 4 de julho de 1994; 173° da Independência e 106° da República.

ITAMAR FRANCO
*Alexandre de Paula Dupeyrat Martins*
Este texto não substitui o publicado no DOU de 5.7.1994.

# 14. Anexo 2 – Código de Ética e Disciplina

RESOLUÇÃO nº 02/2015

(DOU, 04.11.2015, S. 1, p. 77)

Aprova o Código de Ética e Disciplina da Ordem dos Advogados do Brasil – OAB.

O CONSELHO FEDERAL DA ORDEM DOS ADVOGADOS DO BRASIL, no uso das atribuições que lhe são conferidas pelos arts. 33 e 54, V, da Lei nº 8.906, de 04 de julho de 1994 – Estatuto da Advocacia e da OAB, e considerando o decidido nos autos da Proposição nº 49.0000.2015.000250-3/COP;

Considerando que a realização das finalidades institucionais da Ordem dos Advogados do Brasil inclui o permanente zelo com a conduta dos profissionais inscritos em seus quadros;

Considerando que o advogado é indispensável à administração da Justiça, devendo guardar atuação compatível com a elevada função social que exerce, velando pela observância dos preceitos éticos e morais no exercício de sua profissão;

Considerando que as mudanças na dinâmica social exigem a inovação na regulamentação das relações entre os indivíduos, especialmente na atuação do advogado em defesa dos direitos do cidadão;

Considerando a necessidade de modernização e atualização das práticas advocatícias, em consonância com a dinamicidade das transformações sociais e das novas exigências para a defesa efetiva dos direitos de seus constituintes e da ordem jurídica do Estado Democrático de Direito;

Considerando que, uma vez aprovado o texto do novo Código de Ética e Disciplina, cumpre publicá-lo para que entre em vigor 180 (cento e oitenta) dias após a data de sua publicação, segundo o disposto no seu Art. 79;

Considerando que, com a publicação, tem-se como editado o Código de Ética e Disciplina da Ordem dos Advogados do Brasil – OAB:

## RESOLVE:

Art. 1º Fica aprovado o Código de Ética e Disciplina da Ordem dos Advogados do Brasil – OAB, na forma do Anexo Único da presente Resolução.

Art. 2º Esta Resolução entra em vigor na data da sua publicação, revogadas as disposições em contrário.

Brasília, 19 de outubro de 2015.

MARCUS VINICIUS FURTADO COÊLHO
Presidente Nacional da OAB

**ANEXO ÚNICO DA RESOLUÇÃO nº 02/2015 – CFOAB**
**CÓDIGO DE ÉTICA E DISCIPLINA**
**DA ORDEM DOS ADVOGADOS DO BRASIL – OAB1**

O CONSELHO FEDERAL DA ORDEM DOS ADVOGADOS DO BRASIL, ao instituir o Código de Ética e Disciplina, norteou-se por princípios que formam a consciência profissional do advogado e representam imperativos de sua conduta, os quais se traduzem nos seguintes mandamentos: lutar sem receio pelo primado da Justiça; pugnar pelo cumprimento da Constituição e pelo respeito à Lei, fazendo com que o ordenamento jurídico seja interpretado com retidão, em perfeita sintonia com os fins sociais a que se dirige e as exigências do bem comum; ser fiel à verdade para poder servir à Justiça como um de seus elementos essenciais; proceder com lealdade e boa-fé em suas relações profissionais e em todos os atos do seu ofício; empenhar-se na defesa das causas confiadas ao seu patrocínio, dando ao constituinte o amparo do Direito, e proporcionando-lhe a realização prática de seus legítimos interesses; comportar-se, nesse mister, com independência e altivez, defendendo com o mesmo denodo humildes e poderosos; exercer a advocacia com o indispensável senso profissional, mas também com desprendimento, jamais permitindo que o anseio de ganho material sobreleve a finalidade social do seu trabalho; aprimorar-se no culto dos princípios éticos e no domínio da ciência jurídica, de modo a tornar-se merecedor da confiança do cliente e da sociedade como um todo, pelos atributos intelectuais e pela probidade pessoal; agir, em suma, com a dignidade e a correção dos profissionais que honram e engrandecem a sua classe.

Inspirado nesses postulados, o Conselho Federal da Ordem dos Advogados do Brasil, no uso das atribuições que lhe são conferidas pelos arts. 33 e 54, V, da Lei nº 8.906, de 04 de julho de 1994, aprova e edita este Código, exortando os advogados brasileiros à sua fiel observância.[81]

## TÍTULO I
## DA ÉTICA DO ADVOGADO
## CAPÍTULO I
## DOS PRINCÍPIOS FUNDAMENTAIS

**Art. 1º** O exercício da advocacia exige conduta compatível com os preceitos deste Código, do Estatuto, do Regulamento Geral, dos Provimentos e com os princípios da moral individual, social e profissional.

**Art. 2º** O advogado, indispensável à administração da Justiça, é defensor do Estado Democrático de Direito, dos direitos humanos e garantias

---

[81] Em vigor a partir de 1º de setembro de 2016. Ver art. 79, com redação aprovada pela Resolução 03/2016 (DOU, 19.04.2016, S. 1, p. 81). Ver Resolução 02/2018-SCA (DEOAB, 31.01.2019, p. 1) – Manual de Procedimentos do processo ético-disciplinar.

fundamentais, da cidadania, da moralidade, da Justiça e da paz social, cumprindo-lhe exercer o seu ministério em consonância com a sua elevada função pública e com os valores que lhe são inerentes.

Parágrafo único. São deveres do advogado:

I – preservar, em sua conduta, a honra, a nobreza e a dignidade da profissão, zelando pelo caráter de essencialidade e indispensabilidade da advocacia;

II – atuar com destemor, independência, honestidade, decoro, veracidade, lealdade, dignidade e boa-fé;

III – velar por sua reputação pessoal e profissional;

IV – empenhar-se, permanentemente, no aperfeiçoamento pessoal e profissional;

V – contribuir para o aprimoramento das instituições, do Direito e das leis;

VI – estimular, a qualquer tempo, a conciliação e a mediação entre os litigantes, prevenindo, sempre que possível, a instauração de litígios;

VII – desaconselhar lides temerárias, a partir de um juízo preliminar de viabilidade jurídica;

VIII – abster-se de:

a) utilizar de influência indevida, em seu benefício ou do cliente;

b) vincular seu nome ou nome social a empreendimentos sabidamente escusos; (NR)[82]

c) emprestar concurso aos que atentem contra a ética, a moral, a honestidade e a dignidade da pessoa humana;

d) entender-se diretamente com a parte adversa que tenha patrono constituído, sem o assentimento deste;

e) ingressar ou atuar em pleitos administrativos ou judiciais perante autoridades com as quais tenha vínculos negociais ou familiares;

f) contratar honorários advocatícios em valores aviltantes.

IX – pugnar pela solução dos problemas da cidadania e pela efetivação dos direitos individuais, coletivos e difusos;

X – adotar conduta consentânea com o papel de elemento indispensável à administração da Justiça;

---

[82] Alterado pela Resolução 07/2016 (DOU, 05.07.2016, S. 1, p. 52).

XI – cumprir os encargos assumidos no âmbito da Ordem dos Advogados do Brasil ou na representação da classe;
XII – zelar pelos valores institucionais da OAB e da advocacia;
XIII – ater-se, quando no exercício da função de defensor público, à defesa dos necessitados.

**Art. 3º** O advogado deve ter consciência de que o Direito é um meio de mitigar as desigualdades para o encontro de soluções justas e que a lei é um instrumento para garantir a igualdade de todos.

**Art. 4º** O advogado, ainda que vinculado ao cliente ou constituinte, mediante relação empregatícia ou por contrato de prestação permanente de serviços, ou como integrante de departamento jurídico, ou de órgão de assessoria jurídica, público ou privado, deve zelar pela sua liberdade e independência.
Parágrafo único. É legítima a recusa, pelo advogado, do patrocínio de causa e de manifestação, no âmbito consultivo, de pretensão concernente a direito que também lhe seja aplicável ou contrarie orientação que tenha manifestado anteriormente.

**Art. 5º** O exercício da advocacia é incompatível com qualquer procedimento de mercantilização.[83]

**Art. 6º** É defeso ao advogado expor os fatos em Juízo ou na via administrativa falseando deliberadamente a verdade e utilizando de má-fé.

**Art. 7º** É vedado o oferecimento de serviços profissionais que implique, direta ou indiretamente, angariar ou captar clientela.

## CAPÍTULO II
## DA ADVOCACIA PÚBLICA

**Art. 8º** As disposições deste Código obrigam igualmente os órgãos de advocacia pública, e advogados públicos, incluindo aqueles que ocupem posição de chefia e direção jurídica.

---

[83] Ver Súmula 02/2011-COP (DOU, 25.10.2011, S. 1, p. 89).

§ 1º O advogado público exercerá suas funções com independência técnica, contribuindo para a solução ou redução de litigiosidade, sempre que possível.

§ 2º O advogado público, inclusive o que exerce cargo de chefia ou direção jurídica, observará nas relações com os colegas, autoridades, servidores e o público em geral, o dever de urbanidade, tratando a todos com respeito e consideração, ao mesmo tempo em que preservará suas prerrogativas e o direito de receber igual tratamento das pessoas com as quais se relacione.

## CAPÍTULO III
## DAS RELAÇÕES COM O CLIENTE

**Art. 9º** O advogado deve informar o cliente, de modo claro e inequívoco, quanto a eventuais riscos da sua pretensão, e das consequências que poderão advir da demanda. Deve, igualmente, denunciar, desde logo, a quem lhe solicite parecer ou patrocínio, qualquer circunstância que possa influir na resolução de submeter-lhe a consulta ou confiar-lhe a causa.

**Art. 10.** As relações entre advogado e cliente baseiam-se na confiança recíproca. Sentindo o advogado que essa confiança lhe falta, é recomendável que externe ao cliente sua impressão e, não se dissipando as dúvidas existentes, promova, em seguida, o substabelecimento do mandato ou a ele renuncie.

**Art. 11.** O advogado, no exercício do mandato, atua como patrono da parte, cumprindo- lhe, por isso, imprimir à causa orientação que lhe pareça mais adequada, sem se subordinar a intenções contrárias do cliente, mas, antes, procurando esclarecê-lo quanto à estratégia traçada.

**Art. 12.** A conclusão ou desistência da causa, tenha havido, ou não, extinção do mandato, obriga o advogado a devolver ao cliente bens, valores e documentos que lhe hajam sido confiados e ainda estejam em seu poder, bem como a prestar-lhe contas, pormenorizadamente, sem prejuízo de esclarecimentos complementares que se mostrem pertinentes e necessários.

Parágrafo único. A parcela dos honorários paga pelos serviços até então prestados não se inclui entre os valores a ser devolvidos.

**Art. 13.** Concluída a causa ou arquivado o processo, presume-se cumprido e extinto o mandato.

**Art. 14.** O advogado não deve aceitar procuração de quem já tenha patrono constituído, sem prévio conhecimento deste, salvo por motivo plenamente justificável ou para adoção de medidas judiciais urgentes e inadiáveis.

**Art. 15.** O advogado não deve deixar ao abandono ou ao desamparo as causas sob seu patrocínio, sendo recomendável que, em face de dificuldades insuperáveis ou inércia do cliente quanto a providências que lhe tenham sido solicitadas, renuncie ao mandato.

**Art. 16.** A renúncia ao patrocínio deve ser feita sem menção do motivo que a determinou, fazendo cessar a responsabilidade profissional pelo acompanhamento da causa, uma vez decorrido o prazo previsto em lei (EAOAB, Art. 5º, § 3º).

§ 1º A renúncia ao mandato não exclui responsabilidade por danos eventualmente causados ao cliente ou a terceiros.

§ 2º O advogado não será responsabilizado por omissão do cliente quanto a documento ou informação que lhe devesse fornecer para a prática oportuna de ato processual do seu interesse.

**Art. 17.** A revogação do mandato judicial por vontade do cliente não o desobriga do pagamento das verbas honorárias contratadas, assim como não retira o direito do advogado de receber o quanto lhe seja devido em eventual verba honorária de sucumbência, calculada proporcionalmente em face do serviço efetivamente prestado.

**Art. 18.** O mandato judicial ou extrajudicial não se extingue pelo decurso de tempo, salvo se o contrário for consignado no respectivo instrumento.

**Art. 19.** Os advogados integrantes da mesma sociedade profissional, ou reunidos em caráter permanente para cooperação recíproca, não podem representar, em juízo ou fora dele, clientes com interesses opostos.

**Art. 20.** Sobrevindo conflito de interesses entre seus constituintes e não conseguindo o advogado harmonizá-los, caber-lhe-á optar, com prudência e discrição, por um dos mandatos, renunciando aos demais, resguardado sempre o sigilo profissional.

**Art. 21.** O advogado, ao postular em nome de terceiros, contra ex-cliente ou ex-empregador, judicial e extrajudicialmente, deve resguardar o sigilo profissional.

**Art. 22.** Ao advogado cumpre abster-se de patrocinar causa contrária à validade ou legitimidade de ato jurídico em cuja formação haja colaborado ou intervindo de qualquer maneira; da mesma forma, deve declinar seu impedimento ou o da sociedade que integre quando houver conflito de interesses motivado por intervenção anterior no trato de assunto que se prenda ao patrocínio solicitado.

**Art. 23.** É direito e dever do advogado assumir a defesa criminal, sem considerar sua própria opinião sobre a culpa do acusado.
Parágrafo único. Não há causa criminal indigna de defesa, cumprindo ao advogado agir, como defensor, no sentido de que a todos seja concedido tratamento condizente com a dignidade da pessoa humana, sob a égide das garantias constitucionais.

**Art. 24.** O advogado não se sujeita à imposição do cliente que pretenda ver com ele atuando outros advogados, nem fica na contingência de aceitar a indicação de outro profissional para com ele trabalhar no processo.

**Art. 25.** É defeso ao advogado funcionar no mesmo processo, simultaneamente, como patrono e preposto do empregador ou cliente.

**Art. 26.** O substabelecimento do mandato, com reserva de poderes, é ato pessoal do advogado da causa.

§ 1º O substabelecimento do mandato sem reserva de poderes exige o prévio e inequívoco conhecimento do cliente.

§ 2º O substabelecido com reserva de poderes deve ajustar antecipadamente seus honorários com o substabelecente.

## CAPÍTULO IV
## DAS RELAÇÕES COM OS COLEGAS, AGENTES POLÍTICOS, AUTORIDADES, SERVIDORES PÚBLICOS E TERCEIROS

**Art. 27.** O advogado observará, nas suas relações com os colegas de profissão, agentes políticos, autoridades, servidores públicos e terceiros em geral, o dever de urbanidade, tratando a todos com respeito e consideração, ao mesmo tempo em que preservará seus direitos e prerrogativas, devendo exigir igual tratamento de todos com quem se relacione.

§ 1º O dever de urbanidade há de ser observado, da mesma forma, nos atos e manifestações relacionados aos pleitos eleitorais no âmbito da Ordem dos Advogados do Brasil.

§ 2º No caso de ofensa à honra do advogado ou à imagem da instituição, adotar-se- ão as medidas cabíveis, instaurando-se processo ético-disciplinar e dando-se ciência às autoridades competentes para apuração de eventual ilícito penal.

**Art. 28.** Consideram-se imperativos de uma correta atuação profissional o emprego de linguagem escorreita e polida, bem como a observância da boa técnica jurídica.

**Art. 29.** O advogado que se valer do concurso de colegas na prestação de serviços advocatícios, seja em caráter individual, seja no âmbito de sociedade de advogados ou de empresa ou entidade em que trabalhe, dispensar-lhes-á tratamento condigno, que não os torne subalternos seus nem lhes avilte os serviços prestados mediante remuneração incompatível com a natureza do trabalho profissional ou inferior ao mínimo fixado pela Tabela de Honorários que for aplicável.

Parágrafo único. Quando o aviltamento de honorários for praticado por empresas ou entidades públicas ou privadas, os advogados responsáveis pelo respectivo departamento ou gerência jurídica serão instados a corrigir o abuso, inclusive intervindo junto aos demais órgãos competentes e com poder de decisão da pessoa jurídica de que se trate, sem prejuízo das providências que a Ordem dos Advogados do Brasil possa adotar com o mesmo objetivo.

## CAPÍTULO V
## DA ADVOCACIA PRO BONO

**Art. 30.** No exercício da advocacia *pro bono*, e ao atuar como defensor nomeado, conveniado ou dativo, o advogado empregará o zelo e a dedicação habituais, de forma que a parte por ele assistida se sinta amparada e confie no seu patrocínio.

§ 1º Considera-se advocacia *pro bono* a prestação gratuita, eventual e voluntária de serviços jurídicos em favor de instituições sociais sem fins econômicos e aos seus assistidos, sempre que os beneficiários não dispuserem de recursos para a contratação de profissional.

§ 2º A advocacia *pro bono* pode ser exercida em favor de pessoas naturais que, igualmente, não dispuserem de recursos para, sem prejuízo do próprio sustento, contratar advogado.

§ 3º A advocacia *pro bono* não pode ser utilizada para fins político-partidários ou eleitorais, nem beneficiar instituições que visem a tais objetivos, ou como instrumento de publicidade para captação de clientela.

## CAPÍTULO VI
## DO EXERCÍCIO DE CARGOS E FUNÇÕES NA OAB E NA REPRESENTAÇÃO DA CLASSE

**Art. 31.** O advogado, no exercício de cargos ou funções em órgãos da Ordem dos Advogados do Brasil ou na representação da classe junto a quaisquer instituições, órgãos ou comissões, públicos ou privados, manterá conduta consentânea com as disposições deste Código e que revele plena lealdade aos interesses, direitos e prerrogativas da classe dos advogados que representa.

**Art. 32.** Não poderá o advogado, enquanto exercer cargos ou funções em órgãos da OAB ou representar a classe junto a quaisquer instituições, órgãos ou comissões, públicos ou privados, firmar contrato oneroso de prestação de serviços ou fornecimento de produtos com tais entidades nem adquirir bens imóveis ou móveis infungíveis de quaisquer órgãos da OAB, ou a estes aliená-los. (NR)[84]

Parágrafo único. Não há impedimento ao exercício remunerado de atividade de magistério na Escola Nacional de Advocacia – ENA, nas Escolas de Advocacia – ESAs e nas Bancas do Exame de Ordem, observados os princípios da moralidade e da modicidade dos valores estabelecidos a título de remuneração. (NR)[85]

**Art. 33.** Salvo em causa própria, não poderá o advogado, enquanto exercer cargos ou funções em órgãos da OAB ou tiver assento, em qualquer condição, nos seus Conselhos, atuar em processos que tramitem perante a entidade nem oferecer pareceres destinados a instruí-los.[86]

Parágrafo único. A vedação estabelecida neste artigo não se aplica aos dirigentes de Seccionais quando atuem, nessa qualidade, como legitimados a recorrer nos processos em trâmite perante os órgãos da OAB.

**Art. 34.** Ao submeter seu nome à apreciação do Conselho Federal ou dos Conselhos Seccionais com vistas à inclusão em listas destinadas ao provimento de vagas reservadas à classe nos tribunais, no Conselho Nacional de Justiça, no Conselho Nacional do Ministério Público e em outros colegiados, o candidato assumirá o compromisso de respeitar os direitos e prerrogativas do advogado, não praticar nepotismo nem agir em desacordo com a moralidade administrativa e com os princípios deste Código, no exercício de seu mister.

---

[84] Alterado pela Resolução 04/2016 (DOU, 20.06.2016, S. 1, p. 103-104).
[85] Alterado pela Resolução 04/2016 (DOU, 20.06.2016, S. 1, p. 103-104).
[86] Ver Provimento 138/2009 (DJ, 17.12.2009, p. 108).

## CAPÍTULO VII
## DO SIGILO PROFISSIONAL[87]

**Art. 35.** O advogado tem o dever de guardar sigilo dos fatos de que tome conhecimento no exercício da profissão.

Parágrafo único. O sigilo profissional abrange os fatos de que o advogado tenha tido conhecimento em virtude de funções desempenhadas na Ordem dos Advogados do Brasil.

**Art. 36.** O sigilo profissional é de ordem pública, independendo de solicitação de reserva que lhe seja feita pelo cliente.

§ 1º Presumem-se confidenciais as comunicações de qualquer natureza entre advogado e cliente.

§ 2º O advogado, quando no exercício das funções de mediador, conciliador e árbitro, se submete às regras de sigilo profissional.

**Art. 37.** O sigilo profissional cederá em face de circunstâncias excepcionais que configurem justa causa, como nos casos de grave ameaça ao direito à vida e à honra ou que envolvam defesa própria.

**Art. 38.** O advogado não é obrigado a depor, em processo ou procedimento judicial, administrativo ou arbitral, sobre fatos a cujo respeito deva guardar sigilo profissional.

## CAPÍTULO VIII
## DA PUBLICIDADE PROFISSIONAL[88]

**Art. 39.** A publicidade profissional do advogado tem caráter meramente informativo e deve primar pela discrição e sobriedade, não podendo configurar captação de clientela ou mercantilização da profissão.

---

[87] Ver arts. 7º, inciso II e XIX e 34, VII, do Estatuto; e Lei 11.767/2008 (DOU, 06.08.2008, S. 1, p. 1).

[88] Ver arts. 1º, § 3º, 14, parágrafo único, 33, parágrafo único e 34, XIII, do Estatuto e Provimento 94/2000 (DJ, 12.09.2000, S. 1, p. 374).

**Art. 40.** Os meios utilizados para a publicidade profissional hão de ser compatíveis com a diretriz estabelecida no artigo anterior, sendo vedados:
I – a veiculação da publicidade por meio de rádio, cinema e televisão;
II – o uso de outdoors, painéis luminosos ou formas assemelhadas de publicidade;
III – as inscrições em muros, paredes, veículos, elevadores ou em qualquer espaço público;
IV – a divulgação de serviços de advocacia juntamente com a de outras atividades ou a indicação de vínculos entre uns e outras;
V – o fornecimento de dados de contato, como endereço e telefone, em colunas ou artigos literários, culturais, acadêmicos ou jurídicos, publicados na imprensa, bem assim quando de eventual participação em programas de rádio ou televisão, ou em veiculação de matérias pela internet, sendo permitida a referência a e-mail;
VI – a utilização de mala direta, a distribuição de panfletos ou formas assemelhadas de publicidade, com o intuito de captação de clientela.
Parágrafo único. Exclusivamente para fins de identificação dos escritórios de advocacia, é permitida a utilização de placas, painéis luminosos e inscrições em suas fachadas, desde que respeitadas as diretrizes previstas no artigo 39.

**Art. 41.** As colunas que o advogado mantiver nos meios de comunicação social ou os textos que por meio deles divulgar não deverão induzir o leitor a litigar nem promover, dessa forma, captação de clientela.

**Art. 42.** É vedado ao advogado:
I – responder com habitualidade a consulta sobre matéria jurídica, nos meios de comunicação social;
II – debater, em qualquer meio de comunicação, causa sob o patrocínio de outro advogado;
III – abordar tema de modo a comprometer a dignidade da profissão e da instituição que o congrega;
IV – divulgar ou deixar que sejam divulgadas listas de clientes e demandas;
V – insinuar-se para reportagens e declarações públicas.

**Art. 43.** O advogado que eventualmente participar de programa de televisão ou de rádio, de entrevista na imprensa, de reportagem televisionada ou veiculada por qualquer outro meio, para manifestação profissional, deve visar a objetivos exclusivamente ilustrativos, educacionais e instrutivos, sem propósito de promoção pessoal ou profissional, vedados pronunciamentos sobre métodos de trabalho usados por seus colegas de profissão.

Parágrafo único. Quando convidado para manifestação pública, por qualquer modo e forma, visando ao esclarecimento de tema jurídico de interesse geral, deve o advogado evitar insinuações com o sentido de promoção pessoal ou profissional, bem como o debate de caráter sensacionalista.

**Art. 44.** Na publicidade profissional que promover ou nos cartões e material de escritório de que se utilizar, o advogado fará constar seu nome, nome social ou o da sociedade de advogados, o número ou os números de inscrição na OAB. (NR)[89]

§ 1º Poderão ser referidos apenas os títulos acadêmicos do advogado e as distinções honoríficas relacionadas à vida profissional, bem como as instituições jurídicas de que faça parte, e as especialidades a que se dedicar, o endereço, e-mail, site, página eletrônica, *QR code*, logotipo e a fotografia do escritório, o horário de atendimento e os idiomas em que o cliente poderá ser atendido.

§ 2º É vedada a inclusão de fotografias pessoais ou de terceiros nos cartões de visitas do advogado, bem como menção a qualquer emprego, cargo ou função ocupado, atual ou pretérito, em qualquer órgão ou instituição, salvo o de professor universitário.

**Art. 45.** São admissíveis como formas de publicidade o patrocínio de eventos ou publicações de caráter científico ou cultural, assim como a divulgação de boletins, por meio físico ou eletrônico, sobre matéria cultural de interesse dos advogados, desde que sua circulação fique adstrita a clientes e a interessados do meio jurídico.

---

[89] Alterado pela Resolução 07/2016 (DOU, 05.07.2016, S. 1, p. 52).

**Art. 46.** A publicidade veiculada pela internet ou por outros meios eletrônicos deverá observar as diretrizes estabelecidas neste capítulo.

Parágrafo único. A telefonia e a internet podem ser utilizadas como veículo de publicidade, inclusive para o envio de mensagens a destinatários certos, desde que estas não impliquem o oferecimento de serviços ou representem forma de captação de clientela.

**Art. 47.** As normas sobre publicidade profissional constantes deste capítulo poderão ser complementadas por outras que o Conselho Federal aprovar, observadas as diretrizes do presente Código.

**Art. 47-A.** Será admitida a celebração de termo de ajustamento de conduta no âmbito dos Conselhos Seccionais e do Conselho Federal para fazer cessar a publicidade irregular praticada por advogados e estagiários. (NR)[90]

Parágrafo único. O termo previsto neste artigo será regulamentado mediante edição de provimento do Conselho Federal, que estabelecerá seus requisitos e condições. (NR)[91]

## CAPÍTULO IX
## DOS HONORÁRIOS PROFISSIONAIS[92]

**Art. 48.** A prestação de serviços profissionais por advogado, individualmente ou integrado em sociedades, será contratada, preferentemente, por escrito.

§ 1º O contrato de prestação de serviços de advocacia não exige forma especial, devendo estabelecer, porém, com clareza e precisão, o seu objeto, os honorários ajustados, a forma de pagamento, a extensão do patrocínio, esclarecendo se este abrangerá todos os atos do processo ou limitar-se-á a determinado grau de jurisdição, além de dispor sobre a hipótese de a causa encerrar-se mediante transação ou acordo.

---

[90] Incluído pela Resolução 04/2020 (DEOAB, 03.11.2020, p. 7) e Regulamentado pelo Provimento 200/2020 (DEOAB, 03.11.2020, p. 1).

[91] Incluído pela Resolução 04/2020 (DEOAB, 03.11.2020, p. 7) e Regulamentado pelo Provimento 200/2020 (DEOAB, 03.11.2020, p. 1).

[92] Ver arts. 21 a 26 e 34, III, do Estatuto e arts. 14 e 111 do Regulamento Geral.

§ 2º A compensação de créditos, pelo advogado, de importâncias devidas ao cliente, somente será admissível quando o contrato de prestação de serviços a autorizar ou quando houver autorização especial do cliente para esse fim, por este firmada.

§ 3º O contrato de prestação de serviços poderá dispor sobre a forma de contratação de profissionais para serviços auxiliares, bem como sobre o pagamento de custas e emolumentos, os quais, na ausência de disposição em contrário, presumem-se devam ser atendidos pelo cliente. Caso o contrato preveja que o advogado antecipe tais despesas, ser-lhe-á lícito reter o respectivo valor atualizado, no ato de prestação de contas, mediante comprovação documental.

§ 4º As disposições deste capítulo aplicam-se à mediação, à conciliação, à arbitragem ou a qualquer outro método adequado de solução dos conflitos.

§ 5º É vedada, em qualquer hipótese, a diminuição dos honorários contratados em decorrência da solução do litígio por qualquer mecanismo adequado de solução extrajudicial.

§ 6º Deverá o advogado observar o valor mínimo da Tabela de Honorários instituída pelo respectivo Conselho Seccional onde for realizado o serviço, inclusive aquele referente às diligências, sob pena de caracterizar-se aviltamento de honorários.

§ 7º O advogado promoverá, preferentemente, de forma destacada a execução dos honorários contratuais ou sucumbenciais.

**Art. 49.** Os honorários profissionais devem ser fixados com moderação, atendidos os elementos seguintes:

I – a relevância, o vulto, a complexidade e a dificuldade das questões versadas;

II – o trabalho e o tempo a ser empregados;

III – a possibilidade de ficar o advogado impedido de intervir em outros casos, ou de se desavir com outros clientes ou terceiros;

IV – o valor da causa, a condição econômica do cliente e o proveito para este resultante do serviço profissional;

V – o caráter da intervenção, conforme se trate de serviço a cliente eventual, frequente ou constante;
VI – o lugar da prestação dos serviços, conforme se trate do domicílio do advogado ou de outro;
VII – a competência do profissional;
VII – a praxe do foro sobre trabalhos análogos.

**Art. 50.** Na hipótese da adoção de cláusula *quota litis*, os honorários devem ser necessariamente representados por pecúnia e, quando acrescidos dos honorários da sucumbência, não podem ser superiores às vantagens advindas a favor do cliente.

§ 1º A participação do advogado em bens particulares do cliente só é admitida em caráter excepcional, quando esse, comprovadamente, não tiver condições pecuniárias de satisfazer o débito de honorários e ajustar com o seu patrono, em instrumento contratual, tal forma de pagamento.

§ 2º Quando o objeto do serviço jurídico versar sobre prestações vencidas e vincendas, os honorários advocatícios poderão incidir sobre o valor de umas e outras, atendidos os requisitos da moderação e da razoabilidade.

**Art. 51.** Os honorários da sucumbência e os honorários contratuais, pertencendo ao advogado que houver atuado na causa, poderão ser por ele executados, assistindo-lhe direito autônomo para promover a execução do capítulo da sentença que os estabelecer ou para postular, quando for o caso, a expedição de precatório ou requisição de pequeno valor em seu favor.

§ 1º No caso de substabelecimento, a verba correspondente aos honorários da sucumbência será repartida entre o substabelecente e o substabelecido, proporcionalmente à atuação de cada um no processo ou conforme haja sido entre eles ajustado.

§ 2º Quando for o caso, a Ordem dos Advogados do Brasil ou os seus Tribunais de Ética e Disciplina poderão ser solicitados a indicar mediador que contribua no sentido de que a distribuição dos honorários da sucumbência, entre advogados, se faça segundo o critério estabelecido no § 1º.

§ 3º Nos processos disciplinares que envolverem divergência sobre a percepção de honorários da sucumbência, entre advogados, deverá ser tentada a conciliação destes, preliminarmente, pelo relator.

**Art. 52.** O crédito por honorários advocatícios, seja do advogado autônomo, seja de sociedade de advogados, não autoriza o saque de duplicatas ou qualquer outro título de crédito de natureza mercantil, podendo, apenas, ser emitida fatura, quando o cliente assim pretender, com fundamento no contrato de prestação de serviços, a qual, porém, não poderá ser levada a protesto.

Parágrafo único. Pode, todavia, ser levado a protesto o cheque ou a nota promissória emitida pelo cliente em favor do advogado, depois de frustrada a tentativa de recebimento amigável.

**Art. 53.** É lícito ao advogado ou à sociedade de advogados empregar, para o recebimento de honorários, sistema de cartão de crédito, mediante credenciamento junto a empresa operadora do ramo.

Parágrafo único. Eventuais ajustes com a empresa operadora que impliquem pagamento antecipado não afetarão a responsabilidade do advogado perante o cliente, em caso de rescisão do contrato de prestação de serviços, devendo ser observadas as disposições deste quanto à hipótese.

**Art. 54.** Havendo necessidade de promover arbitramento ou cobrança judicial de honorários, deve o advogado renunciar previamente ao mandato que recebera do cliente em débito.

# TÍTULO II
# DO PROCESSO DISCIPLINAR[93]
## CAPÍTULO I
## DOS PROCEDIMENTOS[94]

**Art. 55.** O processo disciplinar instaura-se de ofício ou mediante representação do interessado.

§ 1º A instauração, de ofício, do processo disciplinar dar-se-á em função do conhecimento do fato, quando obtido por meio de fonte idônea ou em virtude de comunicação da autoridade competente.

§ 2º Não se considera fonte idônea a que consistir em denúncia anônima.

**Art. 56.** A representação será formulada ao Presidente do Conselho Seccional ou ao Presidente da Subseção, por escrito ou verbalmente, devendo, neste último caso, ser reduzida a termo.

Parágrafo único. Nas Seccionais cujos Regimentos Internos atribuírem competência ao Tribunal de Ética e Disciplina para instaurar o processo ético-disciplinar, a representação poderá ser dirigida ao seu Presidente ou será a este encaminhada por qualquer dos dirigentes referidos no *caput* deste artigo que a houver recebido.

**Art. 57.** A representação deverá conter:

I – a identificação do representante, com a sua qualificação civil e endereço;
II – a narração dos fatos que a motivam, de forma que permita verificar a existência, em tese, de infração disciplinar;
III – os documentos que eventualmente a instruam e a indicação de outras provas a ser produzidas, bem como, se for o caso, o rol de testemunhas, até o máximo de cinco;
IV – a assinatura do representante ou a certificação de quem a tomou por termo, na impossibilidade de obtê-la.

---

[93] Ver arts. 43, 58, III, 61, parágrafo único, "c", 68 e 70 a 74 do Estatuto; arts. 89, V e VII, 120, § 3º, 137-D e seguintes do Regulamento Geral e Provimento 83/1996 (DJ, 16.07.1996, p. 24.979).

[94] Ver Provimento 83/1996 (DJ, 16.07.1996, p. 24.979) e art. 137-D e seguintes do Regulamento Geral.

Art. 58. Recebida a representação, o Presidente do Conselho Seccional ou o da Subseção, quando esta dispuser de Conselho, designa relator, por sorteio, um de seus integrantes, para presidir a instrução processual.

§ 1º Os atos de instrução processual podem ser delegados ao Tribunal de Ética e Disciplina, conforme dispuser o regimento interno do Conselho Seccional, caso em que caberá ao seu Presidente, por sorteio, designar relator.

§ 2º Antes do encaminhamento dos autos ao relator, serão juntadas a ficha cadastral do representado e certidão negativa ou positiva sobre a existência de punições anteriores, com menção das faltas atribuídas. Será providenciada, ainda, certidão sobre a existência ou não de representações em andamento, a qual, se positiva, será acompanhada da informação sobre as faltas imputadas.[95]

§ 3º O relator, atendendo aos critérios de admissibilidade, emitirá parecer propondo a instauração de processo disciplinar ou o arquivamento liminar da representação, no prazo de 30 (trinta) dias, sob pena de redistribuição do feito pelo Presidente do Conselho Seccional ou da Subseção para outro relator, observando-se o mesmo prazo.

§ 4º O Presidente do Conselho competente ou, conforme o caso, o do Tribunal de Ética e Disciplina, proferirá despacho declarando instaurado o processo disciplinar ou determinando o arquivamento da representação, nos termos do parecer do relator ou segundo os fundamentos que adotar.

§ 5º A representação contra membros do Conselho Federal e Presidentes de Conselhos Seccionais é processada e julgada pelo Conselho Federal, sendo competente a Segunda Câmara reunida em sessão plenária. A representação contra membros da diretoria do Conselho Federal, Membros Honorários Vitalícios e detentores da Medalha Rui Barbosa será processada e julgada pelo Conselho Federal, sendo competente o Conselho Pleno.

§ 6º A representação contra dirigente de Subseção é processada e julgada pelo Conselho Seccional.

---

[95] Ver Resolução 01/2016/SCA (DOU, S. 1, 26.02.2016, p. 303).

§ 7º Os Conselhos Seccionais poderão instituir Comissões de Admissibilidade no âmbito dos Tribunais de Ética e Disciplina, compostas por seus membros ou por Conselheiros Seccionais, com atribuição de análise prévia dos pressupostos de admissibilidade das representações ético-disciplinares, podendo propor seu arquivamento liminar. (NR)[96]

Art. 58-A. Nos casos de infração ético-disciplinar punível com censura, será admissível a celebração de termo de ajustamento de conduta, se o fato apurado não tiver gerado repercussão negativa à advocacia. (NR)[97]

Parágrafo único. O termo de ajustamento de conduta previsto neste artigo será regulamentado em provimento do Conselho Federal da OAB. (NR)[98]

**Art. 59.** Compete ao relator do processo disciplinar determinar a notificação dos interessados para prestar esclarecimentos ou a do representado para apresentar defesa prévia, no prazo de 15 (quinze) dias, em qualquer caso.

§ 1º A notificação será expedida para o endereço constante do cadastro de inscritos do Conselho Seccional, observando-se, quanto ao mais, o disposto no Regulamento Geral.

§ 2º Se o representado não for encontrado ou ficar revel, o Presidente do Conselho competente ou, conforme o caso, o do Tribunal de Ética e Disciplina designar-lhe-á defensor dativo.

§ 3º Oferecida a defesa prévia, que deve ser acompanhada dos documentos que possam instruí-la e do rol de testemunhas, até o limite de 5 (cinco), será proferido despacho saneador e, ressalvada a hipótese do § 2º do art. 73 do EAOAB, designada, se for o caso, audiência para oitiva do representante, do representado e das testemunhas.

§ 4º O representante e o representado incumbir-se-ão do comparecimento de suas testemunhas, salvo se, ao apresentarem o respectivo rol, re-

---

[96] Inserido pela Resolução 04/2016 (DOU, 20.06.2016, S. 1, p. 103-104).

[97] Inserido pela Resolução 04/2020 (DEOAB, 03.11.2020, p. 7) e regulamentado pelo Provimento 200/2020 (DEOAB, 03.11.2020, p. 1).

[98] Inserido pela Resolução 04/2020 (DEOAB, 03.11.2020, p. 7) e regulamentado pelo Provimento 200/2020 (DEOAB, 03.11.2020, p. 1).

quererem, por motivo justificado, sejam elas notificadas a comparecer à audiência de instrução do processo.

§ 5º O relator pode determinar a realização de diligências que julgar convenientes, cumprindo-lhe dar andamento ao processo, de modo que este se desenvolva por impulso oficial.

§ 6º O relator somente indeferirá a produção de determinado meio de prova quando esse for ilícito, impertinente, desnecessário ou protelatório, devendo fazê-lo fundamentadamente.

§ 7º Concluída a instrução, o relator profere parecer preliminar fundamentado, a ser submetido ao Tribunal de Ética e Disciplina, dando enquadramento legal aos fatos imputados ao representado. (NR)[99]

§ 8º Abre-se, em seguida, prazo sucessivo de 15 (quinze) dias, ao interessado e ao representado, para apresentação de razões finais. (NR)[100]

**Art. 60.** O Presidente do Tribunal de Ética e Disciplina, após o recebimento do processo, devidamente instruído, designa, por sorteio, relator para proferir voto.

§ 1º Se o processo já estiver tramitando perante o Tribunal de Ética e Disciplina ou perante o Conselho competente, o relator não será o mesmo designado na fase de instrução.

§ 2º O processo será incluído em pauta na primeira sessão de julgamentos após a distribuição ao relator. (NR)[101]

§ 3º O representante e o representado são notificados pela Secretaria do Tribunal, com 15 (quinze) dias de antecedência, para comparecerem à sessão de julgamento.

§ 4º Na sessão de julgamento, após o voto do relator, é facultada a sustentação oral pelo tempo de 15 (quinze) minutos, primeiro pelo representante e, em seguida, pelo representado.

---

[99] Alterado pela Resolução 02/2022-COP (DEOAB, 27.09.2022, p. 2).

[100] Alterado pela Resolução 09/2021-COP (DEOAB, 21.02.2022, p. 1).

[101] Alterado pela Resolução 01/2016 (DOU, 26.02.2016, S. 1, p. 303).

**Art. 61.** Do julgamento do processo disciplinar lavrar-se-á acórdão, do qual constarão, quando procedente a representação, o enquadramento legal da infração, a sanção aplicada, o quórum de instalação e o de deliberação, a indicação de haver sido esta adotada com base no voto do relator ou em voto divergente, bem como as circunstâncias agravantes ou atenuantes consideradas e as razões determinantes de eventual conversão da censura aplicada em advertência sem registro nos assentamentos do inscrito.

**Art. 62.** Nos acórdãos serão observadas, ainda, as seguintes regras:
§ 1º O acórdão trará sempre a ementa, contendo a essência da decisão.
§ 2º O autor do voto divergente que tenha prevalecido figurará como redator para o acórdão.
§ 3º O voto condutor da decisão deverá ser lançado nos autos, com os seus fundamentos.
§ 4º O voto divergente, ainda que vencido, deverá ter seus fundamentos lançados nos autos, em voto escrito ou em transcrição na ata de julgamento do voto oral proferido, com seus fundamentos.
§ 5º Será atualizado nos autos o relatório de antecedentes do representado, sempre que o relator o determinar.

**Art. 63.** Na hipótese prevista no art. 70, § 3º, do EAOAB, em sessão especial designada pelo Presidente do Tribunal, serão facultadas ao representado ou ao seu defensor a apresentação de defesa, a produção de prova e a sustentação oral.

**Art. 64.** As consultas submetidas ao Tribunal de Ética e Disciplina receberão autuação própria, sendo designado relator, por sorteio, para o seu exame, podendo o Presidente, em face da complexidade da questão, designar, subsequentemente, revisor.
Parágrafo único. O relator e o revisor têm prazo de 10 (dez) dias cada um para elaboração de seus pareceres, apresentando-os na primeira sessão seguinte, para deliberação.

**Art. 65.** As sessões do Tribunal de Ética e Disciplina obedecerão ao disposto no respectivo Regimento Interno, aplicando-se-lhes, subsidiariamente, o do Conselho Seccional.

**Art. 66.** A conduta dos interessados, no processo disciplinar, que se revele temerária ou caracterize a intenção de alterar a verdade dos fatos, assim como a interposição de recursos com intuito manifestamente protelatório, contrariam os princípios deste Código, sujeitando os responsáveis à correspondente sanção.

**Art. 67.** Os recursos contra decisões do Tribunal de Ética e Disciplina, ao Conselho Seccional, regem-se pelas disposições do Estatuto da Advocacia e da Ordem dos Advogados do Brasil, do Regulamento Geral e do Regimento Interno do Conselho Seccional.

Parágrafo único. O Tribunal dará conhecimento de todas as suas decisões ao Conselho Seccional, para que determine periodicamente a publicação de seus julgados.

**Art. 68.** Cabe revisão do processo disciplinar, na forma prevista no Estatuto da Advocacia e da Ordem dos Advogados do Brasil (art. 73, § 5º).

§ 1º Tem legitimidade para requerer a revisão o advogado punido com a sanção disciplinar.

§ 2º A competência para processar e julgar o processo de revisão é do órgão de que emanou a condenação final.

§ 3º Quando o órgão competente for o Conselho Federal, a revisão processar-se-á perante a Segunda Câmara, reunida em sessão plenária.

§ 4º Observar-se-á, na revisão, o procedimento do processo disciplinar, no que couber.

§ 5º O pedido de revisão terá autuação própria, devendo os autos respectivos ser apensados aos do processo disciplinar a que se refira.

§ 6º O pedido de revisão não suspende os efeitos da decisão condenatória, salvo quando o relator, ante a relevância dos fundamentos e o risco de consequências irreparáveis para o requerente, conceder tutela cautelar para que se suspenda a execução. (NR)[102]

---

[102] Inserido pela Resolução 04/2016 (DOU, 20.06.2016, S. 1, p. 103-104).

§ 7º A parte representante somente será notificada para integrar o processo de revisão quando o relator entender que deste poderá resultar dano ao interesse jurídico que haja motivado a representação. (NR)[103]

**Art. 69.** O advogado que tenha sofrido sanção disciplinar poderá requerer reabilitação, no prazo e nas condições previstos no Estatuto da Advocacia e da Ordem dos Advogados do Brasil (art. 41).

§ 1º A competência para processar e julgar o pedido de reabilitação é do Conselho Seccional em que tenha sido aplicada a sanção disciplinar. Nos casos de competência originária do Conselho Federal, perante este tramitará o pedido de reabilitação.

§ 2º Observar-se-á, no pedido de reabilitação, o procedimento do processo disciplinar, no que couber.

§ 3º O pedido de reabilitação terá autuação própria, devendo os autos respectivos ser apensados aos do processo disciplinar a que se refira.

§ 4º O pedido de reabilitação será instruído com provas de bom comportamento, no exercício da advocacia e na vida social, cumprindo à Secretaria do Conselho competente certificar, nos autos, o efetivo cumprimento da sanção disciplinar pelo requerente.

§ 5º Quando o pedido não estiver suficientemente instruído, o relator assinará prazo ao requerente para que complemente a documentação; não cumprida a determinação, o pedido será liminarmente arquivado.

## CAPÍTULO II
## DOS ÓRGÃOS DISCIPLINARES
### SEÇÃO I
### DOS TRIBUNAIS DE ÉTICA E DISCIPLINA

**Art. 70.** O Tribunal de Ética e Disciplina poderá funcionar dividido em órgãos fracionários, de acordo com seu regimento interno.

---

[103] Inserido pela Resolução 04/2016 (DOU, 20.06.2016, S. 1, p. 103-104).

**Art. 71.** Compete aos Tribunais de Ética e Disciplina:

I – julgar, em primeiro grau, os processos ético-disciplinares;
II – responder a consultas formuladas, em tese, sobre matéria ético-disciplinar;
III – exercer as competências que lhe sejam conferidas pelo Regimento Interno da Seccional ou por este Código para a instauração, instrução e julgamento de processos ético-disciplinares;
IV – suspender, preventivamente, o acusado, em caso de conduta suscetível de acarretar repercussão prejudicial à advocacia, nos termos do Estatuto da Advocacia e da Ordem dos Advogados do Brasil;
V – organizar, promover e ministrar cursos, palestras, seminários e outros eventos da mesma natureza acerca da ética profissional do advogado ou estabelecer parcerias com as Escolas de Advocacia, com o mesmo objetivo;
VI – atuar como órgão mediador ou conciliador nas questões que envolvam:
a) dúvidas e pendências entre advogados;
b) partilha de honorários contratados em conjunto ou decorrentes de substabelecimento, bem como os que resultem de sucumbência, nas mesmas hipóteses;
c) controvérsias surgidas quando da dissolução de sociedade de advogados.

## SEÇÃO II
## DAS CORREGEDORIAS-GERAIS

**Art. 72.** As Corregedorias-Gerais integram o sistema disciplinar da Ordem dos Advogados do Brasil.

§ 1º O Secretário-Geral Adjunto exerce, no âmbito do Conselho Federal, as funções de Corregedor-Geral, cuja competência é definida em Provimento.

§ 2º Nos Conselhos Seccionais, as Corregedorias-Gerais terão atribuições da mesma natureza, observando, no que couber, Provimento do Conselho Federal sobre a matéria.

§ 3º A Corregedoria-Geral do Processo Disciplinar coordenará ações do Conselho Federal e dos Conselhos Seccionais voltadas para o objetivo de reduzir a ocorrência das infrações disciplinares mais frequentes.

## TÍTULO III
## DAS DISPOSIÇÕES GERAIS E TRANSITÓRIAS

**Art. 73.** O Conselho Seccional deve oferecer os meios e o suporte de apoio material, logístico, de informática e de pessoal necessários ao pleno funcionamento e ao desenvolvimento das atividades do Tribunal de Ética e Disciplina.

§ 1º Os Conselhos Seccionais divulgarão, trimestralmente, na internet, a quantidade de processos ético-disciplinares em andamento e as punições decididas em caráter definitivo, preservadas as regras de sigilo.

§ 2º A divulgação das punições referidas no parágrafo anterior destacará cada infração tipificada no artigo 34 da Lei nº 8.906/94.

**Art. 74.** Em até 180 (cento e oitenta) dias após o início da vigência do presente Código de Ética e Disciplina da OAB, os Conselhos Seccionais e os Tribunais de Ética e Disciplina deverão elaborar ou rever seus Regimentos Internos, adaptando-os às novas regras e disposições deste Código. No caso dos Tribunais de Ética e Disciplina, os Regimentos Internos serão submetidos à aprovação do respectivo Conselho Seccional e, subsequentemente, do Conselho Federal.

**Art. 75.** A pauta de julgamentos do Tribunal é publicada no Diário Eletrônico da OAB e no quadro de avisos gerais, na sede do Conselho Seccional, com antecedência de 15 (quinze) dias, devendo ser dada prioridade, nos julgamentos, aos processos cujos interessados estiverem presentes à respectiva sessão (NR)[104].

---

[104] Alterado pela Resolução 05/2018-COP (DOU, S. 1, 31.10.2018, p. 126). Ver Provimento 182/2018 (DOU, 31.10.2018, S. 1, p. 126).

**Art. 76.** As disposições deste Código obrigam igualmente as sociedades de advogados, os consultores e as sociedades consultoras em direito estrangeiro e os estagiários, no que lhes forem aplicáveis.

**Art. 77.** As disposições deste Código aplicam-se, no que couber, à mediação, à conciliação e à arbitragem, quando exercidas por advogados.

**Art. 78.** Os autos do processo disciplinar podem ter caráter virtual, mediante adoção de processo eletrônico.
Parágrafo único. O Conselho Federal da OAB regulamentará em Provimento o processo ético-disciplinar por meio eletrônico.[105]

**Art. 79.** Este Código entra em vigor a 1º de setembro de 2016, cabendo ao Conselho Federal e aos Conselhos Seccionais, bem como às Subseções da OAB, promover-lhe ampla divulgação. (NR)[106]

**Art. 80.** Fica revogado o Código de Ética e Disciplina editado em 13 de fevereiro de 1995, bem como as demais disposições em contrário.

Brasília, 19 de outubro de 2015.

MARCUS VINICIUS FURTADO COÊLHO
Presidente Nacional da OAB

PAULO ROBERTO DE GOUVÊA MEDINA
Relator originário e para sistematização final

HUMBERTO HENRIQUE COSTA FERNANDES DO RÊGO
Relator em Plenário

---

[105] Ver Provimento 176/2017 (DOU, 04.07.2017, S. 1, p. 238).
[106] Alterado pela Resolução 03/2016 (DOU, 19.04.2016, S. 1, p. 81).

# 15. Anexo 3 – Regulamento Geral do Estatuto da Advocacia e da OAB - RGEAOAB

**REGULAMENTO GERAL
DO ESTATUTO DA ADVOCACIA E DA OAB**[107]

Dispõe sobre o Regulamento Geral previsto na Lei nº 8.906, de 04 de julho de 1994.

O CONSELHO FEDERAL DA ORDEM DOS ADVOGADOS DO BRASIL, no uso das atribuições conferidas pelos artigos 54, V, e 78 da Lei nº 8.906, de 04 de julho de 1994, RESOLVE:

## TÍTULO I
## DA ADVOCACIA
### CAPÍTULO I
### DA ATIVIDADE DE ADVOCACIA
#### SEÇÃO I
#### DA ATIVIDADE DE ADVOCACIA EM GERAL

**Art. 1º** A atividade de advocacia é exercida com observância da Lei nº 8.906/94 (Estatuto), deste Regulamento Geral, do Código de Ética e Disciplina e dos Provimentos.

---

[107] Publicado no Diário de Justiça, Seção I do dia 16.11.94, p. 31.210-31.220. Ver art. 78 do Regulamento Geral.

**Art. 2º** O visto do advogado em atos constitutivos de pessoas jurídicas, indispensável ao registro e arquivamento nos órgãos competentes, deve resultar da efetiva constatação, pelo profissional que os examinar, de que os respectivos instrumentos preenchem as exigências legais pertinentes. (NR)
Parágrafo único. Estão impedidos de exercer o ato de advocacia referido neste artigo os advogados que prestem serviços a órgãos ou entidades da Administração Pública direta ou indireta, da unidade federativa a que se vincule a Junta Comercial, ou a quaisquer repartições administrativas competentes para o mencionado registro.

**Art. 3º** É defeso ao advogado funcionar no mesmo processo, simultaneamente, como patrono e preposto do empregador ou cliente.

**Art. 4º** A prática de atos privativos de advocacia, por profissionais e sociedades não inscritos na OAB, constitui exercício ilegal da profissão.
Parágrafo único. É defeso ao advogado prestar serviços de assessoria e consultoria jurídicas para terceiros, em sociedades que não possam ser registradas na OAB.

**Art. 5º** Considera-se efetivo exercício da atividade de advocacia a participação anual mínima em cinco atos privativos previstos no artigo 1º do Estatuto, em causas ou questões distintas.
Parágrafo único. A comprovação do efetivo exercício faz-se mediante:
a) certidão expedida por cartórios ou secretarias judiciais;
b) cópia autenticada de atos privativos;
c) certidão expedida pelo órgão público no qual o advogado exerça função privativa do seu ofício, indicando os atos praticados.

**Art. 6º** O advogado deve notificar o cliente da renúncia ao mandato (art. 5º, § 3º, do Estatuto), preferencialmente mediante carta com aviso de recepção, comunicando, após o Juízo.

**Art. 7º** A função de diretoria e gerência jurídicas em qualquer empresa pública, privada ou paraestatal, inclusive em instituições financeiras, é privativa de advogado, não podendo ser exercida por quem não se encontre inscrito regularmente na OAB.

**Art. 8º** A incompatibilidade prevista no art. 28, II do Estatuto, não se aplica aos advogados que participam dos órgãos nele referidos, na qualidade de titulares ou suplentes, como representantes dos advogados.

§ 1º Ficam, entretanto, impedidos de exercer a advocacia perante os órgãos em que atuam, enquanto durar a investidura.

§ 2º A indicação dos representantes dos advogados nos juizados especiais deverá ser promovida pela Subseção ou, na sua ausência, pelo Conselho Seccional.

## SEÇÃO II
## DA ADVOCACIA PÚBLICA

**Art. 9º** Exercem a advocacia pública os integrantes da Advocacia-Geral da União, da Defensoria Pública e das Procuradorias e Consultorias Jurídicas dos Estados, do Distrito Federal, dos Municípios, das autarquias e das fundações públicas, estando obrigados à inscrição na OAB, para o exercício de suas atividades.

Parágrafo único. Os integrantes da advocacia pública são elegíveis e podem integrar qualquer órgão da OAB.

**Art. 10.** Os integrantes da advocacia pública, no exercício de atividade privativa prevista no art. 1º do Estatuto, sujeitam-se ao regime do Estatuto, deste Regulamento Geral e do Código de Ética e Disciplina, inclusive quanto às infrações e sanções disciplinares.

## SEÇÃO III
## DO ADVOGADO EMPREGADO[108]

**Art. 11.** Compete a sindicato de advogados e, na sua falta, a federação ou confederação de advogados, a representação destes nas convenções coletivas celebradas com as entidades sindicais representativas dos em-

---

[108] Ver Capítulo V, Título I do Estatuto.

pregadores, nos acordos coletivos celebrados com a empresa empregadora e nos dissídios coletivos perante a Justiça do Trabalho, aplicáveis às relações de trabalho.

**Art. 12.** Para os fins do art. 20 da Lei n° 8.906/94, considera-se de dedicação exclusiva o regime de trabalho que for expressamente previsto em contrato individual de trabalho. (NR)
Parágrafo único. Em caso de dedicação exclusiva, serão remuneradas como extraordinárias as horas trabalhadas que excederem a jornada normal de oito horas diárias. (NR)

**Art. 13.** (revogado).[109]

**Art. 14.** Os honorários de sucumbência, por decorrerem precipuamente do exercício da advocacia e só acidentalmente da relação de emprego, não integram o salário ou a remuneração, não podendo, assim, ser considerados para efeitos trabalhistas ou previdenciários.
Parágrafo único. Os honorários de sucumbência dos advogados empregados constituem fundo comum, cuja destinação é decidida pelos profissionais integrantes do serviço jurídico da empresa ou por seus representantes.[110]

## CAPÍTULO II
## DOS DIREITOS E DAS PRERROGATIVAS[111]
### SEÇÃO I
### DA DEFESA JUDICIAL DOS DIREITOS E DAS PRERROGATIVAS

**Art. 15.** Compete ao Presidente do Conselho Federal, do Conselho Seccional ou da Subseção, ao tomar conhecimento de fato que possa causar, ou que já causou, violação de direitos ou prerrogativas da profissão,

---

[109] Revogado pelas sessões plenárias dos dias 16 de outubro, 06 e 07 de novembro de 2000 (DJ, 12.12.2000, S.1, p. 574).

[110] Ver decisão do STF proferida na ADI 1.194.

[111] Ver Capítulo II, Título I do Estatuto e Provimento 188/2018 (DEOAB, 31.12.2018, p. 4-6).

adotar as providências judiciais e extrajudiciais cabíveis para prevenir ou restaurar o império do Estatuto, em sua plenitude, inclusive mediante representação administrativa.

Parágrafo único. O Presidente pode designar advogado, investido de poderes bastantes, para as finalidades deste artigo.

**Art. 16.** Sem prejuízo da atuação de seu defensor, contará o advogado com a assistência de representante da OAB nos inquéritos policiais ou nas ações penais em que figurar como indiciado, acusado ou ofendido, sempre que o fato a ele imputado decorrer do exercício da profissão ou a este vincular-se. (NR)

**Art. 17.** Compete ao Presidente do Conselho ou da Subseção representar contra o responsável por abuso de autoridade, quando configurada hipótese de atentado à garantia legal de exercício profissional, prevista na Lei nº 4.898, de 09 de dezembro de 1965.

## SEÇÃO II
## DO DESAGRAVO PÚBLICO[112]

**Art. 18.** O inscrito na OAB, quando ofendido comprovadamente em razão do exercício profissional ou de cargo ou função da OAB, tem direito ao desagravo público promovido pelo Conselho competente, de ofício, a seu pedido ou de qualquer pessoa.

§ 1º O pedido será submetido à Diretoria do Conselho competente, que poderá, nos casos de urgência e notoriedade, conceder imediatamente o desagravo, *ad referendum* do órgão competente do Conselho, conforme definido em regimento interno.

§ 2º Nos demais casos, a Diretoria remeterá o pedido de desagravo ao órgão competente para instrução e decisão, podendo o relator, convencendo-se da existência de prova ou indício de ofensa relacionada ao exercício da profissão ou de cargo da OAB, solicitar informações da pes-

---

[112] Ver Provimento 179/2018 (DOU, 29.06.2018, S. 1, p. 167) e Súmula 07/2018-COP (DOU, 07.06.2018, S. 1, p. 129).

soa ou autoridade ofensora, no prazo de 15 (quinze) dias, sem que isso configure condição para a concessão do desagravo.

§ 3º O relator pode propor o arquivamento do pedido se a ofensa for pessoal, se não estiver relacionada com o exercício profissional ou com as prerrogativas gerais do advogado ou se configurar crítica de caráter doutrinário, político ou religioso.

§ 4º Recebidas ou não as informações e convencendo-se da procedência da ofensa, o relator emite parecer que é submetido ao órgão competente do Conselho, conforme definido em regimento interno.

§ 5º Os desagravos deverão ser decididos no prazo máximo de 60 (sessenta) dias.

§ 6º Em caso de acolhimento do parecer, é designada a sessão de desagravo, amplamente divulgada, devendo ocorrer, no prazo máximo de 30 (trinta) dias, preferencialmente, no local onde a ofensa foi sofrida ou onde se encontre a autoridade ofensora (NR).

§ 7º Na sessão de desagravo o Presidente lê a nota a ser publicada na imprensa, encaminhada ao ofensor e às autoridades, e registrada nos assentamentos do inscrito e no Registro Nacional de Violações de Prerrogativas (NR).

§ 8º Ocorrendo a ofensa no território da Subseção a que se vincule o inscrito, a sessão de desagravo pode ser promovida pela diretoria ou conselho da Subseção, com representação do Conselho Seccional.

§ 9º O desagravo público, como instrumento de defesa dos direitos e prerrogativas da advocacia, não depende de concordância do ofendido, que não pode dispensá- lo, devendo ser promovido a critério do Conselho.

**Art. 19.** Compete ao Conselho Federal promover o desagravo público de Conselheiro Federal ou de Presidente de Conselho Seccional, quando ofendidos no exercício das atribuições de seus cargos e ainda quando a ofensa a advogado se revestir de relevância e grave violação às prerrogativas profissionais, com repercussão nacional.

Parágrafo único. O Conselho Federal, observado o procedimento previsto no art. 18 deste Regulamento, indica seus representantes para a sessão pública de desagravo, na sede do Conselho Seccional, salvo no caso de ofensa a Conselheiro Federal.

## CAPÍTULO III
## DA INSCRIÇÃO NA OAB

**Art. 20.** O requerente à inscrição principal no quadro de advogados presta o seguinte compromisso perante o Conselho Seccional, a Diretoria ou o Conselho da Subseção: "Prometo exercer a advocacia com dignidade e independência, observar a ética, os deveres e prerrogativas profissionais e defender a Constituição, a ordem jurídica do Estado Democrático, os direitos humanos, a justiça social, a boa aplicação das leis, a rápida administração da justiça e o aperfeiçoamento da cultura e das instituições jurídicas".

§ 1º É indelegável, por sua natureza solene e personalíssima, o compromisso referido neste artigo.

§ 2º A conduta incompatível com a advocacia, comprovadamente imputável ao requerente, impede a inscrição no quadro de advogados.

**Art. 21.** O advogado pode requerer o registro, nos seus assentamentos, de fatos comprovados de sua atividade profissional ou cultural, ou a ela relacionados, e de serviços prestados à classe, à OAB e ao País.

**Art. 22.** O advogado, regularmente notificado, deve quitar seu débito relativo às anuidades, no prazo de 15 dias da notificação, sob pena de suspensão, aplicada em processo disciplinar.

Parágrafo único. Cancela-se a inscrição quando ocorrer a terceira suspensão, relativa ao não pagamento de anuidades distintas.

**Art. 23.** O requerente à inscrição no quadro de advogados, na falta de diploma regularmente registrado, apresenta certidão de graduação em direito, acompanhada de cópia autenticada do respectivo histórico escolar.
Parágrafo único. (revogado).[113]

---

[113] Revogado pelas sessões plenárias dos dias 16 de outubro, 06 e 07 de novembro de 2000 (DJ, 12.12.2000, S.1, p. 574).

**Art. 24.** Aos Conselhos Seccionais da OAB incumbe alimentar, automaticamente, por via eletrônica, o Cadastro Nacional dos Advogados – CNA, mantendo as informações correspondentes constantemente atualizadas.[114]

§ 1º O CNA deve conter o nome completo de cada advogado, o nome social, o número da inscrição, o Conselho Seccional e a Subseção a que está vinculado, o número de inscrição no CPF, a filiação, o sexo, a autodeclaração de cor ou raça, a data de inscrição na OAB e sua modalidade, a existência de penalidades eventualmente aplicadas, estas em campo reservado, a fotografia, o endereço completo e o número de telefone profissional, o endereço do correio eletrônico e o nome da sociedade de advogados de que eventualmente faça parte, ou esteja associado, e, opcionalmente, o nome profissional, a existência de deficiência de que seja portador, opção para doação de órgãos, Registro Geral, data e órgão emissor, número do título de eleitor, zona, seção, UF eleitoral, certificado militar e passaporte.

§ 2º No cadastro são incluídas, igualmente, informações sobre o cancelamento das inscrições.

§ 3º O Conselho Seccional em que o advogado mantenha inscrição suplementar deverá registrar a punição disciplinar imposta por outra Seccional, no CNA, em até 24 (vinte e quatro) horas, a contar da comunicação de que trata o art. 70, § 2º, do EAOAB.

**Art. 24-A.** Aos Conselhos Seccionais da OAB incumbe alimentar, automaticamente e em tempo real, por via eletrônica, o Cadastro Nacional das Sociedades de Advogados – CNSA, mantendo as informações correspondentes constantemente atualizadas.

§ 1º O CNSA deve conter a razão social, o número de registro perante a seccional, a data do pedido de registro e a do efetivo registro, o prazo de duração, o endereço completo, inclusive telefone e correio eletrônico,

---

[114] Alterado pelas Resoluções 01/2012 (DOU, 19.04.2012, S. 1, p. 96) e 05/2016 (DOU, 05.07.2016, S. 1, p. 52). Ver arts. 103, II, e 137-D do Regulamento Geral, Provimentos 95/2000 (DJ, 16.11.2000, S. 1, p. 485) e 99/2002 (DJ, 04.11.2002, S. 1, p. 447) e Resolução 01/2003-SCA (DJ, 10.04.2003, S. 1, p. 551).

nome, nome social e qualificação de todos os sócios e as modificações ocorridas em seu quadro social.

§ 2º Mantendo a sociedade filiais, os dados destas, bem como os números de inscrição suplementar de seus sócios (Provimento nº 112/2006, art. 7º, § 1º), após averbados no Conselho Seccional no qual se localiza o escritório sede, serão averbados no CNSA.

§ 3º São igualmente averbados no CNSA os ajustes de associação ou de colaboração.

§ 4º São proibidas razões sociais iguais ou semelhantes, prevalecendo a razão social da sociedade com inscrição mais antiga.

§ 5º Constatando-se semelhança ou identidade de razões sociais, o Conselho Federal da OAB solicitará, de ofício, a alteração da razão social mais recente, caso a sociedade com registro mais recente não requeira a alteração da sua razão social, acrescentando ou excluindo dados que a distinga da sociedade precedentemente registrada.

§ 6º Verificado conflito de interesses envolvendo sociedades em razão de identidade ou semelhança de razões sociais, em Estados diversos, a questão será apreciada pelo Conselho Federal da OAB, garantindo-se o devido processo legal.

**Art. 24-B.** Aplicam-se ao Cadastro Nacional das Sociedades de Advogados (CNSA) as normas estabelecidas no Provimento nº 95/2000 para os advogados, assim como as restrições quanto à divulgação das informações nele inseridas.

**Art. 25.** Os pedidos de transferência de inscrição de advogados são regulados em Provimento do Conselho Federal.

**Art. 26.** O advogado fica dispensado de comunicar o exercício eventual da profissão, até o total de cinco causas por ano, acima do qual se obriga à inscrição suplementar.

## CAPÍTULO IV
## DO ESTÁGIO PROFISSIONAL

**Art. 27.** O estágio profissional de advocacia, inclusive para graduados, é requisito necessário à inscrição no quadro de estagiários da OAB e meio adequado de aprendizagem prática.

§ 1º O estágio profissional de advocacia pode ser oferecido pela instituição de ensino superior autorizada e credenciada, em convênio com a OAB, complementando-se a carga horária do estágio curricular supervisionado com atividades práticas típicas de advogado e de estudo do Estatuto e do Código de Ética e Disciplina, observado o tempo conjunto mínimo de 300 (trezentas) horas, distribuído em dois ou mais anos.

§ 2º A complementação da carga horária, no total estabelecido no convênio, pode ser efetivada na forma de atividades jurídicas no núcleo de prática jurídica da instituição de ensino, na Defensoria Pública, em escritórios de advocacia ou em setores jurídicos públicos ou privados, credenciados e fiscalizados pela OAB.

§ 3º As atividades de estágio ministrado por instituição de ensino, para fins de convênio com a OAB, são exclusivamente práticas, incluindo a redação de atos processuais e profissionais, as rotinas processuais, a assistência e a atuação em audiências e sessões, as visitas a órgãos judiciários, a prestação de serviços jurídicos e as técnicas de negociação coletiva, de arbitragem e de conciliação.

**Art. 28.** O estágio realizado na Defensoria Pública da União, do Distrito Federal ou dos Estados, na forma do artigo 145 da Lei Complementar nº 80, de 12 de janeiro de 1994, é considerado válido para fins de inscrição no quadro de estagiários da OAB.

**Art. 29.** Os atos de advocacia, previstos no art. 1º do Estatuto, podem ser subscritos por estagiário inscrito na OAB, em conjunto com o advogado ou o defensor público.

§ 1º O estagiário inscrito na OAB pode praticar isoladamente os seguintes atos, sob a responsabilidade do advogado:

I – retirar e devolver autos em cartório, assinando a respectiva carga;

II – obter junto aos escrivães e chefes de secretarias certidões de peças ou autos de processos em curso ou findos;

III – assinar petições de juntada de documentos a processos judiciais ou administrativos.

§ 2º Para o exercício de atos extrajudiciais, o estagiário pode comparecer isoladamente, quando receber autorização ou substabelecimento do advogado.

**Art. 30.** O estágio profissional de advocacia, realizado integralmente fora da instituição de ensino, compreende as atividades fixadas em convênio entre o escritório de advocacia ou entidade que receba o estagiário e a OAB.

**Art. 31.** Cada Conselho Seccional mantém uma Comissão de Estágio e Exame de Ordem, a quem incumbe coordenar, fiscalizar e executar as atividades decorrentes do estágio profissional da advocacia.

§ 1º Os convênios de estágio profissional e suas alterações, firmados pelo Presidente do Conselho ou da Subseção, quando esta receber delegação de competência, são previamente elaborados pela Comissão, que tem poderes para negociá-los com as instituições interessadas.

§ 2º A Comissão pode instituir subcomissões nas Subseções.

§ 3º (REVOGADO).115

§ 4º Compete ao Presidente do Conselho Seccional designar a Comissão, que pode ser composta por advogados não integrantes do Conselho.

---

[115] Revogado pela Resolução 01/2011 (DOU. 15.06.2011, S.1, p. 129).

## CAPÍTULO V
## DA IDENTIDADE PROFISSIONAL[116]

**Art. 32.** São documentos de identidade profissional a carteira e o cartão emitidos pela OAB, de uso obrigatório pelos advogados e estagiários inscritos, para o exercício de suas atividades, os quais podem ser emitidos de forma digital.[117]

Parágrafo único. O uso do cartão dispensa o da carteira.

**Art. 33.** A carteira de identidade do advogado, relativa à inscrição originária, tem as dimensões de 7 (sete) x 11 (onze) centímetros e observa os seguintes critérios:

I – a capa, em fundo vermelho, contém as armas da República e as expressões "Ordem dos Advogados do Brasil" e "Carteira de Identidade de Advogado";

II – a primeira página repete o conteúdo da capa, acrescentado da expressão "Conselho Seccional de (...)" e do inteiro teor do art. 13 do Estatuto;

III – a segunda página destina-se aos dados de identificação do advogado, na seguinte ordem: número da inscrição, nome, nome social, filiação, naturalidade, data do nascimento, nacionalidade, data da colação de grau, data do compromisso e data da expedição, e a assinatura do Presidente do Conselho Seccional;

IV – a terceira página é dividida para os espaços de uma foto 3 (três) x 4 (quatro) centímetros, da impressão digital e da assinatura do portador;

V – as demais páginas, em branco e numeradas, destinam-se ao reconhecimento de firma dos signatários e às anotações da OAB, firmadas pelo Secretário-Geral ou Adjunto, incluindo as incompatibilidades e os impedimentos, o exercício de mandatos, as designações para comissões, as funções na OAB, os serviços relevantes à profissão e os dados da inscrição suplementar, pelo Conselho que a deferir;

---

[116] Ver Provimento 132/2009 (DJ, 21.08.2009, p. 403).

[117] Alterado pela Resolução 01/2020-COP (DEOAB, 11.02.2020, p. 1). Ver Resolução 03/2020-DIR (DEOAB, 11.02.2020, p. 1).

VI – a última página destina-se à transcrição do art. 7º do Estatuto.
Parágrafo único. O nome social é a designação pela qual a pessoa travesti ou transexual se identifica e é socialmente reconhecida e será inserido na identificação do advogado mediante requerimento.

**Art. 34.** O cartão de identidade tem o mesmo modelo e conteúdo do cartão de identificação pessoal (registro geral), com as seguintes adaptações, segundo o modelo aprovado pela Diretoria do Conselho Federal:[118]
I – o fundo é de cor branca e a impressão dos caracteres e armas da República, de cor vermelha;
II – o anverso contém os seguintes dados, nesta sequência: Ordem dos Advogados do Brasil, Conselho Seccional de (...), Identidade de Advogado (em destaque), nº da inscrição, nome, nome social, filiação, naturalidade, data do nascimento e data da expedição, e a assinatura do Presidente, podendo ser acrescentados os dados de identificação de registro geral, de CPF, eleitoral e outros;
III – o verso destina-se à fotografia, observações e assinatura do portador.
§ 1º No caso de inscrição suplementar o cartão é específico, indicando-se: "Nº da Inscrição Suplementar:" (em negrito ou sublinhado).
§ 2º Os Conselhos Federal e Seccionais podem emitir cartão de identidade para os seus membros e para os membros das Subseções, acrescentando, abaixo do termo "Identidade de Advogado", sua qualificação de conselheiro ou dirigente da OAB e, no verso, o prazo de validade, coincidente com o mandato.
§ 3º O cartão de identidade profissional digital dos advogados e estagiários, constituindo versão eletrônica de identidade para todos os fins legais (art. 13 da Lei nº 8.906/94 – EAOAB), submete-se à disciplina prevista no presente artigo.

**Art. 35.** O cartão de identidade do estagiário tem o mesmo modelo e conteúdo do cartão de identidade do advogado, com a indicação de

---

[118] Ver Resolução 03/2020-DIR (DEOAB, 11.02.2020, p. 1) e 25/2020-DIR (DEOAB, 14.05.2020, p. 1).

"Identidade de Estagiário", em destaque, e do prazo de validade, que não pode ultrapassar três anos nem ser prorrogado.[119]

Parágrafo único. O cartão de identidade do estagiário perde sua validade imediatamente após a prestação do compromisso como advogado.

Art. 36. O suporte material do cartão de identidade é resistente, devendo conter dispositivo para armazenamento de certificado digital.

## CAPÍTULO VI
## DAS SOCIEDADES DE ADVOGADOS[120]

Art. 37. Os advogados podem constituir sociedade simples, unipessoal ou pluripessoal, de prestação de serviços de advocacia, a qual deve ser regularmente registrada no Conselho Seccional da OAB em cuja base territorial tiver sede.

§ 1º As atividades profissionais privativas dos advogados são exercidas individualmente, ainda que revertam à sociedade os honorários respectivos.

§ 2º As sociedades unipessoais e as pluripessoais de advocacia são reguladas em Provimento do Conselho Federal.

Art. 38. O nome completo ou abreviado, ou o nome social de, no mínimo, um advogado responsável pela sociedade consta obrigatoriamente da razão social, podendo permanecer o nome ou o nome social de sócio falecido se, no ato constitutivo ou na alteração contratual em vigor, essa possibilidade tiver sido prevista.

Art. 39. A sociedade de advogados pode associar-se com advogados, sem vínculo de emprego, para participação nos resultados.[121]

---

[119] Ver Resolução 03/2020-DIR (DEOAB, 11.02.2020, p. 1) e 25/2020-DIR (DEOAB, 14.05.2020, p. 1).

[120] Ver arts. 15 e seguintes do Estatuto, Provimentos 69/1989 (DJ, 17.03.1989, p. 3.713), 91/2000 (DJ, 24.03.2000, S. 1, p. 211), 205/2021 (DEOAB, 21.07.2021, p. 1); 112/2006 (DJ, 11.10.2006, S. 1, p. 819), 170/2016 (DOU, 09.03.2016, S. 1, p. 255-256) e Resolução 01/2012 (DOU, 19.04.2012, S. 1, p. 96).

[121] Ver Provimento 169/2015 (DOU, 14.12.2015, S. 1, p. 148).

Parágrafo único. Os contratos referidos neste artigo são averbados no registro da sociedade de advogados.

**Art. 40.** Os advogados sócios e os associados respondem subsidiária e ilimitadamente pelos danos causados diretamente ao cliente, nas hipóteses de dolo ou culpa e por ação ou omissão, no exercício dos atos privativos da advocacia, sem prejuízo da responsabilidade disciplinar em que possam incorrer.

**Art. 41.** As sociedades de advogados podem adotar qualquer forma de administração social, permitida a existência de sócios gerentes, com indicação dos poderes atribuídos.

**Art. 42.** Podem ser praticados pela sociedade de advogados, com uso da razão social, os atos indispensáveis às suas finalidades, que não sejam privativos de advogado.

**Art. 43.** O registro da sociedade de advogados observa os requisitos e procedimentos previstos em Provimento do Conselho Federal.[122]

## TÍTULO II
## DA ORDEM DOS ADVOGADOS DO BRASIL (OAB)
### CAPÍTULO I
### DOS FINS E DA ORGANIZAÇÃO

**Art. 44.** As finalidades da OAB, previstas no art. 44 do Estatuto, são cumpridas pelos Conselhos Federal e Seccionais e pelas Subseções, de modo integrado, observadas suas competências específicas.

**Art. 45.** A exclusividade da representação dos advogados pela OAB, prevista no art. 44, II, do Estatuto, não afasta a competência própria dos sindicatos e associações sindicais de advogados, quanto à defesa dos direitos peculiares da relação de trabalho do profissional empregado.

---

[122] Alterado pelas sessões plenárias dos dias 17 de junho, 17 de agosto e 17 de novembro de 1997 (DJ,
24.11.1997, S.1, p. 61.378). Ver Provimento 112/2006 (DJ, 11.10.2006, S. 1, p. 819).

**Art. 46.** Os novos Conselhos Seccionais serão criados mediante Resolução do Conselho Federal.

**Art. 47.** O patrimônio do Conselho Federal, do Conselho Seccional, da Caixa de Assistência dos Advogados e da Subseção é constituído de bens móveis e imóveis e outros bens e valores que tenham adquirido ou venham a adquirir.

**Art. 48.** A alienação ou oneração de bens imóveis depende de aprovação do Conselho Federal ou do Conselho Seccional, competindo à Diretoria do órgão decidir pela aquisição de qualquer bem e dispor sobre os bens móveis.
Parágrafo único. A alienação ou oneração de bens imóveis depende de autorização da maioria das delegações, no Conselho Federal, e da maioria dos membros efetivos, no Conselho Seccional.

**Art. 49.** Os cargos da Diretoria do Conselho Seccional têm as mesmas denominações atribuídas aos da Diretoria do Conselho Federal.
Parágrafo único. Os cargos da Diretoria da Subseção e da Caixa de Assistência dos Advogados têm as seguintes denominações: Presidente, Vice-Presidente, Secretário, Secretário Adjunto e Tesoureiro.

**Art. 50.** Ocorrendo vaga de cargo de diretoria do Conselho Federal ou do Conselho Seccional, inclusive do Presidente, em virtude de perda do mandato (art. 66 do Estatuto), morte ou renúncia, o substituto é eleito pelo Conselho a que se vincule, dentre os seus membros.

**Art. 51.** A elaboração das listas constitucionalmente previstas, para preenchimento dos cargos nos tribunais judiciários, é disciplinada em Provimento do Conselho Federal.[123]

**Art. 52.** A OAB participa dos concursos públicos, previstos na Constituição e nas leis, em todas as suas fases, por meio de representante do Conselho competente, designado pelo Presidente, incumbindo-lhe apresentar relatório sucinto de suas atividades.

---

[123] Ver Provimento 102/2004 (DJ, 08.04.2004, S. 1, p. 15).

Parágrafo único. Incumbe ao representante da OAB velar pela garantia da isonomia e da integridade do certame, retirando-se quando constatar irregularidades ou favorecimentos e comunicando os motivos ao Conselho.

**Art. 53.** Os conselheiros e dirigentes dos órgãos da OAB tomam posse firmando, juntamente com o Presidente, o termo específico, após prestar o seguinte compromisso: "Prometo manter, defender e cumprir os princípios e finalidades da OAB, exercer com dedicação e ética as atribuições que me são delegadas e pugnar pela dignidade, independência, prerrogativas e valorização da advocacia".

Art. 54. Compete à Diretoria dos Conselhos Federal e Seccionais, da Subseção ou da Caixa de Assistência declarar extinto o mandato, ocorrendo uma das hipóteses previstas no art. 66 do Estatuto, encaminhando ofício ao Presidente do Conselho Seccional.

§ 1º A Diretoria, antes de declarar extinto o mandato, salvo no caso de morte ou renúncia, ouve o interessado no prazo de quinze dias, notificando-o mediante ofício com aviso de recebimento.

§ 2º Havendo suplentes de Conselheiros, a ordem de substituição é definida no Regimento Interno do Conselho Seccional.

§ 3º Inexistindo suplentes, o Conselho Seccional elege, na sessão seguinte à data do recebimento do ofício, o Conselheiro Federal, o diretor do Conselho Seccional, o Conselheiro Seccional, o diretor da Subseção ou o diretor da Caixa de Assistência dos Advogados, onde se deu a vaga.

§ 4º Na Subseção onde houver conselho, este escolhe o substituto.

## CAPÍTULO II
## DA RECEITA[124]

**Art. 55.** Aos inscritos na OAB incumbe o pagamento das anuidades, contribuições, multas e preços de serviços fixados pelo Conselho Seccional.[125]

§ 1º As anuidades, contribuições, multas e preços de serviços previstos no *caput* deste artigo serão fixados pelo Conselho Seccional, devendo seus valores ser comunicados ao Conselho Federal até o dia 30 de novembro do ano anterior, salvo em ano eleitoral, quando serão determinadas e comunicadas ao Conselho Federal até o dia 31 de janeiro do ano da posse, podendo ser estabelecidos pagamentos em cotas periódicas.[126]

§ 2º (revogado).[127]

§ 3º O edital a que se refere o *caput* do art. 128 deste Regulamento divulgará a possibilidade de parcelamento e o número máximo de parcelas.[128]

**Art. 56.** As receitas brutas mensais das anuidades, incluídas as eventuais atualizações monetárias, juros e multas, podendo-se deduzir da base de cálculo, as despesas financeiras de compensação dos boletos bancários e taxa de utilização de cartão de crédito, exceto aquelas de antecipação de recebíveis, serão deduzidas em 60% (sessenta por cento) para seguinte destinação[129]:

I – 10% (dez por cento) para o Conselho Federal;

II – 3% (três por cento) para o Fundo Cultural;

---

[124] Ver Provimento 216/2023 (DEOAB, 08.03.2023, p. 1).

[125] Alterado pelas sessões plenárias dos dias 17 de junho, 17 de agosto e 17 de novembro de 1997 (DJ, 24.11.1997, S.1. p. 61.378). Ver art. 2º do Provimento 185/2018 (DOU, 16.11.2018, S. 1, p. 184-186) e Súmula 06/2014-OEP (DOU, 08.12.2014, S. 1, p. 138).

[126] Alterado pelas sessões plenárias dos dias 17 de junho, 17 de agosto e 17 de novembro de 1997 (DJ, 24.11.1997, S.1. p. 61.378) e Resolução 02/2007 (DJ, 24.10.2000, S.1, p. 486).

[127] Revogado pelo Protocolo 0651/2006/COP (DJ, 30.03.2006, S.1, p. 816).

[128] Ver inciso II do art. 7º do Provimento 185/2018 (DOU, 16.11.2018, S. 1, p. 184-186).

[129] Alterado pelas Resoluções 02/2007 (DJ, 24.10.2000, S.1, p. 486), 02/2013 (DOU, 03.07.2013, S.1, p. 86) e 01/2023-COP (DEOAB, 31.05.2023, p. 2).

III – 2% (dois por cento) para o Fundo de Integração e Desenvolvimento Assistencial dos Advogados – FIDA, regulamentado em Provimento do Conselho Federal;

IV – 45% (quarenta e cinco por cento) para as despesas administrativas e manutenção do Conselho Seccional.

§ 1º Os repasses das receitas previstas neste artigo efetuam-se em instituição financeira, indicada pelo Conselho Federal em comum acordo com o Conselho Seccional, através de compartilhamento obrigatório, automático e imediato, com destinação em conta corrente específica deste, do Fundo Cultural, do Fundo de Integração e Desenvolvimento Assistencial dos Advogados – FIDA e da Caixa de Assistência dos Advogados, vedado o recebimento na Tesouraria do Conselho Seccional, exceto quanto às receitas de preços e serviços, e observados os termos do modelo aprovado pelo Diretor-Tesoureiro do Conselho Federal, sob pena de aplicação do art. 54, VII, do Estatuto da Advocacia e da OAB.

§ 2º O Fundo Cultural será administrado pela Escola Superior de Advocacia, mediante deliberação da Diretoria do Conselho Seccional.

§ 3º O Fundo de Integração e Desenvolvimento Assistencial dos Advogados – FIDA será administrado por um Conselho Gestor designado pela Diretoria do Conselho Federal.

§ 4º Os Conselhos Seccionais elaborarão seus orçamentos anuais considerando o limite disposto no inciso IV para manutenção da sua estrutura administrativa e das subseções, utilizando a margem resultante para suplementação orçamentária do exercício, caso se faça necessária.

§ 5º Qualquer transferência de bens ou recursos de um Conselho Seccional a outro depende de autorização do Conselho Federal.

**Art. 57.** Cabe à Caixa de Assistência dos Advogados a metade da receita das anuidades, incluídas as eventuais atualizações monetárias e juros, recebidas pelo Conselho Seccional, considerado o valor resultante após as deduções obrigatórias, nos percentuais previstos no art. 56 do Regulamento Geral.

§ 1º Poderão ser deduzidas despesas nas receitas destinadas à Caixa Assistência, desde que previamente pactuadas.

§ 2º A aplicação dos recursos da Caixa de Assistência deverá estar devidamente demonstrada nas prestações de contas periódicas do Conselho Seccional, obedecido o disposto no § 5º do art. 60 do Regulamento Geral.[130]

**Art. 58.** Compete privativamente ao Conselho Seccional, na primeira sessão ordinária do ano, apreciar o relatório anual e deliberar sobre o balanço e as contas da Diretoria do Conselho Seccional, da Caixa de Assistência dos Advogados e das Subseções, referentes ao exercício anterior, na forma de seu Regimento Interno.

§ 1º O Conselho Seccional elege, dentre seus membros, uma comissão de orçamento e contas para fiscalizar a aplicação da receita e opinar previamente sobre a proposta de orçamento anual e as contas.[131]

§ 2º O Conselho Seccional pode utilizar os serviços de auditoria independente para auxiliar a comissão de orçamento e contas.

§ 3º O exercício financeiro dos Conselhos Federal e Seccionais encerra-se no dia 31 de dezembro de cada ano.

**Art. 59.** Deixando o cargo, por qualquer motivo, no curso do mandato, os Presidentes do Conselho Federal, do Conselho Seccional, da Caixa de Assistência e da Subseção apresentam, de forma sucinta, relatório e contas ao seu sucessor.

**Art. 60.** Os Conselhos Seccionais aprovarão seus orçamentos anuais, para o exercício seguinte, até o mês de outubro e o Conselho Federal até a última sessão do ano, permitida a alteração dos mesmos no curso do

---

[130] Alterado pela Resolução 02/2007 (DJ, 24.10.2000, S.1, p. 486). Ver inciso II do art. 3º do Provimento 185/2018 (DOU, 16.11.2018, S. 1, p. 184-186).

[131] Ver art. 2º do Provimento 185/2018 (DOU, 16.11.2018, S. 1, p. 184-186).

exercício, mediante justificada necessidade, devidamente aprovada pelos respectivos colegiados.[132]

§ 1º O orçamento do Conselho Seccional, incluindo as Subseções, estima a receita, fixa a despesa e prevê as deduções destinadas ao Conselho Federal, ao Fundo Cultural, ao Fundo de Integração e Desenvolvimento Assistencial dos Advogados — FIDA e à Caixa de Assistência, e deverá ser encaminhado, mediante cópia, até o dia 10 do mês subseqüente, ao Conselho Federal, podendo o seu Diretor-Tesoureiro, após análise prévia, devolvê-lo à Seccional, para os devidos ajustes.[133]

§ 2º Aprovado o orçamento e, igualmente, as eventuais suplementações orçamentárias, encaminhar-se-á cópia ao Conselho Federal, até o dia 10 do mês subsequente, para os fins regulamentares.[134]

§ 3º O Conselho Seccional recém empossado deverá promover, se necessário, preferencialmente nos dois primeiros meses de gestão, a reformulação do orçamento anual, encaminhando cópia do instrumento respectivo ao Conselho Federal, até o dia 10 do mês de março do ano em curso.[135]

§ 4º A Caixa de Assistência dos Advogados aprovará seu orçamento para o exercício seguinte, até a última sessão do ano.[136]

---

[132] Alterado pelas sessões plenárias dos dias 17 de junho, 17 de agosto e 17 de novembro de 1997 (DJ, 24.11.1997, S.1, p. 61.378). Ver arts. 3º, 4º e 6º do Provimento 185/2018 (DOU, 16.11.2018, S. 1, p. 184-186).

[133] Alterado pelas sessões plenárias dos dias 17 de junho, 17 de agosto e 17 de novembro de 1997 (DJ, 24.11.1997, S.1, p. 61.378) e a Resolução 02/2007 (DJ, 24.10.2000, S.1, p. 486). Ver inciso IV do art. 4º do Provimento 185/2018 (DOU, 16.11.2018, S. 1, p. 184-186).

[134] Alterado pelas sessões plenárias dos dias 17 de junho, 17 de agosto e 17 de novembro de 1997 (DJ, 24.11.1997, S.1, p. 61.378). Ver Provimento 185/2018 (DOU, 16.11.2018, S. 1, p. 184-186).

[135] Alterado pelas sessões plenárias dos dias 17 de junho, 17 de agosto e 17 de novembro de 1997 (DJ, 24.11.1997, S.1, p. 61.378) e pela Resolução 02/2007 (DJ, 24.10.2000, S.1, p. 486). Ver arts. 3º, 4º e 6º do Provimento 185/2018 (DOU, 16.11.2018, S. 1, p. 184-186).

[136] Alterado pelas sessões plenárias dos dias 17 de junho, 17 de agosto e 17 de novembro de 1997 (DJ, 24.11.1997, S.1, p. 61.378) e pela Resolução 02/2007 (DJ, 24.10.2000, S.1, p. 486).

§ 5º O Conselho Seccional fixa o modelo e os requisitos formais e materiais para o orçamento, o relatório e as contas da Caixa de Assistência e das Subseções.

**Art. 61.** O relatório, o balanço e as contas dos Conselhos Seccionais e da Diretoria do Conselho Federal, na forma prevista em Provimento, são julgados pela Terceira Câmara do Conselho Federal, com recurso para o Órgão Especial.[137]

§ 1º Cabe à Terceira Câmara fixar os modelos dos orçamentos, balanços e contas da Diretoria do Conselho Federal e dos Conselhos Seccionais.

§ 2º A Terceira Câmara pode determinar a realização de auditoria independente nas contas do Conselho Seccional, com ônus para este, sempre que constatar a existência de graves irregularidades.

§ 3º O relatório, o balanço e as contas dos Conselhos Seccionais do ano anterior serão remetidos à Terceira Câmara até o final do quarto mês do ano seguinte.

§ 4º O relatório, o balanço e as contas da Diretoria do Conselho Federal são apreciados pela Terceira Câmara a partir da primeira sessão ordinária do ano seguinte ao do exercício[138].

§ 5º Os Conselhos Seccionais só podem pleitear recursos materiais e financeiros ao Conselho Federal se comprovadas as seguintes condições:

a) remessa de cópia do orçamento e das eventuais suplementações orçamentárias, no prazo estabelecido pelo § 2º do art. 60;[139]

b) prestação de contas aprovada na forma regulamentar; e

c) repasse atualizado da receita devida ao Conselho Federal, suspendendo-se o pedido, em caso de controvérsia, até decisão definitiva sobre a liquidez dos valores correspondentes.

---

[137] Ver Provimento 185/2018 (DOU, 16.11.2018, S. 1, p. 184-186).

[138] Ver Provimento 185/2018 (DOU, 16.11.2018, S. 1, p. 184-186).

[139] Alterado pelas sessões plenárias dos dias 17 de junho, 17 de agosto e 17 de novembro de 1997 (DJ, 24.11.1997, S. 1, p. 61.378). Ver art. 13 do Provimento 185/2018 (DOU, 16.11.2018, S. 1, p. 184-186).

# CAPÍTULO III
# DO CONSELHO FEDERAL
## SEÇÃO I
## DA ESTRUTURA E DO FUNCIONAMENTO

**Art. 62.** O Conselho Federal, órgão supremo da OAB, com sede na Capital da República, compõe-se de um Presidente, dos Conselheiros Federais integrantes das delegações de cada unidade federativa e de seus ex-presidentes.

§ 1º Os ex-presidentes têm direito a voz nas sessões do Conselho, sendo assegurado o direito de voto aos que exerceram mandato antes de 05 de julho de 1994 ou em seu exercício se encontravam naquela data.[140]

§ 2º O Presidente, nas suas relações externas, apresenta-se como Presidente Nacional da OAB.

§ 3º O Presidente do Conselho Seccional tem lugar reservado junto à delegação respectiva e direito a voz em todas as sessões do Conselho e de suas Câmaras.

**Art. 63.** O Presidente do Instituto dos Advogados Brasileiros, o Presidente da Federação Nacional dos Institutos dos Advogados do Brasil e os agraciados com a "Medalha Rui Barbosa" podem participar das sessões do Conselho Pleno, com direito a voz.[141]

**Art. 64.** O Conselho Federal atua mediante os seguintes órgãos:
I – Conselho Pleno;
II – Órgão Especial do Conselho Pleno;
III – Primeira, Segunda e Terceira Câmaras
IV – Diretoria;
V – Presidente.

---

[140] Alterado pelas sessões plenárias dos dias 17 de junho, 17 de agosto e 17 de novembro de 1997 (DJ, 24.11.1997, S. 1, p. 61.379). Ver Resolução 01/2006 (DJ, 04.09.2006, S. 1, p. 775).

[141] Alterado pela Resolução 04/2022-COP (DEOAB, 16.11.2022, p. 3).

Parágrafo único. Para o desempenho de suas atividades, o Conselho conta também com comissões permanentes, definidas em Provimento, e com comissões temporárias, todas designadas pelo Presidente, integradas ou não por Conselheiros Federais, submetidas a um regimento interno único, aprovado pela Diretoria do Conselho Federal, que o levará ao conhecimento do Conselho Pleno.[142]

**Art. 65.** No exercício do mandato, o Conselheiro Federal atua no interesse da advocacia nacional e não apenas no de seus representados diretos.
§ 1º O cargo de Conselheiro Federal é incompatível com o de membro de outros órgãos da OAB, exceto quando se tratar de ex-presidente do Conselho Federal e do Conselho Seccional, ficando impedido de debater e votar as matérias quando houver participado da deliberação local.
§ 2º Na apuração da antiguidade do Conselheiro Federal somam-se todos os períodos de mandato, mesmo que interrompidos.

**Art. 66.** Considera-se ausente das sessões ordinárias mensais dos órgãos deliberativos do Conselho Federal o Conselheiro que, sem motivo justificado, faltar a qualquer uma. Parágrafo único. Compete ao Conselho Federal fornecer ajuda de transporte e hospedagem aos Conselheiros Federais integrantes das bancadas dos Conselho Seccionais que não tenham capacidade financeira para suportar a despesa correspondente.

**Art. 67.** Os Conselheiros Federais, integrantes de cada delegação, após a posse, são distribuídos pelas três Câmaras especializadas, mediante deliberação da própria delegação, comunicada ao Secretário-Geral, ou, na falta desta, por decisão do Presidente, dando-se preferência ao mais antigo no Conselho e, havendo coincidência, ao de inscrição mais antiga.
§ 1º O Conselheiro, na sua delegação, é substituto dos demais, em qualquer órgão do Conselho, nas faltas ou impedimentos ocasionais ou no caso de licença.[143]

---

[142] Ver Provimento 115/2007 (DJ, 16.03.2007, S. 1, p. 978).
[143] Ver Provimento 89/1998 (DOU, 21.12.1998, S. 1, p. 20).

§ 2º Quando estiverem presentes dois substitutos, concomitantemente, a preferência é do mais antigo no Conselho e, em caso de coincidência, do que tiver inscrição mais antiga.

§ 3º A delegação indica seu representante ao Órgão Especial do Conselho Pleno.

**Art. 68.** O voto em qualquer órgão colegiado do Conselho Federal é tomado por delegação, em ordem alfabética, seguido dos ex-presidentes presentes, com direito a voto.

§ 1º Os membros da Diretoria votam como integrantes de suas delegações.

§ 2º O Conselheiro Federal opina, mas não participa da votação de matéria de interesse específico da unidade que representa.

§ 3º Na eleição dos membros da Diretoria do Conselho Federal, somente votam os Conselheiros Federais, individualmente.

**Art. 69.** A seleção das decisões dos órgãos deliberativos do Conselho Federal é periodicamente divulgada em forma de ementário.

**Art. 70.** Os órgãos deliberativos do Conselho Federal podem cassar ou modificar atos ou deliberações de órgãos ou autoridades da OAB, ouvidos estes e os interessados previamente, no prazo de quinze dias, sempre que contrariem o Estatuto, este Regulamento Geral, o Código de Ética e Disciplina e os Provimentos.

**Art. 71.** Toda matéria pertinente às finalidades e às competências do Conselho Federal da OAB será distribuída automaticamente no órgão colegiado competente a um relator, mediante sorteio eletrônico, com inclusão na pauta da sessão seguinte, organizada segundo critério de antiguidade.

§ 1º Se o relator determinar alguma diligência, o processo é retirado da ordem do dia, figurando em anexo da pauta com indicação da data do despacho.

§ 2º Incumbe ao relator apresentar na sessão seguinte, por escrito, o relatório, o voto e a proposta de ementa.

§ 3º O relator pode determinar diligências, requisitar informações, instaurar representação incidental, propor ao Presidente a redistribuição da matéria e o arquivamento, quando for irrelevante ou impertinente às finalidades da OAB, ou o encaminhamento do processo ao Conselho Seccional competente, quando for de interesse local.

§ 4º Em caso de inevitável perigo de demora da decisão, pode o relator conceder provimento cautelar, com recurso de ofício ao órgão colegiado, para apreciação preferencial na sessão posterior.

§ 5º O relator notifica o Conselho Seccional e os interessados, quando forem necessárias suas manifestações.

§ 6º Compete ao relator manifestar-se sobre as desistências, prescrições, decadências e intempestividades dos recursos, para decisão do Presidente do órgão colegiado.

**Art. 72.** O processo será redistribuído automaticamente caso o relator, após a inclusão em pauta, não o apresente para julgamento na sessão seguinte ou quando, fundamentadamente e no prazo de 05 (cinco) dias, a contar do recebimento dos autos, declinar da relatoria.

§ 1º O presidente do colegiado competente poderá deferir a prorrogação do prazo de apresentação do processo para julgamento estipulado no *caput*, por 01 (uma) sessão, mediante requerimento por escrito e fundamentado do relator.

§ 2º Redistribuído o processo, caso os autos encontrem-se com o relator, o presidente do órgão colegiado determinará sua devolução à secretaria, em até 05 (cinco) dias.

**Art. 73.** Em caso de matéria complexa, o Presidente designa uma comissão em vez de relator individual.

Parágrafo único. A comissão escolhe um relator e delibera coletivamente, não sendo considerados os votos minoritários para fins de relatório e voto.

## SEÇÃO II
## DO CONSELHO PLENO

**Art. 74.** O Conselho Pleno é integrado pelos Conselheiros Federais de cada delegação e pelos ex-presidentes, sendo presidido pelo Presidente do Conselho Federal e secretariado pelo Secretário-Geral.

**Art. 75.** Compete ao Conselho Pleno deliberar, em caráter nacional, sobre propostas e indicações relacionadas às finalidades institucionais da OAB (art. 44, I, do Estatuto) e sobre as demais atribuições previstas no art. 54 do Estatuto, respeitadas as competências privativas dos demais órgãos deliberativos do Conselho Federal, fixadas neste Regulamento Geral, e ainda:
I – eleger o sucessor dos membros da Diretoria do Conselho Federal, em caso de vacância;
II – regular, mediante resolução, matérias de sua competência que não exijam edição de Provimento;
III – instruir, mediante Provimento, comissões permanentes para assessorar o Conselho Federal e a Diretoria.[144]
Parágrafo único. O Conselho Pleno pode decidir sobre todas as matérias privativas de seu Órgão Especial, quando o Presidente atribuir-lhes caráter de urgência e grande relevância.

**Art. 76.** As proposições e os requerimentos deverão ser oferecidos por escrito, cabendo ao relator apresentar relatório e voto na sessão seguinte, acompanhados de ementa do acórdão.
§ 1º No Conselho Pleno, o Presidente, em caso de urgência e relevância, pode designar relator para apresentar relatório e voto orais na mesma sessão.
§ 2º Quando a proposta importar despesas não previstas no orçamento, pode ser apreciada apenas depois de ouvido o Diretor-Tesoureiro quanto às disponibilidades financeiras para sua execução.

---

[144] Alterado pelas sessões plenárias dos dias 16 de outubro, 06 e 07 de novembro de 2000 (DJ, 12.12.2000, S.1, p. 574). Ver Provimento 115/2007 (DJ, 16.03.2007, S. 1, p. 978).

**Art. 77.** O voto da delegação é o de sua maioria, havendo divergência entre seus membros, considerando-se invalidado em caso de empate.

§ 1º O Presidente não integra a delegação de sua unidade federativa de origem e não vota, salvo em caso de empate.

§ 2º Os ex-Presidentes empossados antes de 5 de julho de 1994 têm direito de voto equivalente ao de uma delegação, em todas as matérias, exceto na eleição dos membros da Diretoria do Conselho Federal.

**Art. 78.** Para editar e alterar o Regulamento Geral, o Código de Ética e Disciplina e os Provimentos e para intervir nos Conselhos Seccionais é indispensável o *quorum* de dois terços das delegações.

Parágrafo único. Para as demais matérias prevalece o *quorum* de instalação e de votação estabelecido neste Regulamento Geral.

**Art. 79.** A proposta que implique baixar normas gerais de competência do Conselho Pleno ou encaminhar projeto legislativo ou emendas aos Poderes competentes somente pode ser deliberada se o relator ou a comissão designada elaborar o texto normativo, a ser remetido aos Conselheiros juntamente com a convocação da sessão.

§ 1º Antes de apreciar proposta de texto normativo, o Conselho Pleno delibera sobre a admissibilidade da relevância da matéria.

§ 2º Admitida a relevância, o Conselho passa a decidir sobre o conteúdo da proposta do texto normativo, observados os seguintes critérios:

a) procede-se à leitura de cada dispositivo, considerando-o aprovado se não houver destaque levantado por qualquer membro ou encaminhado por Conselho Seccional;

b) havendo destaque, sobre ele manifesta-se apenas aquele que o levantou e a comissão relatora ou o relator, seguindo-se a votação.

§ 3º Se vários membros levantarem destaque sobre o mesmo ponto controvertido, um, dentre eles, é eleito como porta-voz.

§ 4º Se o texto for totalmente rejeitado ou prejudicado pela rejeição, o Presidente designa novo relator ou comissão revisora para redigir outro.

**Art. 80.** A OAB pode participar e colaborar em eventos internacionais, de interesse da advocacia, mas somente se associa a organismos internacionais que congreguem entidades congêneres.
Parágrafo único. Os Conselhos Seccionais podem representar a OAB em geral ou os advogados brasileiros em eventos internacionais ou no exterior, quando autorizados pelo Presidente Nacional.

**Art. 81.** Constatando grave violação do Estatuto ou deste Regulamento Geral, a Diretoria do Conselho Federal notifica o Conselho Seccional para apresentar defesa e, havendo necessidade, designa representantes para promover verificação ou sindicância, submetendo o relatório ao Conselho Pleno.
§ 1º Se o relatório concluir pela intervenção, notifica-se o Conselho Seccional para apresentar defesa por escrito e oral perante o Conselho Pleno, no prazo e tempo fixados pelo Presidente.
§ 2º Se o Conselho Pleno decidir pela intervenção, fixa prazo determinado, que pode ser prorrogado, cabendo à Diretoria designar diretoria provisória.
§ 3º Ocorrendo obstáculo imputável à Diretoria do Conselho Seccional para a sindicância, ou no caso de irreparabilidade do perigo pela demora, o Conselho Pleno pode aprovar liminarmente a intervenção provisória.

**Art. 82.** As indicações de ajuizamento de ação direta de inconstitucionalidade submetem-se ao juízo prévio de admissibilidade da Diretoria para aferição da relevância da defesa dos princípios e normas constitucionais e, sendo admitidas, observam o seguinte procedimento:
I – o relator, designado pelo Presidente, independentemente da decisão da Diretoria, pode levantar preliminar de inadmissibilidade perante o Conselho Pleno, quando não encontrar norma ou princípio constitucional violados pelo ato normativo;
II – aprovado o ajuizamento da ação, esta será proposta pelo Presidente do Conselho Federal;
III – cabe à assessoria do Conselho acompanhar o andamento da ação.

§ 1º Em caso de urgência que não possa aguardar a sessão ordinária do Conselho Pleno, ou durante o recesso do Conselho Federal, a Diretoria decide quanto ao mérito, *ad referendum* daquele.

§ 2º Quando a indicação for subscrita por Conselho Seccional da OAB, por entidade de caráter nacional ou por delegação do Conselho Federal, a matéria não se sujeita ao juízo de admissibilidade da Diretoria.

**Art. 83.** Compete à Comissão Nacional de Educação Jurídica do Conselho Federal opinar previamente nos pedidos para criação, reconhecimento e credenciamento dos cursos jurídicos referidos no art. 54, XV, do Estatuto.[145]

§ 1º O Conselho Seccional em cuja área de atuação situar-se a instituição de ensino superior interessada será ouvido, preliminarmente, nos processos que tratem das matérias referidas neste artigo, devendo a seu respeito manifestar-se no prazo de 30 (trinta) dias.

§ 2º A manifestação do Conselho Seccional terá em vista, especialmente, os seguintes aspectos:

a) a verossimilhança do projeto pedagógico do curso, em face da realidade local;

b) a necessidade social da criação do curso, aferida em função dos critérios estabelecidos pela Comissão de Ensino Jurídico do Conselho Federal;

c) a situação geográfica do município sede do curso, com indicação de sua população e das condições de desenvolvimento cultural e econômico que apresente, bem como da distância em relação ao município mais próximo onde haja curso jurídico;

d) as condições atuais das instalações físicas destinadas ao funcionamento do curso;

e) a existência de biblioteca com acervo adequado, a que tenham acesso direto os estudantes.

---

[145] Alterado pela Resolução 01/2011 (DOU, 15.06.2011, S. 1, p. 129). Ver Legislação sobre Ensino Jurídico disponível na página do CFOAB (http://www.oab.org.br/visualizador/20/legislacao-sobre- ensino-juridico).

§ 3º A manifestação do Conselho Seccional deverá informar sobre cada um dos itens mencionados no parágrafo anterior, abstendo-se, porém, de opinar, conclusivamente, sobre a conveniência ou não da criação do curso.

§ 4º O Conselho Seccional encaminhará sua manifestação diretamente à Comissão de Ensino Jurídico do Conselho Federal, dela não devendo fornecer cópia à instituição interessada ou a terceiro antes do pronunciamento final do Conselho Federal.

## SEÇÃO III
## DO ÓRGÃO ESPECIAL DO CONSELHO PLENO

**Art. 84.** O Órgão Especial é composto por um Conselheiro Federal integrante de cada delegação, sem prejuízo de sua participação no Conselho Pleno, e pelos ex- Presidentes, sendo presidido pelo Vice-Presidente e secretariado pelo Secretário- Geral Adjunto.

Parágrafo único. O Presidente do Órgão Especial, além de votar por sua delegação, tem o voto de qualidade, no caso de empate, salvo quando se tratar de procedimento disciplinar passível de aplicação de sanção prevista no art. 35 do Estatuto da Advocacia e da OAB, caso em que, quando houver empate de votos, o Presidente votará apenas por sua delegação, prevalecendo a decisão mais favorável ao advogado representado.

**Art. 85.** Compete ao Órgão Especial deliberar, privativamente e em caráter irrecorrível, sobre:[146]

I - recurso contra decisões das Primeira e Terceira Câmaras, quando não tenham sido unânimes ou, sendo unânimes, contrariem a Constituição, as leis, o Estatuto, decisões do Conselho Federal, este Regulamento Geral, o Código de Ética e Disciplina ou os Provimentos;

II - recurso contra decisão da Segunda Câmara, nos casos de pedido de revisão e dos incisos III e IV, do art. 89, deste Regulamento Geral, quando não tenham sido unânimes ou, sendo unânimes, contrariem a

---

[146] Ver Súmula 04/2013-OEP (DOU, 18.04.2013, S. 1, p. 118).

Constituição, as leis, o Estatuto, decisões do Conselho Federal, este Regulamento Geral, o Código de Ética e Disciplina ou os Provimentos;[147]

III – recurso contra decisões do Presidente ou da Diretoria do Conselho Federal e do Presidente do Órgão Especial;

IV – consultas escritas, formuladas em tese, relativas às matérias de competência das Câmaras especializadas ou à interpretação do Estatuto, deste Regulamento Geral, do Código de Ética e Disciplina e dos Provimentos, devendo todos os Conselhos Seccionais ser cientificados do conteúdo das respostas;

V – conflitos ou divergências entre órgãos da OAB;

VI – determinação ao Conselho Seccional competente para instaurar processo, quando, em autos ou peças submetidos ao conhecimento do Conselho Federal, encontrar fato que constitua infração disciplinar.

§ 1º Os recursos ao Órgão Especial podem ser manifestados pelo Presidente do Conselho Federal, pelas partes ou pelos recorrentes originários.

§ 2º O relator pode propor ao Presidente do Órgão Especial o arquivamento da consulta, quando não se revestir de caráter geral ou não tiver pertinência com as finalidades da OAB, ou o seu encaminhamento ao Conselho Seccional, quando a matéria for de interesse local.

**Art. 86.** A decisão do Órgão Especial constitui orientação dominante da OAB sobre a matéria, quando consolidada em súmula publicada no Diário Eletrônico da OAB.[148]

## SEÇÃO IV
## DAS CÂMARAS

**Art. 87.** As Câmaras são presididas:

I – a Primeira, pelo Secretário-Geral;

II – a Segunda, pelo Secretário-Geral Adjunto;

III – a Terceira, pelo Tesoureiro.

---

[147] Inserido pela Resolução 01/2007-COP (DJ, 04.05.2007, S. 1, p. 1.442) e 03/2022-COP (DEOAB, 16.11.2022, p. 1). Ver Resolução 01/2011-SCA (DOU, 22.09.2011, S. 1, p. 771).

[148] Alterado pela Resolução 05/2018-COP (DOU, 31.10.2018, S. 1, p. 126). Ver Provimento 182/2018 (DOU, 31.10.2018, S. 1, p. 126).

§ 1º Os Secretários das Câmaras são designados, dentre seus integrantes, por seus Presidentes.

§ 2º Nas suas faltas e impedimentos, os Presidentes e Secretários das Câmaras são substituídos pelos Conselheiros mais antigos e, havendo coincidência, pelos de inscrição mais antiga.

§ 3º O Presidente da Câmara, além de votar por sua delegação, tem o voto de qualidade, no caso de empate, salvo quando se tratar de procedimento disciplinar passível de aplicação de sanção prevista no art. 35 do Estatuto da Advocacia e da OAB, caso em que, quando houver empate de votos, o Presidente votará apenas por sua delegação, prevalecendo a decisão mais favorável ao advogado representado.

**Art. 88.** Compete à Primeira Câmara:

I – decidir os recursos sobre:

atividade de advocacia e direitos e prerrogativas dos advogados e estagiários;

inscrição nos quadros da OAB;

incompatibilidades e impedimentos.

II – expedir resoluções regulamentando o Exame de Ordem, para garantir sua eficiência e padronização nacional, ouvida a Comissão Nacional de Exame de Ordem;[149]

III – julgar as representações sobre as matérias de sua competência;

IV – propor, instruir e julgar os incidentes de uniformização de decisões de sua competência;

V – determinar ao Conselho Seccional competente a instauração de processo quando, em autos ou peças submetidas ao seu julgamento, tomar conhecimento de fato que constitua infração disciplinar;

VI – julgar os recursos interpostos contra decisões de seu Presidente.

---

[149] Alterado pelas sessões plenárias dos dias 16 de outubro, 06 e 07 de novembro de 2000 (DJ, 12.12.2000, S.1, p. 574). Ver art. 8º, § 1º do Estatuto; arts. 58, VI, e 112 do Regulamento Geral e Provimento 144/2011 (DOU, 15.06.2011, S. 1, p. 129-130).

**Art. 89.** Compete à Segunda Câmara:
I – decidir os recursos sobre ética e deveres do advogado, infrações e sanções disciplinares;
II – promover em âmbito nacional a ética do advogado, juntamente com os Tribunais de Ética e Disciplina, editando resoluções regulamentares ao Código de Ética e Disciplina;
III – julgar as representações sobre as matérias de sua competência;
IV – propor, instruir e julgar os incidentes de uniformização de decisões de sua competência;
V – determinar ao Conselho Seccional competente a instauração de processo quando, em autos ou peças submetidas ao seu julgamento, tomar conhecimento de fato que constitua infração disciplinar;
VI – julgar os recursos interpostos contra decisões de seu Presidente;
VII – eleger, dentre seus integrantes, os membros da Corregedoria do Processo Disciplinar, em número máximo de três, com atribuição, em caráter nacional, de orientar e fiscalizar a tramitação dos processos disciplinares de competência da OAB, podendo, para tanto, requerer informações e realizar diligências, elaborando relatório anual dos processos em trâmite no Conselho Federal e nos Conselhos Seccionais e Subseções.
**Art. 89-A.** A Segunda Câmara será dividida em três Turmas, entre elas repartindo-se, com igualdade, os processos recebidos pela Secretaria.
§ 1º Na composição das Turmas, que se dará por ato do Presidente da Segunda Câmara, será observado o critério de representatividade regional, de sorte a nelas estarem presentes todas as Regiões do País.
§ 2º As Turmas serão presididas pelo Conselheiro presente de maior antigüidade no Conselho Federal, admitindo-se o revezamento, a critério dos seus membros, salvo a Turma integrada pelo Presidente da Segunda Câmara, que será por ele presidida.
§ 3º Das decisões das Turmas caberá recurso para o Pleno da Segunda Câmara quando não tenham sido unânimes ou, sendo unânimes, contra-

riem a Constituição, as leis, o Estatuto, decisões do Conselho Federal, este Regulamento Geral, o Código de Ética e Disciplina ou os Provimentos.[150]

§ 4º No julgamento do recurso, o relator ou qualquer membro da Turma poderá propor que esta o afete ao Pleno da Câmara, em vista da relevância ou especial complexidade da matéria versada, podendo proceder do mesmo modo quando suscitar questões de ordem que impliquem a adoção de procedimentos comuns pelas Turmas.

§ 5º Não cabe recurso contra a decisão do Pleno da Segunda Câmara referida no § 3º deste artigo, ressalvados embargos de declaração.

**Art. 90.** Compete à Terceira Câmara:

I – decidir os recursos relativos à estrutura, aos órgãos e ao processo eleitoral da OAB;

II – decidir os recursos sobre sociedades de advogados, advogados associados e advogados empregados;

III – apreciar os relatórios anuais e deliberar sobre o balanço e as contas da Diretoria do Conselho Federal e dos Conselhos Seccionais;[151]

VI – suprir as omissões ou regulamentar as normas aplicáveis às Caixas de Assistência dos Advogados, inclusive mediante resoluções;

V – modificar ou cancelar, de ofício ou a pedido de qualquer pessoa, dispositivo do Regimento Interno do Conselho Seccional que contrarie o Estatuto ou este Regulamento Geral;

VI – julgar as representações sobre as matérias de sua competência;

VII – propor, instruir e julgar os incidentes de uniformização de decisões de sua competência;

VIII – determinar ao Conselho Seccional competente a instauração de processo quando, em autos ou peças submetidas ao seu julgamento, tomar conhecimento de fato que constitua infração disciplinar;

IX – julgar os recursos interpostos contra decisões de seu Presidente.

---

[150] Inserido pela Resolução 01/2007 (DJ, 04.05.2007, p. 1442) e 03/2022-COP (DEOAB, 16.11.2022, p. 1). Ver Resolução 01/2011-SCA (DOU, 22.09.2011, S. 1, p. 771).

[151] Ver Provimento 185/2018 (DOU, 16.11.2018, S. 1, p. 184-186).

## SEÇÃO V
## DAS SESSÕES

**Art. 91.** Os órgãos colegiados do Conselho Federal reúnem-se ordinariamente nos meses de fevereiro a dezembro de cada ano, em sua sede no Distrito Federal, nas datas fixadas pela Diretoria.

§ 1º Em caso de urgência ou no período de recesso (janeiro), o Presidente ou um terço das delegações do Conselho Federal pode convocar sessão extraordinária.[152]

§ 2º A sessão extraordinária, em caráter excepcional e de grande relevância, pode ser convocada para local diferente da sede do Conselho Federal.

§ 3º As convocações para as sessões ordinárias são acompanhadas de minuta da ata da sessão anterior e dos demais documentos necessários.

§ 4º Mediante prévia deliberação do Conselho Pleno, poderá ser dispensada a realização da sessão ordinária do mês de julho, sem prejuízo da regular fruição dos prazos processuais e regulamentares.

**Art. 92.** Para instalação e deliberação dos órgãos colegiados do Conselho Federal da OAB exige-se a presença de metade das delegações, salvo nos casos de *quorum* qualificado, previsto neste Regulamento Geral.

§ 1º A deliberação é tomada pela maioria de votos dos presentes.

§ 2º Comprova-se a presença pela assinatura no documento próprio, sob controle do Secretário da sessão.

§ 3º Qualquer membro presente pode requerer a verificação do *quorum*, por chamada.

§ 4º A ausência à sessão, depois da assinatura de presença, não justificada ao Presidente, é contada para efeito de perda do mandato.

**Art. 93.** Nas sessões observa-se a seguinte ordem:

I – verificação do *quorum* e abertura;

II – leitura, discussão e aprovação da ata da sessão anterior;

---

[152] Alterado pela Resolução 01/2010 (DJ, 28.06.2010, p. 43). Ver art. 107, § 1º do Regulamento Geral.

III – comunicações do Presidente;
IV – ordem do dia;
V – expediente e comunicações dos presentes.
Parágrafo único. A ordem dos trabalhos ou da pauta pode ser alterada pelo Presidente, em caso de urgência ou de pedido de preferência.

**Art. 94.** O julgamento de qualquer processo ocorre do seguinte modo:
I – leitura do relatório, do voto e da proposta de ementa do acórdão, todos escritos, pelo relator;
II – sustentação oral pelo interessado ou seu advogado, com o prazo de 15 (quinze) minutos, a qual, em se tratando de embargos de declaração, somente será admitida se estes tiverem efeitos infringentes, caso em que a sustentação se dará no limite de 5 (cinco) minutos, tendo o respectivo processo preferência no julgamento;
III – discussão da matéria, dentro do prazo máximo fixado pelo Presidente, não podendo cada Conselheiro fazer uso da palavra mais de uma vez nem por mais de três minutos, salvo se lhe for concedida prorrogação;
IV – votação da matéria, não sendo permitidas questões de ordem ou justificativa oral de voto, precedendo as questões prejudiciais e preliminares às de mérito;
V – a votação da matéria será realizada mediante chamada em ordem alfabética das bancadas, iniciando-se com a delegação integrada pelo relator do processo em julgamento;
VI – proclamação do resultado pelo Presidente, com leitura da súmula da decisão.

§ 1º Os apartes só serão admitidos quando concedidos pelo orador. Não será admitido aparte:
a) à palavra do Presidente;
b) ao Conselheiro que estiver suscitando questão de ordem.

§ 2º Se durante a discussão o Presidente julgar que a matéria é complexa e não se encontra suficientemente esclarecida, suspende o julgamento, designando revisor para sessão seguinte.

§ 3º A justificação escrita do voto pode ser encaminhada à Secretaria até quinze dias após a votação da matéria.

§ 4º O Conselheiro pode pedir preferência para antecipar seu voto se necessitar ausentar-se justificadamente da sessão.

§ 5º O Conselheiro pode eximir-se de votar se não tiver assistido à leitura do relatório.

§ 6º O relatório e o voto do relator, na ausência deste, são lidos pelo Secretário.

§ 7º Vencido o relator, o autor do voto vencedor lavra o acórdão.

**Art. 95.** O pedido justificado de vista por qualquer Conselheiro, quando não for em mesa, não adia a discussão, sendo deliberado como preliminar antes da votação da matéria.

Parágrafo único. A vista concedida é coletiva, permanecendo os autos do processo na Secretaria, com envio de cópias aos que as solicitarem, devendo a matéria ser julgada na sessão ordinária seguinte, com preferência sobre as demais, ainda que ausentes o relator ou o Conselheiro requerente.

**Art. 96.** As decisões coletivas são formalizadas em acórdãos, assinados pelo Presidente e pelo relator, e publicadas.

§ 1º As manifestações gerais do Conselho Pleno podem dispensar a forma de acórdão.

§ 2º As ementas têm numeração sucessiva e anual, relacionada ao órgão deliberativo.

**Art. 97.** As pautas e decisões são publicadas no Diário Eletrônico da OAB, ou comunicadas pessoalmente aos interessados, e afixadas em local de fácil acesso na sede do Conselho Federal.[153]

---

[153] Alterado pelas sessões plenárias dos dias 16 de outubro, 06 e 07 de novembro de 2000 (DJ, 12.12.2000, S.1, p. 575). Ver Provimentos 26/1966 (D.O. Estado da Guanabara, 13.09.1966, parte III, p. 12.233), 182/2018 (DOU, 31.10.2018, S. 1, p. 126), Resolução 05/2018-COP (DOU, 31.10.2018, S. 1, p. 126) e Súmula 09/2017-OEP (DOU, 06.11.2017, S. 1, p. 157; DEOAB, 31.12.2018, p. 6).

**Art. 97-A.** Será admitido o julgamento de processos dos órgãos colegiados em ambiente telepresencial, denominado Sessão Virtual, observando-se, quando cabíveis, as disposições dos arts. 91 a 97 deste Regulamento Geral.

§ 1º Poderão ser incluídos nas sessões virtuais processos que tenham sido pautados em sessões ordinárias ou extraordinárias presenciais anteriores, para início ou continuidade de julgamento.

§ 2º As sessões virtuais serão convocadas pelos presidentes dos órgãos colegiados, com, pelo menos, 15 (quinze) dias úteis de antecedência.

§ 3º As partes, os interessados e seus procuradores serão notificados pelo Diário Eletrônico da OAB de que o julgamento se dará em ambiente telepresencial.

§ 4º Nas hipóteses regulamentares em que couber sustentação oral, facultada à parte, ao interessado ou a seus procuradores, esta, com duração de, no máximo, 15 (quinze) minutos, será realizada na sessão virtual, após a leitura do relatório e do voto pelo Relator.

§ 5º A sustentação oral de que trata o parágrafo anterior, bem como a participação telepresencial, deverá ser previamente requerida pela parte, pelo interessado ou por seus procuradores, em até 24 (vinte e quatro) horas antes do início da sessão virtual.

§ 6º O requerimento previsto no parágrafo anterior deverá ser realizado por correio eletrônico ou petição nos autos, com a identificação do processo, do órgão julgador, da data da sessão virtual de julgamento e do endereço eletrônico do requerente, que será utilizado para incluí-lo na respectiva sessão.

§ 7º A sustentação oral ou a participação telepresencial será realizada por videoconferência, com a utilização de plataforma disponibilizada pelo Conselho Federal, sendo de inteira responsabilidade da parte, do interessado ou de seus advogados toda a infraestrutura tecnológica necessária para sua participação na sessão virtual.

§ 8º Não serão incluídos na sessão virtual, ou dela serão excluídos, os seguintes processos:

I – os indicados pelo Relator, mediante despacho fundamentado, para julgamento em sessão presencial;

II – os destacados por um ou mais conselheiros para julgamento em sessão presencial, após o encerramento da fase de debates, mediante acolhimento ou não do presidente do órgão colegiado correspondente;

III – os que tiverem pedido de sustentação oral presencial e os destacados por quaisquer das partes, dos interessados ou de seus procuradores, desde que requerido em até 24 (vinte e quatro) horas antes do início da sessão virtual, e deferido pelo relator.

§ 9º Os julgamentos em sessão virtual serão públicos e poderão ser acompanhados pela rede mundial de computadores (internet), exceto no tocante aos processos que tramitam em sigilo, aos quais terão acesso somente as partes, os interessados e seus procuradores.

## SEÇÃO VI
## DA DIRETORIA DO CONSELHO FEDERAL

**Art. 98.** O Presidente é substituído em suas faltas, licenças e impedimentos pelo Vice- Presidente, pelo Secretário-Geral, pelo Secretário-Geral Adjunto e pelo Tesoureiro, sucessivamente.

§ 1º O Vice-Presidente, o Secretário-Geral, o Secretário-Geral Adjunto e o Tesoureiro substituem-se nessa ordem, em suas faltas e impedimentos ocasionais, sendo o último substituído pelo Conselheiro Federal mais antigo e, havendo coincidência de mandatos, pelo de inscrição mais antiga.

§ 2º No caso de licença temporária, o Diretor é substituído pelo Conselheiro designado pelo Presidente.

§ 3º No caso de vacância de cargo da Diretoria, em virtude de perda do mandato, morte ou renúncia, o sucessor é eleito pelo Conselho Pleno.

§ 4º Para o desempenho de suas atividades, a Diretoria contará, também, com dois representantes institucionais permanentes, cujas funções serão exercidas por Conselheiros Federais por ela designados, *ad referendum* do Conselho Pleno, destinadas ao acompanhamento dos interesses da Advocacia no Conselho Nacional de Justiça e no Conselho Nacional do Ministério Público.

**Art. 99.** Compete à Diretoria, coletivamente:
I – dar execução às deliberações dos órgãos deliberativos do Conselho;
II – elaborar e submeter à Terceira Câmara, na forma e prazo estabelecidos neste Regulamento Geral, o orçamento anual da receita e da despesa, o relatório anual, o balanço e as contas;[154]
III – elaborar estatística anual dos trabalhos e julgados do Conselho;
VI – distribuir e redistribuir as atribuições e competências entre os seus membros;
V – elaborar e aprovar o plano de cargos e salários e a política de administração de pessoal do Conselho, propostos pelo Secretário-Geral;[155]
VI – promover assistência financeira aos órgãos da OAB, em caso de necessidade comprovada e de acordo com previsão orçamentária;[156]
VII – definir critérios para despesas com transporte e hospedagem dos Conselheiros, membros das comissões e convidados;
VIII – alienar ou onerar bens móveis;
IX – resolver os casos omissos no Estatuto e no Regulamento Geral, *ad referendum* do Conselho Pleno.

**Art. 100.** Compete ao Presidente:[157]
I – representar a OAB em geral e os advogados brasileiros, no país e no exterior, em juízo ou fora dele;
II – representar o Conselho Federal, em juízo ou fora dele;
III – convocar e presidir o Conselho Federal e executar suas decisões;
IV – adquirir, onerar e alienar bens imóveis, quando autorizado, e administrar o patrimônio do Conselho Federal, juntamente com o Tesoureiro;
V – aplicar penas disciplinares, no caso de infração cometida no âmbito do Conselho Federal;

---

[154] Ver Provimento 185/2018 (DOU, 16.11.2018, S. 1, p. 184-186).
[155] Ver inciso II do art. 4º do Provimento 185/2018 (DOU, 16.11.2018, S. 1, p. 184-186).
[156] Ver arts. 12 e 13 do Provimento 185/2018 (DOU, 16.11.2018, S. 1, p. 184-186).
[157] Ver *caput* do art. 15 do Provimento 185/2018 (DOU, 16.11.2018, S. 1, p. 184-186).

VI – assinar, com o Tesoureiro, cheques e ordens de pagamento;

VII – executar e fazer executar o Estatuto e a legislação complementar.

**Art. 101.** Compete ao Vice-Presidente:

I – presidir o órgão Especial e executar suas decisões;

II – executar as atribuições que lhe forem cometidas pela Diretoria ou delegadas, por portaria, pelo Presidente.

**Art. 102.** Compete ao Secretário-Geral:

I – presidir a Primeira Câmara e executar suas decisões;

II – dirigir todos os trabalhos de Secretaria do Conselho Federal;

III – secretariar as sessões do Conselho Pleno;

IV – manter sob sua guarda e inspeção todos os documentos do Conselho Federal;

V – controlar a presença e declarar a perda de mandato dos Conselheiros Federais;

VI – executar a administração do pessoal do Conselho Federal;[158]

VII – emitir certidões e declarações do Conselho Federal.

**Art. 103.** Compete ao Secretário-Geral Adjunto:

I – presidir a Segunda Câmara e executar suas decisões;

II – organizar e manter o cadastro nacional dos advogados e estagiários, requisitando os dados e informações necessários aos Conselhos Seccionais e promovendo as medidas necessárias;[159]

III – executar as atribuições que lhe forem cometidas pela Diretoria ou delegadas pelo Secretário-Geral;

IV – secretariar o Órgão Especial.

---

[158] Ver inciso II do art. 4º do Provimento 185/2018 (DOU, 16.11.2018, S. 1, p. 184-186).

[159] Ver arts. 24 e 137-D do Regulamento Geral, Provimentos 95/2000 (DJ, 16.11.2000, S. 1, p. 485) e 99/2002 (DJ, 04.11.2002, S. 1, p. 447), Resoluções 01/2003-SCA (DJ, 10.04.2003, S. 1, p. 551) e 01/2012 (DOU, 19.04.2012, S. 1, p. 96).

**Art. 104.** Compete ao Tesoureiro:[160]

I – presidir a Terceira Câmara e executar suas decisões;

II – manter sob sua guarda os bens e valores e o almoxarifado do Conselho;

III – administrar a Tesouraria, controlar e pagar todas as despesas autorizadas e assinar cheques e ordens de pagamento com o Presidente;

IV– elaborar a proposta de orçamento anual, o relatório, os balanços e as contas mensais e anuais da Diretoria;[161]

V – propor à Diretoria a tabela de custas do Conselho Federal;

VI – fiscalizar e cobrar as transferências devidas pelos Conselhos Seccionais ao Conselho Federal, propondo à Diretoria a intervenção nas Tesourarias dos inadimplentes;[162]

VII – manter inventário dos bens móveis e imóveis do Conselho Federal, atualizado anualmente;

VIII – receber e dar quitação dos valores recebidos pelo Conselho Federal.

§ 1º Em casos imprevistos, o Tesoureiro pode realizar despesas não constantes do orçamento anual, quando autorizadas pela Diretoria.

§ 2º Cabe ao Tesoureiro propor à Diretoria o regulamento para aquisições de material de consumo e permanente.

## CAPÍTULO IV
## DO CONSELHO SECCIONAL

**Art. 105.** Compete ao Conselho Seccional, além do previsto nos arts. 57 e 58 do Estatuto:

I – cumprir o disposto nos incisos I, II e III do art. 54 do Estatuto;[163]

II – adotar medidas para assegurar o regular funcionamento das Subseções;

---

[160] Ver *caput* do art. 15 do Provimento 185/2018 (DOU, 16.11.2018, S. 1, p. 184-186).

[161] Ver arts. 3º e 4º do Provimento 185/2018 (DOU, 16.11.2018, S. 1, p. 184-186).

[162] Ver inciso I do art. 4º do Provimento 185/2018 (DOU, 16.11.2018, S. 1, p. 184-186).

[163] Ver Provimento 185/2018 (DOU, 16.11.2018, S. 1, p. 184-186).

III – intervir, parcial ou totalmente, nas Subseções e na Caixa de Assistência dos Advogados, onde e quando constatar grave violação do Estatuto, deste Regulamento Geral e do Regimento Interno do Conselho Seccional;
IV – cassar ou modificar, de ofício ou mediante representação, qualquer ato de sua diretoria e dos demais órgãos executivos e deliberativos, da diretoria ou do conselho da Subseção e da diretoria da Caixa de Assistência dos Advogados, contrários ao Estatuto, ao Regulamento Geral, aos Provimentos, ao Código de Ética e Disciplina, ao seu Regimento Interno e às suas Resoluções;
V – ajuizar, após deliberação:
a) ação direta de inconstitucionalidade de leis ou atos normativos estaduais e municipais, em face da Constituição Estadual ou da Lei Orgânica do Distrito Federal;
b) ação civil pública, para defesa de interesses difusos de caráter geral e coletivos e individuais homogêneos;
c) mandado de segurança coletivo, em defesa de seus inscritos, independentemente de autorização pessoal dos interessados;
d) mandado de injunção, em face da Constituição Estadual ou da Lei Orgânica do Distrito Federal.
Parágrafo único. O ajuizamento é decidido pela Diretoria, no caso de urgência ou recesso do Conselho Seccional.

**Art. 106.** Os Conselhos Seccionais são compostos de conselheiros eleitos, incluindo os membros da Diretoria, proporcionalmente ao número de advogados com inscrição concedida, observados os seguintes critérios:
I – abaixo de 3.000 (três mil) inscritos, até 30 (trinta) membros;
II – a partir de 3.000 (três mil) inscritos, mais um membro por grupo completo de 3.000 (três mil) inscritos, até o total de 80 (oitenta) membros.
§ 1º Cabe ao Conselho Seccional, observado o número da última inscrição concedida, fixar o número de seus membros, mediante resolução, sujeita a referendo do Conselho Federal, que aprecia a base de cálculo e reduz o excesso, se houver.

§ 2º O Conselho Seccional, a delegação do Conselho Federal, a diretoria da Caixa de Assistência dos Advogados, a diretoria e o conselho da Subseção podem ter suplentes, eleitos na chapa vencedora, em número fixado entre a metade e o total de conselheiros titulares.

§ 3º Não se incluem no cálculo da composição dos elegíveis ao Conselho seus ex- Presidentes, o Presidente do Instituto dos Advogados e o Presidente da Federação Nacional dos Institutos dos Advogados do Brasil.

**Art. 107.** Todos os órgãos vinculados ao Conselho Seccional reúnem-se, ordinariamente, nos meses de fevereiro a dezembro, em suas sedes, e para a sessão de posse no mês de janeiro do primeiro ano do mandato.

§ 1º Em caso de urgência ou nos períodos de recesso (janeiro), os Presidentes dos órgãos ou um terço de seus membros podem convocar sessão extraordinária.[164]

§ 2º As convocações para as sessões ordinárias são acompanhadas de minuta da ata da sessão anterior e dos demais documentos necessários.

**Art. 108.** Para aprovação ou alteração do Regimento Interno do Conselho, de criação e intervenção em Caixa de Assistência dos Advogados e Subseções e para aplicação da pena de exclusão de inscrito é necessário *quorum* de presença de dois terços dos conselheiros.

§ 1º Para as demais matérias exige-se *quorum* de instalação e deliberação de metade dos membros de cada órgão deliberativo, não se computando no cálculo os ex- Presidentes presentes, com direito a voto.

§ 2º A deliberação é tomada pela maioria dos votos dos presentes, incluindo os ex- Presidentes com direito a voto.

§ 3º Comprova-se a presença pela assinatura no documento próprio, sob controle do Secretário da sessão.

§ 4º Qualquer membro presente pode requerer a verificação do *quorum*, por chamada.

---

[164] Alterado pela Resolução 01/2010 (DJ, 28.06.2010, p. 43). Ver art. 91 do Regulamento Geral.

§ 5º A ausência à sessão depois da assinatura de presença, não justificada ao Presidente, é contada para efeito de perda do mandato.

Art. 109. O Conselho Seccional pode dividir-se em órgãos deliberativos e instituir comissões especializadas, para melhor desempenho de suas atividades.

§ 1º Os órgãos do Conselho podem receber a colaboração gratuita de advogados não conselheiros, inclusive para instrução processual, considerando-se função relevante em benefício da advocacia.

§ 2º No Conselho Seccional e na Subseção que disponha de conselho é obrigatória a instalação e o funcionamento da Comissão de Direitos Humanos, da Comissão de Orçamento e Contas e da Comissão de Estágio e Exame de Ordem.[165]

§ 3º Os suplentes podem desempenhar atividades permanentes e temporárias, na forma do Regimento Interno.

§ 4º As Câmaras e os órgãos julgadores em que se dividirem os Conselhos Seccionais para o exercício das respectivas competências serão integradas exclusivamente por Conselheiros eleitos, titulares ou suplentes.

Art. 110. Os relatores dos processos em tramitação no Conselho Seccional têm competência para instrução, podendo ouvir depoimentos, requisitar documentos, determinar diligências e propor o arquivamento ou outra providência porventura cabível ao Presidente do órgão colegiado competente.

Art. 111. O Conselho Seccional fixa tabela de honorários advocatícios, definindo as referências mínimas e as proporções, quando for o caso.
Parágrafo único. A tabela é amplamente divulgada entre os inscritos e encaminhada ao Poder Judiciário para os fins do art. 22 do Estatuto.

---

[165] Ver Provimentos 56/1985 (Republicação no DJ, 18.07.1988, p. 17.735) e 115/2007 (DJ, 16.03.2007, S. 1, p. 978).

**Art. 112.** O Exame de Ordem será regulamentado por Provimento editado pelo Conselho Federal.[166]

§ 1º O Exame de Ordem é organizado pela Coordenação Nacional de Exame de Ordem, na forma de Provimento do Conselho Federal.[167]

§ 2º Às Comissões de Estágio e Exame de Ordem dos Conselhos Seccionais compete fiscalizar a aplicação da prova e verificar o preenchimento dos requisitos exigidos dos examinandos quando dos pedidos de inscrição, assim como difundir as diretrizes e defender a necessidade do Exame de Ordem.[168]

**Art. 113.** O Regimento Interno do Conselho Seccional define o procedimento de intervenção total ou parcial nas Subseções e na Caixa de Assistência dos Advogados, observados os critérios estabelecidos neste Regulamento Geral para a intervenção no Conselho Seccional.

**Art. 114.** Os Conselhos Seccionais definem nos seus Regimentos Internos a composição, o modo de eleição e o funcionamento dos Tribunais de Ética e Disciplina, observados os procedimentos do Código de Ética e Disciplina.[169]

§ 1º Os membros dos Tribunais de Ética e Disciplina, inclusive seus Presidentes, são eleitos na primeira sessão ordinária após a posse dos Conselhos Seccionais, dentre os seus integrantes ou advogados de notável reputação ético-profissional, observados os mesmos requisitos para a eleição do Conselho Seccional.

---

[166] Alterado pela Resolução 01/2011 (DOU, 15.06.2011, S.1, p. 129). Ver arts. 8º, § 1º, e 58, VI do Estatuto e art. 88, II do Regulamento Geral, e Provimento 144/2011 (DOU, 15.06.2011, S. 1, p. 129-130).

[167] Alterado pela Resolução 01/2011 (DOU, 15.06.2011, S.1, p. 129). Ver arts. 8º, § 1º, e 58, VI do Estatuto e art. 88, II do Regulamento Geral, e Provimento 144/2011 (DOU, 15.06.2011, S. 1, p. 129-130).

[168] Alterado pela Resolução 01/2011 (DOU, 15.06.2011, S.1, p. 129). Ver arts. 8º, § 1º, e 58, VI do Estatuto e art. 88, II do Regulamento Geral, e Provimento 144/2011 (DOU, 15.06.2011, S. 1, p. 129-130).

[169] Ver art. 58, XIII do Estatuto, Código de Ética e Disciplina e Provimento 83/1996 (DJ, 16.07.1996, p. 24.979).

§ 2º O mandato dos membros dos Tribunais de Ética e Disciplina tem a duração de três anos.

§ 3º Ocorrendo qualquer das hipóteses do art. 66 do Estatuto, o membro do Tribunal de Ética e Disciplina perde o mandato antes do seu término, cabendo ao Conselho Seccional eleger o substituto.

## CAPÍTULO V
## DAS SUBSEÇÕES

**Art. 115.** Compete às subseções dar cumprimento às finalidades previstas no art. 61 do Estatuto e neste Regulamento Geral.[170]

**Art. 116.** O Conselho Seccional fixa, em seu orçamento anual, dotações específicas para as subseções, e as repassa segundo programação financeira aprovada ou em duodécimos.

**Art. 117.** A criação de Subseção depende, além da observância dos requisitos estabelecidos no Regimento Interno do Conselho Seccional, de estudo preliminar de viabilidade realizado por comissão especial designada pelo Presidente do Conselho Seccional, incluindo o número de advogados efetivamente residentes na base territorial, a existência de comarca judiciária, o levantamento e a perspectiva do mercado de trabalho, o custo de instalação e de manutenção.

**Art. 118.** A resolução do Conselho Seccional que criar a Subseção deve:
I – fixar sua base territorial;
II – definir os limites de suas competências e autonomia;
III – fixar a data da eleição da diretoria e do conselho, quando for o caso, e o início do mandato com encerramento coincidente com o do Conselho Seccional;
IV – definir a composição do conselho da Subseção e suas atribuições, quando for o caso.

---

[170] Ver Provimento 185/2018 (DOU, 16.11.2018, S. 1, p. 184-186).

§ 1º Cabe à Diretoria do Conselho Seccional encaminhar cópia da resolução ao Conselho Federal, comunicando a composição da diretoria e do conselho.

§ 2º Os membros da diretoria da Subseção integram seu conselho, que tem o mesmo Presidente.

**Art. 119.** Os conflitos de competência entre subseções e entre estas e o Conselho Seccional são por este decididos, com recurso voluntário ao Conselho Federal.

**Art. 120.** Quando a Subseção dispuser de conselho, o Presidente deste designa um de seus membros, como relator, para instruir processo de inscrição no quadro da OAB, para os residentes em sua base territorial, ou processo disciplinar, quando o fato tiver ocorrido na sua base territorial.

§ 1º Os relatores dos processos em tramitação na Subseção têm competência para instrução, podendo ouvir depoimentos, requisitar documentos, determinar diligências e propor o arquivamento ou outra providência ao Presidente.

§ 2º Concluída a instrução do pedido de inscrição, o relator submete parecer prévio ao conselho da Subseção, que pode ser acompanhado pelo relator do Conselho Seccional.

§ 3º Concluída a instrução do processo disciplinar, nos termos previstos no Estatuto e no Código de Ética e Disciplina, o relator emite parecer prévio, o qual, se homologado pelo Conselho da Subseção, é submetido ao julgamento do Tribunal de Ética e Disciplina.

§ 4º Os demais processos, até mesmo os relativos à atividade de advocacia, incompatibilidades e impedimentos, obedecem a procedimento equivalente.

## CAPÍTULO VI
## DAS CAIXAS DE ASSISTÊNCIA DOS ADVOGADOS

Art. 121. As Caixas de Assistência dos Advogados são criadas mediante aprovação e registro de seus estatutos pelo Conselho Seccional.[171]

Art. 122. O estatuto da Caixa define as atividades da Diretoria e a sua estrutura organizacional.

§ 1º A Caixa pode contar com departamentos específicos, integrados por profissionais designados por sua Diretoria.

§ 2º O plano de empregos e salários do pessoal da Caixa é aprovado por sua Diretoria e homologado pelo Conselho Seccional.

Art. 123. A assistência aos inscritos na OAB é definida no estatuto da Caixa e está condicionada à:

I – regularidade do pagamento, pelo inscrito, da anuidade à OAB;
II – carência de um ano, após o deferimento da inscrição;
III – disponibilidade de recursos da Caixa.

Parágrafo único. O estatuto da Caixa pode prever a dispensa dos requisitos de que cuidam os incisos I e II, em casos especiais.

Art. 124. A seguridade complementar pode ser implementada pela Caixa, segundo dispuser seu estatuto.

Art. 125. As Caixas promovem entre si convênios de colaboração e execução de suas finalidades.

Art. 126. A Coordenação Nacional das Caixas, por elas mantida, composta de seus presidentes, é órgão de assessoramento do Conselho Federal da OAB para a política nacional de assistência e seguridade dos advogados, tendo seu Coordenador direito a voz nas sessões, em matéria a elas pertinente.

---

[171] Ver Provimento 185/2018 (DOU, 16.11.2018, S. 1, p. 184-186).

Art. 127. O Conselho Federal pode constituir fundos nacionais de seguridade e assistência dos advogados, coordenados pelas Caixas, ouvidos os Conselhos Seccionais.

## CAPÍTULO VII
## DAS ELEIÇÕES[172]

Art. 128. O Conselho Seccional, até 45 (quarenta e cinco) dias antes da data da votação, no último ano do mandato, convocará os advogados inscritos para a votação obrigatória, mediante edital resumido, publicado no Diário Eletrônico da OAB, do qual constarão, dentre outros, os seguintes itens:
I – dia da eleição, na segunda quinzena de novembro, com início e prazo contínuo de votação fixados pelo Conselho Seccional;
II – prazo para o registro das chapas, na Secretaria do Conselho, até trinta dias antes da votação;
III – modo de composição da chapa, incluindo o número de membros do Conselho Seccional;
IV – prazo de três dias úteis, tanto para a impugnação das chapas quanto para a defesa, após o encerramento do prazo do pedido de registro (item II), e de cinco dias úteis para a decisão da Comissão Eleitoral;
V – nominata dos membros da Comissão Eleitoral escolhida pela Diretoria;
VI – locais de votação ou, em caso de votação *online*, os trâmites necessários para o(a) advogado(a) efetuar a votação;
VII – referência a este capítulo do Regulamento Geral, cujo conteúdo estará à disposição dos interessados.
§ 1º O edital define se as chapas concorrentes às Subseções são registradas nestas ou na Secretaria do próprio Conselho.
§ 2º Cabe aos Conselhos Seccionais promover ampla divulgação das eleições, em seus meios de comunicação, não podendo recusar a publicação, em condições de absoluta igualdade, do programa de todas as chapas.

---

[172] Ver Provimento 146/2011 (DOU, 20.12.2011, S. 1, p. 139-140, retificado no DOU, 29.12.2011, S. 1, p. 102).

§ 3º Mediante requerimento escrito formulado pela chapa e assinado por seu representante legal, dirigido ao Presidente da Comissão Eleitoral, esta fornecerá, em 72 (setenta e duas) horas, listagem atualizada com nome, nome social e endereço postal dos advogados.

§ 4º A listagem a que se refere o parágrafo 3º será fornecida mediante o pagamento das taxas fixadas pelo Conselho Seccional, não se admitindo mais de um requerimento por chapa concorrente.

**Art. 128-A.** A Diretoria do Conselho Federal, no mês de fevereiro do ano das eleições, designará Comissão Eleitoral Nacional, composta por 03 (três) advogados e 03 (três) advogadas e presidida, preferencialmente, por Conselheiro(a) Federal que não seja candidato(a), como órgão deliberativo encarregado de supervisionar, com função correcional e consultiva, as eleições Seccionais e a eleição para a Diretoria do Conselho Federal.

**Art. 129.** A Comissão Eleitoral é composta 03 (três) advogados e 03 (três) advogadas, sendo um Presidente, que não integrem qualquer das chapas concorrentes.

§ 1º A Comissão Eleitoral utiliza os serviços das Secretarias do Conselho Seccional e das subseções, com o apoio necessário de suas Diretorias, convocando ou atribuindo tarefas aos respectivos servidores.

§ 2º No prazo de cinco dias úteis, após a publicação do edital de convocação das eleições, qualquer advogado pode arguir a suspeição de membro da Comissão Eleitoral, a ser julgada pelo Conselho Seccional.

§ 3º A Comissão Eleitoral pode designar Subcomissões para auxiliar suas atividades nas subseções.

§ 4º As mesas eleitorais são designadas pela Comissão Eleitoral.

§ 5º A Diretoria do Conselho Seccional pode substituir os membros da Comissão Eleitoral quando, comprovadamente, não estejam cumprindo suas atividades, em prejuízo da organização e da execução das eleições.

**Art. 130.** Contra decisão da Comissão Eleitoral cabe recurso ao Conselho Seccional, no prazo de quinze dias, e deste para o Conselho Federal, no mesmo prazo, ambos sem efeito suspensivo.

Parágrafo único. Quando a maioria dos membros do Conselho Seccional estiver concorrendo às eleições, o recurso contra decisão da Comissão Eleitoral será encaminhado diretamente ao Conselho Federal.

**Art. 131.** São admitidas a registro apenas chapas completas, que deverão atender ao percentual de 50% para candidaturas de cada gênero e, ao mínimo, de 30% (trinta por cento) de advogados negros e de advogadas negras, assim considerados os(as) inscritos(as) na Ordem dos Advogados do Brasil que se classificam (autodeclaração) como negros(as), ou seja, pretos(as) ou pardos(as), ou definição análoga (critérios subsidiários de heteroidentificação).[173]

§ 1º No registro das chapas deverá haver a indicação dos(as) candidatos(as) aos cargos de diretoria do Conselho Federal, do Conselho Seccional, da Caixa de Assistência dos(as) Advogados(as) e das Subseções, dos(as) conselheiros(as) federais, dos(as) conselheiros(as) seccionais e dos(as) conselheiros(as) subseccionais, sendo vedadas candidaturas isoladas ou que integrem mais de uma chapa.[174]

§ 2º O percentual relacionado à candidaturas de cada gênero, previsto no *caput* deste artigo, aplicar-se-à quanto às Diretorias do Conselho Federal, dos Conselhos Seccionais, das Subseções e das Caixas de Assistência e deverá incidir sobre os cargos de titulares e suplentes, se houver,

---

[173] Alterado pelas Resoluções 01/2014 (DOU, 14.11.2014, S.1, p. 352-353), 04/2018 (DOU, 21.09.2018, S.1, p. 208), 05/2020-COP (DEOAB, 14.04.2021, p. 3) e 08/2021-COP (DEOAB, 10.09.2021, p. 13). Ver arts. 156-B e 156-C do Regulamento Geral, art. 7º, *caput*, do Provimento 146/2011 (DOU, 20.12.2011, S. 1, p. 139-140, retificado no DOU, 29.12.2011, S. 1, p. 102).

[174] Inserido pela Resolução 01/2014 (DOU, 14.11.2014, S.1, p. 352-353). Alterado pela Resolução 04/2018 (DOU, 21.09.2018, S.1, p. 208), 05/2020-COP (DEOAB, 14.04.2021, p. 3) e 08/2021-COP (DEOAB, 10.09.2021, p. 13). Ver arts. 156-B e 156-C do Regulamento Geral, § 1º do art. 7º do Provimento 146/2011 (DOU, 20.12.2011, S. 1, p. 139-140, retificado no DOU, 29.12.2011, S. 1, p. 102).

salvo se o número for ímpar, quando se aplicará o percentual mais próximo a 50% na composição de cada gênero.[175]

§ 3º Em relação ao registro das vagas ao Conselho Federal, o percentual referido no *caput* deste artigo, relacionado a candidaturas de cada gênero, levará em consideração a soma entre os titulares e suplentes, devendo a chapa garantir pelo menos uma vaga de titularidade para cada gênero.[176]

§ 4º O percentual das cotas raciais previsto no *caput* deste artigo será aplicado levando-se em conta o total dos cargos da chapa, e não por órgãos como previsto para as candidaturas de cada gênero.

§ 5º As regras deste artigo aplicam-se também às chapas das Subseções;

§ 6º Fica delegada à Comissão Eleitoral, de cada Seccional, analisar e deliberar os casos onde as chapas das Subseções informarem a inexistência ou insuficiência de advogados negros (pretos e pardos) e advogadas negras (pretas e pardas), com condições de elegibilidade a concorrer nas chapas, no percentual aprovado em 30% (trinta por cento) referido no *caput* deste artigo.

§ 7º O requerimento de inscrição, dirigido ao Presidente da Comissão Eleitoral, é subscrito pelo candidato a Presidente e por 02 (dois) outros candidatos à Diretoria, contendo nome completo, nome social, nº de inscrição na OAB e endereço profissional de cada candidato, com indicação do cargo a que concorre, acompanhado das autorizações escritas dos integrantes da chapa.

§ 8º Somente integra chapa o candidato que, cumulativamente:

a) seja advogado regularmente inscrito na respectiva Seccional da OAB;

b) com inscrição principal ou suplementar;

---

[175] Inserido pela Resolução 01/2014 (DOU, 14.11.2014, S.1, p. 352-353). Alterado pela Resolução 04/2018 (DOU, 21.09.2018, S.1, p. 208), 05/2020-COP (DEOAB, 14.04.2021, p. 3) e Renumerado pela 08/2021-COP (DEOAB, 10.09.2021, p. 13). Ver arts. 156-B e 156-C do Regulamento Geral, § 1º do art. 7º do Provimento 146/2011 (DOU, 20.12.2011, S. 1, p. 139-140, retificado no DOU, 29.12.2011, S. 1, p. 102).

[176] Inserido pela Resolução 01/2014 (DOU, 14.11.2014, S.1, p. 352-353). Alterado pela Resolução 04/2018 (DOU, 21.09.2018, S.1, p. 208), 05/2020-COP (DEOAB, 14.04.2021, p. 3). Renumerado pela 08/2021-COP (DEOAB, 10.09.2021, p. 13). Ver arts. 156-B e 156-C do Regulamento Geral, § 2º do art. 7º do Provimento 146/2011 (DOU, 20.12.2011, S. 1, p. 139-140, retificado no DOU, 29.12.2011, S. 1, p. 102).

c) esteja em dia com as anuidades;

d) não ocupe cargos ou funções incompatíveis com a advocacia, referidos no art. 28 do Estatuto, em caráter permanente ou temporário, ressalvado o disposto no art. 83 da mesma Lei;

e) não ocupe cargos ou funções dos quais possa ser exonerável *ad nutum*, mesmo que compatíveis com a advocacia;

f) não tenha sido condenado em definitivo por qualquer infração disciplinar, salvo se reabilitado pela OAB, ou não tenha representação disciplinar em curso, já julgada procedente por órgão do Conselho Federal; exerça efetivamente a profissão, há mais de 3 (três) anos, nas eleições para os cargos de Conselheiro Seccional e das Subseções, quando houver, e há mais de 5 (cinco) anos, nas eleições para os demais cargos, excluído o período de estagiário, sendo facultado à Comissão Eleitoral exigir a devida comprovação;

g) não esteja em débito com a prestação de contas ao Conselho Federal, na condição de dirigente do Conselho Seccional ou da Caixa de Assistência dos Advogados, responsável pelas referidas contas, ou não tenha tido prestação de contas rejeitada, após apreciação do Conselho Federal, com trânsito em julgado, nos 08 (oito) anos seguintes;[177]

h) com contas rejeitadas segundo o disposto na alínea "a" do inciso II do art. 7º do Provimento nº 101/2003, ressarcir o dano apurado pelo Conselho Federal, sem prejuízo do cumprimento do prazo de 08 (oito) anos previsto na alínea "g";[178]

i) não integre listas, com processo em tramitação, para provimento de cargos nos tribunais judiciais ou administrativos.

§ 9º A Comissão Eleitoral publica no quadro de avisos das Secretarias do Conselho Seccional e das subseções a composição das chapas com registro requerido, para fins de impugnação por qualquer advogado inscrito.

---

[177] Alterado pelas Resoluções 02/2011 (DOU, 20.12.2011, S.1, p. 140) e 01/2014 (DOU, 14.11.2014, S.1, p. 352-353). Ver Provimento 185/2018 (DOU, 16.11.2018, S. 1, p. 184-186).

[178] Inserido pela Resolução 02/2011 (DOU, 20.12.2011, S.1, p. 140). Alterado pela Resolução 01/2014 (DOU, 14.11.2014, S.1, p. 352-353). Ver Provimento 216/2023 (DEOAB, 08.03.2023, p. 1).

§ 10. A Comissão Eleitoral suspende o registro da chapa incompleta ou que inclua candidato inelegível na forma do § 8º, concedendo ao candidato a Presidente do Conselho Seccional prazo improrrogável de cinco dias úteis para sanar a irregularidade, devendo a Secretaria e a Tesouraria do Conselho ou da Subseção prestar as informações necessárias.

§ 11. A chapa é registrada com denominação própria, observada a preferência pela ordem de apresentação dos requerimentos, não podendo as seguintes utilizar termos, símbolos ou expressões iguais ou assemelhados.

§ 12. Em caso de desistência, morte ou inelegibilidade de qualquer integrante da chapa, a substituição pode ser requerida, sem alteração da cédula única já composta, considerando-se votado o substituído.

§ 13. Os membros dos órgãos da OAB, no desempenho de seus mandatos, podem neles permanecer se concorrerem às eleições.

**Art. 131-A.** São condições de elegibilidade: ser o candidato advogado inscrito na Seccional, com inscrição principal ou suplementar, em efetivo exercício há mais de 3 (três) anos, nas eleições para os cargos de Conselheiro Seccional e das Subseções, quando houver, e há mais de 5 (cinco) anos, nas eleições para os demais cargos, e estar em dia com as anuidades na data de protocolo do pedido de registro de candidatura, considerando-se regulares aqueles que parcelaram seus débitos e estão adimplentes com a quitação das parcelas.

§ 1º O candidato deverá comprovar sua adimplência junto à OAB por meio da apresentação de certidão da Seccional onde é candidato.

§ 2º Sendo o candidato inscrito em várias Seccionais, deverá, ainda, quando da inscrição da chapa na qual concorrer, declarar, sob a sua responsabilidade e sob as penas legais, que se encontra adimplente com todas elas.

§ 3º O período de 03 (três) e de 05 (cinco) anos estabelecido no *caput* deste artigo é o que antecede imediatamente a data da posse, computado continuamente.

**Art. 131-B.** Desde o pedido de registro da chapa, poderá ser efetuada doação para a campanha por advogados, inclusive candidatos, sendo vedada a doação por pessoas físicas que não sejam advogados e por qualquer empresa ou pessoa jurídica, sob pena de indeferimento de registro ou cassação do mandato.

§ 1º Será obrigatória a prestação de contas de campanha por parte das chapas concorrentes, devendo ser fixado pelo Conselho Federal o limite máximo de gastos.

§ 2º Também será fixado pelo Conselho Federal o limite máximo de doações para as campanhas eleitorais por parte de quem não é candidato.

**Art. 132.** A votação será realizada, a critério do Conselho Seccional, na modalidade presencial ou *online*.[179]

§ 1º Caso não seja adotada a votação eletrônica, a cédula eleitoral será única, contendo as chapas concorrentes na ordem em que foram registradas, com uma só quadrícula ao lado de cada denominação, e agrupadas em colunas, observada a seguinte ordem:[180]

I – denominação da chapa e nome ou nome social do candidato a Presidente, em destaque;
II – Diretoria do Conselho Seccional;
III – Conselheiros Seccionais;
IV – Conselheiros Federais;
V – Diretoria da Caixa de Assistência dos Advogados;
VI – Suplentes.

§ 2º Nas Subseções, não sendo adotado o voto eletrônico, além da cédula referida neste Capítulo, haverá outra cédula para as chapas concorrentes à Diretoria da Subseção e do respectivo Conselho, se houver, observando-se idêntica forma.

§ 3º O Conselho Seccional, ao criar o Conselho da Subseção, fixará, na resolução, a data da eleição suplementar, regulamentando-a segundo as regras deste Capítulo.

---

[179] Alterado. Ver publicação no Diário da Justiça (09.12.2005, S.1, p. 664), Resolução 02/2011 (DOU, 20.12.2011, S. 1, p. 140) e Resolução 06/2021-COP (DEOAB, 10.09.2021, p. 10).

[180] Alterado. Ver publicação no Diário da Justiça (09.12.2005, S.1, p. 664).

§ 4º Os eleitos ao primeiro Conselho da Subseção complementam o prazo do mandato da Diretoria.

§ 5º A votação no modo presencial se dará através de urna eletrônica, sendo essa considerada a cabine indevassável fornecida pela Justiça Eleitoral, salvo comprovada impossibilidade; na modalidade *online*, a votação ocorrerá por meio de sistema eletrônico idôneo, devidamente auditável, salvo comprovada impossibilidade. Em quaisquer das duas hipóteses, a votação deve ser feita no número atribuído a cada chapa, por ordem de inscrição.

**Art. 133.** Perderá o registro a chapa que praticar ato de abuso de poder econômico, político e dos meios de comunicação, ou for diretamente beneficiada, ato esse que se configura por:[181]

I – propaganda transmitida por meio de emissora de televisão ou rádio, permitindo- se entrevistas e debates com os candidatos;

II – propaganda por meio de *outdoors* ou com emprego de carros de som ou assemelhados;

III – propaganda na imprensa, a qualquer título, ainda que gratuita, que exceda, por edição, a um oitavo de página de jornal padrão e a um quarto de página de revista ou tabloide, não podendo exceder, ainda, a 10 (dez) edições;

IV – uso de bens imóveis e móveis pertencentes à OAB, à Administração direta ou indireta da União, dos Estados, do Distrito Federal e dos Municípios, ou de serviços por estes custeados, em benefício de chapa ou de candidato, ressalvados os espaços da Ordem que devam ser utilizados, indistintamente, pelas chapas concorrentes;

V – pagamento, por candidato ou chapa, de anuidades de advogados ou fornecimento de quaisquer outros tipos de recursos financeiros ou materiais que possam desvirtuar a liberdade do voto;

---

[181] Ver art. 10 do Provimento 146/2011 (DOU, 20.12.2011, S. 1, p. 139-140, retificado no DOU, 29.12.2011, S. 1, p. 102).

VI – utilização de servidores da OAB em atividades de campanha eleitoral.

§ 1º A propaganda eleitoral, que só poderá ter início após o pedido de registro da chapa, tem como finalidade apresentar e debater propostas e ideias relacionadas às finalidades da OAB e aos interesses da Advocacia, sendo vedada a prática de atos que visem a exclusiva promoção pessoal de candidatos e, ainda, a abordagem de temas de modo a comprometer a dignidade da profissão e da Ordem dos Advogados do Brasil ou ofender a honra e imagem de candidatos.

§ 2º A propaganda antecipada ou proibida importará em notificação de advertência a ser expedida pela Comissão Eleitoral competente para que, em 24 (vinte e quatro horas), seja suspensa, sob pena de aplicação de multa correspondente ao valor de 01(uma) até 10 (dez) anuidades.

§ 3º Havendo recalcitrância ou reincidência, a Comissão Eleitoral procederá à abertura de procedimento de indeferimento ou cassação de registro da chapa ou do mandato, se já tiver sido eleita.

§ 4º Se a Comissão Eleitoral entender que qualquer ato configure infração disciplinar, deverá notificar os órgãos correcionais competentes da OAB.

§ 5º É vedada:

I – no período de 15 (quinze) dias antes da data das eleições, a divulgação de pesquisa eleitoral;

II – no período de 30 (trinta) dias antes da data das eleições, a regularização da situação financeira de advogado perante a OAB para torná-lo apto a votar;

III – no período de 60 (sessenta) dias antes das eleições, a promoção pessoal de candidatos na inauguração de obras e serviços da OAB;

IV – no período de 90 (noventa) dias antes da data das eleições, a concessão ou distribuição, às Seccionais e Subseções, por dirigente, candidato ou chapa, de recursos financeiros, salvo os destinados ao pagamento de despesas de pessoal e de custeio ou decorrentes de obrigações e de projetos preexistentes, bem como de máquinas, equipamentos, móveis e utensílios, ressalvados os casos de reposição, e a convolação de débitos em auxílios financeiros, salvo quanto a obrigações e a projetos preexistentes.

§ 6º Qualquer chapa pode representar, à Comissão Eleitoral, relatando fatos e indicando provas, indícios e circunstâncias, para que se promova a apuração de abuso.[182]

§ 7º Cabe ao Presidente da Comissão Eleitoral, de ofício ou mediante representação, até a proclamação do resultado do pleito, instaurar processo e determinar a notificação da chapa representada, por intermédio de qualquer dos candidatos à Diretoria do Conselho ou, se for o caso, da Subseção, para que apresente defesa no prazo de 5 (cinco) dias, acompanhada de documentos e rol de testemunhas.

§ 8º Pode o Presidente da Comissão Eleitoral determinar à representada que suspenda o ato impugnado, se entender relevante o fundamento e necessária a medida para preservar a normalidade e legitimidade do pleito, cabendo recurso, à Comissão Eleitoral, no prazo de 3 (três) dias.

§ 9º Apresentada ou não a defesa, a Comissão Eleitoral procede, se for o caso, a instrução do processo, pela requisição de documentos e a oitiva de testemunhas, no prazo de 3 (três) dias.

§ 10. Encerrada a dilação probatória, as partes terão prazo comum de 2 (dois) dias para apresentação das alegações finais.

§ 11. Findo o prazo de alegações finais, a Comissão Eleitoral decidirá, em no máximo 2 (dois) dias, notificando as partes da decisão, podendo, para isso, valer-se do uso de fax.

§ 12. A decisão que julgar procedente a representação implica no cancelamento de registro da chapa representada e, se for o caso, na anulação dos votos, com a perda do mandato de seus componentes.

§ 13. Se a nulidade atingir mais da metade dos votos a eleição estará prejudicada, convocando-se outra no prazo de 30 (trinta) dias.

---

[182] Renumerado pela Resolução 01/2014 (DOU, 14.11.2014, S.1, p. 352-353). Ver art. 14 do Provimento 146/2011 (DOU, 20.12.2011, S. 1, p. 139-140, retificado no DOU, 29.12.2011, S. 1, p. 102).

§ 14. Os candidatos da chapa que tiverem dado causa à anulação da eleição não podem concorrer no pleito que se realizar em complemento.

§ 15. Ressalvado o disposto no § 7º deste artigo, os prazos correm em Secretaria, publicando-se, no quadro de avisos do Conselho Seccional ou da Subseção, se for o caso, os editais relativos aos atos do processo eleitoral.

**Art. 134.** O voto é obrigatório para todos os advogados inscritos da OAB, sob pena de multa equivalente a 20% (vinte por cento) do valor da anuidade, salvo ausência justificada por escrito, a ser apreciada pela Diretoria do Conselho Seccional.

§ 1º O eleitor faz prova de sua legitimação, na modalidade *online*, pela liberação de acesso por meio de senha pessoal e intransferível ou por meio de acesso via certificação digital ao sistema eletrônico de votação, e, na modalidade presencial, apresentando seu Cartão ou a Carteira de Identidade de Advogado, a Cédula de Identidade (RG), a Carteira Nacional de Habilitação (CNH), a Carteira de Trabalho e Previdência Social (CTPS) ou o Passaporte, e o comprovante de quitação com a OAB, suprível por listagem atualizada da Tesouraria do Conselho ou da Subseção.

§ 2º O eleitor, na cabine indevassável, na urna eletrônica ou na cédula fornecida e rubricada pelo Presidente da mesa eleitoral, na modalidade presencial, ou no equipamento eletrônico de seu uso pessoal destinado a depositar seu voto remotamente, na modalidade *online*, deverá optar pela chapa de sua escolha.

§ 3º Não pode o eleitor suprir ou acrescentar nomes ou rasurar a cédula, sob pena de nulidade do voto.

§ 4º O advogado com inscrição suplementar pode exercer opção de voto, comunicando ao Conselho onde tenha inscrição principal.

§ 5º O eleitor somente pode votar no local que lhe for designado, sendo vedada a votação em trânsito, caso a modalidade adotada seja a presencial.

§ 6º Na hipótese de voto eletrônico, adotar-se-ão, no que couber, as regras estabelecidas na legislação eleitoral.

§ 7º A transferência do domicílio eleitoral para exercício do voto somente poderá ser requerida até as 18 (dezoito) horas do dia anterior à publicação do edital de abertura do período eleitoral da respectiva Seccional, observado o art. 10 do Estatuto e ressalvados os casos do § 4º do art. 134 do Regulamento Geral e dos novos inscritos.

**Art. 135.** Encerrada a votação, as mesas receptoras apuram os votos das respectivas urnas, nos mesmos locais ou em outros designados pela Comissão Eleitoral, preenchendo e assinando os documentos dos resultados e entregando todo o material à Comissão Eleitoral ou à Subcomissão.
§ 1º As chapas concorrentes podem credenciar até dois fiscais para atuar alternadamente junto a cada mesa eleitoral e assinar os documentos dos resultados.

§ 2º As impugnações promovidas pelos fiscais são registradas nos documentos dos resultados, pela mesa, para decisão da Comissão Eleitoral ou de sua Subcomissão, mas não prejudicam a contagem de cada urna.
§ 3º As impugnações devem ser formuladas às mesas eleitorais, sob pena de preclusão.

**Art. 136.** Concluída a totalização da apuração pela Comissão Eleitoral, esta proclamará o resultado, lavrando ata encaminhada ao Conselho Seccional.
§ 1º São considerados eleitos os integrantes da chapa que obtiver a maioria dos votos válidos, proclamada vencedora pela Comissão Eleitoral, sendo empossados no primeiro dia do início de seus mandatos.[183]
§ 2º A totalização dos votos relativos às eleições para diretoria da Subseção e do conselho, quando houver, é promovida pela Subcomissão Eleitoral, que proclama o resultado, lavrando ata encaminhada à Subseção e ao Conselho Seccional.

**Art. 137.** A eleição para a Diretoria do Conselho Federal observa o disposto no art. 67 do Estatuto.

---

[183] Ver art. 14 do Provimento 185/2018 (DOU, 16.11.2018, S. 1, p. 184-186).

§ 1º O requerimento de registro das candidaturas, a ser apreciado pela Diretoria do Conselho Federal, deve ser protocolado ou postado com endereçamento ao Presidente da entidade:

I – de 31 de julho a 31 de dezembro do ano anterior à eleição, para registro de candidatura à Presidência, acompanhado das declarações de apoio de, no mínimo, seis Conselhos Seccionais;

II – até 31 de dezembro do ano anterior à eleição, para registro de chapa completa, com assinaturas, nomes, nomes sociais, números de inscrição na OAB e comprovantes de eleição para o Conselho Federal, dos candidatos aos demais cargos da Diretoria.

§ 2º Os recursos interpostos nos processos de registro de chapas serão decididos pelo Conselho Pleno do Conselho Federal.

§ 3º A Diretoria do Conselho Federal concederá o prazo de cinco dias úteis para a correção de eventuais irregularidades sanáveis.

§ 4º O Conselho Federal confecciona as cédulas únicas, com indicação dos nomes das chapas, dos respectivos integrantes e dos cargos a que concorrem, na ordem em que forem registradas.

§ 5º O eleitor indica seu voto assinalando a quadrícula ao lado da chapa escolhida.

§ 6º Não pode o eleitor suprimir ou acrescentar nomes ou rasurar a cédula, sob pena de nulidade do voto.

**Art. 137-A.** A eleição dos membros da Diretoria do Conselho Federal será realizada às 19 horas do dia 31 de janeiro do ano seguinte ao da eleição nas Seccionais.

§ 1º Comporão o colégio eleitoral os Conselheiros Federais eleitos no ano anterior, nas respectivas Seccionais.

§ 2º O colégio eleitoral será presidido pelo mais antigo dos Conselheiros Federais eleitos, e, em caso de empate, o de inscrição mais antiga, o qual designará um dos membros como Secretário.

§ 3º O colégio eleitoral reunir-se-á no Plenário do Conselho Federal, devendo os seus membros ocupar as bancadas das respectivas Unidades federadas.

§ 4º Instalada a sessão, com a presença da maioria absoluta dos Conselheiros Federais eleitos, será feita a distribuição da cédula de votação a todos os eleitores, incluído o Presidente.

§ 5º As cédulas serão rubricadas pelo Presidente e pelo Secretário-Geral e distribuídas entre todos os membros presentes.

§ 6º O colégio eleitoral contará com serviços de apoio de servidores do Conselho Federal, especificamente designados pela Diretoria.

§ 7º As cédulas deverão ser recolhidas mediante o chamamento dos representantes de cada uma das Unidades federadas, observada a ordem alfabética, devendo ser depositadas em urna colocada na parte central e à frente da mesa, após o que o eleitor deverá assinar lista de freqüência, sob guarda do Secretário-Geral.

§ 8º Imediatamente após a votação, será feita a apuração dos votos por comissão de três membros, designada pelo Presidente, dela não podendo fazer parte eleitor da mesma Unidade federada dos integrantes das chapas.

§ 9º Será proclamada eleita a chapa que obtiver a maioria simples do colegiado, presente metade mais um dos eleitores.

§ 10. No caso de nenhuma das chapas atingir a maioria indicada no § 9º, haverá outra votação, na qual concorrerão as duas chapas mais votadas, repetindo-se a votação até que a maioria seja atingida.

§ 11. Proclamada a chapa eleita, será suspensa a reunião para a elaboração da ata, que deverá ser lida, discutida e votada, considerada aprovada se obtiver a maioria de votos dos presentes. As impugnações serão apreciadas imediatamente pelo colégio eleitoral.

**Art. 137-B.** Os membros do colegiado tomarão posse para o exercício do mandato trienal de Conselheiro Federal, em reunião realizada no Plenário, presidida pelo Presidente do Conselho Federal, após prestarem o respectivo compromisso.[184]

**Art. 137-C.** Na ausência de normas expressas no Estatuto e neste Regulamento, ou em Provimento, aplica-se, supletivamente, no que couber, a legislação eleitoral.

---

[184] Alterado pela Resolução 01/2006 (DJ, 04.09.2006, S.1, p. 775). Ver art. 14 do Provimento 185/2018 (DOU, 16.11.2018, S. 1, p. 184-186).

# CAPÍTULO VIII
# DAS NOTIFICAÇÕES E DOS RECURSOS[185]

**Art. 137-D.** A notificação inicial para a apresentação de defesa prévia ou manifestação em processo administrativo perante a OAB deverá ser feita através de correspondência, com aviso de recebimento, enviada para o endereço profissional ou residencial constante do cadastro do Conselho Seccional.[186]

§ 1º Incumbe ao advogado manter sempre atualizado o seu endereço residencial e profissional no cadastro do Conselho Seccional, presumindo-se recebida a correspondência enviada para o endereço nele constante.

§ 2º Frustrada a entrega da notificação de que trata o *caput* deste artigo, será a mesma realizada através de edital, a ser publicado no Diário Eletrônico da OAB.[187]

§ 3º Quando se tratar de processo disciplinar, a notificação inicial feita através de edital deverá respeitar o sigilo de que trata o artigo 72, § 2º, da Lei 8.906/94, dele não podendo constar qualquer referência de que se trate de matéria disciplinar, constando apenas o nome completo do advogado, nome social, o seu número de inscrição e a observação de que ele deverá comparecer à sede do Conselho Seccional ou da Subseção para tratar de assunto de seu interesse.

§ 4º As demais notificações no curso do processo disciplinar serão feitas através de correspondência, na forma prevista no *caput* deste artigo, ou através de publicação no Diário Eletrônico da OAB, devendo, as publicações, observar que o nome e o nome social do representado deverão

---

[185] Ver Resolução 02/2018-SCA (DEOAB, 31.01.2019, p. 1) – Manual de Procedimentos do Processo Ético-Disciplinar.

[186] Renumerado pela Resolução 01/2006 (DJ, 04.09.2006, S.1, p. 775). Ver art. 24 do Regulamento Geral, Provimentos 95/2000 (DJ, 16.11.2000, S. 1, p. 485) e 99/2002 (DJ, 04.11.2002, S. 1, p. 447), Resoluções 01/2003-SCA (DJ, 10.04.2003, S. 1, p. 551), 01/2011-SCA (DOU, 22.09.2011, S. 1, p. 771) e 01/2012 (DOU, 19.04.2012, S.1, p. 96).

[187] Alterado pela Resolução 05/2018-COP (DOU, 31.10.2018, S. 1, p. 126). Ver Provimento 182/2018 (DOU, 31.10.2018, S. 1, p. 126).

ser substituídos pelas suas respectivas iniciais, indicando-se o nome completo do seu procurador ou os seus, na condição de advogado, quando postular em causa própria.[188]

§ 5º A notificação de que trata o inciso XXIII, do artigo 34, da Lei 8.906/94 será feita na forma prevista no *caput* deste artigo ou através de edital coletivo publicado no Diário Eletrônico da OAB.[189]

**Art. 138.** À exceção dos embargos de declaração, os recursos são dirigidos ao órgão julgador superior competente, embora interpostos perante a autoridade ou órgão que proferiu a decisão recorrida.

§ 1º O juízo de admissibilidade é do relator do órgão julgador a que se dirige o recurso, não podendo a autoridade ou órgão recorrido rejeitar o encaminhamento.

§ 2º O recurso tem efeito suspensivo, exceto nas hipóteses previstas no Estatuto.

§ 3º Os embargos de declaração são dirigidos ao relator da decisão recorrida, que lhes pode negar seguimento, fundamentadamente, se os tiver por manifestamente protelatórios, intempestivos ou carentes dos pressupostos legais para interposição.

§ 4º Admitindo os embargos de declaração, o relator os colocará em mesa para julgamento, independentemente de inclusão em pauta ou publicação, na primeira sessão seguinte, salvo justificado impedimento.

§ 5º Não cabe recurso contra as decisões referidas nos §§ 3º e 4º.

§ 6º Excetuando-se os processos ético-disciplinares, nos casos de nulidade ou extinção processual para retorno dos autos à origem, com regular prosseguimento do feito, o órgão recursal deve logo julgar o mérito da causa, desde que presentes as condições de imediato julgamento.

---

[188] Alterado pelas Resoluções 05/2016 (DOU, 05.07.2016, S. 1, p. 52) e 05/2018-COP (DOU, 31.10.2018, S. 1, p. 126). Ver Provimento 182/2018 (DOU, 31.10.2018, S. 1, p. 126).

[189] Alterado pela Resolução 05/2018-COP (DOU, 31.10.2018, S. 1, p. 126). Ver Provimento 182/2018 (DOU, 31.10.2018, S. 1, p. 126).

**Art. 139.** Todos os prazos processuais necessários à manifestação de advogados, estagiários e terceiros, nos processos em geral da OAB, são de quinze dias, computados somente os dias úteis e contados do primeiro dia útil seguinte, seja da publicação da decisão no Diário Eletrônico da OAB, seja da data da juntada aos autos do respectivo aviso de recebimento, anotada pela secretaria do órgão da OAB.[190]

§ 1º O recurso poderá ser interposto via *fac-símile* ou similar, devendo o original ser entregue até 10 (dez) dias da data da interposição.

§ 2º Os recursos poderão ser protocolados nos Conselhos Seccionais ou nas Subseções nos quais se originaram os processos correspondentes, devendo o interessado indicar a quem recorre e remeter cópia integral da peça, no prazo de 10 (dez) dias, ao órgão julgador superior competente, via sistema postal rápido, *fac-símile* ou correio eletrônico.

§ 3º Entre os dias 20 e 31 de dezembro e durante o período de recesso (janeiro) do Conselho da OAB que proferiu a decisão recorrida, os prazos são suspensos, reiniciando-se no primeiro dia útil após o seu término.

§ 4º A contagem dos prazos processuais em dias úteis prevista neste artigo passará a vigorar a partir de 1º de janeiro de 2017, devendo ser adotada nos processos administrativos em curso.

**Art. 140.** O relator, ao constatar intempestividade ou ausência dos pressupostos legais para interposição do recurso, profere despacho indicando ao Presidente do órgão julgador o indeferimento liminar, devolvendo-se o processo ao órgão recorrido para executar a decisão.

Parágrafo único. Contra a decisão do Presidente, referida neste artigo, cabe recurso voluntário ao órgão julgador.[191]

**Art. 141.** Se o relator da decisão recorrida também integrar o órgão julgador superior, fica neste impedido de relatar o recurso.

---

[190] Alterado pelas Resoluções 09/2016 (DOU, 26.10.2016, S. 1, p. 156), 05/2018-COP (DOU, 31.10.2018, S. 1, p. 126) e 04/2022-COP (DEOAB, 16.11.2022, p. 3). Ver Provimento 182/2018 (DOU, 31.10.2018, S. 1, p. 126) e Súmula 09/2017-OEP (DOU, 06.11.2017, S. 1, p. 157; republicada no DEOAB, 31.12.2018, p. 6).

[191] Ver Súmula 10/2018-OEP (DEOAB, 31.12.2018, p. 6).

**Art. 142.** Quando a decisão, inclusive dos Conselhos Seccionais, conflitar com orientação de órgão colegiado superior, fica sujeita ao duplo grau de jurisdição.

**Art. 143.** Contra decisão do Presidente ou da Diretoria da Subseção cabe recurso ao Conselho Seccional, mesmo quando houver conselho na Subseção.

**Art. 144.** Contra a decisão do Tribunal de Ética e Disciplina cabe recurso ao plenário ou órgão especial equivalente do Conselho Seccional.
Parágrafo único. O Regimento Interno do Conselho Seccional disciplina o cabimento dos recursos no âmbito de cada órgão julgador.

**Art. 144-A.** Para a formação do recurso interposto contra decisão de suspensão preventiva de advogado (art. 77, Lei nº 8.906/94), dever-se-á juntar cópia integral dos autos da representação disciplinar, permanecendo o processo na origem para cumprimento da pena preventiva e tramitação final, nos termos do artigo 70, § 3º, do Estatuto.

**Art. 144-B.** Não se pode decidir, em grau algum de julgamento, com base em fundamento a respeito do qual não se tenha dado às partes oportunidade de se manifestar anteriormente, ainda que se trate de matéria sobre a qual se deva decidir de ofício, salvo quanto às medidas de urgência previstas no Estatuto.

**Art. 144-C.** Fundamentado em razões de segurança jurídica ou de excepcional interesse social da OAB, poderá o órgão julgador recursal competente, por maioria de seus membros, restringir os efeitos da decisão ou decidir que esta só tenha eficácia a partir de seu trânsito em julgado ou de outro momento que venha a ser fixado.

## CAPÍTULO IX
## DAS CONFERÊNCIAS E DOS COLÉGIOS DE PRESIDENTES

**Art. 145.** A Conferência Nacional da Advocacia Brasileira é órgão consultivo máximo do Conselho Federal, reunindo-se trienalmente, no segundo ano do mandato, tendo por objetivo o estudo e o debate das questões e problemas que digam respeito às finalidades da OAB e ao congraçamento da advocacia.

§ 1º As Conferências da Advocacia dos Estados e do Distrito Federal são órgãos consultivos dos Conselhos Seccionais, reunindo-se trienalmente, no segundo ano do mandato.

§ 2º No primeiro ano do mandato do Conselho Federal ou do Conselho Seccional, decidem-se a data, o local e o tema central da Conferência.

§ 3º As conclusões das Conferências têm caráter de recomendação aos Conselhos correspondentes.

**Art. 146.** São membros das Conferências:
– efetivos: os Conselheiros e Presidentes dos órgãos da OAB presentes, os advogados e estagiários inscritos na Conferência, todos com direito a voto;
– convidados: as pessoas a quem a Comissão Organizadora conceder tal qualidade, sem direito a voto, salvo se for advogado.

§ 1º Os convidados, expositores e membros dos órgãos da OAB têm identificação especial durante a Conferência.

§ 2º Os estudantes de direito, mesmo inscritos como estagiários na OAB, são membros ouvintes, escolhendo um porta-voz entre os presentes em cada sessão da Conferência.

**Art. 147.** A Conferência é dirigida por uma Comissão Organizadora, designada pelo Presidente do Conselho, por ele presidida e integrada pelos membros da Diretoria e outros convidados.

§ 1º O Presidente pode desdobrar a Comissão Organizadora em comissões específicas, definindo suas composições e atribuições.

§ 2º Cabe à Comissão Organizadora definir a distribuição do temário, os nomes dos expositores, a programação dos trabalhos, os serviços de apoio e infraestrutura e o regimento interno da Conferência.

**Art. 148.** Durante o funcionamento da Conferência, a Comissão Organizadora é representada pelo Presidente, com poderes para cumprir a programação estabelecida e decidir as questões ocorrentes e os casos omissos.

**Art. 149.** Os trabalhos da Conferência desenvolvem-se em sessões plenárias, painéis ou outros modos de exposição ou atuação dos participantes.

§ 1º As sessões são dirigidas por um Presidente e um Relator, escolhidos pela Comissão Organizadora.

§ 2º Quando as sessões se desenvolvem em forma de painéis, os expositores ocupam a metade do tempo total e a outra metade é destinada aos debates e votação de propostas ou conclusões pelos participantes.

§ 3º É facultado aos expositores submeter as suas conclusões à aprovação dos participantes.

**Art. 150.** O Colégio de Presidentes dos Conselhos Seccionais é regulamentado em Provimento.[192]

Parágrafo único. O Colégio de Presidentes das subseções é regulamentado no Regimento Interno do Conselho Seccional.

## TÍTULO III
### DAS DISPOSIÇÕES GERAIS E TRANSITÓRIAS

**Art. 151.** Os órgãos da OAB não podem se manifestar sobre questões de natureza pessoal, exceto em caso de homenagem a quem tenha prestado relevantes serviços à sociedade e à advocacia.

Parágrafo único. As salas e dependências dos órgãos da OAB não podem receber nomes de pessoas vivas ou inscrições estranhas às suas finalidades, respeitadas as situações já existentes na data da publicação deste Regulamento Geral.

**Art. 152.** A "Medalha Rui Barbosa" é a comenda máxima conferida pelo Conselho Federal às grandes personalidades da advocacia brasileira.[193]

---

[192] Ver Provimento 61/1987 (DJ, 08.12.1987, p. 27.922).
[193] Ver Resolução 29/2021-DIR (DEOAB, 08.12.2021, p. 1).

Parágrafo único. A Medalha só pode ser concedida uma vez, no prazo do mandato do Conselho, e será entregue ao homenageado em sessão solene.

**Art. 153.** Os estatutos das Caixas criadas anteriormente ao advento do Estatuto serão a ele adaptados e submetidos ao Conselho Seccional, no prazo de cento e vinte dias, contado da publicação deste Regulamento Geral.

**Art. 154.** Os Provimentos editados pelo Conselho Federal complementam este Regulamento Geral, no que não sejam com ele incompatíveis.[194]
Parágrafo único. Todas as matérias relacionadas à Ética do advogado, às infrações e sanções disciplinares e ao processo disciplinar são regulamentadas pelo Código de Ética e Disciplina.

**Art. 155.** Os Conselhos Seccionais, até o dia 31 de dezembro de 2007, adotarão os documentos de identidade profissional na forma prevista nos artigos 32 a 36 deste Regulamento.
§ 1º Os advogados inscritos até a data da implementação a que se refere o *caput* deste artigo deverão substituir os cartões de identidade até 31 de janeiro de 2009.
§ 2º Facultar-se-á ao advogado inscrito até 31 de dezembro de 1997 o direito de usar e permanecer exclusivamente com a carteira de identidade, desde que, até 31 de dezembro de 1999, assim solicite formalmente.
§ 3º O pedido de uso e permanência da carteira de identidade, que impede a concessão de uma nova, deve ser anotado no documento profissional, como condição de sua validade.
§ 4º Salvo nos casos previstos neste artigo, findos os prazos nele fixados, os atuais documentos perderão a validade, mesmo que permaneçam em poder de seus portadores.

**Art. 156.** Os processos em pauta para julgamento das Câmaras Reunidas serão apreciados pelo Órgão Especial, a ser instalado na primeira

---

[194] Ver Provimento 26/1966 (D.O. Estado da Guanabara, 13.09.1966, parte III, p. 12.233).

sessão após a publicação deste Regulamento Geral, mantidos os relatores anteriormente designados, que participarão da respectiva votação.

**Art. 156-A.** Excetuados os prazos regulados pelo Provimento n° 102/2004, previstos em editais próprios, ficam suspensos até 1° de agosto de 2010 os prazos processuais iniciados antes ou durante o mês de julho de 2010.

**Art. 156-B.** As alterações das regras estabelecidas no art. 131, *caput* e §§ 1°, 2°, 3°, 4° e 6°, deste Regulamento Geral, promovidas em 2020 e 2021, passarão a vigorar a partir das eleições de 2021, inclusive, e, no caso do percentual mínimo de 30% (trinta por cento) estipulado de cotas raciais para advogados negros e advogadas negras, valerão pelo prazo de 10 (dez) mandatos.

**Art. 156-C.** As eleições nos Conselhos Seccionais e nas Subseções em 2021 e no Conselho Federal em 2022 serão regidas pelas regras do Provimento n° 146/2011 e deste Regulamento Geral, vigentes em 2021.

**Art. 156-D.** O uso de meio eletrônico na tramitação de processos administrativos, comunicação de atos e transmissão de peças processuais será admitido mediante instituição de Sistema de Processo Eletrônico, nos termos de ato normativo a ser editado pelo Conselho Pleno do Conselho Federal da OAB.

**Art. 157.** Revogam-se as disposições em contrário, especialmente os Provimentos de n° 1, 2, 3, 5, 6, 7, 9, 10, 11, 12, 13, 14, 15, 16, 17, 18, 19, 20, 21, 22, 24, 25, 27, 28, 29, 30, 31, 32, 33, 34, 35, 36, 38, 39, 40, 41, 46, 50, 51, 52, 54, 57, 59, 60, 63, 64, 65, 67 e 71, e o Regimento Interno do Conselho Federal, mantidos os efeitos das Resoluções n° 01/94 e 02/94.

**Art. 158.** Este Regulamento Geral entra em vigor na data de sua publicação.

Sala das Sessões, em Brasília, 16 de outubro e 6 de novembro de 1994.

JOSÉ ROBERTO BATOCHIO – Presidente
PAULO LUIZ NETTO LÔBO – Relator

Comissão Revisora: Conselheiros Paulo Luiz Netto Lôbo (AL) – Presidente; Álvaro Leite Guimarães (RJ); Luiz Antônio de Souza Basílio (ES); Reginaldo Oscar de Castro (DF); Urbano Vitalino de Melo Filho (PE)

# 16. Anexo 4 – Resolução 425/2022 Conselho Seccional do Rio de Janeiro (TAC)

ORDEM DOS ADVOGADOS DO BRASIL
SECCIONAL DO ESTADO DO RIO DE JANEIRO

RESOLUÇÃO NÚMERO 425/2022

Dispõe sobre a possibilidade de celebração do Termo de Ajustamento de Conduta diante da prática de publicidade irregular na advocacia e das infrações ético-disciplinares puníveis com Censura, no âmbito da Seccional do Estado do Rio de Janeiro.

O CONSELHO SECCIONAL DA ORDEM DOS ADVOGADOS DO BRASIL DO ESTADO DO RIO DE JANEIRO, NO USO DAS ATRIBUIÇÕES ESTATUTÁRIAS E REGIMENTAIS

RESOLVE:

Art. 1º O Termo de Ajustamento de Conduta (TAC) previsto nos arts. 47-A e 58-A do Código de Ética e Disciplina da OAB (CED) e no Provimento 200/2020 do CFOAB, a ser celebrado entre o Conselho Seccional e os advogados ou estagiários inscritos nos quadros da Instituição, que não tiverem contra si condenação transitada em julgado por representação ético-disciplinar, ressalvando-se os casos de reabilitação, aplica-se às hipóteses relativas à publicidade profissional (art. 39 a art.

47 do CED) e às infrações disciplinares puníveis com censura (art. 36, I, II e III do EAOAB).

**Art. 2º** O Termo de Ajustamento de Conduta (TAC) será firmado pelo Presidente do Tribunal de Ética e Disciplina ou a quem este delegar tal atribuição.

**Art. 3º** Aplicam-se as disposições deste provimento aos processos disciplinares em trâmite na data da sua publicação que ainda não tenham transitado em julgado.
Parágrafo único. Nos casos de processos com recurso em trâmite perante grau superior ao Tribunal de Ética e Disciplina ou perante órgãos de competência territorial, havendo manifestação de interesse na celebração do TAC, serão os autos remetidos ao Tribunal de Ética e Disciplina para que, nos termos dessa Resolução, seja formalizado o ajuste.

**Art. 4º** Compete ao Tribunal de Ética e Disciplina, através de resolução a ser editada, a regulamentação pela qual o Termo de Ajustamento de Conduta (TAC) será formalizado e fiscalizado.

**Art. 5º** Esta Resolução entrará em vigor na data de sua publicação do Diário Eletrônico da OAB.

Rio de Janeiro, 07 de julho de 2022.

LUCIANO BANDEIRA ARANTES
PRESIDENTE

# 17. Anexo 5 – Resolução 01/2022 – Tribunal de Ética e Disciplina OAB/RJ (TAC)

**ORDEM DOS ADVOGADOS DO BRASIL**
**SECCIONAL DO ESTADO DO RIO DE JANEIRO**

**RESOLUÇÃO NÚMERO 01/2022**

Estabelece o procedimento para formalização do Termo de Ajustamento de Conduta no âmbito do Tribunal de Ética e Disciplina da Seccional do Estado do Rio de Janeiro.

**RESOLVE:**

Regulamentar, perante o Tribunal de Ética e Disciplina os procedimentos para formalização do Termo de Ajustamento de Conduta (TAC).

**Art. 1º.** O Termo de Ajustamento de Conduta (TAC) não se aplica as hipóteses em que ao advogado ou estagiário seja imputada a prática de mais de uma infração ético-disciplinar ou conduta que caracterize violação simultânea de outros dispositivos do Estatuto da Advocacia e da OAB, além daqueles referidos no art. 1º da Resolução nº 425/2022 da OAB/RJ, bem como aos processos já transitados em julgado.

**Art. 2º.** A redação do Termo de Ajustamento de Conduta (TAC) deverá obedecer ao modelo devidamente aprovado pela Diretoria do Tribunal de Ética e Disciplina em anexo.

**Art. 3º.** A Secretaria do Tribunal de Ética e Disciplina (TED) deverá, antes do Termo de Ajustamento de Conduta (TAC) ser firmado, fornecer através de certidão as seguintes informações sobre o advogado ou estagiário:
I – se está regularmente inscrito na OAB;
II – se tem contra si condenação transitada em julgado por representação ético-disciplinar, ressalvando-se a hipótese de reabilitação;
III – se firmou Termo de Ajustamento de Conduta (TAC) anteriormente e, caso tenha sido firmado, a data de sua assinatura.
§ 1º Para efeito do disposto no inciso I será considerado com inscrição regular o advogado ou estagiário que estiver em dia com o pagamento da anuidade ou do parcelamento.
§ 2º Na data designada para a assinatura do Termo de Ajustamento de Conduta (TAC) a Secretaria deverá verificar se há condenação transitada em julgado contra o advogado ou estagiário.
§ 3º A certidão mencionada no *caput* deverá ser anexada ao Termo de Ajustamento de Conduta (TAC).
§ 4º O advogado ou estagiário deverá obrigatoriamente atualizar seu cadastro junto a OAB/RJ, indicando e-mail e telefone com aplicativo de mensagem (whatsapp) instalado.

**Art. 4º.** Será certificado pela Secretaria nos autos o oferecimento do Termo de Ajustamento de Conduta (TAC) ao advogado ou estagiário, bem como se este foi recusado mesmo que tacitamente.
§ 1º O não oferecimento do Termo de Ajustamento de Conduta (TAC) ao advogado ou estagiário deverá ser devidamente fundamentado nos autos pelo Presidente do Tribunal de Ética e Disciplina (TED), Relator ou a quem for delegado.
§ 2º O advogado ou estagiário, a qualquer tempo, poderá manifestar interesse pelo Termo de Ajustamento de Conduta (TAC) já ofertado, desde que continuem presentes os requisitos para sua celebração.

**Art. 5º.** Celebrado o Termo de Ajustamento de Conduta (TAC) o advogado ou estagiário estará obrigado a cessar a conduta objeto do termo, reparar o dano eventualmente causado, fazer cessar os efeitos da infração, quando for o caso, e se abster de praticar a mesma conduta no prazo fixado no instrumento.

Parágrafo único. Além das condições acima, o advogado ou estagiário deverá pagar multa a ser fixada em no mínimo 1 e no máximo 10 anuidades, a ser fixada mediante análise do caso concreto e da gravidade da conduta que lhe é imputada.

**Art. 6º.** O cumprimento do Termo de Ajustamento de Conduta (TAC) deverá ser fiscalizado pela Secretaria do Tribunal de Ética e Disciplina (TED) ou a quem for delegada tal função pelo Presidente do Tribunal de Ética e Disciplina (TED).

§ 1º Constatado o descumprimento do Termo de Ajustamento de Conduta (TAC) será certificado nos autos tal fato com as provas do descumprimento, sendo o processo encaminhado ao Relator designado para decisão.

§ 2º A verificação de cumprimento do Termo de Ajustamento de Conduta (TAC) deverá ser feita a cada 12 meses, devendo ser certificada sua realização.

§ 3º O advogado ou estagiário deverá comprovar o cumprimento das condições impostas no Termo de Ajustamento de Conduta (TAC).

**Art. 7º.** O TAC somente poderá ser firmado após o despacho do Presidente do Tribunal de Ética e Disciplina (TED) determinando a instauração do processo disciplinar.

**Art. 8º.** Para fins de verificação do cumprimento no disposto no art. 4º, § 2º do Provimento 200 do Conselho Federal será considerada a data de assinatura do Termo de Ajustamento de Conduta (TAC).

**Art. 9º.** Caso existam diversos processos em curso contra o advogado ou estagiário passíveis de celebração de Termo de Ajustamento de Conduta (TAC) a Secretaria procederá a sua notificação para que seja apontado em qual dos processos ele será celebrado, prosseguindo os demais normalmente, não sendo causa de descumprimento eventual condenação nesses processos.

**Art. 10º.** O Termo de Ajustamento de Conduta (TAC) firmado devera ser devidamente registrado no sistema para acompanhamento de seu cumprimento, bem como para verificação do prazo estabelecido no art. 4º, § 2º do Provimento 200 do Conselho Federal da OAB.

**Art. 11º.** Verificando que o advogado ou estagiário preenche os requisitos para celebração do Termo de Ajustamento de Conduta (TAC) nas Subseções o processo deverá ser encaminhado para o Tribunal de Ética e Disciplina (TED) imediatamente.

**Art. 12º.** Compete a Diretoria do Tribunal de Ética e Disciplina (TED), ao Presidente da Turma Especial de Instrução e ao Presidente da 11ª Turma a verificação do preenchimento dos requisitos para a celebração do Termo de Ajustamento de Conduta (TAC).

**Art. 13º.** O advogado ou estagiário será notificado para os fins do art. 3º, § 1º do Provimento 200/2020 do Conselho Federal através do e-mail cadastrado, Diário Eletrônica da OAB ou qualquer outro meio idôneo.

**Art. 14º.** Celebrado o Termo de Ajustamento de Conduta (TAC) o processo será remetido ao arquivo provisório onde deverá permanecer pelo prazo estipulado no referido termo com a observação de que não devem ser descartados sem determinação nesse sentido.

**Art. 15º.** A Secretaria do Tribunal de Ética e Disciplina (TED) notificará o advogado e estagiário comunicando o dia e horário em que deverá comparecer para assinatura do Termo de Ajustamento de Conduta (TAC).

**Art. 16º.** Havendo mais de uma parte no processo em que será celebrado o Termo de Ajustamento de Conduta (TAC) deverá ser firmado um Termo para cada uma das partes individualmente.

§ 1º A análise do cabimento do Termo de Ajustamento de Conduta (TAC), na hipótese do *caput,* deverá ser feita individualmente, ou seja, a impossibilidade de celebração do Termo de Ajustamento de Conduta (TAC) por uma ou mais partes não impede a celebração com as demais.

§ 2º A assinatura do Termo de Ajustamento de Conduta (TAC) não implica em reconhecimento de culpa e não será levado em consideração para o julgamento dos demais advogados ou estagiários envolvidos no processo.

**Art. 17º.** O Termo de Ajustamento de Conduta (TAC) será assinado de maneira irrevogável e irretratável por parte do advogado ou estagiário, podendo ser revogado em caso de descumprimento.

**Art. 18º.** Para efeito de caracterização do descumprimento do Termo de Ajustamento de Conduta (TAC) o advogado ou estagiário deverá praticar a mesma conduta objeto do Termo assinado.

**Art. 19º.** Esta Resolução entrará em vigor na data de sua publicação no Diário Eletrônico da OAB.

Rio de Janeiro, 30 de setembro de 2022.

CARLOS ALBERTO MENEZES DIREITO FILHO
PRESIDENTE

# 18. Anexo 6 – Resolução 01/2023 – TED/OAB-RJ

**ORDEM DOS ADVOGADOS DO BRASIL**
**SECCIONAL DO ESTADO DO RIO DE JANEIRO**

**RESOLUÇÃO nº 01/2023**

> Estabelece diretrizes gerais para julgamento de processos ético-disciplinares com Perspectiva de Gênero no âmbito do Tribunal de Ética e Disciplina da Seccional do Estado do Rio de Janeiro.

O PRESIDENTE DO TRIBUNAL DE ÉTICA E DISCIPLINA DA SECCIONAL DO ESTADO DO RIO DE JANEIRO, no uso de suas atribuições legais e regimentais, notadamente no artigo 53, VIII, do Regimento Interno da OAB/RJ e art. 17, V do Regimento Interno do Tribunal de Ética e Disciplina da OAB/RJ, estabelece que:

CONSIDERANDO a Convenção Interamericana para Prevenir, Punir e Erradicar a Violência contra a Mulher (Convenção de Belém do Pará) e a Convenção sobre a Eliminação de todas as Formas de Discriminação contra as Mulheres (CEDAW), ambas legalmente internalizadas à ordem jurídica brasileira;

CONSIDERANDO os fundamentos constitucionais da cidadania e da dignidade da pessoa humana, bem como o objetivo da República Federativa do Brasil de promover o bem de todos, sem preconceitos de origem, raça, sexo, cor, idade e quaisquer outras formas de discriminação;

CONSIDERANDO que uma vida digna e livre de violência é um direito humano fundamental;

CONSIDERANDO a relevância constitucionalmente atribuída à Ordem dos Advogados do Brasil e seu compromisso com a defesa da Constituição, da ordem jurídica, do Estado Democrático e dos direitos humanos;

CONSIDERANDO o Objetivo de Desenvolvimento Sustentável (ODS) nº 5, constante da Agenda 2030, da Organização das Nações Unidas (ONU), que preconiza "alcançar a igualdade de gênero e empoderar todas as mulheres e meninas";

CONSIDERANDO a importância da cooperação deste Tribunal de Ética e Disciplina para a maior efetividade das Resoluções nº 128/2022 e 492/2023 do Conselho Nacional de Justiça, as quais estabelecem a adoção do Protocolo para Julgamento com Perspectiva de Gênero e a capacitação de julgadores sobre o tema;

CONSIDERANDO a necessidade do combate às práticas discriminatórias e à utilização abusiva de normas e procedimentos jurídicos como forma de ataque e perseguição, em especial, em desfavor de mulheres advogadas, conduta denominada *lawfare* de gênero.

**RESOLVE:**

Regulamentar, perante o Tribunal de Ética e Disciplina, diretrizes gerais para julgamento de processo ético-disciplinar com Perspectiva de Gênero, nos seguintes termos:

**Art. 1º.** O processo ético-disciplinar com Perspectiva de Gênero poderá ser assim reconhecido por ato *ex officio* ou por manifestação da parte, passando a tramitar de forma prioritária.

Parágrafo único – Deverá ser fundamentada a decisão que deferir ou indeferir o reconhecimento do processo ético-disciplinar com Perspectiva de Gênero.

**Art. 2º.** Nos processos ético-disciplinares reconhecidos na forma do art. 1º em que não se consiga notificar a parte ou seja por ela solicitado, deverá atuar, preferencialmente, a advocacia dativa especializada em Perspectiva de Gênero.

**Art. 3º.** Nos casos regulados pela presente Resolução, sendo verificado que a presença da parte contrária poderá causar humilhação, temor, intimidação ou sério constrangimento à mulher, será facultada a realização de audiências e do julgamento de forma híbrida.

**Art. 4º.** Os membros deste Tribunal poderão se valer de marcos normativos e precedentes nacionais ou internacionais, assim como recomendações, opiniões consultivas ou observações gerais emitidas pelos organismos regional e internacional que se relacionam com o tema desta Resolução.

**Art. 5º.** A jurisprudência relacionada a julgamentos de casos relacionados ao tema desta Resolução deverá ser devidamente sistematizada, cabendo ao relator fazer incluir na ementa do julgado o termo "julgamento segundo Perspectiva de Gênero".

**Art. 6º.** O Tribunal de Ética e Disciplina promoverá cursos e palestras com conteúdo relativos aos direitos humanos e gênero, em perspectiva interseccional, visando a permanente capacitação de seus integrantes.

**Art. 7º.** Esta Resolução entrará em vigor na data de sua publicação no Diário Eletrônico da OAB/RJ.

Rio de Janeiro, 03 de maio de 2023.

**CARLOS ALBERTO MENEZES DIREITO FILHO**
**PRESIDENTE**

# 19. Anexo 7 – Regimento Interno do TED – OAB/RJ

Link e QR Code
https://oabrj.org.br/sites/default/files/regimento_interno_do_ted_oabrj_processo_n._49.0000.2021.000471-1segunda_camaracfoab.pdf

# 20. Anexo 8 – Regimento Interno da OAB/RJ

Link e QR Code
https://oabrj.org.br/sites/default/files/regimento_interno_oabrj.pdf

# 21. Anexo 9 – Provimento nº 205/2021

*Dispõe sobre a publicidade e a informação da advocacia*

O CONSELHO FEDERAL DA ORDEM DOS ADVOGADOS DO BRASIL, no uso das atribuições que lhe são conferidas pelo art. 54, V, da Lei nº 8.906, de 4 de julho de 1994, e considerando as normas sobre publicidade e informação da advocacia constantes no Código de Ética e Disciplina, no Provimento nº 94/2000, em resoluções e em assentos dos Tribunais de Ética e Disciplina dos diversos Conselhos Seccionais; considerando a necessidade de ordená-las de forma sistemática e de especificar adequadamente sua compreensão; e considerando o decidido nos autos da Proposição nº 49.0000.2021.001737-6/COP, RESOLVE:

**Art. 1º** É permitido o marketing jurídico, desde que exercido de forma compatível com os preceitos éticos e respeitadas as limitações impostas pelo Estatuto da Advocacia, Regulamento Geral, Código de Ética e Disciplina e por este Provimento.

§ 1º As informações veiculadas deverão ser objetivas e verdadeiras e são de exclusiva responsabilidade das pessoas físicas identificadas e, quando envolver pessoa jurídica, dos sócios administradores da sociedade de advocacia que responderão pelos excessos perante a Ordem dos Advogados do Brasil, sem excluir a participação de outros inscritos que para ela tenham concorrido.

§ 2º Sempre que solicitado pelos órgãos competentes para a fiscalização da Ordem dos Advogados do Brasil, as pessoas indicadas no parágrafo anterior deverão comprovar a veracidade das informações veiculadas, sob pena de incidir na infração disciplinar prevista no art. 34, inciso XVI, do Estatuto da Advocacia e da OAB, entre outras eventualmente apuradas.

**Art. 2º** Para fins deste provimento devem ser observados os seguintes conceitos:

I - Marketing jurídico: Especialização do marketing destinada aos profissionais da área jurídica, consistente na utilização de estratégias planejadas para alcançar objetivos do exercício da advocacia;

II - Marketing de conteúdos jurídicos: estratégia de marketing que se utiliza da criação e da divulgação de conteúdos jurídicos, disponibilizados por meio de ferramentas de comunicação, voltada para informar o público e para a consolidação profissional do(a) advogado(a) ou escritório de advocacia;

III - Publicidade: meio pelo qual se tornam públicas as informações a respeito de pessoas, ideias, serviços ou produtos, utilizando os meios de comunicação disponíveis, desde que não vedados pelo Código de Ética e Disciplina da Advocacia;

IV - Publicidade profissional: meio utilizado para tornar pública as informações atinentes ao exercício profissional, bem como os dados do perfil da pessoa física ou jurídica inscrita na Ordem dos Advogados do Brasil, utilizando os meios de comunicação disponíveis, desde que não vedados pelo Código de Ética e Disciplina da Advocacia;

V - Publicidade de conteúdos jurídicos: divulgação destinada a levar ao conhecimento do público conteúdos jurídicos;

VI - Publicidade ativa: divulgação capaz de atingir número indeterminado de pessoas, mesmo que elas não tenham buscado informações acerca do anunciante ou dos temas anunciados;

VII - Publicidade passiva: divulgação capaz de atingir somente público certo que tenha buscado informações acerca do anunciante ou dos temas anunciados, bem como por aqueles que concordem previamente com o recebimento do anúncio;

VIII - Captação de clientela: para fins deste provimento, é a utilização de mecanismos de marketing que, de forma ativa, independentemente do resultado obtido, se destinam a angariar clientes pela indução à contratação dos serviços ou estímulo do litígio, sem prejuízo do estabelecido no Código de Ética e Disciplina e regramentos próprios.

**Art. 3º** A publicidade profissional deve ter caráter meramente informativo e primar pela discrição e sobriedade, não podendo configurar captação de clientela ou mercantilização da profissão, sendo vedadas as seguintes condutas:
I - referência, direta ou indireta, a valores de honorários, forma de pagamento, gratuidade ou descontos e reduções de preços como forma de captação de clientes;
II - divulgação de informações que possam induzir a erro ou causar dano a clientes, a outros(as) advogados(as) ou à sociedade;
III - anúncio de especialidades para as quais não possua título certificado ou notória especialização, nos termos do parágrafo único do art. 3º-A do Estatuto da Advocacia;
IV - utilização de orações ou expressões persuasivas, de autoengrandecimento ou de comparação;
V - distribuição de brindes, cartões de visita, material impresso e digital, apresentações dos serviços ou afins de maneira indiscriminada em locais públicos, presenciais ou virtuais, salvo em eventos de interesse jurídico.
§ 1º Entende-se por publicidade profissional sóbria, discreta e informativa a divulgação que, sem ostentação, torna público o perfil profissional e as informações atinentes ao exercício profissional, conforme estabelecido pelo § 1º, do art. 44, do Código de Ética e Disciplina, sem incitar diretamente ao litígio judicial, administrativo ou à contratação de serviços, sendo vedada a promoção pessoal.
§ 2º Os consultores e as sociedades de consultores em direito estrangeiro devidamente autorizadas pela Ordem dos Advogados do Brasil, nos termos do Provimento nº 91/2000, somente poderão realizar o marketing

jurídico com relação às suas atividades de consultoria em direito estrangeiro correspondente ao país ou Estado de origem do profissional interessado. Para esse fim, nas peças de caráter publicitário a sociedade acrescentará obrigatoriamente ao nome ou razão social que internacionalmente adote a expressão "Consultores em direito estrangeiro" (art. 4º do Provimento 91/2000).

**Art. 4º** No marketing de conteúdos jurídicos poderá ser utilizada a publicidade ativa ou passiva, desde que não esteja incutida a mercantilização, a captação de clientela ou o emprego excessivo de recursos financeiros, sendo admitida a utilização de anúncios,
pagos ou não, nos meios de comunicação, exceto nos meios vedados pelo art. 40 do Código de Ética e Disciplina e desde que respeitados os limites impostos pelo inciso V do mesmo artigo e pelo Anexo Único deste provimento.

§ 1º Admite-se, na publicidade de conteúdos jurídicos, a identificação profissional com qualificação e títulos, desde que verdadeiros e comprováveis quando solicitados pela Ordem dos Advogados do Brasil, bem como com a indicação da sociedade da qual faz parte.

§ 2º Na divulgação de imagem, vídeo ou áudio contendo atuação profissional, inclusive em audiências e sustentações orais, em processos judiciais ou administrativos, não alcançados por segredo de justiça, serão respeitados o sigilo e a dignidade profissional e vedada a referência ou menção a decisões judiciais e resultados de qualquer natureza obtidos em procedimentos que patrocina ou participa de alguma forma, ressalvada a hipótese de manifestação espontânea em caso coberto pela mídia.

§ 3º Para os fins do previsto no inciso V do art. 40 do Código de Ética e Disciplina, equiparam-se ao e-mail, todos os dados de contato e meios de comunicação do escritório ou advogado(a), inclusive os endereços dos sites, das redes sociais e os aplicativos de mensagens instantâneas, podendo também constar o logotipo, desde que em caráter informativo, respeitados os critérios de sobriedade e discrição.

§ 4º Quando se tratar de venda de bens e eventos (livros, cursos, seminários ou congressos), cujo público-alvo sejam advogados(as), estagiários(as) ou estudantes de direito, poderá ser utilizada a publicidade ativa, observadas as limitações do *caput* deste artigo.

§ 5º É vedada a publicidade a que se refere o *caput* mediante uso de meios ou ferramentas que influam de forma fraudulenta no seu impulsionamento ou alcance.

**Art. 5º** A publicidade profissional permite a utilização de anúncios, pagos ou não, nos meios de comunicação não vedados pelo art. 40 do Código de Ética e Disciplina.

§ 1º É vedado o pagamento, patrocínio ou efetivação de qualquer outra despesa para viabilizar aparição em rankings, prêmios ou qualquer tipo de recebimento de honrarias em eventos ou publicações, em qualquer mídia, que vise destacar ou eleger profissionais como detentores de destaque.

§ 2º É permitida a utilização de logomarca e imagens, inclusive fotos dos(as) advogados(as) e do escritório, assim como a identidade visual nos meios de comunicação profissional, sendo vedada a utilização de logomarca e símbolos oficiais da Ordem dos Advogados do Brasil.

§ 3º É permitida a participação do advogado ou da advogada em vídeos ao vivo ou gravados, na internet ou nas redes sociais, assim como em debates e palestras virtuais, desde que observadas as regras dos arts. 42 e 43 do CED, sendo vedada a utilização de casos concretos ou apresentação de resultados.

**Art. 6º** Fica vedada, na publicidade ativa, qualquer informação relativa às dimensões, qualidades ou estrutura física do escritório, assim como a menção à promessa de resultados ou a utilização de casos concretos para oferta de atuação profissional.

Parágrafo único. Fica vedada em qualquer publicidade a ostentação de bens relativos ao exercício ou não da profissão, como uso de veículos, viagens, hospedagens e bens de consumo, bem como a menção à promessa de resultados ou a utilização de casos concretos para oferta de atuação profissional.

**Art. 7º** Considerando que é indispensável a preservação do prestígio da advocacia, as normas estabelecidas neste provimento também se aplicam à divulgação de conteúdos que, apesar de não se relacionarem com o exercício da advocacia, possam atingir a reputação da classe a qual o profissional pertence.

**Art. 8º** Não é permitido vincular os serviços advocatícios com outras atividades ou divulgação conjunta de tais atividades, salvo a de magistério, ainda que complementares ou afins.

Parágrafo único. Não caracteriza infração ético-disciplinar o exercício da advocacia em locais compartilhados (coworking), sendo vedada a divulgação da atividade de advocacia em conjunto com qualquer outra atividade ou empresa que compartilhem o mesmo espaço, ressalvada a possibilidade de afixação de placa indicativa no espaço físico em que se desenvolve a advocacia e a veiculação da informação de que a atividade profissional é desenvolvida em local de coworking.

**Art. 9º.** Fica criado o Comitê Regulador do Marketing Jurídico, de caráter consultivo, vinculado à Diretoria do Conselho Federal, que nomeará seus membros, com mandato concomitante ao da gestão, e será composto por:

I – 05 (cinco) Conselheiros(as) Federais, um(a) de cada região do país, indicados(as) pela Diretoria do CFOAB;

II – 01 (um) representante do Colégio de Presidentes de Seccionais.

III – 01 (um) representante indicado pelo Colégio de Presidentes dos Tribunais de Ética e Disciplina;

IV – 01 (um) representante indicado pela Coordenação Nacional de Fiscalização da Atividade Profissional da Advocacia; e

V – 01 (um) representante indicado pelo Colégio de Presidentes das Comissões da Jovem Advocacia.

§ 1º O Comitê Regulador do Marketing Jurídico se reunirá periodicamente para acompanhar a evolução dos critérios específicos sobre marketing, publicidade e informação na advocacia constantes do Anexo Único deste provimento, podendo propor ao Conselho Federal a alteração, a supressão ou a inclusão de novos critérios e propostas de alteração do provimento.

§ 2º Com a finalidade de pacificar e unificar a interpretação dos temas pertinentes perante os Tribunais de Ética e Disciplina e Comissões de Fiscalização das Seccionais, o Comitê poderá propor ao Órgão Especial, com base nas disposições do Código de Ética e Disciplina e pelas demais disposições previstas neste provimento, sugestões de interpretação dos dispositivos sobre publicidade e informação.

**Art. 10.** As Seccionais poderão conceder poderes coercitivos à respectiva Comissão de Fiscalização, permitindo a expedição de notificações com a finalidade de dar efetividade às disposições deste provimento.

**Art. 11.** Faz parte integrante do presente provimento o Anexo Único, que estabelece os critérios específicos sobre a publicidade e informação da advocacia.

**Art. 12.** Fica revogado o Provimento nº 94, de 05 de setembro de 2000, bem como as demais disposições em contrário.

Parágrafo único. Este provimento não se aplica às eleições do sistema OAB, que possui regras próprias quanto à campanha e à publicidade.

**Art. 13.** Este Provimento entra em vigor no prazo de 30 (trinta) dias a contar da data de sua publicação no Diário Eletrônico da OAB.

Brasília, 15 de julho de 2021.

**Felipe de Santa Cruz Oliveira Scaletsky**
Presidente do Conselho Federal da OAB

**Sandra Krieger Gonçalves**
Relatora

# ANEXO ÚNICO

| | |
|---|---|
| Anuários | Somente é possível a participação em publicações que indiquem, de forma clara e precisa, qual a metodologia e os critérios de pesquisa ou de análise que justifiquem a inclusão de determinado escritório de advocacia ou advogado(a) na publicação, ou ainda que indiquem que se trata de mera compilação de escritórios ou advogados(as). É vedado o pagamento, patrocínio ou efetivação de qualquer outra despesa para viabilizar anúncios ou aparição em publicações como contrapartida de premiação ou ranqueamento. |
| Aplicativos para responder consultas jurídicas | Não é admitida a utilização de aplicativos de forma indiscriminada para responder automaticamente consultas jurídicas a não clientes por suprimir a imagem, o poder decisório e as responsabilidades do profissional, representando mercantilização dos serviços jurídicos. |
| Aquisição de palavra-chave a exemplo do *Google Ads* | Permitida a utilização de ferramentas de aquisição de palavra-chave quando responsivo a uma busca iniciada pelo potencial cliente e desde que as palavras selecionadas estejam em consonância com ditames éticos. Proibido o uso de anúncios ostensivos em plataformas de vídeo. |

| | |
|---|---|
| Cartão de visitas | Deve conter nome ou nome social do(a) advogado(a) e o número da inscrição na OAB e o nome da sociedade, se integrante de sociedade. Pode conter número de telefone, endereço físico/eletrônico, QR Code que permita acesso aos dados/site. Pode ser físico e eletrônico. |
| Chatbot | Permitida a utilização para o fim de facilitar a comunicação ou melhorar a prestação de serviços JURÍDICOS, não podendo afastar a pessoalidade da prestação do serviço jurídico, nem suprimir a imagem, o poder decisório e as responsabilidades do profissional. É possível, por exemplo, a utilização no site para responder as primeiras dúvidas de um potencial cliente ou para encaminhar as primeiras informações sobre a atuação do escritório. Ou ainda, como uma solução para coletar dados, informações ou documentos. |
| Correspondências e comunicados (mala direta) | O envio de cartas e comunicações a uma coletividade ("mala direta") é expressamente vedado. Somente é possível o envio de cartas e comunicações se destinadas a clientes e pessoas de relacionamento pessoal ou que os solicitem ou os autorizem previamente, desde que não tenham caráter mercantilista, que não representem captação de clientes e que não impliquem oferecimento de serviços. |
| Criação de conteúdo, palestras, artigos | Deve ser orientada pelo caráter técnico informativo, sem divulgação de resultados concretos obtidos, clientes, valores ou gratuidade. |
| Ferramentas Tecnológicas | Podem ser utilizadas com a finalidade de auxiliar os(as) advogados(as) a serem mais eficientes em suas atividades profissionais, sem suprimir a imagem, o poder decisório e as responsabilidades do profissional. |

| | |
|---|---|
| Grupos de "WhatsApp" | Permitida a divulgação por meio de grupos de "WhatsApp", desde que se trate de grupo de pessoas determinadas, das relações do(a) advogado(a) ou do escritório de advocacia e seu conteúdo respeite as normas do Código de Ética e Disciplina e do presente provimento. |
| Lives nas redes sociais e YouTube | É permitida a realização de lives nas redes sociais e vídeos no YouTube, desde que seu conteúdo respeite as normas do Código de Ética e Disciplina e do presente provimento. |
| Patrocínio e impulsionamento nas redes sociais | Permitido, desde que não se trate de publicidade contendo oferta de serviços jurídicos. |
| Petições, papéis, pastas e materiais de escritório | Pode conter nome e nome social do(a) advogado(a) e da sociedade, endereço físico/eletrônico, número de telefone e logotipo. |
| Placa de identificação do escritório | Pode ser afixada no escritório ou na residência do(a) advogado(a), não sendo permitido que seja luminosa tal qual a que se costuma ver em farmácias e lojas de conveniência. Suas dimensões não são preestabelecidas, bastando que haja proporcionalidade em relação às dimensões da fachada do escritório ou residência, sempre respeitando os critérios de discrição e moderação. |
| Redes Sociais | É permitida a presença nas redes sociais, desde que seu conteúdo respeite as normas do Código de Ética e Disciplina e do presente provimento. |